Japanese Stone Gardens
石組の庭

——鑑賞から技法まで——

吉河 功＝著

目 次

Contents

まえがき

日本庭園には，何のために石を組むのだろうか。私達は最初に，この最も根本的な問題を考えてみる必要がある。

それには，もちろんいろいろな考え方があると思うが，大きな立場からいえば美のため，世界に誇るべき日本庭園というすばらしい芸術のためでなければならない。

では，どうしたら美しく石が組めるのか？　この質問を著者はこれまでにたびたび受けてきた。

石組の良さというものは，なかなか言葉でいえないところにある。したがって，上のような質問にも答えるのは非常にむずかしい。

本来，美というものは作者自身が努力に努力を重ねて体得するものであり，人に教えてもらうような性質のものではないはずである。こうせよ，というような秘伝などは存在しない。

しかしながら，近年世の中は大きく変ってきた。努力どころか，最も安直な道を選ぶ人が一層増えてきたのである。

その結果，日本庭園自体の美さえも，昨今の庭からは失われつつあるような気がする。

秘伝がないというと，必ず『築山庭造伝』や『石組園生八重垣伝』というような，江戸時代の作庭秘伝書の存在をあげる人がある。事実，今日でもこのような秘伝書をたよりにしている作庭者は決して少なくない。

たしかに，そこにはもっともらしい理由を付けた石組等が記載されている。しかし，その内容をよく吟味してみると，美という点ではまったく問題にならない。

江戸時代中期以降，日本庭園の造形が最も退化した時期に，当時の庭園関係者によって著された秘伝書が，長い伝統を持つ日本庭園を代表するものでないことは，誰にも明らかと思う。

むしろ，造形が悪くなった時代だからこそ，あのような秘伝書が成立したと考えるのが正しい。それは，もはや低次元の型だけで，どこをさがしても真の美は見当らない。

ところが困ったことに，それ以後の庭師達は，多くの人がこの秘伝書をよりどころにしてしまった。それを学ぶことによって安直に庭を理解してしまったのである。

それが，現在でもあまり変っていないことは，多くの書物に『石組園生八重垣伝』の「五行石の図」などが紹介されていることでも分かるのである。これでは，石組がよくなるはずはないと思われる。

このような誤った庭園論，石組論を，このまま放置しておいてはならないという気持から，著者はこの稿をまとめる気になった。

本書を執筆するにあたって，著者は読者の皆様に二つの点を理解してほしいと思う。

まず一つは，石組の良さを伝える手段として，著者独自の石組表現法，すなわち用語を，本書において用いていることである。それは後でしばしば出てくると思われる「直石手法」とか「高横石」などという用語の類である。

これらについては，そのとき解説するが，当然一般庭園用語としては通用しない。しかし，本書では非常に重大な意味を持っているのでご注意いただきたいと思う。

もう一つは，後に述べることになる著者独自の石組造形論が，石組を固定的に考える流儀のように解釈されるおそれである。

著者の論は，そのような固定した型のようなものではない。型は著者の最も好まないところである。

本書は，これまでに著者が古庭園石組の研究から見出した石組の美を，単純化して紹介するものである。それは石組の美の原則論であって，決して型ではない。その立場に立って，著者は悪い石組の例もできれば指摘していこうと思っている。

どちらかというと，本書の目的は後半の実地施工関係の記述にあるが，それには伝統的石組の理解も不可欠である。

施工関係の方々は，十分にそのあたりを認識して，古庭園の傑出した石組にふれる機会を増やしてほしいと願っている。

Preface

I am often asked what the purpose of stone arrangements in Japanese gardens is. There are various ways to answer this question; broadly speaking, however, stone arrangements exist to add beauty to a garden. The question that then follows is, How can stones be arranged in a beautiful manner?

Arranging stones well takes years of patient practice. It is not something that can be easily explained in words, or understood by seeking the advice of someone else, or found even in the so-called secret books of centuries past. Now, no doubt some will point out that secret books on stone arrangement gardening have, in fact, been passed down from the Edo period. However, a careful study of these books reveals that they are not the least concerned with beauty.

Indeed, in that they were written at a time when Japanese garden design was at its nadir, they cannot be considered representative of the long tradition of that art, but essentially present the least common denominator in terms of form. Unfortunately, a fair number of garden designers still rely on these books today, which only serves to cheapen the art.

It is to present a differing viewpoint that I have written this book. I would hope that readers will bear two things in mind as they read through it. One is that much of the terminology is unusual, but is essential to understanding the field. Terms will be explained as they appear. The second point is that my philosophy on the subject (which I explain in more detail later) may come across as though I am overly concerned about preserving form for form's sake. This is definitely not the case. I believe that form as such is the least important consideration in stone arrangements.

This book is both an attempt at a simple distillation of the beauty of stone arrangements that I have discovered in my research on old gardens and a presentation of actual methods, the understanding of which requires an appreciation of the early traditions. I do hope that many readers, especially garden designers, will also take the time to visit the gardens depicted to gain an understanding of stone arrangements first hand.

Japanese Stone Gardens
Photograph & Text: Isao Yoshikawa©
Translation in to English: Jay W. Thomas
Design & Layout: Kenichi Yanagawa

First Edition, August 1992
ISBN 4-7661-0696-2

Graphic-sha Publishing Company Ltd.
1-9-12 Kudan-kita, Chiyoda-ku, Tokyo 102, Japan
Phone 03-3263-4318
Fax 03-3263-5297
Telex J29877 Graphic

Printed Japan by Kinmei Printing, Co., Ltd.

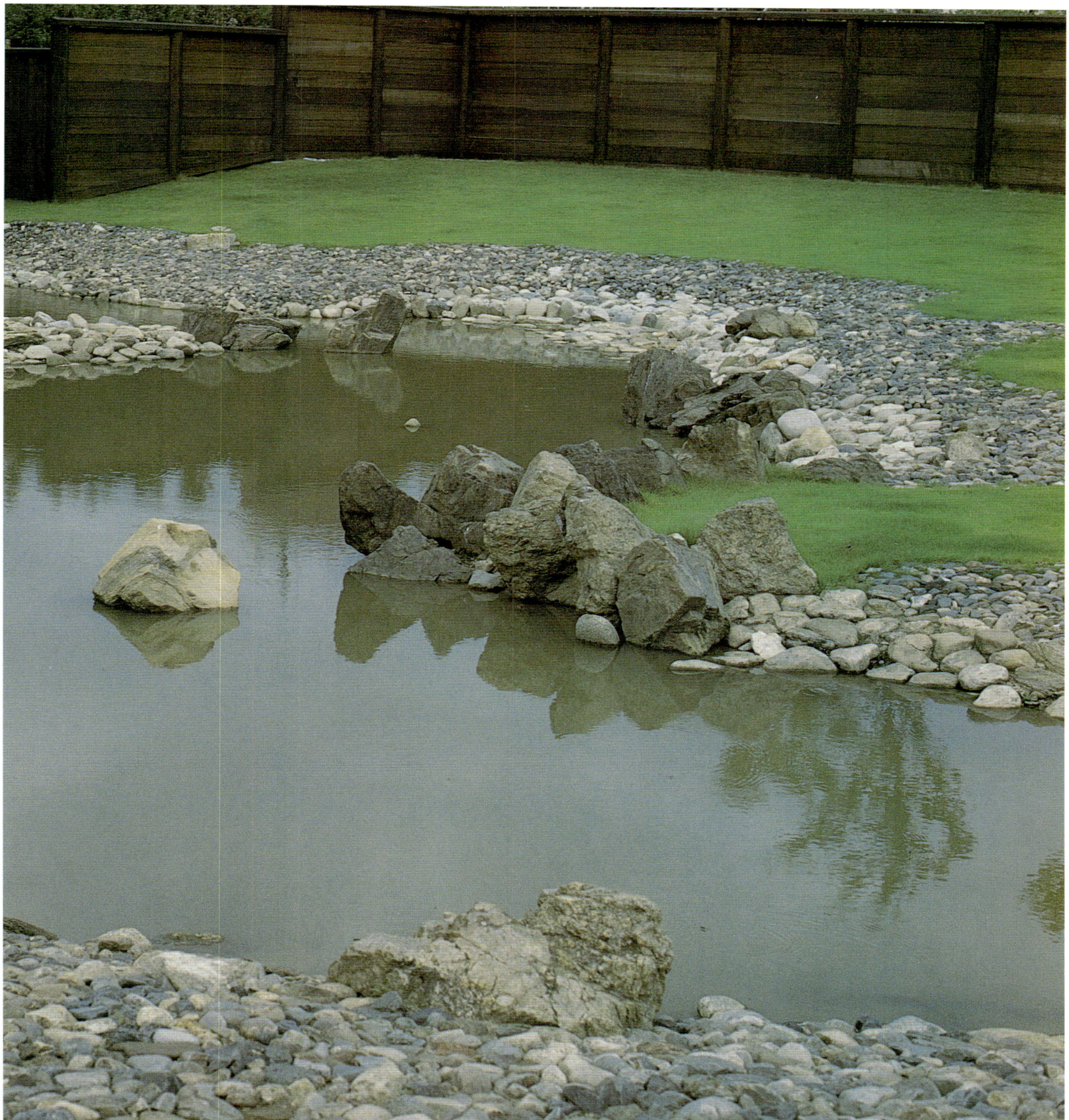

平城京曲水庭(奈良時代・奈良市)。流れの中央部出島にある神秘的な古代石組。すでに岩島も発達していた。

Ancient, mystical stone arrangements (Heijokyo, Nara; arrangements date from Nara period)

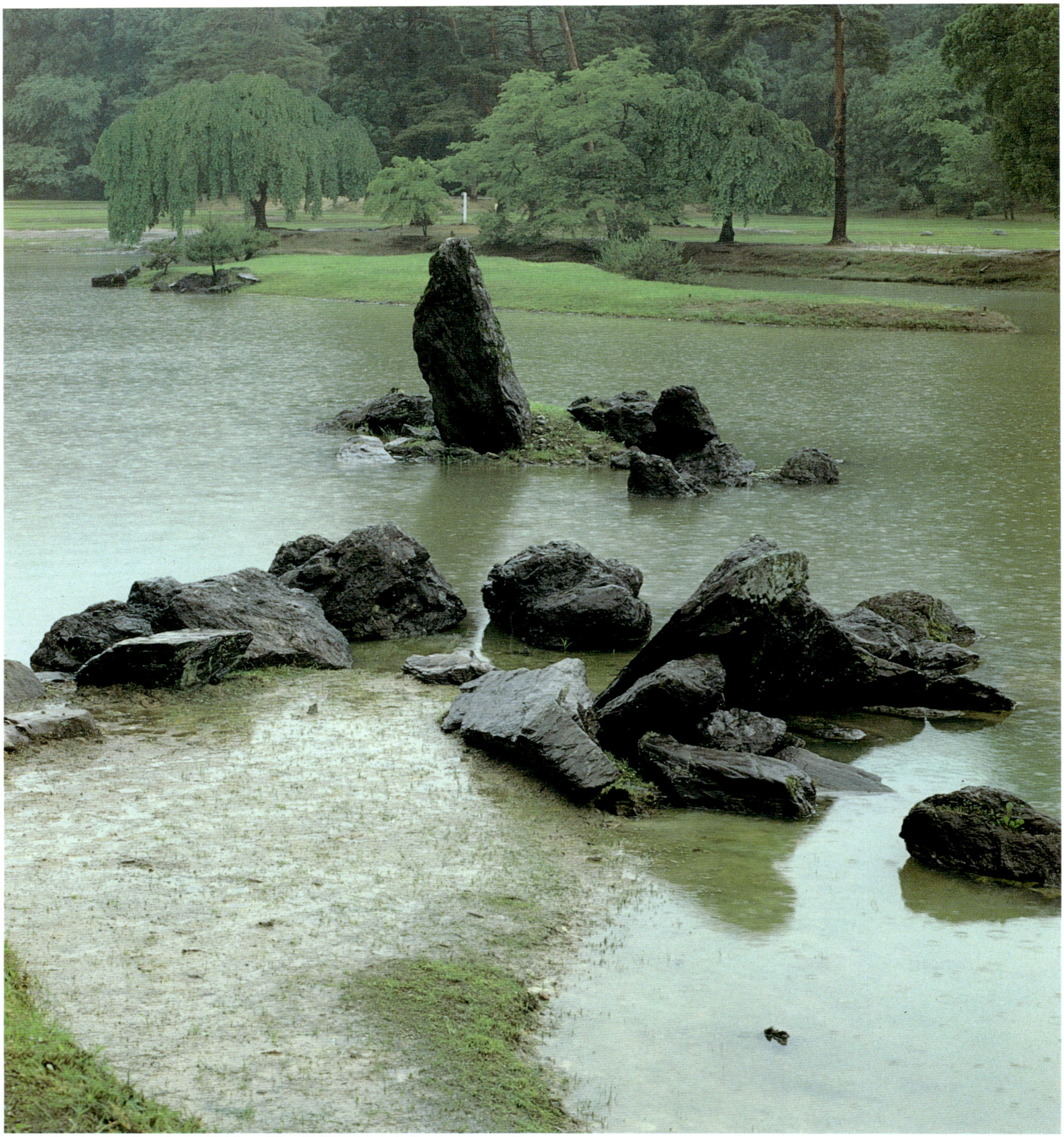

手越寺庭園(平安時代・岩手県平泉)。手前の荒磯石組から亀島石組を望む。亀島の斜立石が全庭のポイント。
Rocky-coast (foreground) and turtle-island stone arrangements (Motsu-ji temple, Hiraizumi, Iwate Pref.; Heian period)

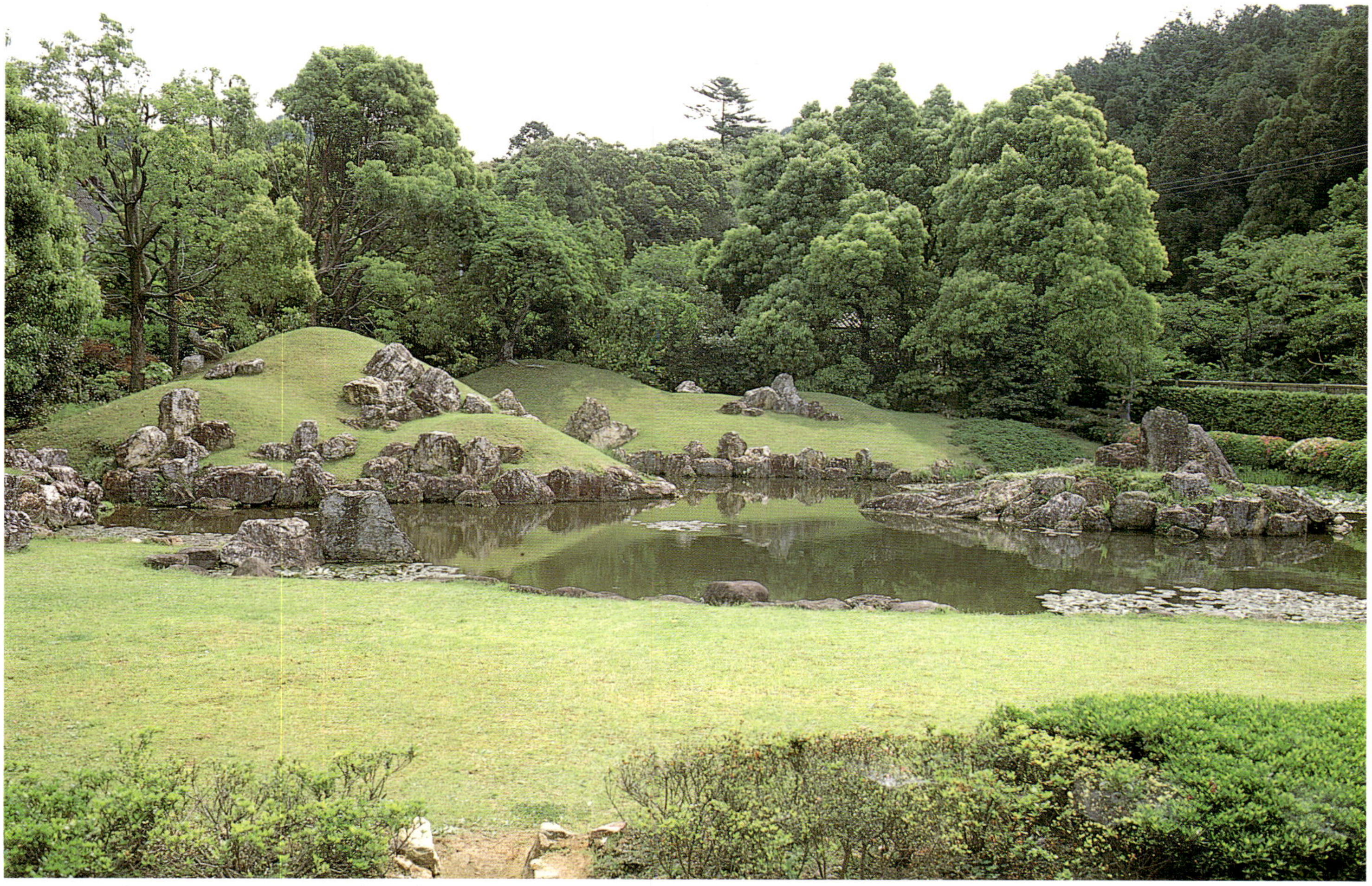

摩訶耶寺庭園(鎌倉時代・静岡県三ヶ日町)。池泉の全景で，護岸石組や鶴島(右)石組の美しさは全国屈指。

Garden pond with some of the most beautiful embankment and crane island stone arrangements in Japan (Makaya-ji temple, Mikkabi, Shizuoka Pref.; Kamakura period)

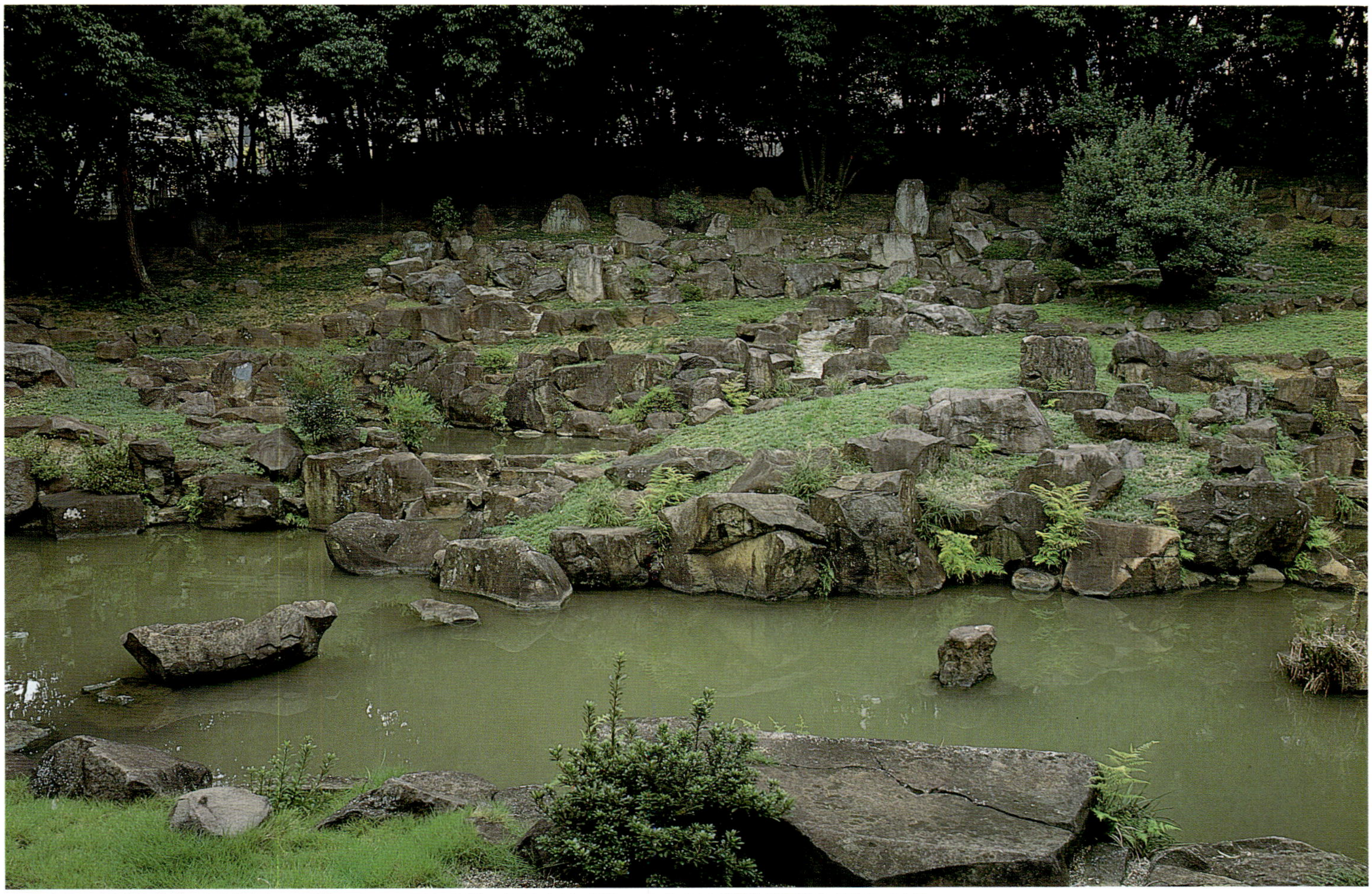

東光寺庭園(鎌倉時代・甲府市)。規模の広い山畔に多数の石を組んだ作。中央の池泉護岸石組も優れている。

Rock hill and embankment stone arrangements (Toko-ji temple, Kofu, Yamanashi Pref.; Kamakura period)

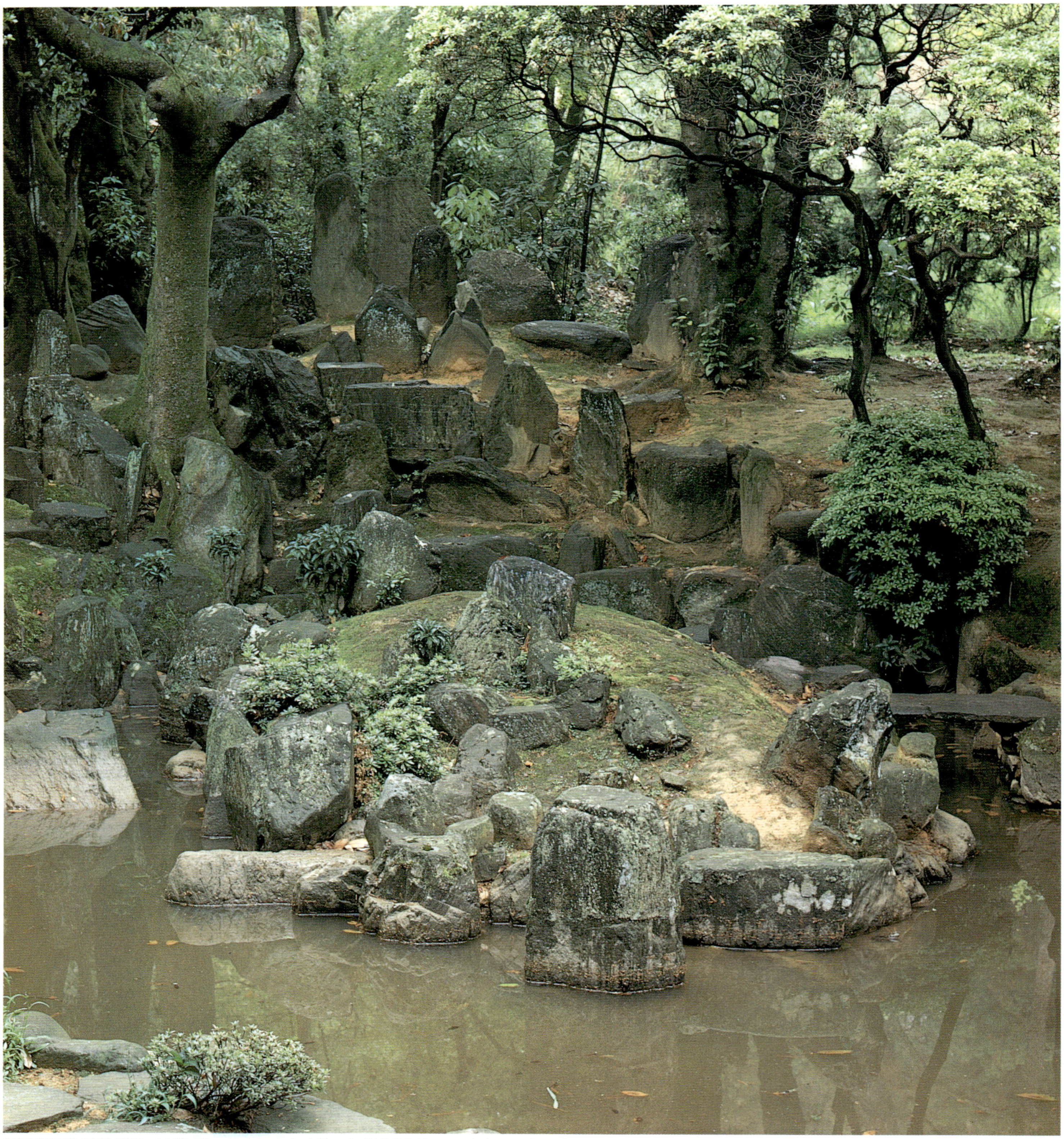

保国寺庭園(室町時代・西条市)。池中に大きく作った亀島を通して，遠山石の立石が目立つ枯滝石組を望む。
Large turtle island arrangement in pond and dry-waterfall stone arrangement (Hokoku-ji temple, Saijo, Ehime Pref.; Muromachi period)

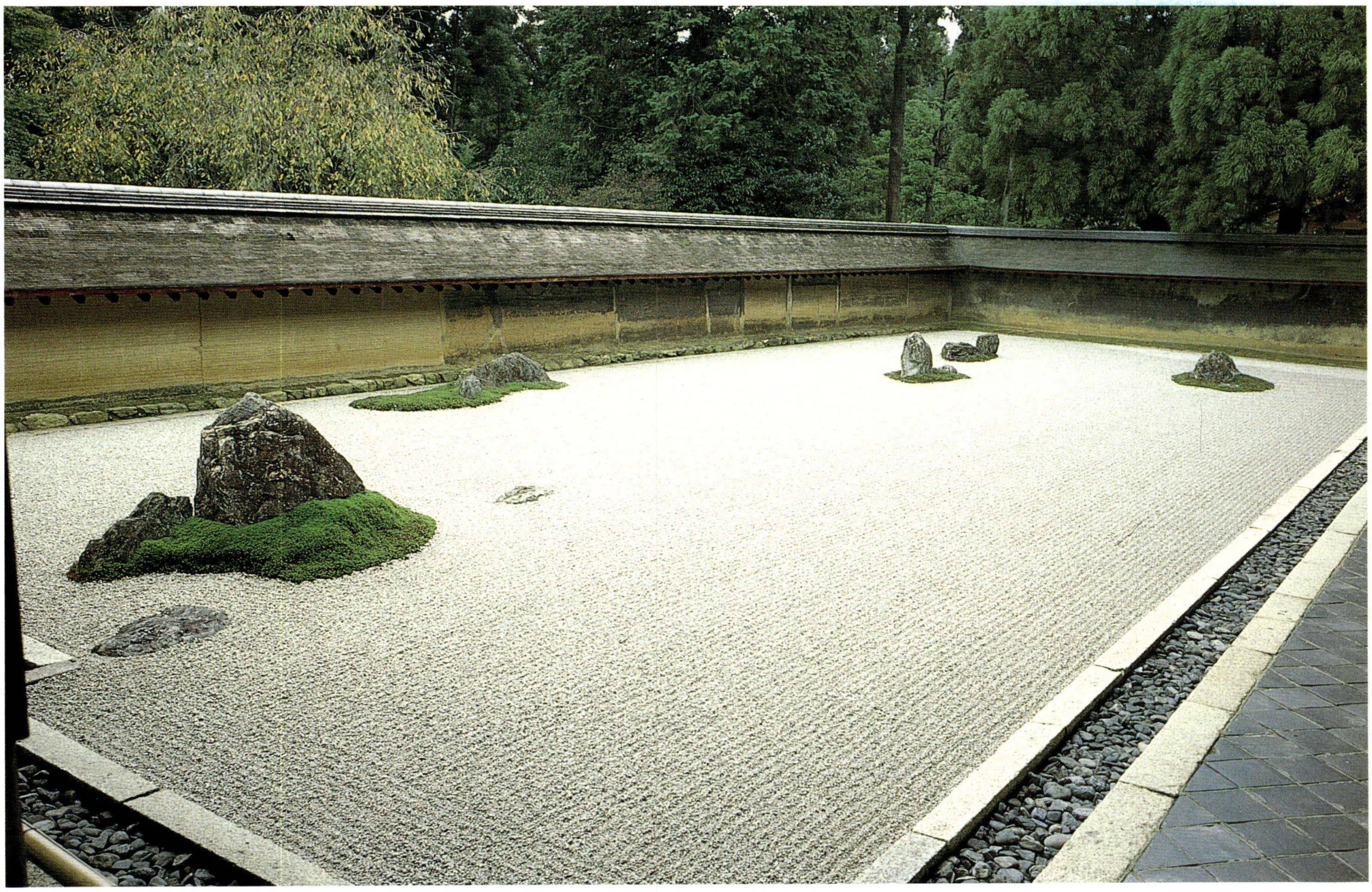

龍安寺庭園(室町時代・京都市)。石組は空間の創造でもある。本庭は七五三石組の15石による空間美の世界。
Stone arrangements also create space: a seven-five-three stone arrangement (Ryoan-ji temple, Kyoto; Muromachi period)

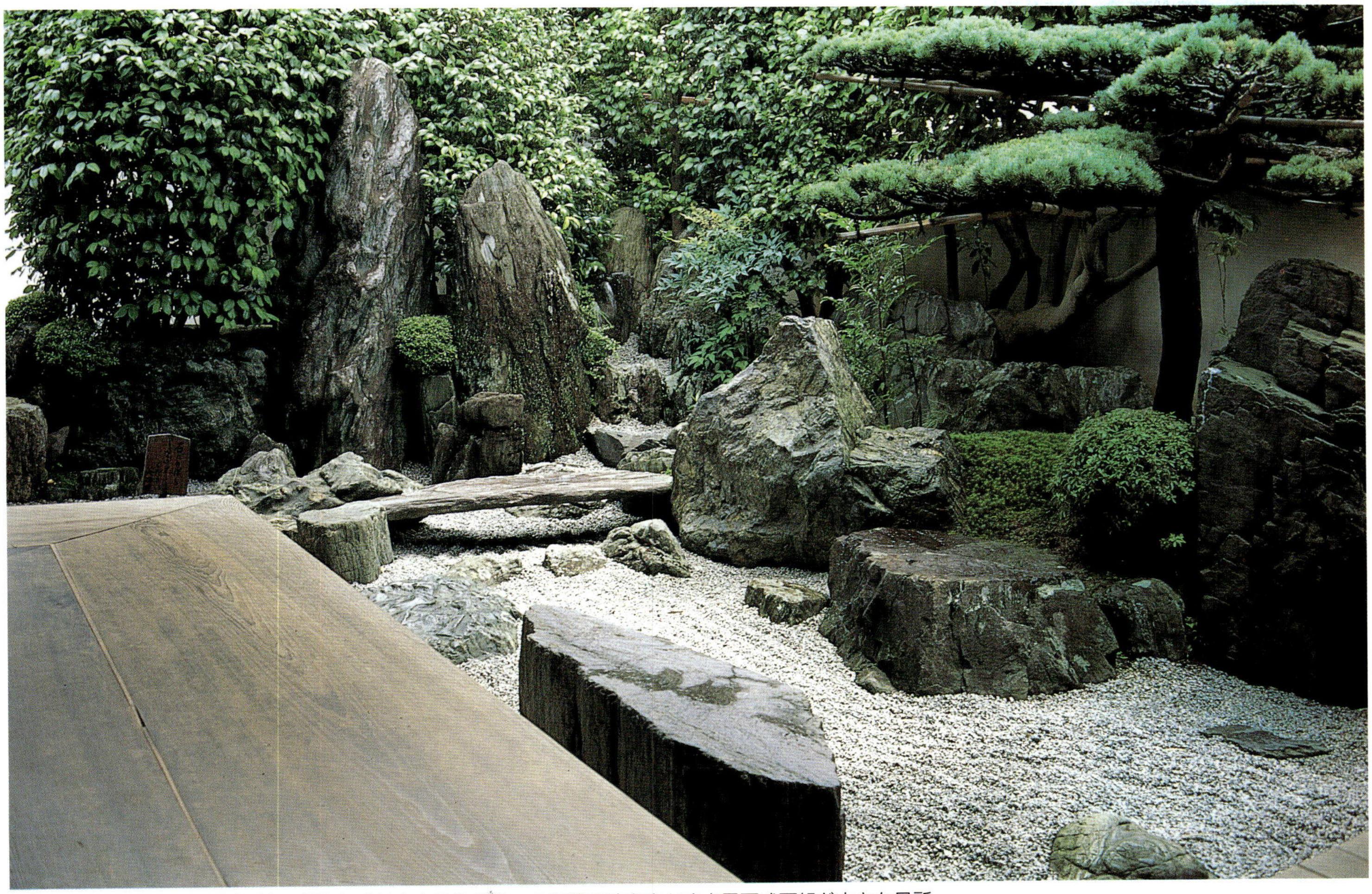

大仙院庭園(室町時代・京都市)。枯流れ式枯山水の代表作。小面積の地を生かす水墨画式石組が大きな見所。
Dry riverbed arrangement and an india ink painting stone arrangement that enhances the small space (Daisen-in temple, Kyoto; Muromachi period)

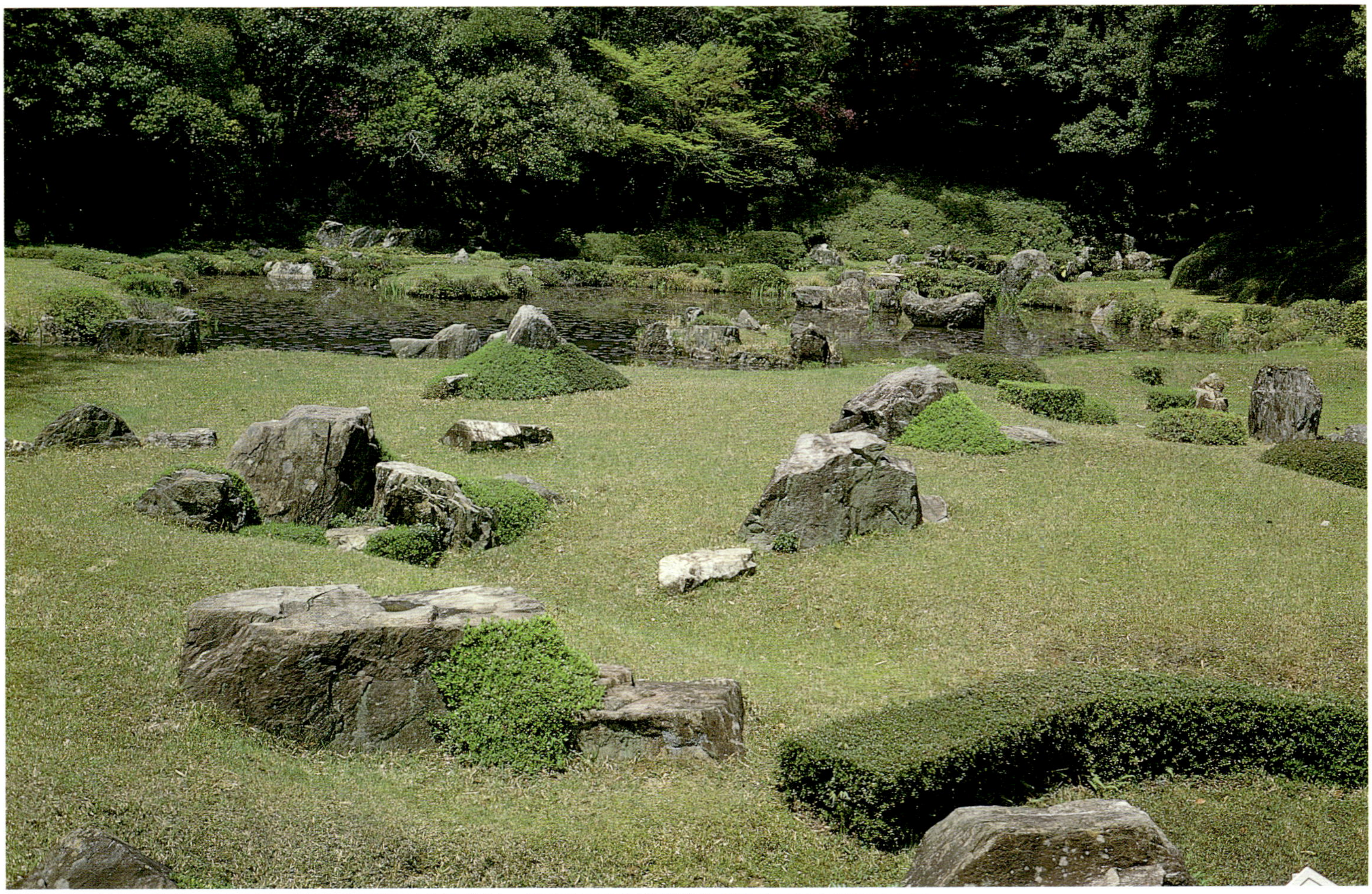

常栄寺庭園(室町時代・山口市)。池泉の手前にある石組は，基本的な石組造形を学ぶうえで特に参考になる。
This basic stone arrangement, at Jyoei-ji temple, Yamaguchi, is a useful gardening reference (Muromachi period)

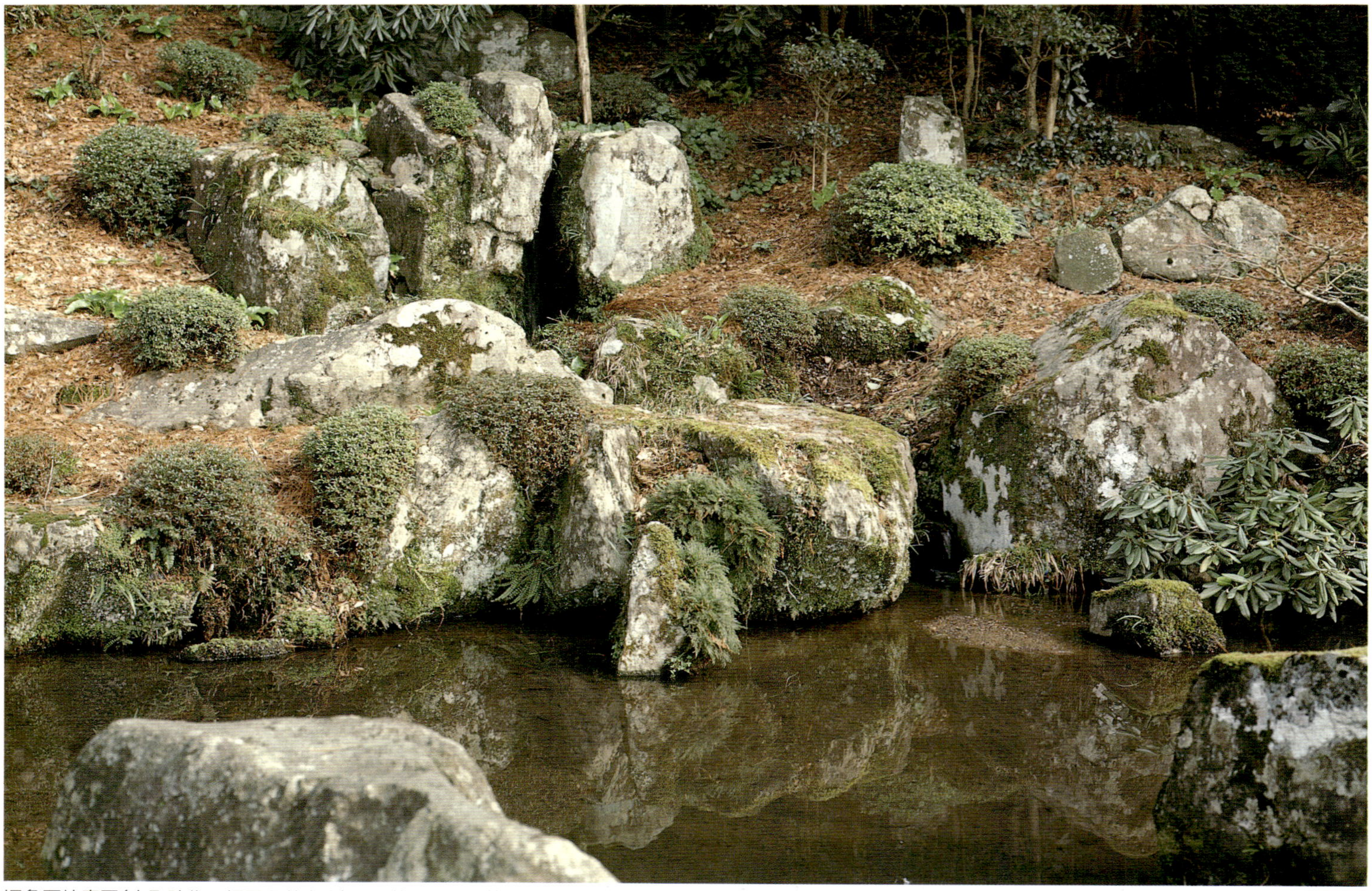

旧亀石坊庭園(室町時代・福岡県英彦山)。三尊石組を主体とした二段式滝石組。遠近法に高度な感覚がある。
Bilevel waterfall stone arrangement incorporating *sanzon* arrangements (former Kameishi-bo, Fukushima Pref.; Muromachi period)

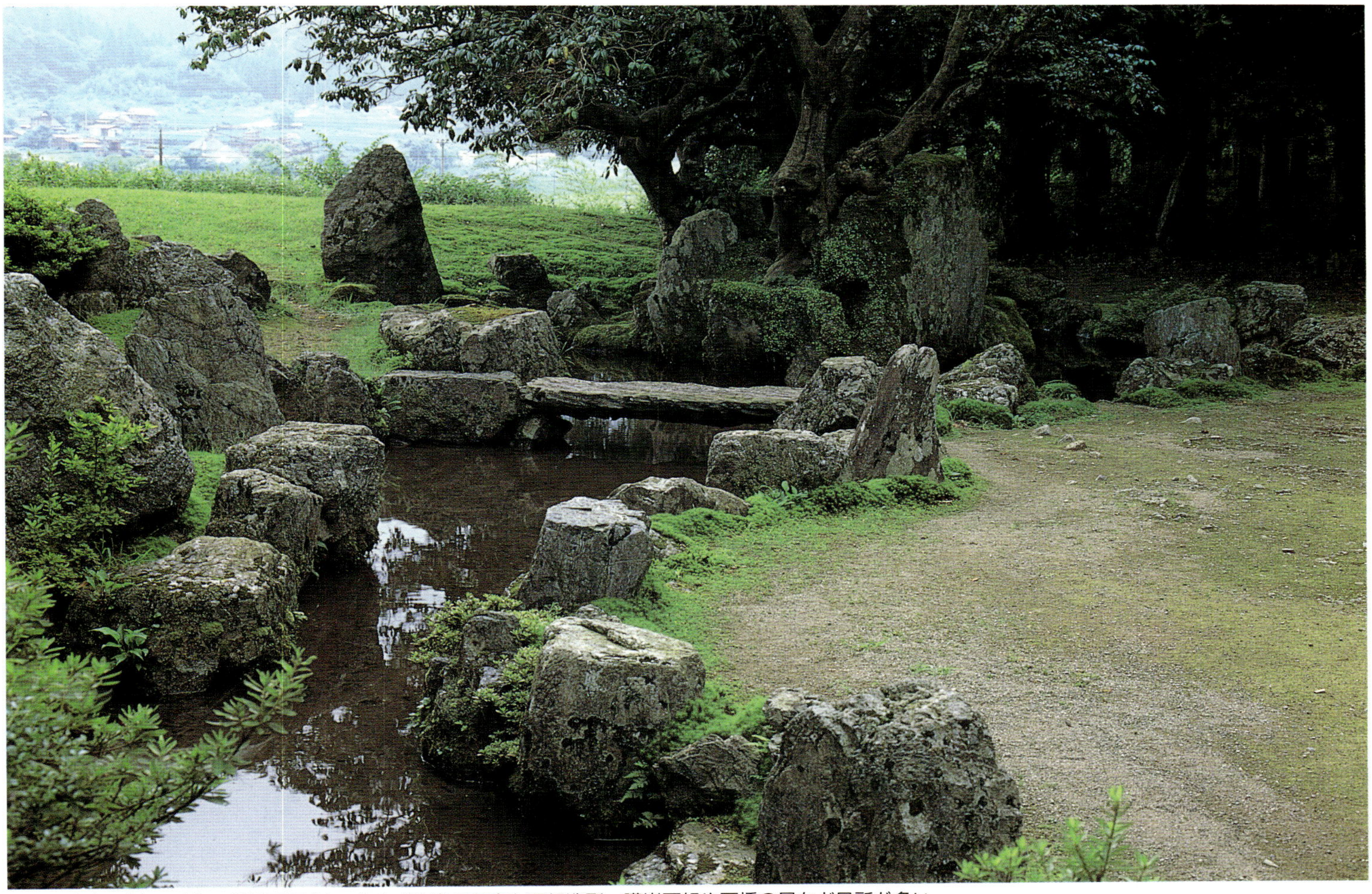

旧秀隣寺庭園(室町時代・滋賀県朽木)。曲水式池泉の見事な石組造形。護岸石組や石橋の景など見所が多い。
Embankment stone arrangements and stone bridges are among the many beautiful sights (former Shurin-ji temple, Kutsuki, Shiga Pref.; Muromachi period)

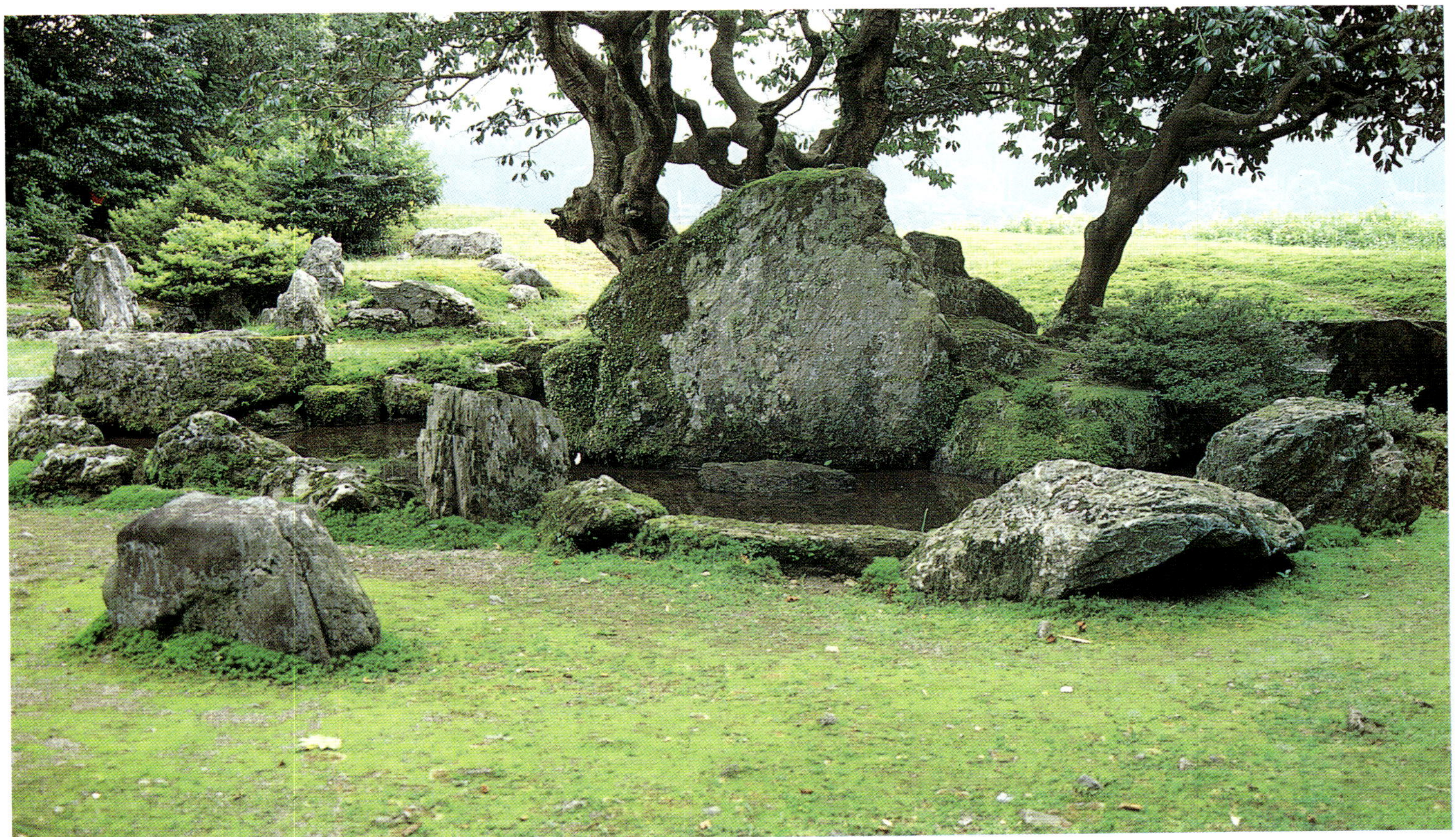

旧秀隣寺庭園(室町時代・滋賀県朽木)。鶴島の羽石を中心とした石組。護岸石組による遠近法が素晴らしい。
A crane island stone arrangement whose main element is the wing stone (former Shurin-ji temple, Kutsuki, Shiga Pref.; Muromachi period)

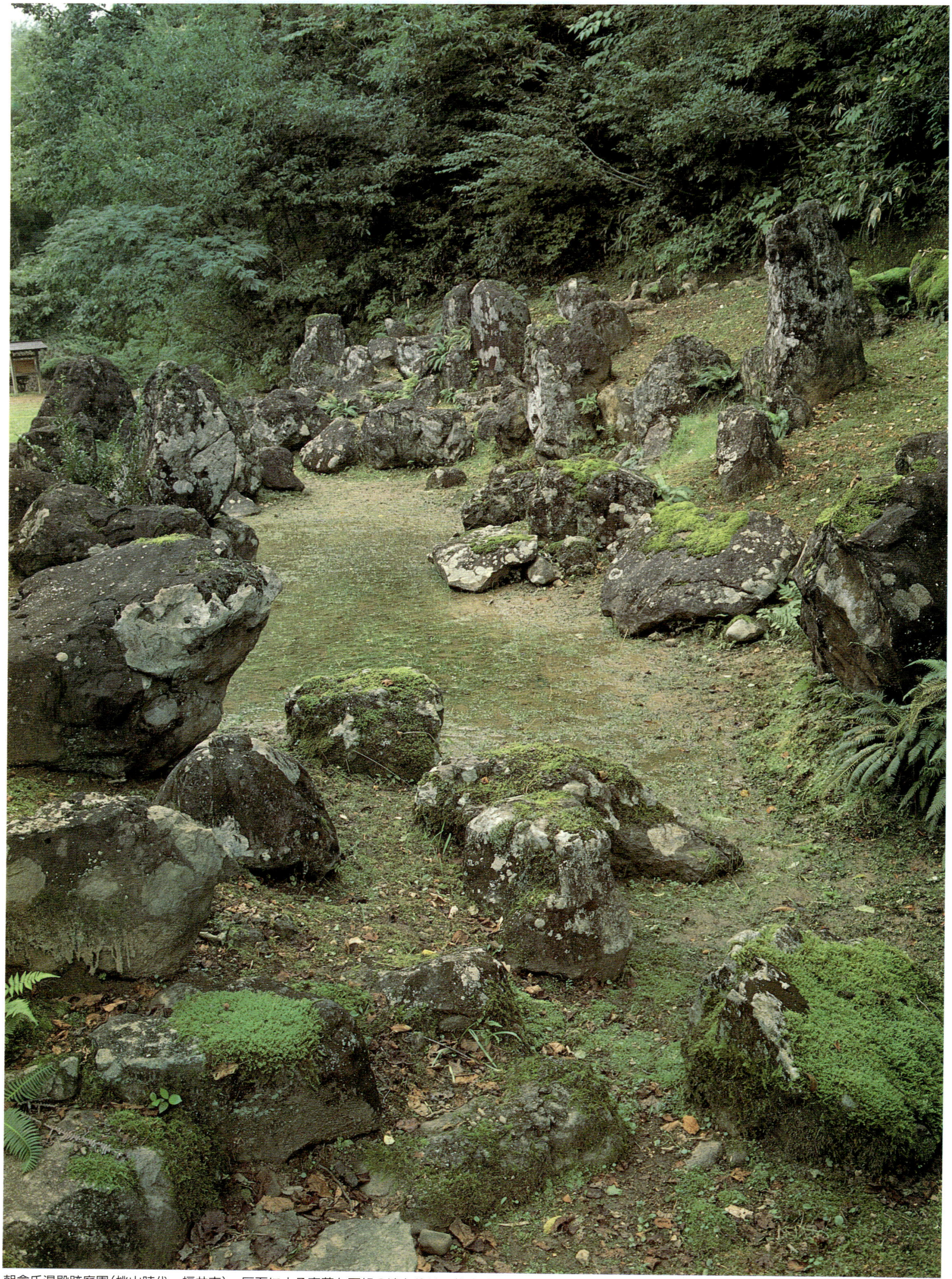

朝倉氏湯殿跡庭園(桃山時代・福井市)。巨石による豪華な石組の連なりは，桃山時代石組の典型作といえる。
Bold arrangements with large stones are typical of Momoyama-period arrangements (Asakura estate, Fukui)

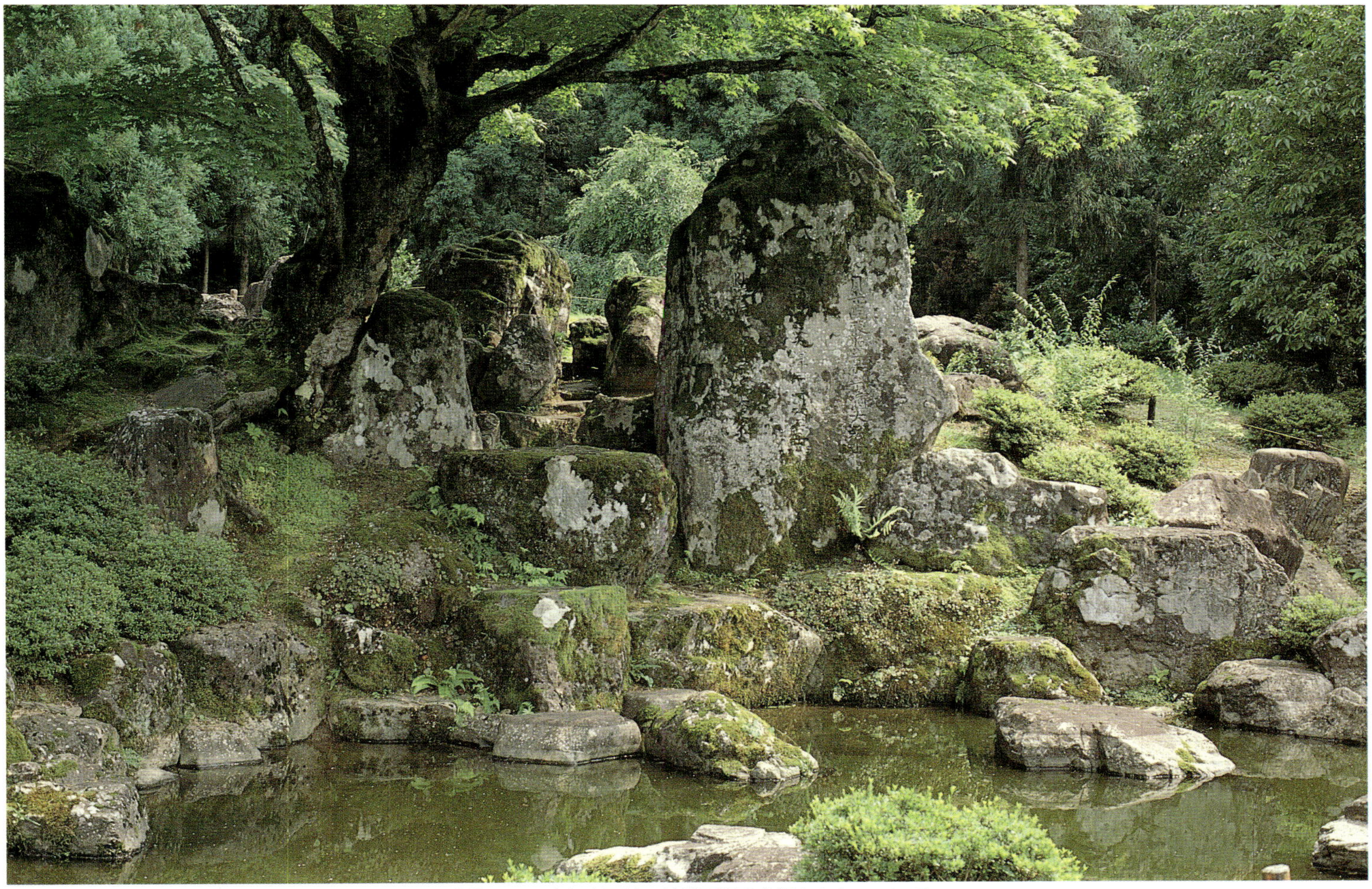

朝倉氏諏訪館跡庭園(桃山時代・福井市)。中央の日本第一の巨大な立石は，枯滝石組の主石ともなっている。
The largest standing stone in a Japanese garden, part of a dry-waterfall arrangement (Asakura estate, Fukui; Momoyama period)

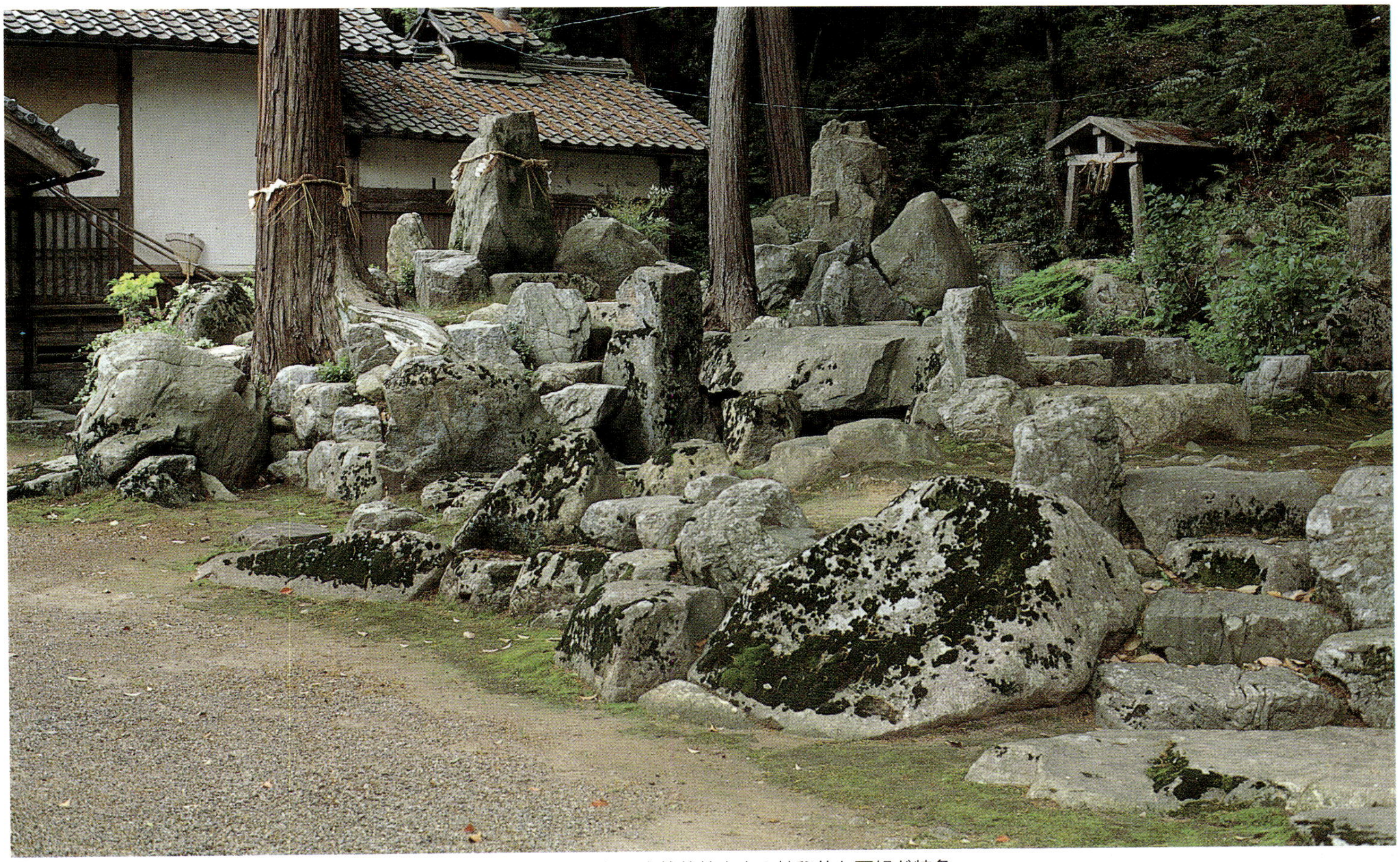

松尾神社庭園(桃山時代・八日市市)。かつては武家の館の庭と思われ，立体的枯山水の神秘的な石組が特色。
A mystical dry-landscape arrangement, perhaps once part of samurai's estate (Matsuo Shrine, Yokaichi, Shiga Pref.; Momoyama period)

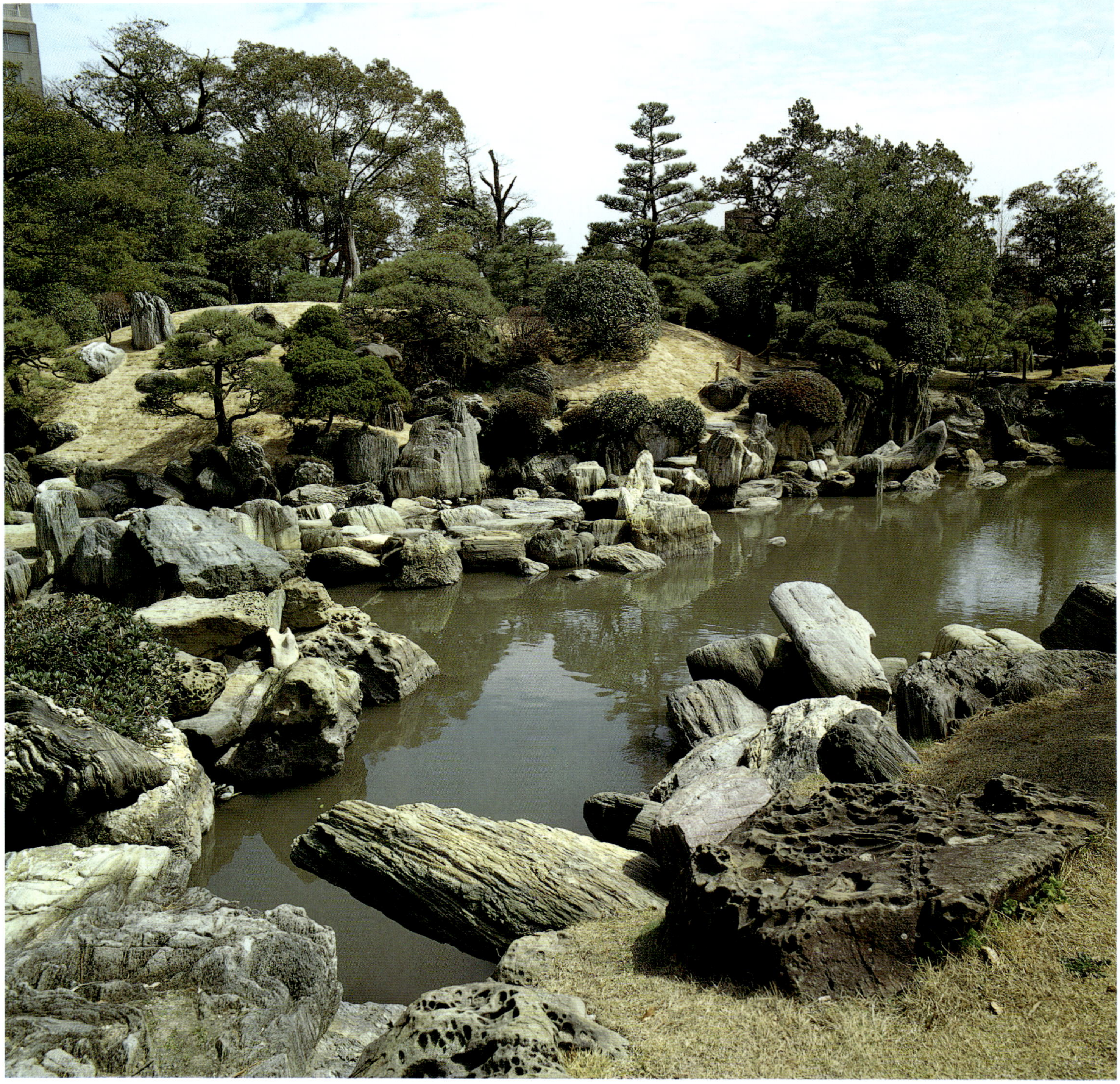

徳島城庭園(桃山時代・徳島市)。汐入式庭園で，豊富な青石を自由自在に用いた華麗な石組の世界が広がる。
A free arrangement of stones in an inlet-style garden (Tokushima Castle, Tokushima; Momoyama period)

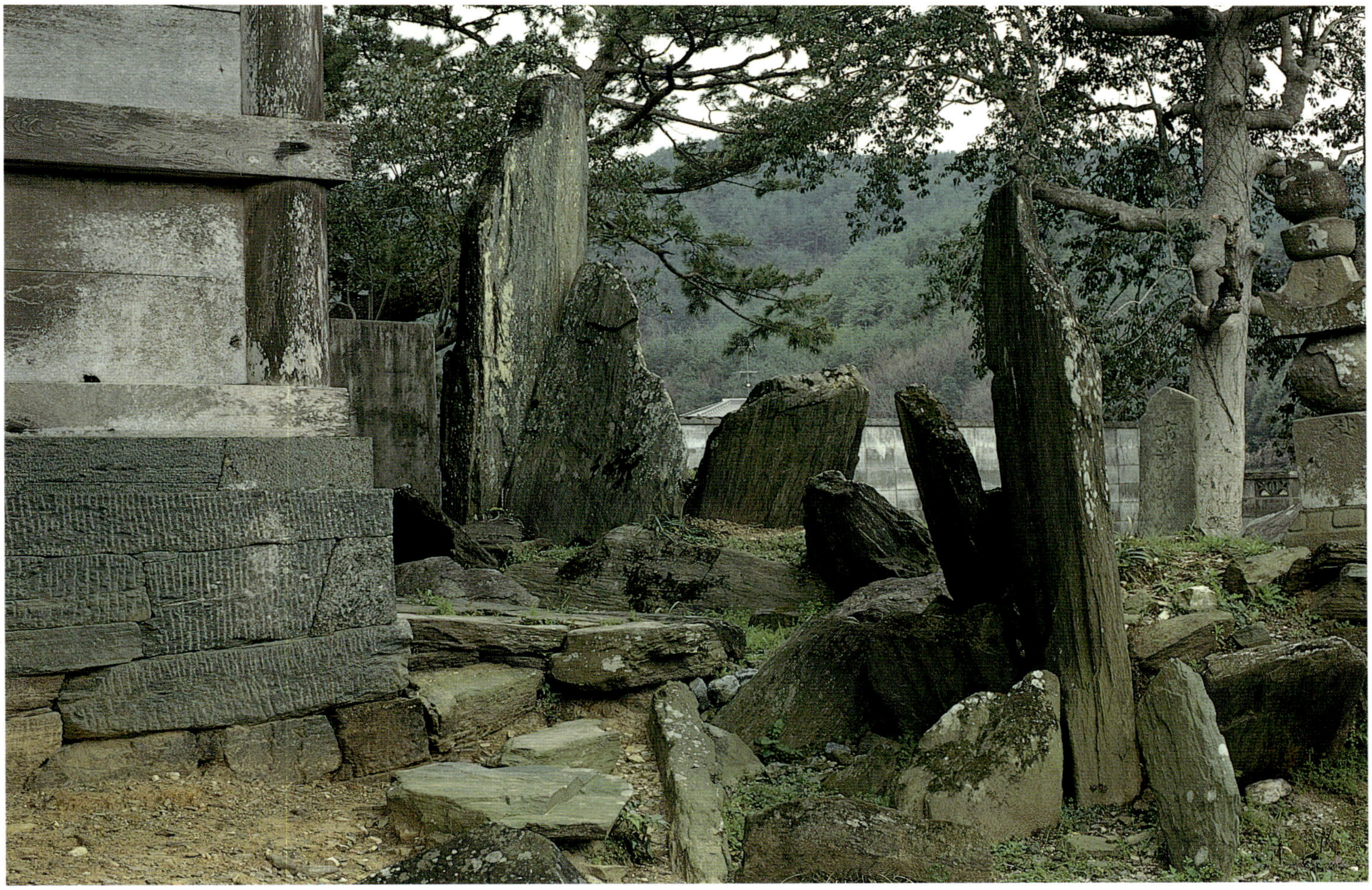
国分寺庭園(桃山時代・徳島市)。阿波から産する青板石の巨石を生かした石組。切れ味鋭い石組の最高傑作。
An arrangement of large Awa flat-stones, noted for its sharp-edged appearance (Kokubun-ji temple, Tokushima; Momoyama period)

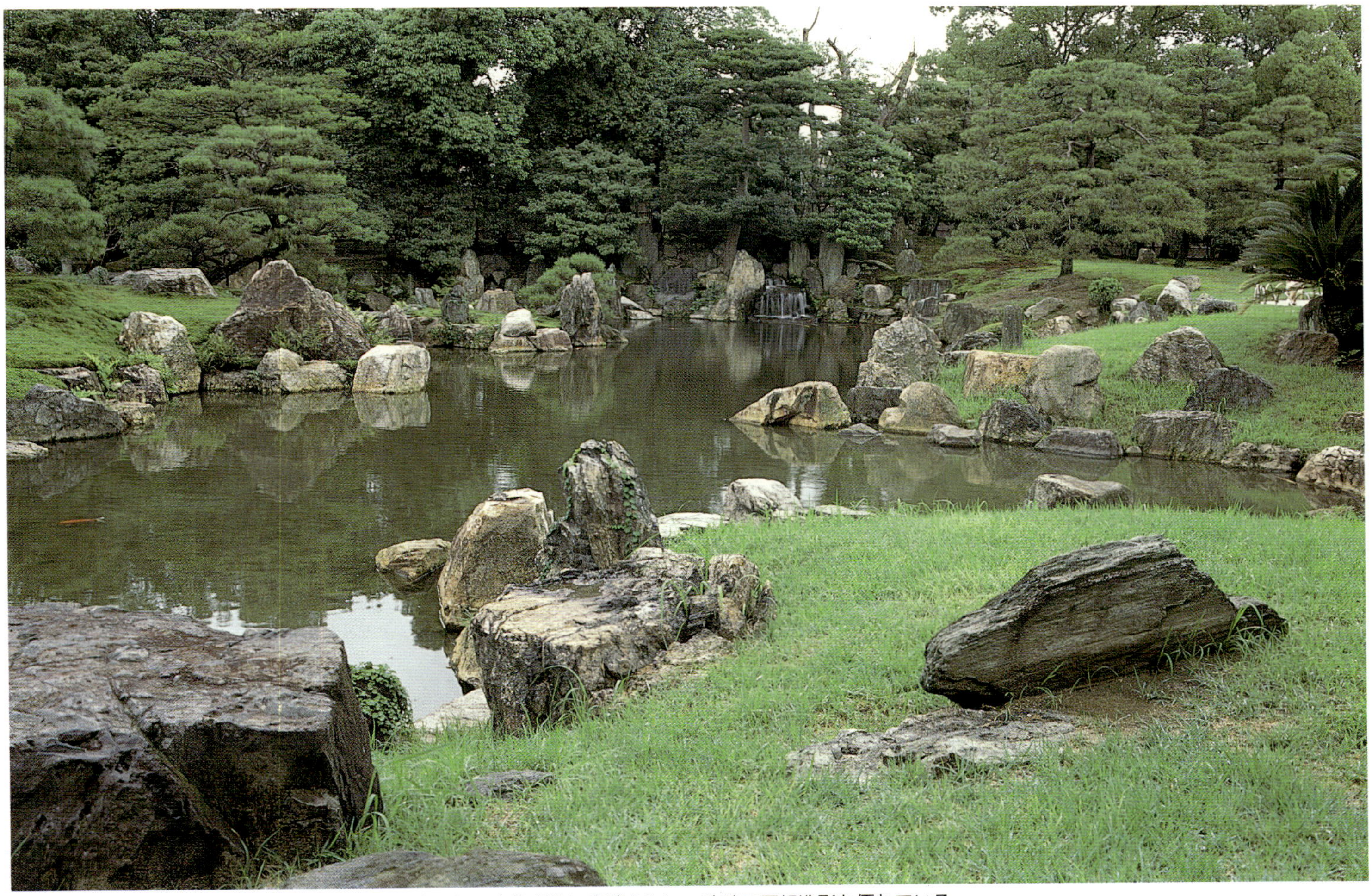
二条城庭園(桃山時代・京都市)。中島石組や護岸石組の変化が特に素晴らしい。池畔の石組造形も優れている。
Interesting island and embankment stone arrangements (Nijo Castle, Kyoto; Momoyama period)

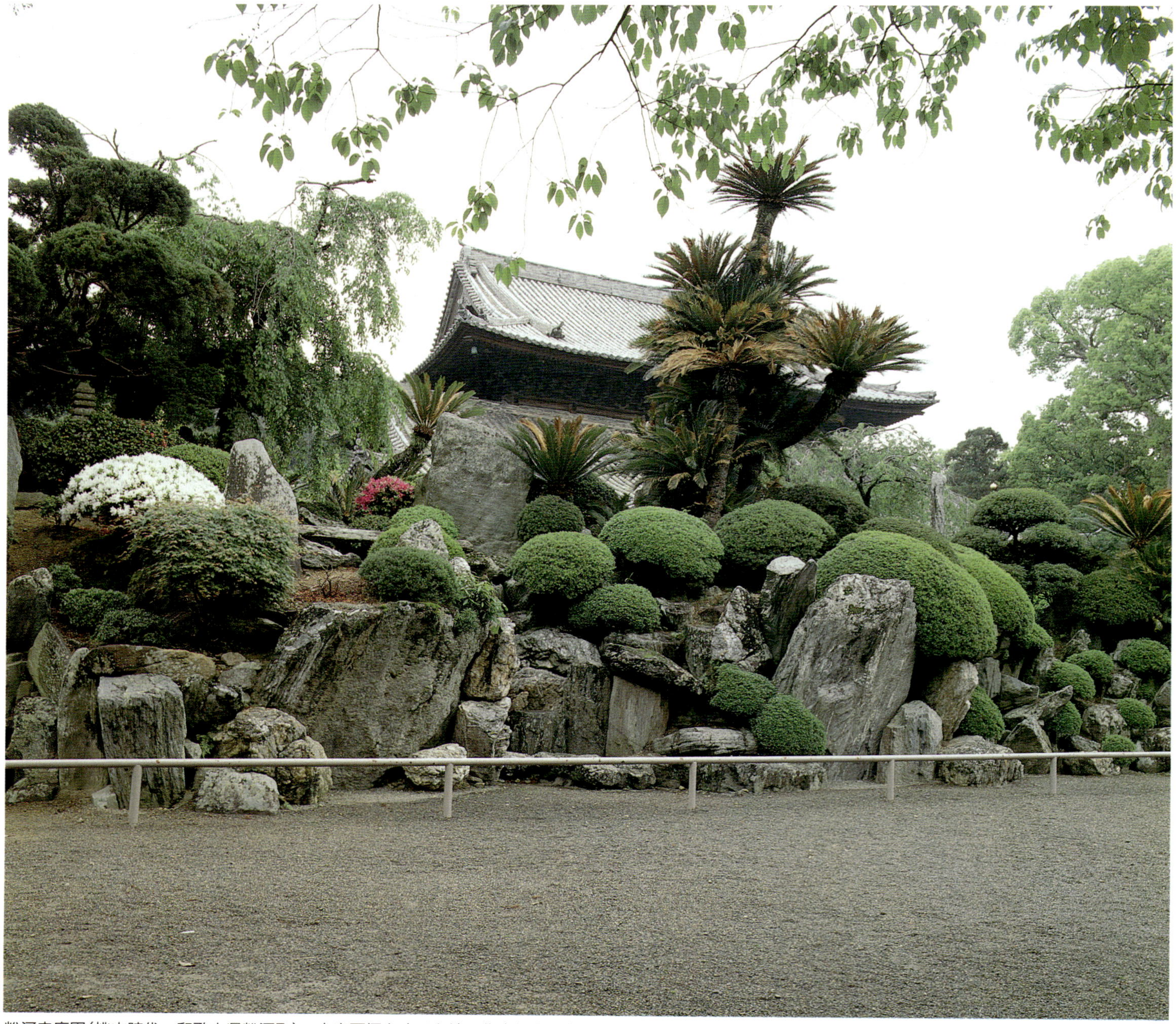

粉河寺庭園(桃山時代・和歌山県粉河町)。本来石垣とすべき地に作庭した，青石による豪華な石組の代表作。
A superb large-scale stone arrangement (Kokawa-dera temple, Kokawa, Wakayama Pref.; Momoyama period)

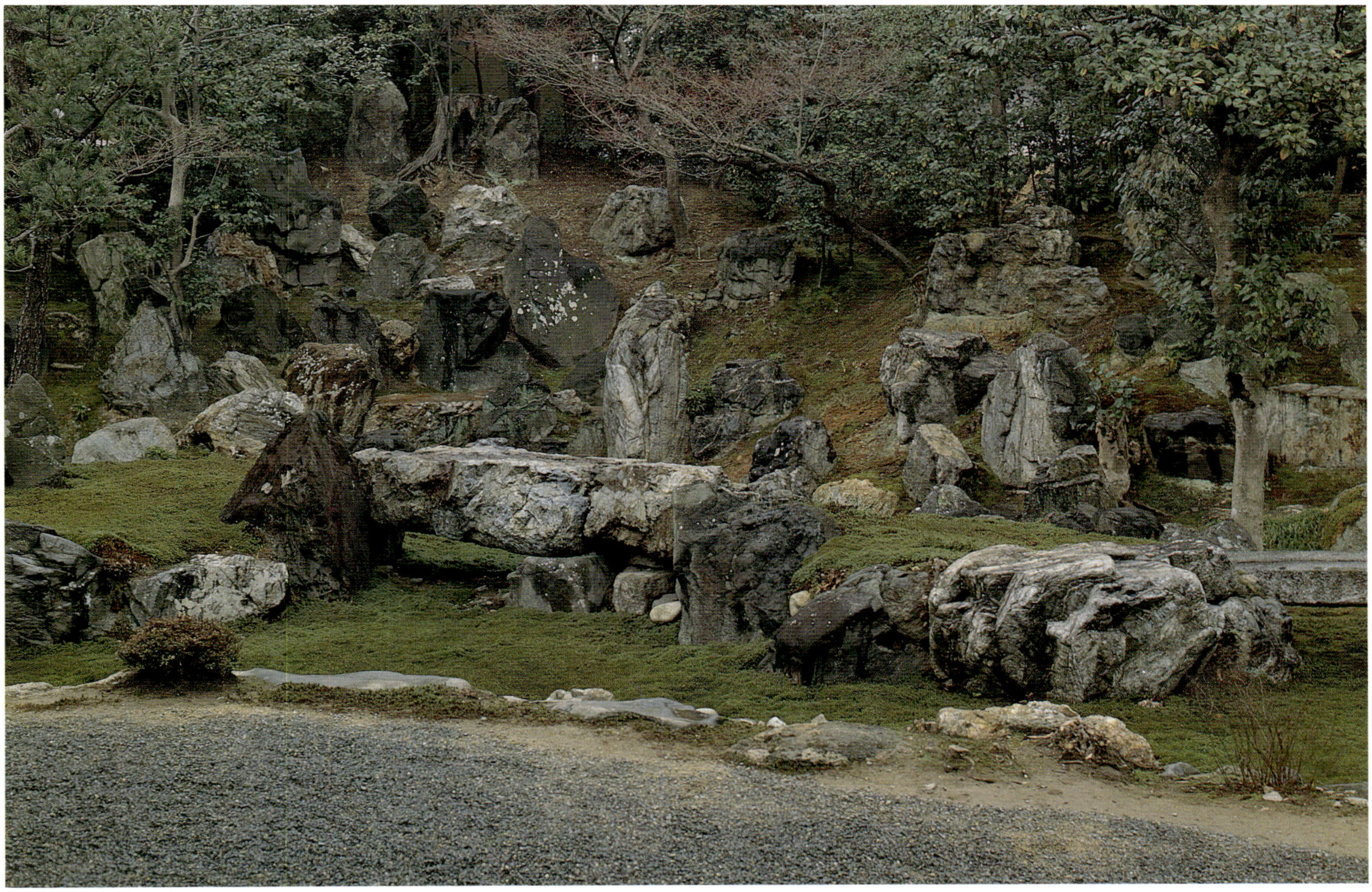

円徳院庭園(江戸時代初期・京都市)。鶴島(左)亀島(右)の間に架け渡された石橋を通して滝石組を望む。
Stone bridge connecting turtle and crane island arrangements, with a waterfall stone arrangement in the background (Entoku-in temple, Kyoto; early Edo period)

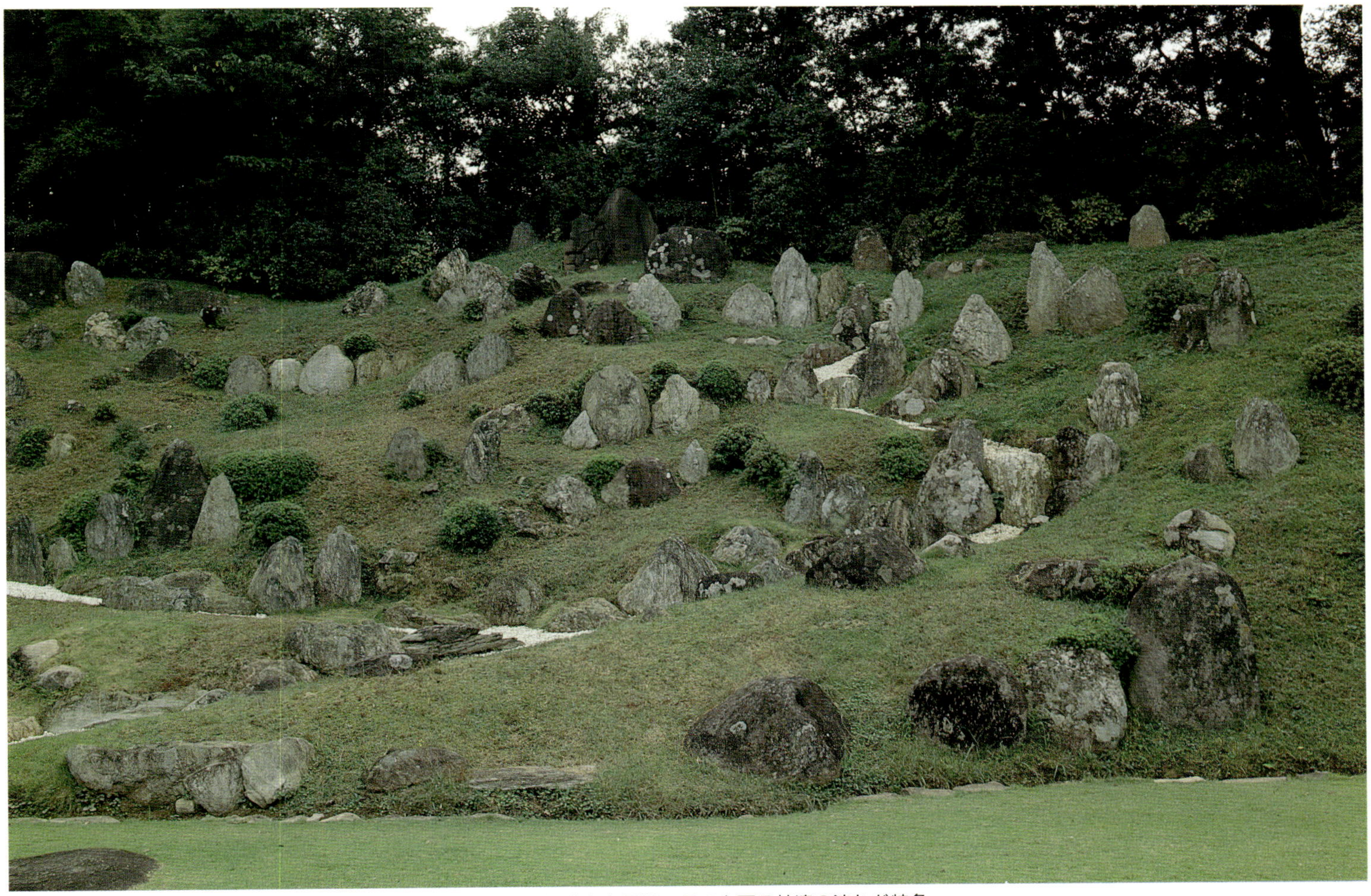

旧円融寺庭園(江戸時代初期・大村市)。高く雄大な山畔一面に組まれた石組。そこを下る枯滝の流れが特色。
Stone arrangement on a hillside, including a dry-waterfall arrangement (former En'yu-ji temple, Omura, Nagasaki Pref.; early Edo period)

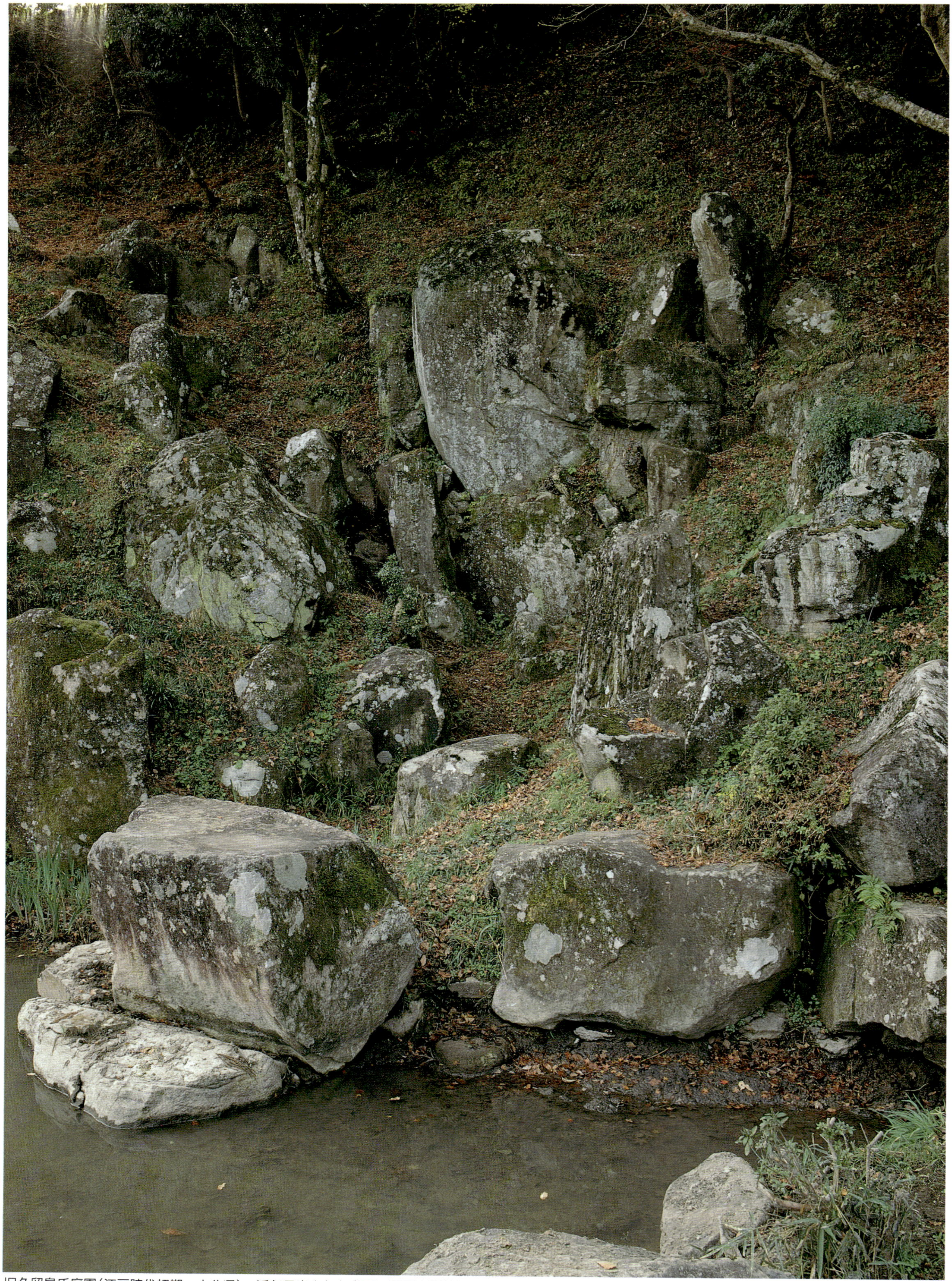

旧久留島氏庭園（江戸時代初期・大分県）。近年見出された名園。巨石を駆使している点では日本一といえる。
Large stones in the recently rediscovered garden of the former Kurushima estate (Oita Pref.; early Edo period)

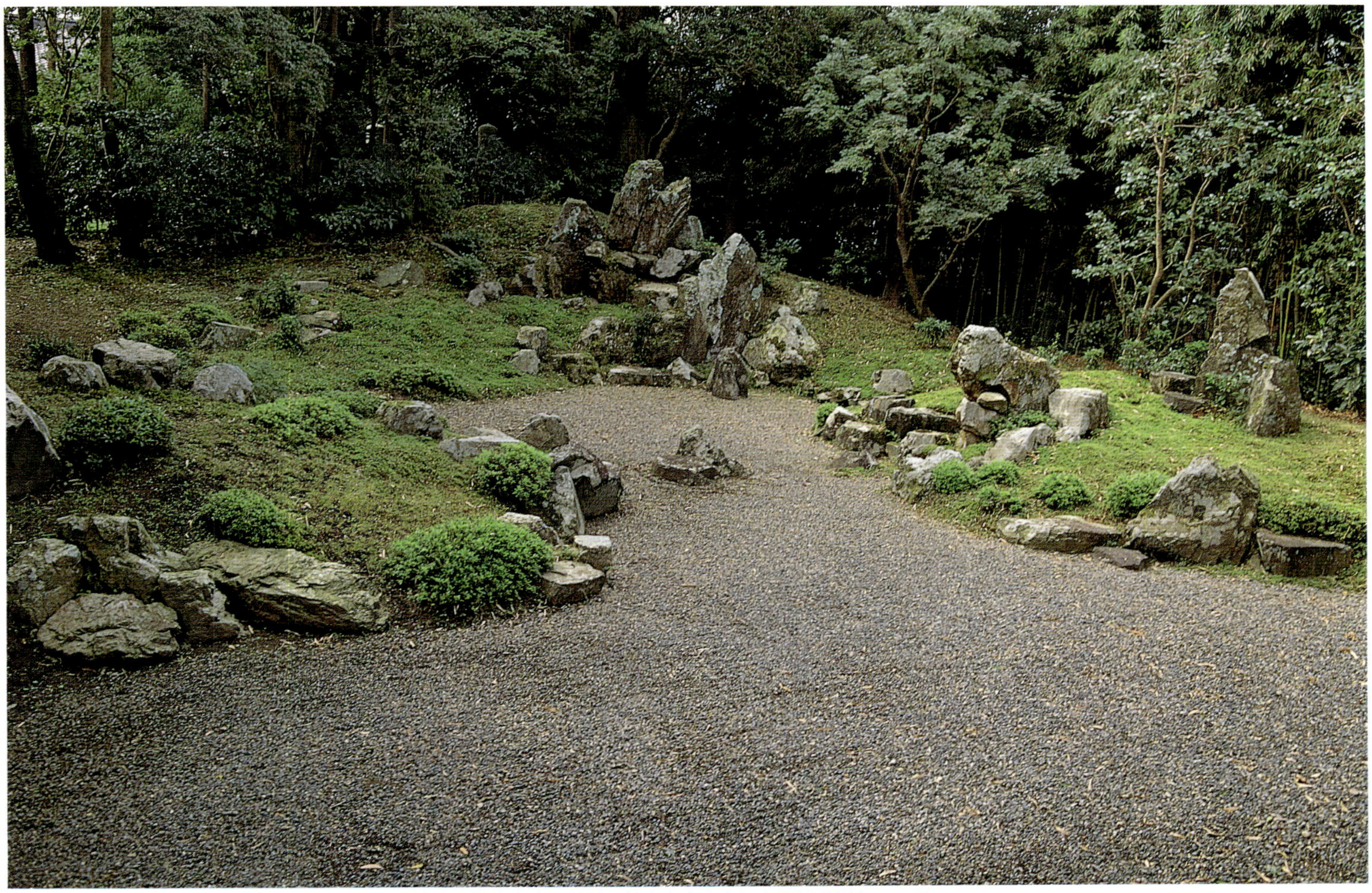

福田寺庭園(江戸時代初期・滋賀県)。小規模の枯池式枯山水庭園だが，枯滝を中心とした石組が優れている。
Small dry-lake garden with a centrally positioned dry-waterfall stone arrangement (Fukuden-ji temple, Shiga Pref.; early Edo period)

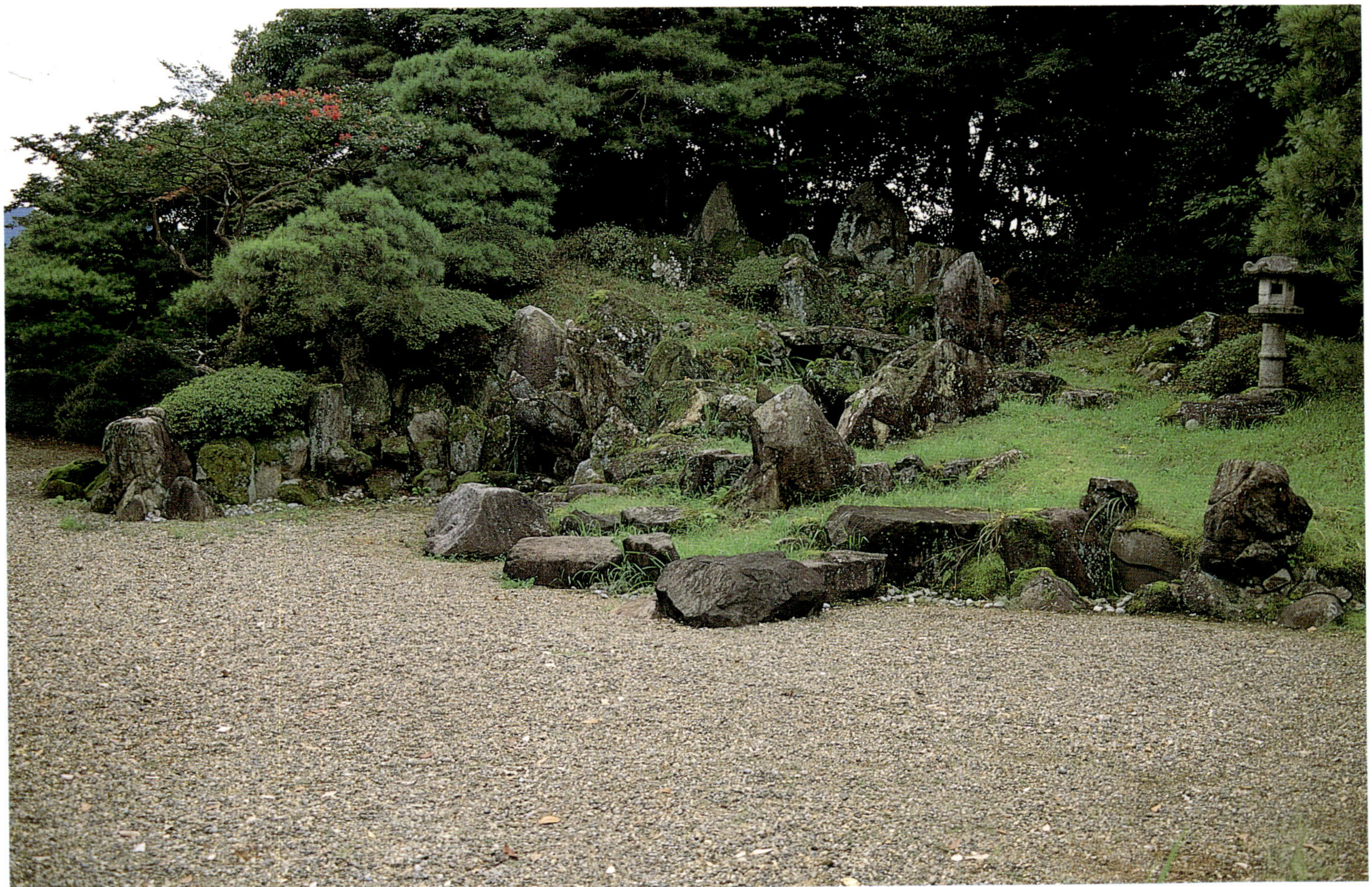

楽々園庭園(江戸時代初期・彦根市)。規模の大きな築山式枯山水。枯滝を主体とした築山石組の変化がよい。
Dry-landscape garden with centrally positioned dry-waterfall stone arrangement (Rakuraku-en garden, Hikone, Shiga Pref.; early Edo period)

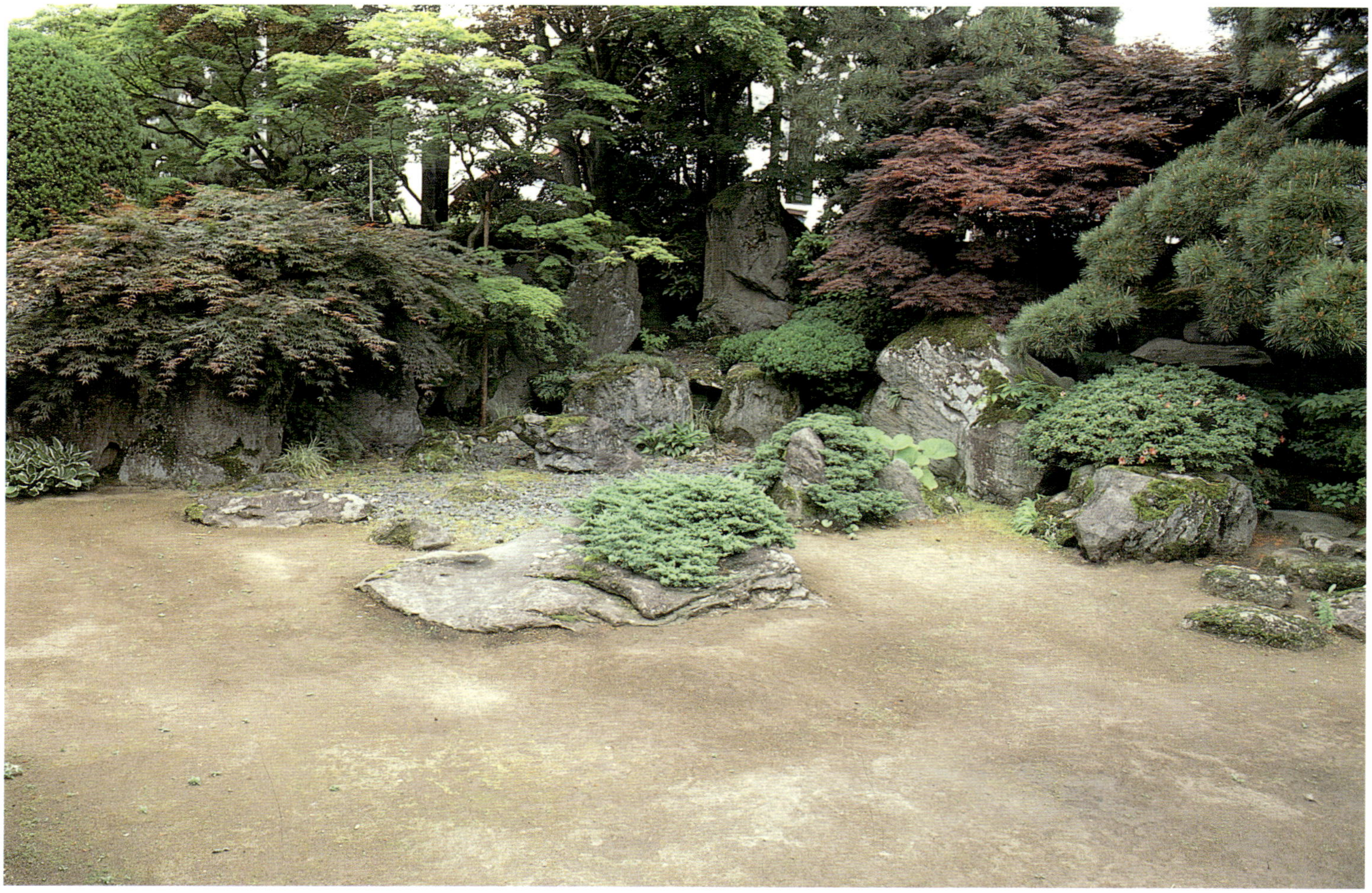

清藤氏本邸庭園（明治時代・青森県）。江戸末期以降，青森県地方に流行した武学流庭園を代表する枯滝造形。
Dry-waterfall arrangement in a so-called military-style garden, common in Aomori in the late 1800s (Kiyofuji estate, Aomori Pref.; Meiji era)

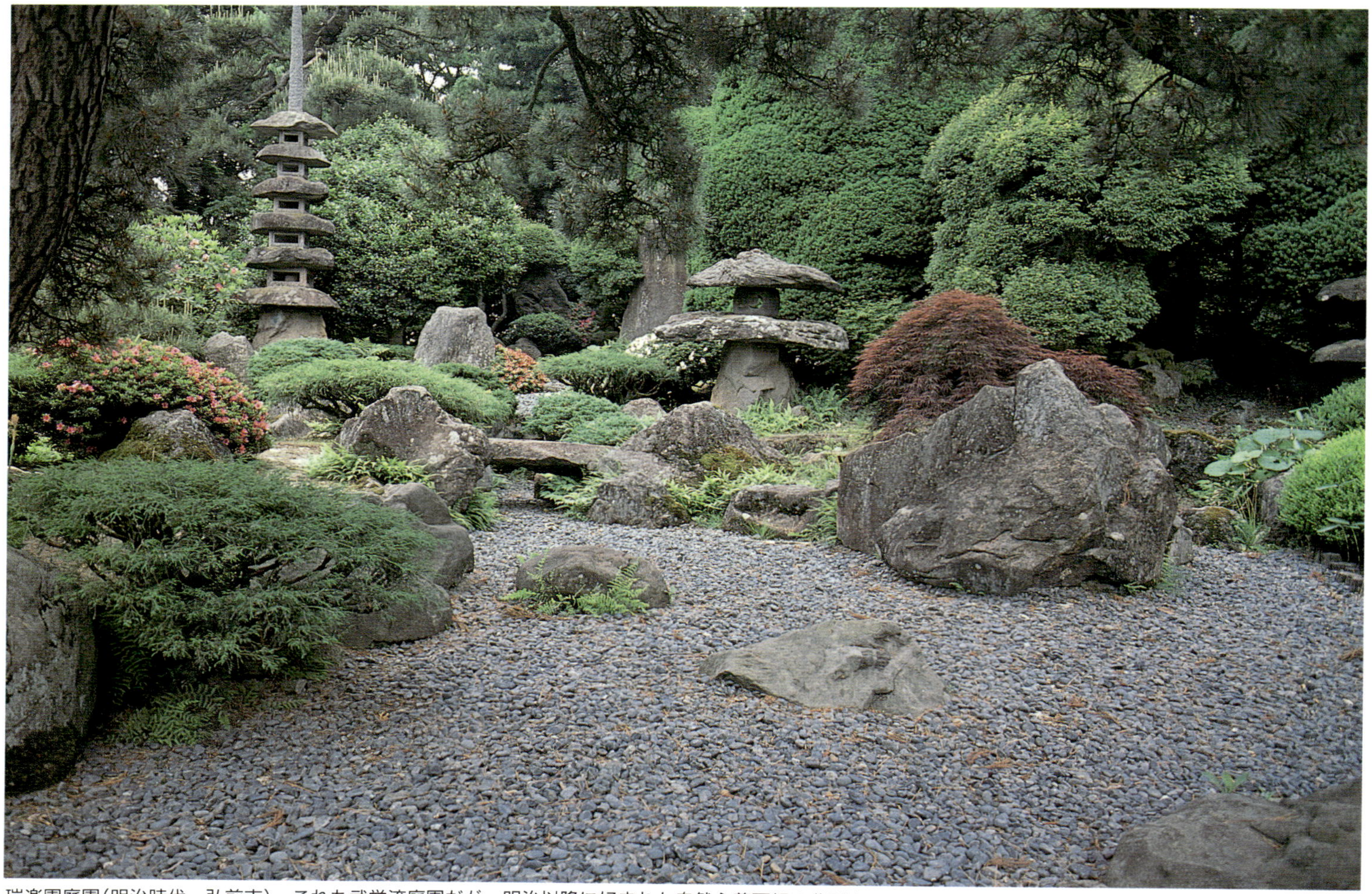

瑞楽園庭園（明治時代・弘前市）。これも武学流庭園だが，明治以降に好まれた自然主義石組の典型といえる。
Another military-style garden, but with more naturalistic elements (Zuiraku-en garden, Hirosaki, Aomori Pref.; Meiji era)

石組の本質

石，それは人間生活にずいぶん古い時代からかかわりを持ってきた。私達の遠い先祖が，石を加工して矢尻や石斧などを作っていたことを思えば，石は文化的生活の第一歩であったともいえよう。

やがて人類は，石がすばらしい発展性を持った天然の素材であることに気付いた。エジプトや中国などの古代国家においては，石は建材等として多用され，加工技術の進歩と共に，彫刻という芸術作品にまで発展していった。これは，石に不変性と美しさを見出した結果に他ならない。

外国人に石の美しさをたずねた場合，そのほとんどの人は，古代ギリシアの彫刻や，神殿などの石造建造物を思い浮かべるに違いない。

時代は下がるものの，日本にも石を彫刻する技術は導入された。それは，大陸からの帰化人によって持ち込まれた，日本においてはまったく新しい技術であったと思われる。

それは主として仏教彫刻であり，人物，仏像，層塔などの石造美術品が中心であったようである。その後，石造美術品は多種多様のものが創造されたことはいうまでもない。

しかしながら，石の美しさといった場合，今日の日本人の感覚は，ただちにこのような彫刻とは結びつかない。

いやむしろ，庭石とか盆石など，外国人には思いもよらぬものを思い浮かべるに違いない。

そこに，加工しない自然のままの石に美しさを見出す，日本人としての石に対する独特な美意識がはたらいていることを認めなければならない。

では，自然石を愛するという点で，これから述べていく石組と，石の愛好，盆石などは同じであろうか。実際それを同じようなものだと思っている日本人は少なくないのであるが，実は両者はまったく違う内容を持っている。

他ならぬ日本人自身に，最も誤解の多いこの問題から，著者は説きおこしていこうと思う。

自然界にあって，一つとして同じ形のものはない石。その自然石自体に美を求めたというのは，石組でも盆石でも同じことであろう。

ところが，盆石の美の対象は，あくまでも一石の形である。形の美しいもの，色の美しいもの，珍しいもの，奇抜なものなどが趣味の対象となる。原則としては，いかにしてよい形の石を探し出すかが，盆石の生命であり，石の良し悪しを決めることになる。石の愛好もその点では大差ない。

しかし，日本庭園における庭石というのはそうではない。石は，あくまでも庭園を構成する中心的な素材なのである。

石として美しく立派なものよりも，素材として美しく使いやすいものでなければ石組にはならない。

庭園芸術というものは，必ず何かを表現するという一定のテーマを持って構成されるはずだから，石がその庭と遊離しているようではどうにもならないのである。

たとえば，ここに牛の形をした名石があったとする。“臥牛石”などと命名してそれを庭の中央に置き，石組だといっても，それは石を飾っただけで，石自体のおもしろさだけでしかない。

それは石の趣味とは認められるが，日本庭園とはかなりずれている。石組というものは，庭の飾りものではないということに気付く必要があろう。

日本庭園における石組は，自然石をそのままに素材として使い，加工する以上の芸術作品とすることが原則といえる。

彫刻のような加工をせずに，自然石を美的に生かして行くのである。この考え方は，おそらく西欧にはなかったのではないだろうか。

石組に用いる石は，原則として盆石のように一石で形の決った飾り石ではいけない。かえって，一石一石は粗野で，素材としての適応性や変化のあるものが好ましい。いわゆる形の決った名石は石組には向いていない。そこに，石組という言葉の持つ深い意味がある。

では，石組の精神とは一体何であろう。石を組み合わせる意には違いないが，それは文字の上での意味である。

石組とは，石を一度ころして，それを再び生かす方法である。一度ころすというのは，石をただの石としては扱わず，自然の与えてくれた尊い庭園素材として大いに活用することである。

そして，生かすというのは，ただの石以上の芸術的な美しさを生み出すことに他ならない。

有名な平安時代の『作庭記』の冒頭に，「石をたてん事，まつ大旨をこころふへき也」とある。

石をたてん…というのは立石(たていし)のことで，同記には「立石口伝」「石をたてんには」「石をたつる」などと何回も立石のことが出てくる。

この，石を立てる，というのは非常に意味の深い言葉であって，一般にいう立石(りっせき)のことだけをいっているのではない。『作庭記』でいう立石というのは，ほとんどの場合石組のことであって，石を生かして用いる意味であり，そのまま庭作りということにもなる。

冒頭から，「石を立てん事……」と書き出したのは，「庭を作るには……」と同じ意味でいっていることの証明である。

このように，古い時代には石組のことを立石といった。だから，横石でも伏石でも，それは立てるでよかったのである。それは，立てるは生かすという意であったからだ。

では，なぜ生かすが立てる，なのであろうか。それをここで考えてみよう。

よく庭園関係者の中で，「石は元来山や野に伏しているものだから，石を立てて使うのは好ましくない。横石や伏石にすべきだ」とか，「立石は不安定だ」というようなことを述べる人がある。しかし，これはとんでもない考え違いなのである。

ちなみに，優れた古庭園の石組を見るとよい。そのほとんどは立石が主景になっている。

実際には，自然のままの石，伏しているような石は，そのままで良い形とはいえないものの方が多い。勝手気ままに，自然界の動きに合わせてころがっている。地に伏しているといっても，倒れているものも数多いはずだ。

自然のままの姿の石が最も美しい，という考え方は，まことに感情的なものだが，正確なものではない。

たしかに自然には，人工の及ばぬ見事な造形があり，人間は石が特別雄大にそそり立っているような所を景勝地に指定し，観光の名所にしたりしている。それは反面において，それほどおもしろくない所の方が多いことを意味する。

『作庭記』も，その点を述べて次のように記している。

> 或人のいはく，人のたてたる石は，生得の山水にはまさるへからす。但おほくの国々を見侍しに，所ひとつにあはれおもしろきものかなと，おほゆる事あれと，やかてそのほとりに，さうたいもなき事そのかすありき。人のたつるには，かのおもしろき所々はかりを，ここかしこにまなひたてて，かたはらにそのこととなき石，とりおく事はなきなり。

その意は，「ある人のいうには，人の立てた石は，自然の山水には勝てない。ただし多くの国々を見たところ，ある部分には大変に立派な景を見出しても，その近くにはそうでもない景のあることがまことに多い。人が石を立てる場合は，自然の景の優れた部分をあちこちに学んで立て，つまらない自然の石の景などを，取り入れる必要はない」ということである。

この主張こそ，よく日本庭園の石組精神を語っており，名言というべきものと思う。

自然界にある多くの石は，人間がそれに芸術作品としての命を与えることによって，さらに美しさを増すのである。

野や山にあって死んでいる石に，人の心を通わせることによって，石は永遠に生きる。倒れているものを美しく起してやる。そして，その石の最も優れた部分を引き出す。それが立石であり，生かすということである。

実際の石組においては，その中心となる造形に石を立てることが多いので，立てるが石組の意にもなってきたらしいが，そこに石を生かすという精神がある以上，横石や伏石であっても立てるといってよいのである。

むしろ，立石を十分に行える者にして，はじめて横石や伏石を生かすことが出来るのであって，立石を否定するような者には，本当の横石や伏石も組めないということになる。

石組というものは，このように素材としての石の美を引き出し，一石から数石以上をテーマにしたがって美的に組み込むことをいう。その作品は，すでに石を超越した芸術作品にまで高められていなければならない。

これは単なる飾り石とは次元の違う美の世界であり，日本庭園の最も優れた点なのである。

ある人は，「石組とは補石だ」と本に書いている。一石の欠点を補い隠すのが目的だというのであろう。

しかし，石組とはそんな低次元のものでないことは，すでに十分に理解していただけたと信ずる。

端的にいえば，石組とは主張である。作者の美意識，心，精神，というものが如実に現われていなければならない。

私達が古庭園に感動するのは，そういう作者の精神が，時代を超えて石組の中に生きているのを感じるからである。

古庭園に学ぶというのは，単なる学問や，また見学ではなく，その造形にふれて，多くの美を吸収することに最大の目的があるというべきであろう。

The Essence of Stone Arrangements

(Pages 25–26)

Human beings have used stones from the earliest times. Our earliest ancestors learned to cut stones into arrowheads and hatchets. Techniques of stone processing gradually advanced, so that in early Egypt and China, for example, stones were widely used as building materials. People continued to develop ways of bringing out the beauty of stone, resulting in such masterpieces as classical Greek temples and statues.

Stone sculpting techniques came to Japan from the Asian continent along with Buddhism (first preached in Japan in the sixth century), and most of the early statues and structures—human figures, buddhas, and towers—were Buddhist-related. Later, of course, stone items on other themes were made. It is not, however, statues and famous buildings that the Japanese think of when stones as art are being discussed (as might be the case in the West); rather, their thoughts tend toward garden stones, miniature landscape stones, and the like, that is, stones in their natural state.

This notion of naturalness is crucial to an understanding of the essence of stone arrangements in Japanese gardens. In the most basic sense, stones are the central structural elements of a garden. They are not mere decorations: it is more important that they be beautiful and easy to use as materials for an arrangement within the overall theme of a garden than beautiful individual stones with no meaningful relationship to their surroundings. Furthermore, stones are used as they are, without chiseling or other processing. The best stones are those that possess some interesting feature (shape and so forth) and that are easily adaptable to a variety of uses or surroundings. Stones that look like something specific are usually inappropriate.

The spirit of stone arrangements comprises both the use of a material that has been provided by nature and the work of the artist who, as it were, gives life to the stones and enhances their beauty, turning them into a work of art. As with other art forms, stone arrangements are an expression of the creator's aesthetics and spirit. What is often so moving when we see a centuries-old stone arrangement is the realization that the artist's spirit still lives in the work.

石組造形の略史

日本庭園の石組を学ぶには，やはり古庭園の優れた造形に数多くふれ，その美や特色を知っておくことが大切である。

そのための基礎知識として，石組がどのような歴史をたどって発展し，今日に至ったかを，ここで略説的にふりかえってみよう。

上古時代の石組

一体，日本庭園石組の発祥はいつ頃のことだったのだろうか。この点はまだ解明されておらず，はっきりしたことは分かっていない。

最大の問題点は，それが大陸から伝えられたものか，日本で発祥したものか，ということであるが，最近では日本発祥説の方が有力になっているようだ。

その説の中でも、著者が最も魅力を感ずるのは，上古時代に神道の源流として行われた，磐座(いわくら)，磐境(いわさか)などが，石組の源ではないかという説である。

これについて詳しく述べると，それだけで長い論文になってしまうので，ここでは略記するより仕方がない。

この磐座，磐境というものは，神社信仰のはじまりと直接的につながる自然崇拝の一形態であって，山頂，山腹，島などにある雄大かつ神秘的な自然石を，神としてあがめることからはじまったと考えられる。

磐座は『日本書紀』に，「皇孫乃離天磐座，且排分天八重雲，……」と出ており，『古事記』には「石位」とある。これは，神が天上から降臨される座を意味するのであるが，最初は神聖で力強い感覚のある天然の巨石がそれに当てられ，後には人工的にかなり手を加えたものも認められる。

それに対して磐境は『日本書紀』に，「高皇産霊尊因勅曰，吾則起樹天津神籬及天津磐境，當爲吾孫奉斎矣。……」と見えており，境の文字があることより，神の宿る清らかな地を囲って神域を区切る石とも考えられてきた。神社によっては今日でも自然石を環状に配した実例があり，それはたしかに磐境にふさわしいが，そのような区別の明確でないものも多数あり，磐座と磐境はほぼ同様のものと考えた方がよい。

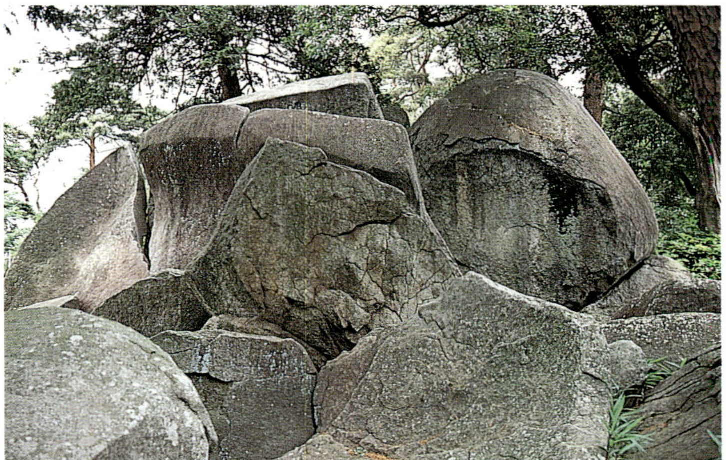

写真1　山梨岡神社磐座(上古時代・山梨県)の巨石による神の造形。

1. Ancient *iwakura* arrangement of large stones (Yamanashioka Shrine, Yamanashi Pref.)

このような磐座や磐境は，古代においては人里近くにある鉢を伏せたような美しい姿の山や，あるいは海路などの目標となる島に作られることが多く，そこでは祭祀が行われていた。

遺跡から祭器や納入品が発見されることも少なくない。古くは古墳時代の出土物もある。

このように，天然の石に対して，人手を加えて磐座，磐境を構成する場合，そこには当然美意識がはたらいたであろう。

それは神のためのものだから，より美しく迫力に満ちた姿に石を据えようとしたことは明白である。

自然石を形よく起したり，添えたりする感覚と技術は，そのまま石組の造形精神に通じるのである。

もちろん，磐座や磐境が直接庭園と結びつくような史料はない。しかし，現在でも全国に多数の磐座が保存されていることを考えれば，古代において石への信仰が広く一般に行われていたことを物語っており，それが後世の庭園石組の源流になったことは十分に想定されよう。

磐座，磐境がいつ頃から行われたかという点は非常に難しく，自然石崇拝の起源にまでさかのぼれば，縄文，弥生といった時代までいくであろう。

ただし，人工を加えたようなものは，大体に古墳時代を中心に，それ以降ではないかと思われる。それは祭祀遺跡からの出土物からも裏付けられるし，古墳上に建立された神社が少なくないことも，有力な手がかりとなる。

磐座，磐境の実例は大変に多いが，特に石組と共通する感覚を持った実例としては，阿智神社(倉敷市)，楯築神社(同)，保久良神社(神戸市)，越木岩神社(西宮市)，大山神社(兵庫県)，櫛岩窓神社(兵庫県)，高諸神社(福山市)，山梨岡神社(山梨市・写真1)などがあり，そこには一種の神秘的な造形を感じとることができる。

飛鳥・奈良時代の石組

この時代は，日本庭園がようやくその初期的な形態を示しはじめた頃と考えられる。また，大陸からの土木技術の導入もさかんになり，大規模な園池の築造も可能となった。

しかしながら，単なる灌漑用の池は当然あったとしても，日本庭園としての造形がどの位進んでいたかは，特に飛鳥時代においては不明の部分が大きい。

『日本書紀』の推古天皇20年(612)の条には，百済からの帰化人路子工が，南庭に須弥山の形と呉橋を作ったという有名な記述があり，この須弥山を石組と考える説もあるが，これは少々疑問であろう。むしろ，須弥山は石造物として彫刻したものとする方が自然である。

同じく『日本書紀』の推古天皇34年(626)の条には，蘇我馬子の園池を記し，「庭中に小池を作りそこに島を設けたので，時の人は馬子を島大臣と呼んだ」とある。

島を作ったというだけでは，自然石による石組があったかどうかは分からないが，近年飛鳥川のほとりの島宮伝承地(ここは上の馬子邸の庭園という説もある)から発掘された園池遺構からは，特に石組らしいものは発見されていない。ただし，護岸には，古墳時代の横穴式石室に見られるような，石垣式の石積みが用いられていたことが確認されている。

他の飛鳥時代庭園遺構の発掘例でも，石垣式護岸には共通したところがあり，まだあまり灌漑用池泉から庭園への発達が見られないようにも思われるのである。

ただし，聖徳太子の定林寺園池を述べた『古今目録抄』に，「太子自造蓬萊山。亀大四五尺許。……」とあるのは，蓬萊山を亀形に作った記録であり，亀島と考えられる。そうであるとすれば，石垣式ではなく，何らかの亀形の造形がなされたと考えるのが当然であり，そこに石組の初期的なものがあったことを思わせる。

奈良時代に入ると，自然石による石組も少しずつ発展したと考えられるが，伝承で天智天皇8年(669)頃に作られたという園城寺金堂閼伽井屋庭園(大津市)には，かなり進歩した石組が保存されている。この閼伽井とは，仏にささげる清浄な水を涌き出す泉(井)であり，これが園城寺の別名三井寺(御井寺)の起りとされる。そこでこの井には覆屋をかけて，神社の御神体のように大切に今日まで保存されてきた。

上の石組は，少なくとも奈良時代の造形と認められ，井の石組に添えて三尊形式の石組もあり，特殊な雰囲気をただよわせている。その造形を一口でいえば，神秘感にあふれており，何か石組の内部にとてつもない力が込められているように感じられる。

これと同じように，やはり神秘感に満ちた奈良時代の石組の実例が，先年平城京から出土した。いわゆる平城京曲水庭(左京三条二坊六坪宮跡庭園・奈良市尼ヶ辻町・写真2)がそれである。

本庭は，飛鳥時代から行われてきた石敷池底に，美しい曲線の洲浜形地割を加味し，さらにその中心部に，小さ目の石ながら実に見事な集団石組を見せている。

その造形は，石のすべてに一定方向への力の移動を持たせたもので，正に神秘的造形といえるものである。また，池泉中には優れた岩島もあり，すでに日本庭園独自の石組が確立していたことが証明されたのであった。この庭は，和銅3年(710)の平城遷都直後の作と考えてよい。

これと大体に同じ頃，左大臣橘諸兄は山城国井手(京都府)の地に井手山荘を造営したが，その園池には滝が作られていたらしい。ここは後に真言律宗の玉井寺となり，江戸時代までは滝も保存されていた。『都名所図会』には，その石組の姿がよく描かれているが，明治になって失われている。

もっとも，『万葉集』には前記の島宮を詠じた和歌に滝の存在を示すものがあり，この時代に滝石組のあったことを裏付けている。

平安時代の石組

当代は，池泉舟遊式の園池が前代よりもさらに発達し，その最盛期を迎えた時代であった。そのため，京都を中心に多数の庭園が作られたのであったが，残念なことに今日まで保存されたものは極めて少なく，その大部分は文献によって知るより他に方法がない。

また，今日その姿を伝えている庭園も，後の変化はまことに大きく，当初のままの景を偲ぶのは困難になっている。

現在残されている数庭の平安時代庭園には，石組は非常に少なく，一部の人にはそれが当代の様式であるかのように考えられている。しかし，それは大変に誤った見方であると思う。

著者は，平安時代こそ石組が飛躍的に発達した時代であったと考えたい。それは，すでにふれた『作庭記』が当代中に成立し，そこで庭作りそのものを，「立石」という言葉で表現していることによっても，よく理解されると思う。

そればかりでなく，『作庭記』には，池泉石組，護岸石組，荒磯石組，野筋石組，島石組，滝石組，遣水石組，岩島石組，三尊石組，品文字石組，枯山水(古式)石組など数多くの石組手法が具体的に解説されており，その内容の豊富さに驚かされる。

しかも，技術的な面でも，今日なお通用するような高度な内容を持っており，護岸石組の例では，「池の石は，そこよりつよくも

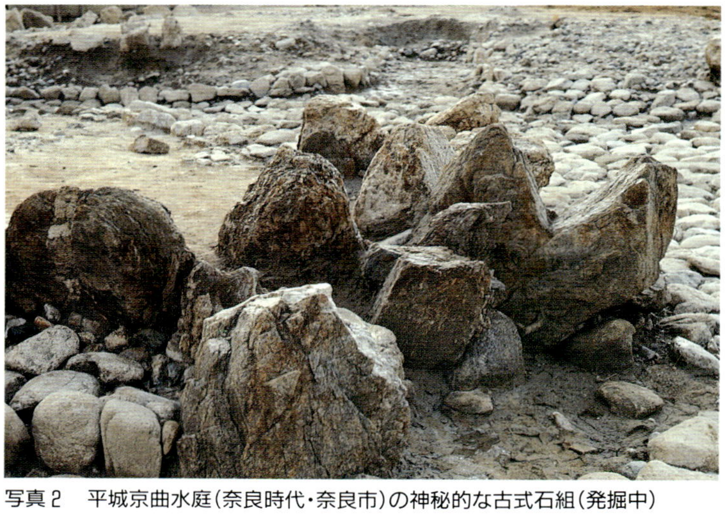

写真2　平城京曲水庭(奈良時代・奈良市)の神秘的な古式石組(発掘中)
2. Old-style stone arrangement, now being excavated, Kyokusui Garden, Nara; Nara period)

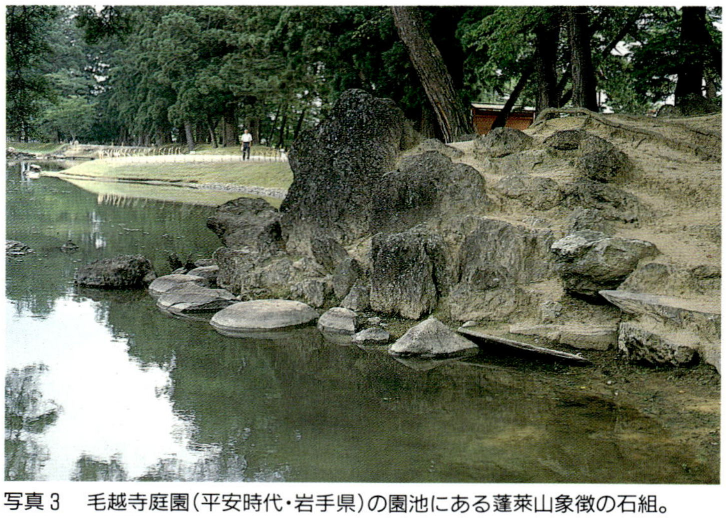

写真3　毛越寺庭園(平安時代・岩手県)の園池にある蓬萊山象徴の石組。
3. *Horai* arrangement in garden pond (Motsu-ji temple, Iwate Pref.; Heian period)

たえたるつめいしをきて，たてあけつれは，年ふれとも，くつれたふるることなし。水のひたるときも，なをおもしろくみゆるなり」と，細心の注意を記している。

また，滝石組の例でも詳しく施工法を記し，その水の落し方については向落，片落，伝落，離落，稜落，布落，糸落，重落，左右落，横落などに分けて解説されている。ここでは，現在普通に行われている滝石組の形式がほとんど述べられているほどである。

他にも『作庭記』には，具体的な石組の方法から，その精神的な面までがよく記述されており，今日一読しても非常に参考になるところが多い。

では，どうしてこれらの石組が，現存の平安時代庭園から失われたかというと，それはほとんどが人災であった。

古い名園が荒廃すると，そこから石を抜いて他庭に利用するということは，ごく普通に行われていたらしい。

それは早くも当代中に起っており，藤原道長の法成寺園池築造の際には，平安初期の禁苑神泉苑庭園などから，さかんに庭石が運ばれたことが，『小右記』に記されている。

このような庭石の転用は，以後の各時代にも頻繁に行われたから，特に千年の王城の地京都では，古い石組の保存率が極度に低いことは仕方がない。

そこで，数少ない保存例から，当代の石組造形を見て行くと，まず初期のものとして，嵯峨天皇の離宮嵯峨院園池として完成した大沢池庭園（京都市）の石組が貴重である。園池の北方に古式の滝石組が一部残っており，見事な三尊石組を中心とする数石が組まれている。これが百人一首でも有名な“名古曽の滝”跡であって，その三尊手法は三石を抱き込ませたような構成に驚くほどの力強さを秘めている。

同庭築造の頃は，中国唐文化へのあこがれが強く，行事なども中国式に行われることが多かったが，しかしその石組造形はほとんど日本式といえるもので，太湖石のような石を好んだ中国とは本質的に違った内容を持っている。それは，やはり大和絵的であり，日本人の好みで石組が発展したことを有力に語っているようだ。また，池中にある“庭湖石”と命名された岩島も，当代の造形をよく保存している。

先の『作庭記』によっても明らかなように，当代の滝石組の発達には目覚しいものがあった。当時作庭された多数の名園の文献には，滝についての記録もかなり多い。

しかし，その実例となるとわずかしか残されていないのが惜しまれる。平安前期のものとしては，勧修寺庭園（京都市）の滝石組があるが，残念なことに改造が多い。

そんな中にあって，特筆されるのは大治5年（1130）頃に作庭された法金剛院庭園（京都市）の滝である。

この滝は，最初林賢法師によって組まれたが，四年ほど後に待賢門院の命によって，徳大寺法印が5,6尺ばかり高く組みなおした記録が，『長秋記』にある。近年までそのまま埋もれていたが昭和45年に発掘され，平安時代の見事な瀑布式の滝がよみがえった。ゆったりとした巨石によって組み上げられた滝の姿は，いかにも当代らしい豊かな風格に満ちている。

この他，当代の滝としては，やはり発掘された観自在王院庭園（岩手県平泉町）の滝石組が有数のもので，横石を主体とした造形に特色を見せている。

当代も末期になると，石組はさらに発達を見たと考えられるが，その頃の好例としては，毛越寺庭園（岩手県平泉町・写真3）に優れたものが残存している。それは，亀島石組，荒磯石組，護岸石組などであって，完全に残されてはいないが，当代のものとしては最も保存がよく，この頃の石組造形の基準となるものといってよい。特に，蓬莱石組の神秘性や，亀島の中心に据えられた高さ2.40メートルの斜立石などは，傑出した石組として日本庭園の代表作となっている。

当代では，石組が大きく発達して，すでに庭園造形の主役の座についたことが理解されるのであって，決して保存率の低い現存の庭園造形だけで判断してはならないと思う。

平安時代の石組の特色をいうならば，それは表面的な優雅というベールに包み込まれた，とてつもない「底力」の美であると断言してよいであろう。

鎌倉時代の石組

現存庭園の数からいえば，当代も前代と比べて決して多いとはいえない。しかし，その中に日本庭園中でも特筆すべき名園があり，石組にも新たな造形が出現してくるといった点で，この時代は最も重要であるといえよう。

庭園様式からいえば，当代の初期は大体に平安時代と共通している。その頃の作庭と信じられる西芳寺庭園（京都市）に見る枯滝石組，亀石組，岩島などの造形は，多分に平安時代的なものを含んでいる。

しかし，嘉禎元年（1235）までには完成した西園寺公経の北山第庭園，今日の鹿苑寺庭園（京都市）では，そこに前代の影響を残しながらも，新たな石組造形が出現している。

蓬莱島や岩島に見る力強い石組手法もそれであるが，中国黄河にある伝説の滝龍門瀑が，この時すでに日本化して表現された事実を忘れてはならない。それは，中国の北宋から南宋にかけての文化が，この頃大いに取り入れられたことを示すものであるが，西園寺家がその実力をもって行っていた宋との貿易が，大陸文化導入の大動脈となっていたことは十分に考えられるところである。その作庭の有様は，藤原定家の『明月記』によく記載されている。

この鹿苑寺庭園龍門瀑は，正に鎌倉風の石組造形を今に伝える代表作であり，非常な迫力に満ちあふれている。一部には室町時代説もあるが，著者は次代とは異質の石組造形であると信じて疑わない。

大陸では，この頃南宋時代の文化が栄えていたが，その最大の影響としては，禅宗の日本への伝来があった。早くも栄西禅師は建久2年（1191）中国から帰朝し，建仁2年（1202）京に建仁寺を開いた。また，仁治2年（1241）帰朝した聖一国師は，同じく京に東福寺を創建する。

さらに，寛元4年（1246）には，純粋な中国僧で名僧として知られていた蘭溪道隆禅師が日本に帰化し，北条時頼の帰依によって建長5年（1253）鎌倉に建長寺を開創したのである。

このような禅宗勢力の台頭と，畳の普及（当時はまだ室内全面に敷きつめない置畳が主流であった）などによって，日本人の坐臥形式の生活がこの時代に定着してきたこともあって，小規模の庭園では，建物から庭を眺める池泉観賞式庭園もこの頃から出現してきた。それと共に，庭園造形も建物の正面を考えたものとなり，北宋，南宋の水墨山水画のような風情の石組が好まれてきたのも，当代の大きな特色であった。

池泉観賞式庭園には，当代では回遊しての観賞も当然意図されていたが，それでも主体的造形はやはり建物を正面としている。

摩訶耶寺庭園(静岡県・写真４)は，石組に前代の味わいを残しながらも，池泉観賞式の石組を行った好例で，築山石組，護岸石組，鶴島石組，古式枯山水石組などにまことに高度な感覚を示し，保存率も特に良い。この庭は大体に当代中期頃の作庭と推定されるものである。

東光寺庭園(甲府市)は，文永年中(1264～74)に，先の蘭渓道隆禅師が入寺した頃に作庭されたと推定されるもので，その石組造形には特殊なものがある。多数の石を山畔に組み込んだ様式には，中国的な石組感覚があるように思われるが，今後の大きな研究課題となろう。

当代末期には，慧林寺庭園(塩山市)，南禅院庭園(京都市)など，水墨山水画式の滝石組を持った庭が出現したが，優れた龍門瀑で知られる光前寺庭園(駒ヶ根市)も，当代の作と推定される。

しかし，最も傑出した水墨山水画式の滝は，同じく龍門瀑形式として知られる天龍寺庭園(京都市)正面のもので，二段式の瀑布の手前に自然石の石橋を架けて景とし，さらにするどい立石岩島で全体のバランスをとるなど，まことに立派な造形が示されている。このような石組表現は，少なからず次代に影響をあたえたのであった。

ともかくこの鎌倉時代は，初期の大和絵的，そして浄土的な作風から，石組造形が北宋，南宋の水墨山水画式に移行して行ったところに最大の特色があり，ついには次代になってその全盛期を迎えることになる。

当代の石組造形を一口でいえば「剛健」であり，いかにも厳しい美しさが表面に出ている。しかし，そこには何ともいえない古拙ともいうべき味わいも加味されていることを忘れてはならない。

室町時代の石組

この時代は，日本庭園史上最も特筆すべき時代であった。

それは，主に二つの点において断定できる。その一つは，前代に新たな文化として導入され，庭園造形，特に石組に大きな影響をあたえた北宋，南宋の水墨山水画的表現が，ついに庭園造形の主流になり，その全盛期を迎えたことである。

もう一つは，当代半ばに起った応仁の大乱で，京都が焼け野原となり，文化が地方に流れたと同時に，京の復興に当って，新しい文化傾向が生じ，そこに枯山水という独特の庭園が出現したことである。それは，当代後半のいわゆる東山文化の所産であり，多くの日本的な芸術がその中から生み出されたのであった。

しかしながら，当代の前半では，記録上この頃の作庭が証明される庭園は一庭も存在していない。そこで，様式手法上から判断して，その可能性ある庭をあげると，願勝寺庭園(徳島県)，保国寺庭園(西条市)，小川氏庭園(江津市)などがそうであるように思われる。それぞれに作風は違うが，そこに共通しているものは，水墨山水画式の滝石組を造形の中心としていることである。

願勝寺庭園では，青板石を用いたするどさのある石組，保国寺庭園では，小さ目の立石を多く組んだ巧みな造形，小川氏庭園では，平天の立石を多用した遠近感あふれる石組構成が特色になっている。その，あまり大きな石を使用していない石組は，当代の一つの典型手法といえる。

後期に入ると，いかにも当代らしい特色ある庭園が多く作庭され，石組もまことに高度な感覚を見せるようになる。

まず，この時代では，画聖といわれた雪舟が明より帰朝し，後世多数の作庭伝説を生んだ。その作として可能性が高いのは亀石坊庭園(福岡県)と常栄寺庭園(山口市)で，共に石組手法は傑出している。前者では，曲水式の流水式池泉の中に，岩島を中心とした空間構成が見事であり，後者では滝石組の迫力ある造形に北宋山水画的なさえを見ることができる。共に主要な景である池泉の手前に，枯山水風の味わい深い石組を行っており，石組の基本的な美が示されていると思う。

常栄寺庭園では，中島石組や岩島も優れているが，特に舟石が池泉の中央に据えられているのは当代らしい好みといえよう。

応仁の大乱後の京では，その復興に禅宗勢力の活躍が大きく，庭園も小面積の中に雄大な景を盛る象徴主義的な作庭が登場してくる。それが，大徳寺，妙心寺系統から発祥したと考えられる枯山水庭園である。

その初期の代表作としてよく知られるものが龍安寺庭園であっ

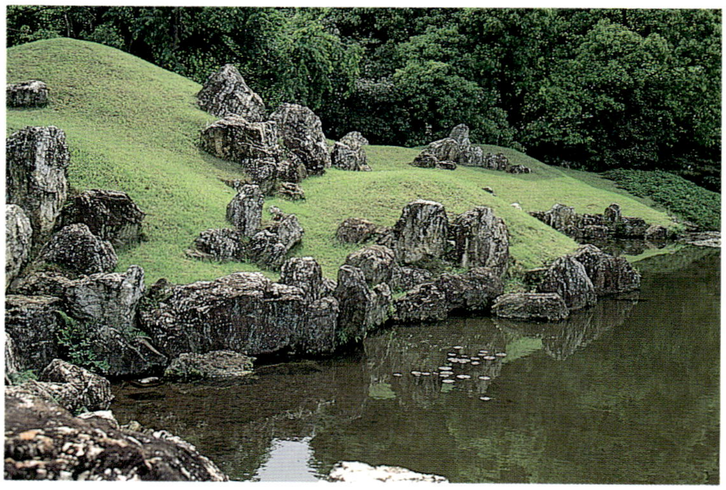

写真４　摩訶耶寺庭園(鎌倉時代・静岡県)の護岸石組と築山石組の美景。
4. Embankment arrangement and built-up hill (Makaya-ji temple, Shizuoka Pref.; Kamakura period)

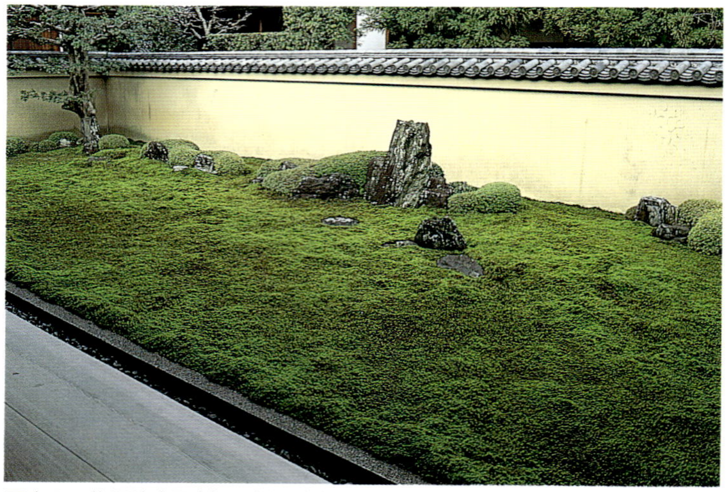

写真５　龍源院庭園(室町時代・京都市)の平庭に組まれた枯山水石組。
5. Dry-landscape stone arrangement (Ryogen-in temple, Kyoto; Muromachi period)

て，明応８年(1499)直後の作と推定され，石庭の別名で名高い。白砂の中に，十五石の石を組み込んだだけの造形であるが，その空間の取り方や，石組手法はまことに高度であり，やはり石組の基本を多く含んでいる。

枯山水は，極度に象徴化された作であるだけに，石組の美がすべてというほどに造形の主体となってくる。そこで，その組み方にも精神的な深い内容が求められ，それがいわゆる禅味にもつながっているのである。

龍安寺庭園は石組にその深さを秘めた典型的な庭である。五，二，三，二，三と組まれたどの石組をとっても，立派な一つの景になっている。近年，同庭の江戸時代作庭説なども出されているが，本庭の石組内容には江戸時代とは異質の美があり，その説は否定されなければならない。

永正14年(1517)頃になると，大徳寺龍源院庭園が作庭される(写真５)。この庭は，龍安寺庭園にさらに立体感を加えたような枯山水で，中央に三尊石組と枯滝を象徴した特色ある石組を見せている。これも当代を代表する見事な石組といえよう。

天文年間(1532〜54)には，さらに特筆すべき枯山水が三庭生まれている。大徳寺の大仙院庭園，妙心寺の退蔵院庭園，霊雲院庭園がそれである。

名高い大仙院庭園は，枯山水としての山水表現がさらに発達し，小面積の中に，遠景，中景，近景を表現した作で，遠山石，枯滝，中景立石，石橋，鶴島，亀島，堰，舟石，蓬萊石など多くの石組がある。正に，一幅の水墨山水画を立体化し庭とした趣があり，石組技術の巧みさも目につく。

退蔵院庭園は，同じく絵画的要素を持ちながら，日本化された水墨山水画の味わいが顕著で，枯滝，石橋，亀島の景を主体とする。全体を低くおさえた構成となり，平天石を多用するなど，よく時代の好みを反映している。

霊雲院庭園は，８坪弱という古庭園中でも最小の枯山水ながら，青石を中心とした石組が優れた感覚を示す。全体を鶴石組表現とし，そこに極く小規模の枯滝を見せるなど，まことに味わい深い造形である。

この室町時代後期には，池泉庭園にも特筆すべき名園が出現した。それは，享禄年中(1528〜31)の作と考えられる旧秀隣寺庭園(滋賀県)と北畠神社庭園(三重県)である。

そのうちでも，旧秀隣寺庭園は，石組造形とその構成の美しさでは日本庭園中屈指の名園で，石組を学ぶためにこれほど適した庭はないと思われる。曲水式池泉に，滝石組，亀島石組，橋石組，鶴島石組，護岸石組を見せ，どの角度から観賞しても造形が崩れない。これは正に真の名園の条件というべきものだ。

北畠神社庭園は，かなり荒廃した部分もあるが，そこに保存されている当代の一特色でもある渦巻式石組が見事で，その変化ある石組は神秘的でさえある。これも四方正面あるいは八方正面ともいうべき石組手法であり，いかにも当代らしい高度な感覚があふれている。

この時代の石組を総体的に見ると，前代の「剛健」といった点は薄れてきたが，小さ目の石を用いた石組ながら非常に内容の高い美が表現されるようになった。それを一口でいうならば「洗練」という言葉が最もふさわしい。

さらにそれに加えて象徴性，精神美，空間美，禅味，枯淡，幽玄なども当代石組の特色を示す言葉として適切であるように思う。

桃山時代の石組

当代は，応仁の大乱後地方に流れた文化が各地で開花すると共に，地方の戦国武将達が実力をつけ，新しい気風が起ってきた時代である。

反面京都文化圏においては，初期のうちは室町時代的文化の色彩が濃かった。庭園造形も当然その傾向を持っており，当代初頭に作られた枯山水，聚光院庭園(京都市)，願行寺庭園(奈良県)などは，正に前代の延長線上にある庭園である。

しかしながら，その同じ当代初頭にあって，すでに地方においては，新時代の庭というべき壮大な作庭が行われていた。

その典型が，越前一乗谷(現福井市)の朝倉氏による諸庭築造である。特に，湯殿跡庭園(写真６)に見る巨石による思い切った大胆な石組構成は，石組林立といった感があり，池泉地割は室町風であっても，すでにはるかに石組の力が強くなっている。

この傾向こそ，桃山時代全般を通していえる庭園石組の大きな特色なのである。

さらに，諏訪館跡庭園の，山畔を利用した雄大な構成と，４メートルを超える巨石を組んだ枯滝石組，大石による蓬萊石や石橋の景などは，いかにも当代を象徴する石組造形といえよう。

それは，この時代の戦国大名達が，その信仰対象であった仏教勢力に苦しめられる事態を多く経験したことから，宗教的なものを否定し，自らの実力こそが第一と考えはじめた結果であった。自由奔放に人間の力を誇示できた時代，それが当代であり，石組はそれを最もよく語っている。

元和年間(1615〜23)を末期とする当代全般の庭園中から，特筆すべき石組の名園を，池泉庭園，枯山水庭園の順にあげてみよう。

政所坊庭園(福岡県)は，当代としては小規模の作であるが，枯滝石組(残念ながら主石が倒れている)，蓬萊石，岩島，護岸石組などに巨石が使われ，荒けずりの美がよく出ている。

国分寺庭園(徳島市・写真７)は，当地の特色ある青板石を多用した驚くべき巨石の庭で，荒廃しているものの名園中の名園としてよく知られている。４メートルを超す青板石を中心とした鶴石組は迫力にあふれ，他に，橋石組，洞窟石組，枯滝石組，蓬萊石，

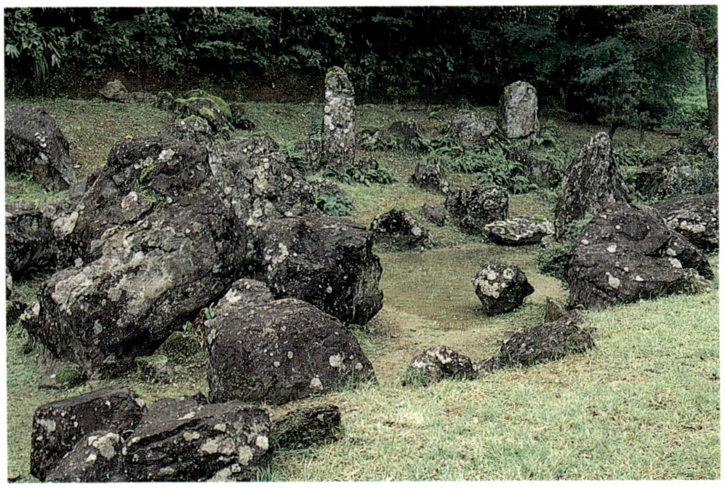

写真６　朝倉氏湯殿跡庭園(桃山時代・福井市)の豪華な巨石の連なり。
6. Set of enormous stones (Asakura estate, Fukui Pref.; Momoyama period)

遠山石，亀石組など見所は多い。特に石組に切れ味するどい一種のさえがあることは見逃せない。石組の勉強には最も参考になる庭の一つである。

徳島城庭園（徳島市・写真8）もまた豪華な庭の代表作で，青石を中心として多数の名石を組んだ池泉の景は，初めて見る人に対して異様な感じさえあたえるほどだ。その理由として，本庭が海水を導入した，いわゆる汐入式庭園であることがあげられるが，よく見れば随所に優れた石組がある。大胆な護岸石組の景，中島と石橋の感覚，枯滝石組，各所にある洞窟石組，出島石組などは決して見落せない。また，本庭には上方に枯山水庭園もあり，大きな枯池中の蓬莱島に架けられた巨大な10メートルを超す石橋。その反対側に架かる切石橋。さらには枯滝石組，洞窟石組など，いかにも当代にふさわしい石組造形である。

二条城庭園（京都市）は，中央における作だけに，一種の上品さを持っているが，その造形は明らかに桃山時代の特色ある石組が中心になっている。力にあふれた蓬莱島の石組，そこに架けられた青石橋，三尊石組の連続手法による護岸石組，さらに池畔上に組まれた大胆な横石と立石の景など，石組のバランスと遠近法が特に優れている。

三宝院庭園（京都市）も当代末期を代表する名園で，江戸初期的なところも見られるが，滝石組，亀島石組，鶴島石組，出島石組，山畔築山石組などは当代の華やかな造形を持っている。ただ，護岸石組が荒廃していることと，現在手入れが不十分で，サツキ等が石組を覆い隠しているので，その力強い造形があまり目に入らないのが残念である。この庭は，作庭の具体的な記録が『義演准后日記』にあり，滝石組の進行状態などが分かる点，まことに得がたい史料といえよう。

この他の池泉庭園としては，観音寺庭園（徳島市），玄宮園庭園（彦根市），名古屋城二の丸庭園（名古屋市）などが，よく当代らしい見事な石組を保存している。

これに対して，枯山水庭園は，その象徴的な内容と，前代に京都で発祥した新様式ということもあって，当代前半はどちらかというと地味な作が多かったと考えられる。

前述した聚光院庭園（京都市）は，低い土盛り上の石組と，やはり低い石橋を中心とした作。また願行寺庭園（奈良県）も特殊な洞窟石組を見せるものの，枯池中の小さな石による変化ある石組や，枯滝の表現には，前代の影響が濃い。

普賢寺庭園（光市）は，枯滝石組や巨大な横石に当代的な味わいを見せながらも，平庭を一歩進めた準平庭式の構成で，これも室町系の作風といえるであろう。

しかし，安国寺庭園（福山市）になると，枯池に対して築山の発達が顕著で，石組にもかなりの自由さが見られるようになってきた。築山上に高く組まれた枯滝石組，枯池護岸，石橋，亀石組などは，すでに前代から脱した造形と考えてよい。

これ以後，枯山水石組は池泉に負けぬ急激な発達をとげ，前代枯山水の特色であった平面的空間の重視から，極度の立体的構成美に移行していった。その精神は，前記池泉庭園とまったく同様である。

松尾神社庭園（八日市市）は，正にそのような立体造形の代表作で，枯滝石組，連山石組，築山石組，橋石組，亀石組などに，当代らしい思い切った石組が見られる。基本は伝統的な山水表現だが，そこに示されている味わいは武家好みの力強さに満ちている。

勧持院庭園（京都市）は，都での作で目を瞠るほどの大胆さはないが，平庭に対して築山が大きく発達し，枯滝石組，築山石組，石橋などの表現に新しい造形が見られる。何よりもその石の連なりに，当代らしさがよく出ている。

安養院庭園（神戸市）は，それほど広くはないが巨石を多用した特殊形式の枯山水造形を持っている。蓬莱石組，三ヵ所の枯滝石組，亀石組，洞窟石組などの構成は，豪華さと共に意表をついた巧みさも兼ね備えており，立体的石組のあり方を強く語りかけているようだ。石組という点では，最も参考になる一庭であると思われる。

粉河寺庭園（和歌山県）は，雄大な石の連なりといった点では，当代有数の名園といってよい。寺院境内の，本来石垣とすべき地に作庭していること自体，すでに破格の枯山水だが，そればかりでなく紀州青石の巨石を自由自在に扱った造形力には圧倒されるものがある。名石を名石として飾るのではなく，好きなように使いこなすことは，よほどの力量がないとできるものではない。特に優れているのは，奥深く作った枯滝石組とその左右に組まれた亀石組，鶴石組である。それは，組むというより畳み上げたような迫力で，いきいきと躍動している。この感覚こそ，当代の美を端的に語るものといってよい。本庭では他にも枯滝，亀石組，遠

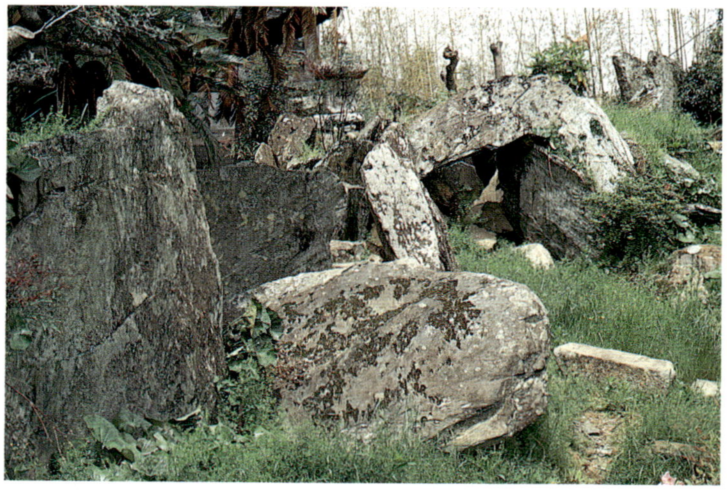

写真7　国分寺庭園（桃山時代・徳島市）の自由奔放な石組造形。
7. Free-form stone arrangement (Kokubun-ji temple, Tokushima Pref.; Momoyama period)

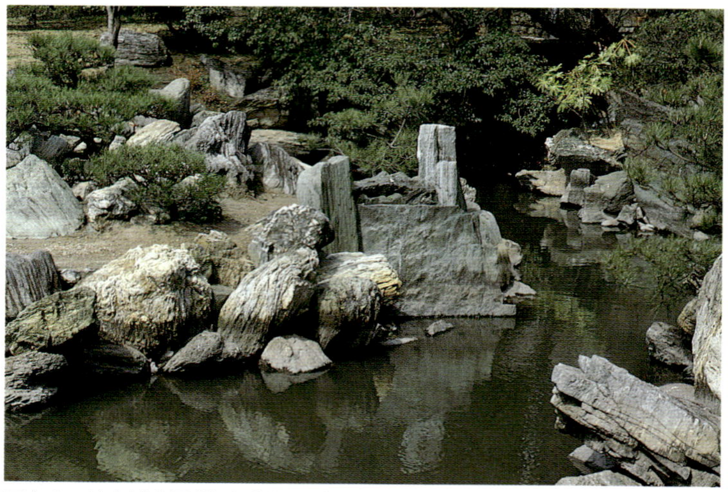

写真8　徳島城庭園（桃山時代・徳島市）の青石を駆使した護岸石組。
8. Embankment arrangement (Tokushima Castle, Tokushima Pref.; Momoyama period)

山石組，洞窟石組など多数の見るべき石組があり，当代に流行したソテツの植込みとも調和して独特な世界を創造している。

西本願寺庭園(京都市)は，当代と次の江戸初期との二期にわたって完成した名園だが，その造形は当代の特色を強く持っており，石組の豪華さといった点では京都第一である。一見して派手さを持っており，枯滝石組，山畔築山石組，洞窟石組，鶴島石組，亀島石組，石橋などが最大の見所である。枯池式枯山水ながら，はるかに立体が勝っており，大規模な建物に対して少しも負けていない。本来禅的造形であった枯山水石組が他宗においてここまで発達したのも，いかにも当代らしい特色というべきであろう。

以上，代表的な当代庭園を一覧していえることは，石組造形の驚くべき発達であり，それを表現するならば「豪放」「華麗」という言葉が正にふさわしい。さらに，躍動，連なり，生命力といった語も，当代石組の特色をよく伝えるものと思う。

石組造形が最盛期を迎えた時代，それが当代であるから，これらの庭を注意深く観賞することによって，石組のあり方というものがさらによく理解されてくるはずである。

江戸時代初期の石組

前代の桃山時代において，石組造形は歴代中での最盛期を迎えた感があり，数々の石組本位の庭園が出現した。

政治史からすれば江戸時代に入っても，その文化的傾向は変ることなく，慶長，元和といった時代はむしろ桃山文化そのものであったと考えてよい。したがって，著者は，庭園史的な江戸時代の始まりは，寛永元年(1624)からとする区分をとっている。その点，他説と異なる場合もあるので注意をお願いしたい。

寛永時代に入ったといっても，石組造形は急に変るものではなく，その造形は前代の延長的な気分を持っていた。

その一例をあげれば，寛永初年の作である円徳院庭園(京都市)などは，石組の連なりや豪華さといった点で，正に桃山時代風がよく現われている。

しかし，この江戸初期では，あまり気付かぬうちに庭園造形の多様化が進んでいた。

それには，大きく分けて三つの方向が考えられる。

その一は，前代に成立した露地(茶庭)の影響であって，書院庭園などにも，露地の特色である自然主義の風が取り入れられ，庭がどちらかというと平面的になり，また風情を重視するようになって行ったことである。その結果，石組はある程度の強さこそ持っているものの，部分的，散漫的になる傾向を生じた。そのような庭は，あまり大きな石を使用せずポイントだけに石を組むようになった。桂離宮庭園(京都市)などはその典型的な庭といえる。

その二は，当代に成立した大名庭園にみられるもので，庭園が大規模になっていったため，立派な石組を行っても，その石組が庭の中であまり目立たなくなっていったことと，儒教の影響による中国趣味が大名達の間に広がったためか，石組に使う石自体に，奇岩怪石趣味が色濃く入ってきたことである。それは多くの大名庭園に共通している。

その三は，一部において特別の巨石による石組の庭や，多数の石を用いた特色ある庭が見られることである。これは，むしろ前代の延長としての庭園傾向であって，巨石ということに関していえば，前代以上の庭も出現した。それは，数多くの城郭築城などにより，土木技術が格段の進歩を示し，前代までは不可能であったような巨石の運搬も可能になったことに注目する必要がある。たとえば大坂城にみる巨石の石垣などは，桃山時代の石垣よりはるかに巨大であることは，誰もが認めるところであろう。その結果，旧久留島氏庭園(大分県)のように，巨石を多用した驚くべき庭園も作庭されたのであった。

また，大名庭園ではあるが，後楽園庭園(東京都)なども，巨石を用いた庭の代表作となっている。

しかし，このような巨石の庭も，江戸初期初頭の一時期における特色であって，むしろ桃山時代形式の庭園の終末を意味する徒花的存在であったように思える。たしかに石は巨大であっても，そこから受ける迫力は前代にははるかに及ばないものがあるようだ。それは，すでに最盛期を過ぎた庭の姿であり，石組造形もこのあたりで下り坂にさしかかるのである。

この時代において，多数の石組を使用した庭の例として，何としても特筆すべきは，旧円融寺庭園(大村市・写真13)であろう。

幅50メートルにもおよぶ山畔築山に，枯滝，枯流れ，景石などを一面に組んだ景観はまことに雄大であり，それぞれの石組にも大いに参考になるものがある。

このように，江戸初期に入ると，庭園の多様化が進んだために，前代と比べてその造形がつかみにくくなってくると共に，石組は次第に力を失っていった。それは，この時代の全体的な傾向であって，伝統的な造形は前代までに見られた活力を保てなくなっていくのである。

江戸時代の文化的特色は，先に述べた多様化であると共に，一面においては形式化，固定化でもある。それは，三代将軍家光によって，武家を中心とした社会制度が確立したことと無関係ではない。すべてが，制度のもとにしばられてくると，本来自由であるべき諸芸術も，知らず知らずのうちに自由を失い権威主義が起り，そこから形式化が起ってくるものである。

江戸初期の石組は，その初頭における前代の影響濃い石組から，次第に力を失って行くのであるが，しかしそこにはまだ当代らしい味わいも残している。特に石組空間のとり方には，茶ノ湯における美意識と共通する独特の感覚のあることを認めなくてはならない。

当代の代表的な石組を保存する庭園は，前記以外にも数多いが，次にその数庭について簡単に紹介してみよう。

金地院庭園(京都市)は，小堀遠州の指導になる枯山水庭園の一つで，前代から活躍した庭師賢庭によって組まれた石組が名高い。寛永時代の作だけに，まだ前代風を残しており，鶴島，亀島の石組に対して，平面的に巨大な礼拝石を配した構成は独自の景として知られている。特に鶴島の石組は豪華で，最大の見所であるが，石組空間にも新しさがあることを見逃してはならないと思う。

大岡寺庭園(兵庫県)は，当代初頭の作と思われる池泉庭園で，古式の水墨山水画形式の作風を残し，石組にも豪華さがある。中央の滝石組，左右の鶴亀石組などに見るべきところが多い。

福田寺庭園(滋賀県)は，近江における枯山水庭園の代表作で，庭園奥に作られた主景の枯滝を中心にした遠近感に富んだ地割りと石組に特色がある。枯滝石組の構成も，三尊石組を応用した独特の組み方を見せており，この地方の枯滝の一つの手本とされた可能性が高い。
大善寺庭園(山梨県・写真9)は，荒廃あるものの，よくこの頃の特色を見せる池泉庭園で，築山石組に独特の感覚があり，二ヵ所の滝石組や，斜立石手法の岩島など，石組の配置や空間のとり方に優れた味わいがある。
大麻山神社庭園(島根県)は，山上にある特色ある枯山水庭園で，立石を用いた枯滝の構成は当代中でも傑出したものである。また，横幅3メートル以上の横石を大胆に組むなど，遠近法をうまく生かした点は大いに参考になろう。
酬恩庵庭園(京都府)は，当代の禅宗枯山水庭園の代表作で，慶安3年(1650)頃の作。大徳寺派の禅寺だけに，室町時代の名園大仙院庭園の影響があり，立体的石組の枯滝などに見所がある。本庭のように，古い名園の影響を受けた石組のあることも，当代の一特色としてよい。
曼殊院庭園(京都市)は，天台宗の門跡寺院に作られた枯山水庭園であるが，いかにも当代らしい平面空間を見せる一庭で，奥にある石橋と枯滝の兼用手法の石組は大いに創作的であって，一種の省略手法として名高い。力強さはないが，当代の良さがよく出たものである。
当代も中頃の寛文，延宝時代には，全国的に多数の庭が作られているが，石組も次第に形式化してくる傾向がある。
永安寺庭園(山梨市)は，そんな中にあって，まだ水墨山水画式の味わいを残した池泉庭園として，近年知られるようになった。山畔に立石を主体とした石組を行っており，荒廃はあるが特筆すべき名園といえよう。楽々園庭園(彦根市)も，この時代としてはまことに豪華な作風を示す枯山水で，しかも大規模な枯山水庭園として知られている。築山にある多数の石組は，まさに山水画そのままの造形であって，枯滝石組，三尊石組，橋石組，蓬莱石，遠山石等，見所も特に豊富である。
青岸寺庭園(滋賀県)も，この頃の庭としては特に優れた作で，中島の蓬莱式石組や，遠景の枯滝石組などに，変化ある石組が見られる。池泉形式の枯池式枯山水という様式も珍しいものである。
龍潭寺庭園(静岡県)は，横長の池泉地割と，それに対する築山で構成されたこの時代の典型的な庭で，築山と築山の間に設けた枯滝石組を特色とする。石組感覚は良いが，石が全体として小ぶりになり，やや定型的な傾向が出ているのはやはり時代性というべきであろう。
智積院庭園(京都市)も，この頃のものとしては早くから名園として知られていたが，石組は全体に小さく，あまり主張が感じられない。これには後世の改造もあると思うが，築山の発達と共に，石組がその添えもの的になった庭の一例として注意すべきものと思われる。
次に元禄時代頃になると，やはり多くの庭が知られているが，石組には次第に弱さと，趣味的な面が出ていることは否定できない。この頃の庭園として，石組に見るべき点のあるものは，池泉庭園では，岡山後楽園庭園(岡山市)，根来寺庭園(和歌山県・写真10)，旧芝離宮庭園(東京都)，六義園庭園(東京都)，冨賀寺庭園(新城市)などである。
枯山水庭園では，長昌寺庭園(杵築市)，帝釈寺庭園(兵庫県)，南禅寺本坊庭園(京都市)などが代表的なものといえよう。
以上述べてきた当代庭園の石組において特に共通する点は，一面性ということであると思う。それは多くの庭に指摘できることで，書院などの建物正面から見るための石組になっている例が大部分である。したがって少し角度をずらしたり，側面から見た場合は，石組造形が弱くなったり崩れたりするのである。この傾向は当代の中頃から以降の庭に特に顕著であるように思われる。
当代は，石組造形が下り坂にかかった時代ではあったが，それでもなお一定水準の美は保たれており，その石組を表現するならば，「風雅」「繊細」といった言葉がよく当てはまるのではないかと思う。

江戸時代中・末期の石組

前代の元禄時代以降は，庭園史の上で江戸時代の中期，末期に入る。この時代になると，石組からは急速に力が失われ，その存在価値はまことに低いものになってしまった。
それは，全庭の中で石組の占める印象が極度に低下したり，また目立つ石組であっても造形に趣味的な点や，著しい退化が見られるようになる。石も小さくなり，定型的なものがことに多くなったのが特色である。
この傾向は，京都を中心とする中央において特に強く，むしろ見るべきものは地方に多いのもこの時代の特色といえよう。

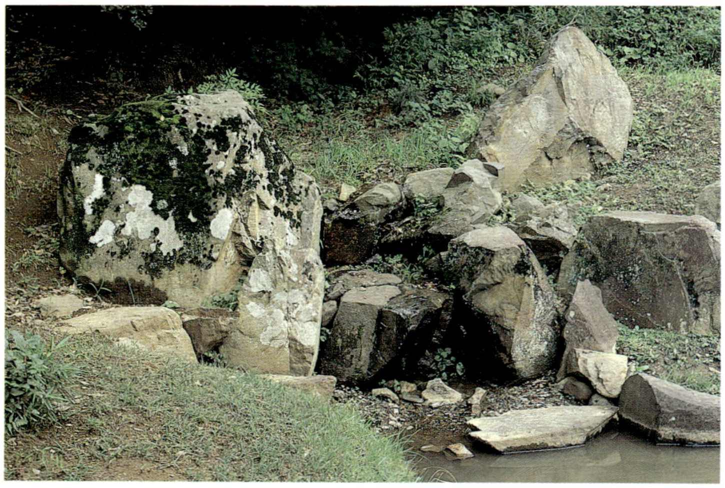
写真9　大善寺庭園(江戸初期・山梨県)の東部にある二段落ちの滝石組。
9. Bilevel waterfall arrangement (Daizen-ji temple, Yamanashi Pref.; early Edo period)

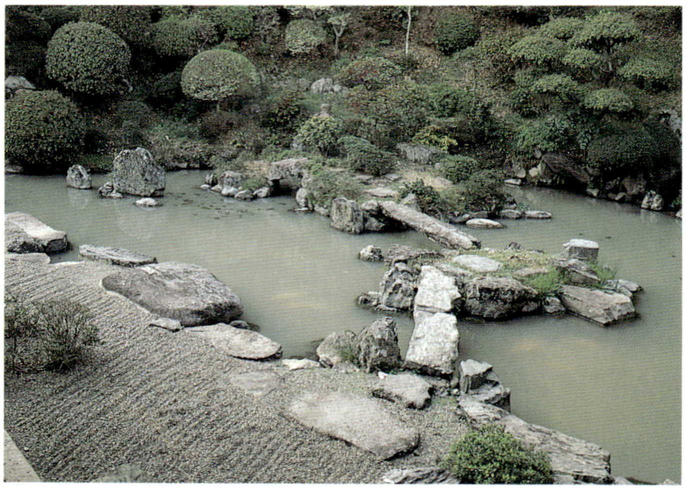
写真10　根来寺庭園(江戸初期・和歌山県)の池泉中島と橋石組。
10. Pond island with bridge stone arrangement (Negoro-ji temple, Wakayama Pref.; early Edo period)

また，江戸中期に入ると，享保20年(1735)に世に出た北村援琴の『築山庭造伝前編』などに代表される作庭秘伝書の類が愛好されるようになったことも，庭の定型化を招いたのであった。さらに江戸末期に入ると，寛政９年(1797)東睦和尚の『築山染指録』，文政10年(1827)籬島軒秋里の『石組園生八重垣伝』，翌年同人の『築山庭造伝後編』が世に出された。

特に秋里の『石組園生八重垣伝』は広く世に流布され，そこにある「五行石」などの定型的石組論が，石組の手本のように考えられたことは，益々石組の悪化を招く結果となったのである。秋里自身が，「庭造家元預」と自称していることも，家元制度が庭の世界にまで入り込んだことを示すものである。

このような石組の定型化は，秘伝書によってもたらされたというよりも，むしろ石組が先に定型化したことにより，秘伝書の石組論が成立したと見る方が妥当だと思う。

しかし，この時代においても，まだ中期には見るべき石組の庭が多く，末期になると極度に少なくなってしまう。

中期では，尾崎氏庭園(鳥取県)，森氏庭園(鹿児島県)，妙経寺庭園(杵築市)，宝積院庭園(大津市・写真11)，窪田氏庭園(塩山市)等。末期では，東海庵庭園(京都市)，天赦園庭園(宇和島市)，光善寺庭園(北海道)，古茂池庵庭園(兵庫県)，観正寺庭園(豊岡市)，照福寺庭園(綾部市)，清薗寺庭園(兵庫県)などに注目すべき石組がある。

これらの庭は，いずれも当代としては優れた石組を保有する庭であるが，全体としては江戸初期庭園よりもかなり退化していることを認めなければならない。そして，以上の諸庭よりもさらに水準の低い庭が多数作られていることも忘れてはならないと思う。

また，この頃の一つの傾向として，文人趣味や，南画風の好みがあり，石組よりも植物などを中心とした自然主義に走ったことも特色であった。石組は総体的にいって平天石が多くなり，造形といえるほどのものはまことに少なくなった。

この江戸中，末期の石組特色を表現するならば，「稚拙」「定型」という言葉がもっともふさわしいようである。

明治，大正時代の石組

徳川幕府が崩壊し，文明開化の世とはなっても，全般的には秘伝書風作庭法が庭師達の間に定着しており，前代とそれほど大きな開きがあったわけではない。

ただ，当代としての一部の特色をいえば，当代の富豪達の間に，広大な屋敷と庭園を作ることが流行し，その部分には洋式庭園の影響も入った。彼らの庭に対する好みは，前代にもまして自然主義の風が強く，一見人工になるとは思えないような作庭法が理想とされたのである。本格的な借景庭園が行われたのもこの時代であった。そのような庭園では，石組もまったく自然風であることが要求され，どこかの渓谷や谷川の一部のように構成された。

この時代にはかなりの巨石も使用されたが，それらはいずれも横石や伏石として配置されることが多く，また捨石といって何気なくころがしたような石も愛好されたのである。このような自然主義的な作風は，一般に日本庭園本来の姿のように理解されることが多く，今日においてもその傾向は失われていない。

また当代では，これとはまるで対照的な，流儀を強く主張する作庭法も行われた。その代表的なものが，青森県の津軽地方において力を持った，いわゆる武学流庭園である。この武学流は，神道式の作庭と称し，数々の役石を定めた石組手法を特色としている。前代における秘伝書的作庭をさらに定型化したもので，石も大きくそれなりのおもしろさはあるが，大体に類似した作風になる点は，石組の固定化であり，石組本来の自由さと力強さに欠けることは否定できない。なお，この武学流は現在もなお青森地方で力を持っている。

さらに，この時代では，岩崎家の清澄園庭園(東京都)のように，海運力にまかせて全国各地の名石を集めたような庭さえ出現したのであって，石組造形は伝統的な本来の芸術性を失ったままに，一人歩きするようになってしまったのである。

以上，上古時代から各時代を通じてその石組について述べてきた。これによって伝統的な優れた石組が，本質的に超自然主義であり，人間の創造力と精神力に支えられたものであることを理解していただけたと信ずる。しかしながら，石組という造形物を，このような文章の上で表現することはまことに困難であり，本当のところは，写真や図で，実地的な解説を加えない限り分からないと思う。それは，このあとで具体的に取り上げて行くつもりである。

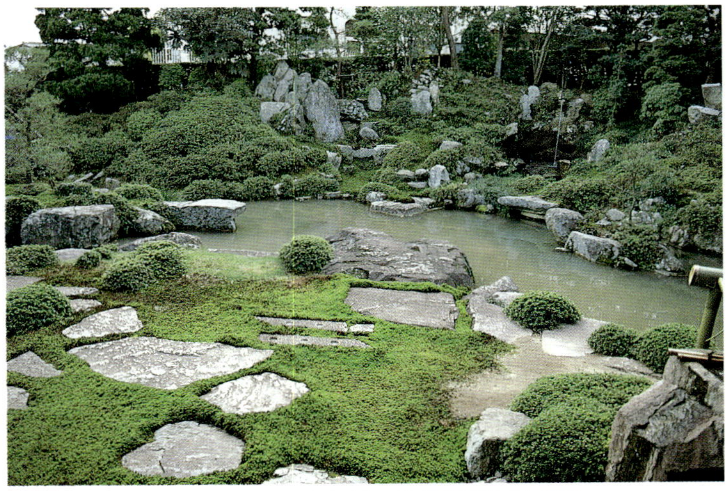

写真11　宝積院庭園(江戸中期・大津市)の池泉石組構成と飛石。
11. Stone arrangements and steppingstones (Hoshaku-in temple, Shiga Pref.; middle Edo period)

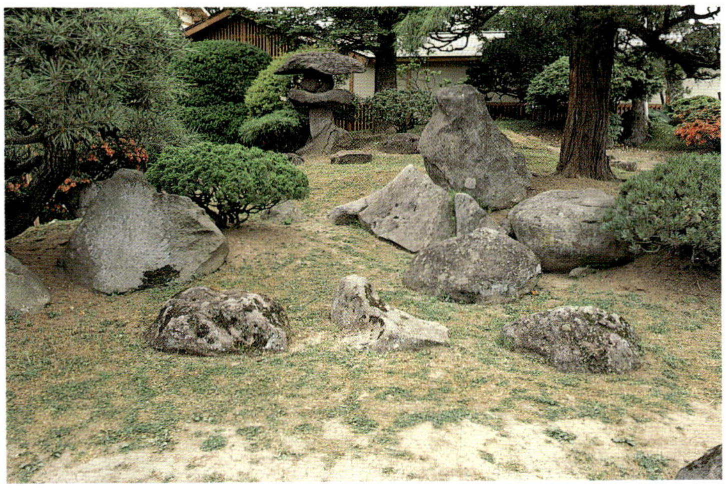

写真12　揚亀園庭園(明治時代・弘前市)の主景として組まれた築山石組。
12. Built-up hill arrangement (Yoki-en garden, Aomori Pref.; Meiji era)

A Brief History of Stone Arrangements

(Pages 27—35)

The history of stone arrangements is summarized below as a means of providing a greater appreciation of their beauty and role in Japanese gardens.

Ancient Period

The earliest origins of Japanese gardens are not known. While many of the motifs for traditional gardens came from the Asian mainland along with Buddhism, there is evidence that the source of stone arrangements may have been in Shinto, Japan's own form of nature worship. Two Shinto terms that contain the word for "large rock" (*iwa*) appear in the eighth-century *Nihon Shoki* (Chronicles of Japan). *Iwakura* refers to the earthly seat used by a god who descends from heaven. Various large stones, on mountaintops or islands (where they were used as landmarks by mariners), were considered as being *iwakura*, as were, eventually, stones arranged by human hands. *Iwasaka* describes a holy place of the gods, set off from its surroundings by a ring of stones, arrangements that can still be found at certain Shinto shrines. Both were sites of religious festivals and are now archeological sources of numerous religious artifacts. The two terms are generally used interchangeably today.

Although there is no evidence for any direct connection between *iwakura-iwasaka* and traditional gardens, it is clear that the idea of the sanctity of stones was ingrained in the Japanese consciousness early on. Further, artisans who made *iwakura-iwasaka* arrangements (a process that began, perhaps, in the sixth century) were required to create beautiful, powerful arrangements, since the stones were for the use of the gods. Both this spirit and the artisan's techniques were no doubt carried on in the layout of gardens in later centuries.

Iwakura-iwasaka arrangements are found on Shrine grounds throughout Japan. Those exhibiting an aesthetic sense similar to that of garden stone arrangements may be seen at Achi Shrine (Kurashiki), Hokura Shrine (Kobe), and Yamanashioka Shrine (Yamanashi; Fig. 1).

Asuka (552—646) and Nara Periods (646—794)

Japan's earliest gardens appeared during the two and a half centuries of the Asuka and Nara periods, as pond-digging and other techniques began to arrive from the Asian mainland. It is not clear, however, when the very first gardens were laid out, since few if any of the items mentioned the earliest references in the literature have been discovered, and the references themselves are often ambiguous. For example, *Nihon Shoki* mentions that in 612, a Korean artisan constructed something in the likeness of Shumisen (Mount Sumeru), but this could just as well have been a cut-stone structure as a *shumisen* stone arrangement. Similarly, the chronicle describes a garden built with an island in its pond in 636, but recent excavations at the site (the Asuka River in Nara Prefecture) turned up nothing that could be considered a stone arrangement. A more definite reference is found in another work, where the garden of Prince Shotoku (572—621) is described as having a Mount Horai (a mystical Chinese mountain) in the shape of a turtle. This could well have been a turtle island stone arrangement and one of the first stone arrangements in Japan.

One of the earliest stone arrangements that is preserved today is the one found in Kondo Akaiya Garden, Onjo-ji temple, in Otsu. Dated from the Nara period (tradition says 669), the arrangement comprises the stones of a well and a *sanzon* arrangement. Other Nara-period stone arrangements have recently been excavated at Kyokusui-tei garden in Nara (Fig. 2), which is thought to have been laid out in 710, immediately after the capital was moved to that city. The garden contains a small but beautiful stone arrangement in the center and a rock-built island in the pond, which is itself lined with pavement stones.

Heian Period (794—1185)

Garden building flourished during the Heian period, one of its main purposes being the construction of large ponds on which elegant boating parties could be held. Most of the period's gardens were found in Kyoto, the capital at the time. Unfortunately, however, very few remain today, forcing us to rely on the literature for descriptions of them—as well as for the ones that still exist, which have been redesigned over the centuries. Wars and simple neglect were the cause of the loss of many gardens, and once a garden was abandoned, stones were often moved and placed in new arrangements in other gardens. Heian gardens seem to have been characterized by great energy veiled by elegance.

Reflecting the development of garden design during the period was the publication of a book entitled *Sakuteiki* (Book of garden construction), which contained detailed technical explanations of how to put together many of the stone arrangements described below. *Sakuteiki* is still an extremely useful reference today, both for its how-to element and its emphasis on the spiritual aspects of stone arrangement.

One of the earliest and most important Heian-period gardens still in existence is Osawa-no-ike Garden in Kyoto, built as the grounds of the detached palace of Emperor Saga (r. 809—23). Part of an old-style waterfall stone arrangement is still there, as is a beautiful *sanzon* arrangement. Incidentally, waterfall arrangements were made in great numbers during the Heian period, according to *Sakuteiki*, but the one in Osawa-no-ike Garden is one of the very few that still exists. Another early one is found on the grounds of Kashu-ji temple in Kyoto, but it has been reconstructed many times over the centuries. Several other Heian-period waterfall stone arrangements have been excavated in the past several decades, two excellent examples being arrangements on the grounds of Hokongo-in temple in Kyoto and at Kanjizaio-in temple in Iwate Prefecture.

A fine example of an extant late-Heian garden with stone arrangements is found at Motsu-ji temple in Iwate Prefecture (Fig. 3). Although not in perfect condition, the turtle island, rocky-coast, *horai*, and embankment arrangements are some of the best preserved from the period. The tall, slanted stone on the turtle island is particularly interesting.

Kamakura Period (1185—1333)

Relatively few gardens laid out during the Kamakura period are left intact today. However, some very fine ones do exist, and the sturdy, vigorous new forms taken by the stone arrangements in them make this the one of the most important periods in terms of stone arrangements. The novel trends are most clearly seen at Rokuon-ji temple in Kyoto, site of the former Kitayamatei Garden, which was completed in 1235 by the nobleman Saionji

Kintsune. The *horai* island arrangement exhibits a powerful new technique, as does the *ryumonbaku* waterfall arrangement. This latter was modeled after legends associated with a rapid section of the Yellow River in China with the same name and is evidence of the influence in Japan of Song-dynasty China.

The most significant "import" from Song China was Zen Buddhism, which brought about the construction of numerous temples and influenced Japanese architecture to no small extent. The use of snugly fitting tatami mats as floors in homes was due to the Zen influence; it was during the Kamakura period that sitting on the floor became standard. Designed in imitation of Song-dynasty india ink paintings, small "pond-viewing" gardens were built to be gazed at leisurely by the occupants of a house or other building. The portion of the grounds that had a garden came to be considered the front of the building during this period.

The garden of Makaya-ji temple (Fig. 4) in Shizuoka Prefecture is a fine example of a mid-Kamakura-period garden. Its rocky-hill, embankment, crane island, and dry-landscape stone arrangements are particularly well preserved. Erin-ji temple in Yamanashi Prefecture and Nanzen-in temple in Kyoto have late-Kamakura gardens in the india ink–painting style. Perhaps the finest example of a garden in this latter style is at Tenryu-ji temple in Kyoto, which contains a bilevel waterfall behind a natural stone bridge and a stone island with strongly placed upright stones.

Muromachi Period (1333–1573)

Two factors worked to make the Muromachi period the most significant time in Japanese history with respect to garden design overall. First, the india ink–painting style, introduced from Song-dynasty China during the Kamakura period, had a chance to flourish, developing into the mainstream in garden layout during the first half of the Muromachi. In contrast to the previous period, however, stone arrangements were characterized by the avoidance of the use of massive stones. Well-known gardens in the india ink–painting style that are likely to have been laid out at this time include those of Gansho-ji temple in Shimane Prefecture, Hokoku-ji temple in Ehime Prefecture, and the Ogawa estate in Shimane Prefecture.

The second major influence was the Onin War, a civil war that lasted from 1467 to 1477 and leveled most of Kyoto. The destruction of many gardens encouraged a fresh start in design and greater refinement of stone arrangements during the latter half of the Muromachi period. Sesshu, a superb painter who had studied in Ming China, may have been responsible for masterpieces of garden design, including Kameichi-bo Garden in Fukuoka Prefecture and the garden of Joei-ji temple in Yamaguchi Prefecture. In the curved, flowing pond of the former is a rock island that beautifully evokes an impression of space. The latter contains a waterfall stone arrangement, a skillful recreation of a Northern Song india ink painting. Both gardens have dry-landscape arrangements, one of the main developments in garden designed that emerged in the wake of the Onin War.

The rebuilding of Kyoto following the war was largely carried out by the Zen sect, whose adherents designed sublime, abstract dry-landscape gardens on relatively small plots of ground. The first of these are thought to be the gardens at temples associated with Daitoku-ji and Myoshin-ji temples.

Perhaps the most well known dry-landscape garden that came out of the latter Muromachi is that of Ryoan-ji temple (c. 1499), with its fifteen-stone arrangement amid a sea of white sand. The abstract emptiness is said to express the essence of Zen. A similarly beautiful arrangement is that found in the garden of Daitoku-ji Ryogen-in temple (1517), which contains a *sanzon* arrangement and a dry waterfall (Fig. 5).

Momoyama Period (1573–1603)

The Onin War left the shogunate weakened and ushered in a century of nationwide strife that lasted until about 1600. One of the benefits of the decentralization of power was the spreading of culture throughout the country, so that, for example, we see the creation of more gardens in places other than Kyoto during the Momoyama period. In what was apparently a rejection of Buddhism, which they considered the cause of their troubles, local rulers abandoned the austerity of Zen and designed gardens with powerful arrangements of large stones as a means of expressing their own authority. Many Momoyama-period gardens contain more stone arrangements than anything else.

The gardens that best exhibit the Momoyama-period style are those of the Asakura family in Fukui Prefecture. Although the pond of Yudonoato Garden is in typical Muromachi style, the virtual forest of bold, massive stone arrangements is clear evidence of the new trend (Fig. 6). The garden of the Suwa estate in Fukui Prefecture contains a dry-waterfall arrangement with a four-meter-tall rock and a large *horai* stone and stone bridge.

The garden of Kokubun-ji temple in Tokushima (Fig. 7), while now in a state of disrepair, was one of Japan's prime gardens and is still known for numerous arrangements that employ large blue flat-stones quarried locally. There is a crane arrangement containing one such stone over four meters long, as well as bridge, grotto, dry-waterfall, *horai*, and other arrangements. The garden of Tokushima Castle (Fig. 8) makes similar use of local blue flat-stones for its many stone arrangements. This garden is somewhat unusual in that it is laid out in the so-called inlet style; that is, the water in the pond actually comes from the nearby ocean. There is also a dry-landscape section, with a dry pond containing a *horai* island connected to the "mainland" by a ten-meter-long stone bridge.

Early Edo Period (1603–c. 1700)

Early Edo garden design is characterized by four trends, the first of which may be seen as a continuation from the previous period, the other three as new directions. First, in a few gardens, even larger stones than could possibly have been moved and arranged in earlier periods were used in some arrangements. This phenomenon came about as a result of advances in castle-building technology during the feudal Edo period, for which large boulders had to be lifted and arranged. The garden of the Kurushima estate in Oita Prefecture has a number of unusually large stones. Related to this was the continued layout of gardens with many stone arrangements, such as at the former En'yu-ji temple in Nagasaki Prefecture (Fig. 13), which has a dry-waterfall arrangement and other stones on a fifty-meter-wide artificial hillside.

The second phenomenon is the influence of tea ceremony gardens, which had begun to appear during the Momoyama period. The emphasis on elegance resulted in a somewhat flatter garden, with smaller stone arrangements dotting the landscape here and there. An example of a garden in this style is that of the Katsura Detached Palace in Kyoto.

The third trend, seen mainly in the gardens of the daimyo, was to make and place stone arrangements in gardens so as not to be as striking as they were during the previous period. Stones of fantastic shape were also used, perhaps as a result of the Chinese Confucianism that was influencing the daimyo. Finally, and rather unfortunately, the shogunate-directed trend toward uniformity and standardization in the political and economic arenas apparently spread to the artistic world. Stone arrangements began to look much the same and, as the period progressed, lost the power they had had earlier. However, this trend was partially counterbalanced by the influence of the tea ceremony aesthetic, noted in the second trend, above.

Middle and Late Edo Period (c.1700–1868)

The tendency toward hackneyed, impotent stone arrangements accelerated during the latter part of the Edo period. Stone arrangements began to occupy a place of minimal importance in gardens (in favor of plants), and those that were created were often contrived or poorly laid out. This trend was especially true in Edo (Tokyo); gardens and stone arrangements worth seeing from this period are found in outlying areas.

That stone arrangements become increasingly uniform was largely the result of the publication of the "secret books" of garden design. The blame should not be placed entirely on such books, however, as they only served to aggravate and spread a trend that had begun earlier.

Meiji (1868–1912) and Taisho (1912–26) Eras

Although the fall of the Tokugawa Shogunate brought a sense of liberation to various spheres of artistic endeavor, stone arrangement generally remained entrenched in the patterns of the previous period owing to the reliance on "secret books" by garden designers. One new trend was the incorporation of garden motifs from the West by wealthy people who owned large plots of land. The ideal was to contrive gardens to becompletely natural looking, often by using natural features (mountains, trees, etc.) outside the garden as a backdrop. Stone arrangements were put together to look like a ravine or other topographical feature. Large stones were frequently used, usually placed horizontally, and extra decorative stones were placed seemingly at random around an arrangement. In any event, this tendency toward a naturalistic layout is now considered the "original" form of Japanese gardens and is still influential in garden design today.

A totally different genre of garden design arose during this time. This was the so-called military-style garden, which became common mainly in the Tsugaru area of Aomori Prefecture. Designers of military-style gardens considered themselves to be in the mainstream of Shinto tradition. While the stone arrangements in these gardens were somewhat interesting for their use of large stones, they were even more stereotyped than before, with specific types and shapes of stones placed in predetermined positions.

Finally, one further negative tendency during the Meiji and Taisho eras was the gathering in one's garden of various famous stone arrangements from around the country, a practice made possible by improved marine transport technology. Gardens designed in this manner, such as Kiyomizu-en garden of the Iwasaki family, in Tokyo, go against the fundamental creative spirit inherent in stone arrangements.

石組の種類

石組の便宜的分類

石組は，古来よりその造形もテーマも実に多種多様である。また，その石組名称にしても，時と場所によっていろいろな名称が使われており，ほとんど統一がとれていないというのが実際であろう。

したがって，これを分類することはまことに困難であり，著者にしても，とうてい正当な分類を行う自信がない。

また，石組名称には，一般的な庭園用語として多く使われているものと，ほとんど使われない特殊な名称とがある。その特殊名称とは，秘伝書などに多く見られる固有名詞に近い語であって，それを石組名称に加えると，さらに複雑さを増大させてしまうことは明らかである。

したがって分類は，庭園用語として普通に通用しているものに限られるべきであり，さらにその分類も正当なものではなく，表題に示したように「便宜的分類」と考えるのが最も無難であると思われる。

この石組分類では，これまでにほとんど注目すべきものがなく，重森三玲氏によって行われた次の四項目の分類が最も妥当なものとされてきた。

- 仏教的石組
- 道教的石組
- 景致的石組
- 実用的石組

しかし，この四項目も，今日からするとその表現が必ずしも適切ではない。たとえば，景致というような言葉は，現在ではあまり使われないものとなっている。

そこで著者は，意味からすればあまり大差ないが，次のような四項目に分類したいと思う。

- 仏教的名称の石組
- 祝儀思想的名称の石組
- 風景的名称の石組
- 実用的石組

次に，この四つについて簡単に説明しておくことにする。

1．仏教的名称の石組

仏教と直接的につながりがあるというのではなく，仏教から名を借りて名称にしたものと考えた方がよい。

これまでのように“仏教的石組”というと，人によってはかなり深い仏教的意味のある石組，というように理解してしまうことが多かった。もちろん，作庭のテーマを仏教からとることは一向にかまわないのであって，作品としての庭園石組にどのような名称をつけようとそれは自由である。

ただし，庭園用語としての石組名称となると，それは話は別ということになる。庭園用語というものは，各庭に共通して使われるものであり，個人的な信仰や，あるいは好みから付けたような名称と同一に考えてはならない。

そこで，著者は“仏教的石組”とはいわず，“仏教的名称の石組”としたわけである。

もちろん，昔の秘伝書の類などには多数の仏名などを附した石組が出てくる。ただし，それは各石に仏，菩薩等の名を付けたものに過ぎず，広い意味での庭園用語とは認められない。

『山水並野形図』に，三尊石，両界石，明王石，天人居石，眷属石などの名称が見えるのは古い例であるし，『築山庭造伝前編』には，「仏菩薩の御名配当之図」があって，すべての石に，如来，菩薩，明王，天などの名称を付けている。

このようなものが，石組名称とはいえぬことは，十分理解していただけるものと信ずる。

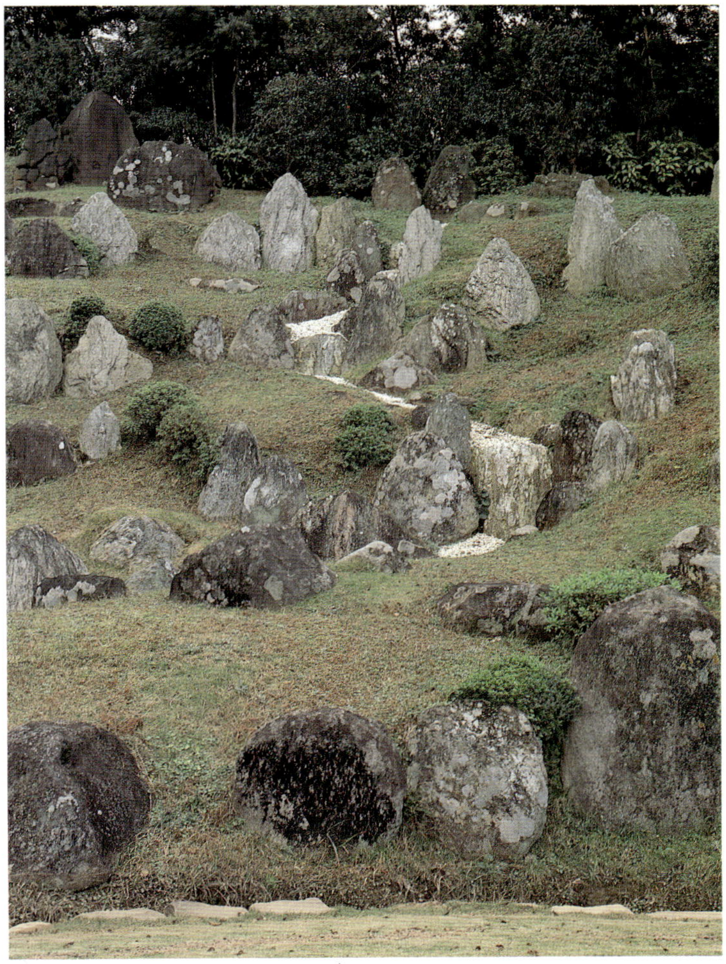

写真13　大規模な山畔に三尊石組を多用した築山石組の代表作。築山式枯山水庭園中最大の作として知られる。（旧円融寺庭園・江戸初期）

13. Built-up hill arrangement using *sanzon* arrangements as its components (former En'yu-ji temple, Nagasaki Pref.; early Edo period)

現在，仏教的名称の石組としてより多く使われているものは意外に少なく，庭園用語としてはむしろ限られた名称というべきなのである。それには，三尊石組，須弥山式石組，礼拝石，坐禅石などがあるにすぎない。

一部では，不動石の名称もよく使われているが，不動石とは本来滝石組中の水落石をいったもので，石組のさらに部分名称として用いられるものである。

2．祝儀思想的名称の石組

祝儀思想というのは，少々難しい語のようにも思われるが，簡単にいえば，縁起のよいもの，おめでたいものを好む考え方ということになる。

これまでは“道教的石組”といわれてきたのであるが，それは日本人が作庭のテーマとして特に好んだ中国に源のある蓬萊神仙思想を意味していたことは明らかである。

しかしながら，蓬萊神仙思想と道教が直接結びつくわけではないし，鶴亀を好むというようなことが道教の思想であるとも断定できない。また，道教そのものが，今日の日本人にとって馴染みの薄いものであることも問題であると思う。

そこで，もっと広い意味に解釈して，“祝儀思想的名称の石組”としたのであるが，その根本には蓬萊神仙思想の影響が大きいことを理解しておく必要があろう。

この，祝儀思想的名称の石組には，蓬萊石組，蓬萊連山石組，蓬萊石，鶴石組，亀石組，夜泊石組，七五三石組，陰陽石などがある。数としてはあまり多くないが，庭作りには地上に一つの理想郷を作るという意味があったから，そのテーマとして広くこれらが用いられたのであった。

3．風景的名称の石組

日本庭園は，四季折々の日本の美しい自然を母体として創造された芸術である。その中心となるものは，いうまでもなく山水風景であり，『作庭記』にいう「生得の山水をおもはへて…」というのは，自然の山水の景を参考にすることを述べたものである。

したがって，石組名称にも，その自然の山水風景からとった名称が最も多いのは当然とすべきであろう。

また，この風景の内には，自然の山水ばかりではなく，人工的なものも含まれる。『作庭記』に，「国々の名所をおもひめくらして…」とあるのは，自然以外の景も，そのおもしろい部分を庭に取り入れることを主張しているのである。

そのような広い意味での風景を石組名称としたのが，“風景的名称の石組”である。

それには，滝石組，枯滝石組，流れ石組，枯流れ石組，遣水石組，連山石組，洞窟石組，遠山石組，中島石組，池畔石組，護岸石組，山畔築山石組，渚石組，岩島石組，舟石，渦巻式石組，橋石組，景石石組，捨石，井泉石組，関(水門)石組，井戸石組などがある。

この中には，たとえば護岸石組，渦巻式石組のように，風景とするには多少問題のあるものも入っているが，便宜的にここに加えておくことにする。

また，名称によっては一部に共通するものや，意味の近いものもあるが，名称自体の起りが統一のとれたものでないので，やむをえぬものと考えてほしい。

4．実用的石組

これまでの名称とはまったく別で，それを何かに使用するという，ほとんど実用を主体とした石組をこの項に入れることにする。

もっとも，実用主体といっても，庭園の一部である以上，景という面も十分に考えられているのは当然であり，中にはむしろ景としての意味の方が大きいものもある。

しかし，根本に実用を持っているものは，ここに加える方がはっきりするのである。

それには，飛石，敷石，蹲踞，鉢前などがある。これまでは，飛石，蹲踞がこれに数えられていたが，飛石を加えるならば，敷石もここに入れた方がはっきりするし，鉢前も同様であろう。

このように考えると，風景的名称の石組の中に加えた橋石組なども，むしろ実用的石組ではないかと思う人があるかも知れない。

橋石組は，たしかにそこを渡るという実用を持っている。ただ，庭園中の石橋は，その大部分が山水風景の象徴として，景を重視して渡されるものであることは，多くの実例によって証明されている。したがって，実用的石組には加えない方が分かりやすい。

以上によって，一通りの石組分類を述べたのであるが，これはまったくの便宜的分類であること，最初に記した通りである。

庭園の様式手法を詳しく研究する者の立場からすれば，研究が深くなる程，分類というものはさらに細分化されていくという傾向があるのは当然であろう。しかし一方で，分類には，物事を誰にも分かりやすく整理し，その理解を助けるという一面の目的があるはずである。ここでは後者の目的にそって記述を試みた。

今後の研究によって，これがさらに良い方向に発展することを願うのみである。

主要石組の解説

1．三尊石組

仏教的名称の石組中，最も代表的なものであり，また古くからの由緒を持ったものである。石を三石組むことは，石組造形の重要な基本であるが，その三石組み中，中央の主石を高く，左右の添石を低く組む形式は最もバランスよく，安定した美を見せることができる。

これは，庭の主景としての石組に多く用いられる形式で，その姿が，ちょうど仏像の三尊形式に似ているところから，三尊石組というのである。仏像の場合は，中央のものを本尊または中尊といい，左右のものを脇侍という。そこから，三尊石組でも，中央を中尊石，左右を脇侍石ということもある。

現在では，石の大きさ，高さにかかわらず，中央が高く，左右が低い形式の石組は，すべて三尊石組ということに統一されているが，古くはこれに区別があった。

『作庭記』に，「石をたつるに，三尊仏の石はたち，品文字の石は

三尊石組

Three types of *sanzon* stone arrangements

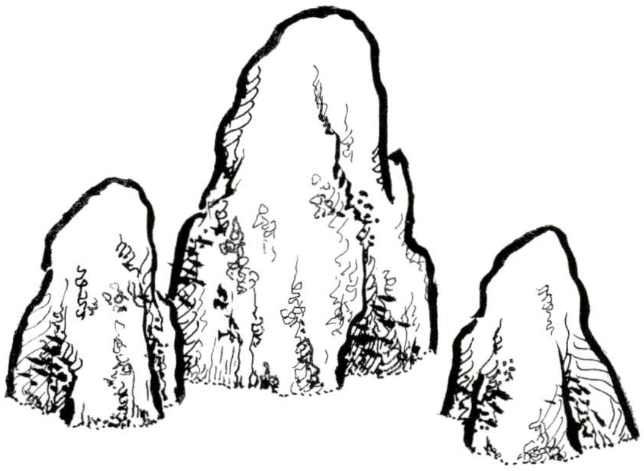

古くは三尊仏の石といった

"Standard" *sanzon* arrangement

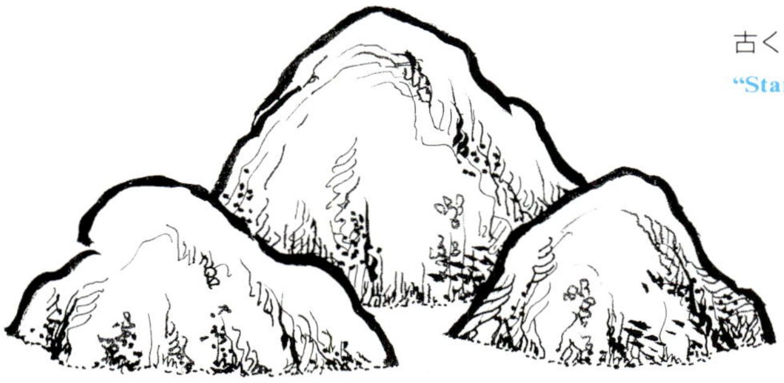

平安式　古くは品文字の石といった

Heian-period *shinamoji* arrangement

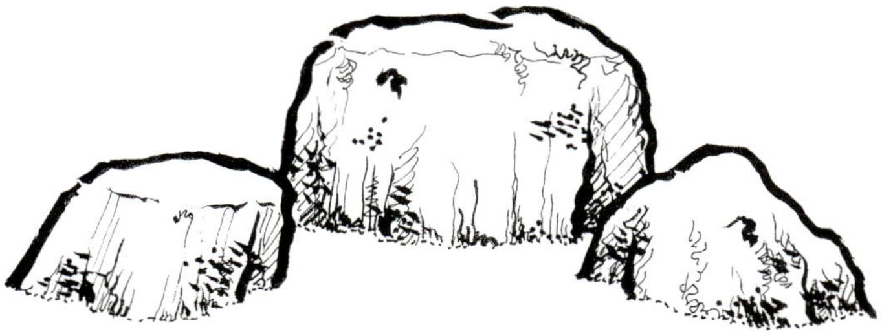

これも古くは品文字の石といった

Shinamoji arrangement

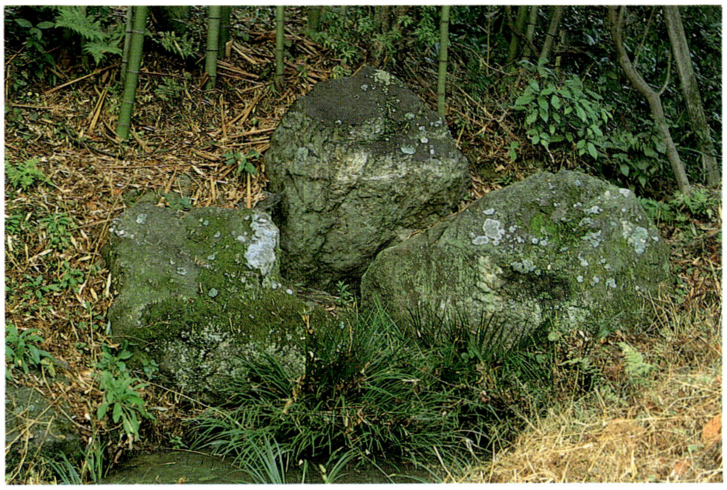

写真14　山形主石のふところに，添石を左右から抱き込むように組んだ品文字式の三尊石組。大和絵風の造形美といえる。(大沢池庭園・平安時代)

14. *Shinamoji sanzon* stone arrangement reminiscent of a traditional Japanese painting (Osawa-no-ike Garden, Kyoto; Heian period)

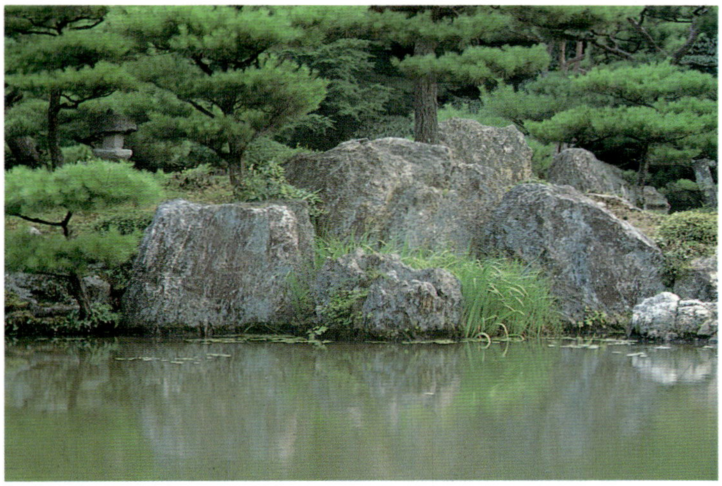

写真15　護岸中央に組まれた，力強い品文字式三尊石組の名作。角のある山石を用いており，前には台座石を組んでいる。(鹿苑寺庭園・鎌倉時代)

15. Powerful *shinamoji sanzon* stone arrangement, part of an embankment, with a pedestal stone in front (Rokuon-ji temple, Kyoto; Kamakura period)

ふす常事也」とあるのがそれであって，立石による三尊石組を"三尊仏の石"と表現し，立石以外の低い石を組み込む三尊石組を"品文字の石"といっていたことが分かる。また，同書の記載によれば，"三尊仏の石"の三尊とは，不動明王と二童子を表わす意味が強かったようであるが，原則としては釈迦三尊，弥陀三尊，薬師三尊など，何に見立ててもそれは作者の自由であったに違いない。

しかし，今日いうところの三尊石組は，そのような仏像の三尊にこだわらぬ形式名称として用いられるものである。

この石組は，庭の中心的主景として組まれることが多く，また滝石組などにも広く応用されている。さらに，遠山石，連山石組，護岸石組などの細部として組まれる場合もあって，これを連続的に組むと，まことに変化ある石組となる。要するに，三尊石組は石組のすべてに応用の利く基本的な石組，と考えるべきものである。

古庭園では，時代によって三尊石組の好みに一定の特色が見られるので，年代を決定する場合の大きな参考となる。

実例はまことに多く，とてもすべてをあげられないので，代表的なものだけを示すと，園城寺金堂庭園(奈良・大津市)，大沢池庭園(平安・京都市・写真14)，西芳寺庭園(鎌倉・京都市)，鹿苑寺庭園(鎌倉・京都市・写真15)，摩訶耶寺庭園(鎌倉・静岡県)，深田氏庭園(南北朝・米子市)，旧亀石坊庭園(室町・福岡県)，常栄寺庭園(室町・山口市)，小川氏庭園(室町・江津市)，三宝院庭園(桃山・京都市)，二条城庭園(桃山・京都市)，西本願寺庭園(江戸初・

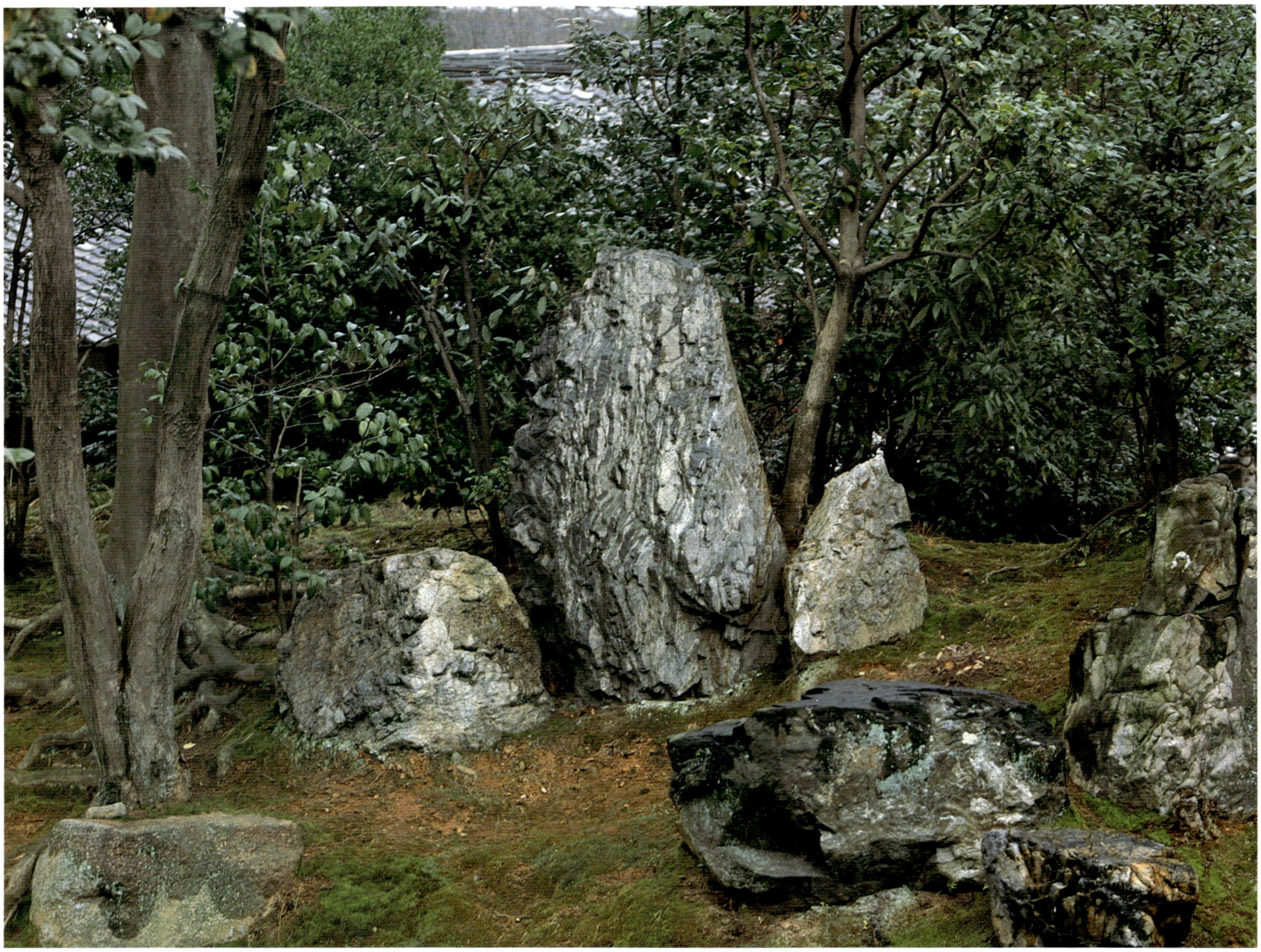

写真16　主石を斜石手法として，その根本に接するように添石を組んだ三尊石組。左添石は「うけ」，右添石は「おい」の造形。（楽々園庭園・江戸初期）
16. The center stone of this *sanzon* arrangement is at a slight angle, and the two side stones are almost touching it; the right stone is in a "pursuing" position and the left "receptive" (Rakuraku-en garden, Shiga Pref.; early Edo period)

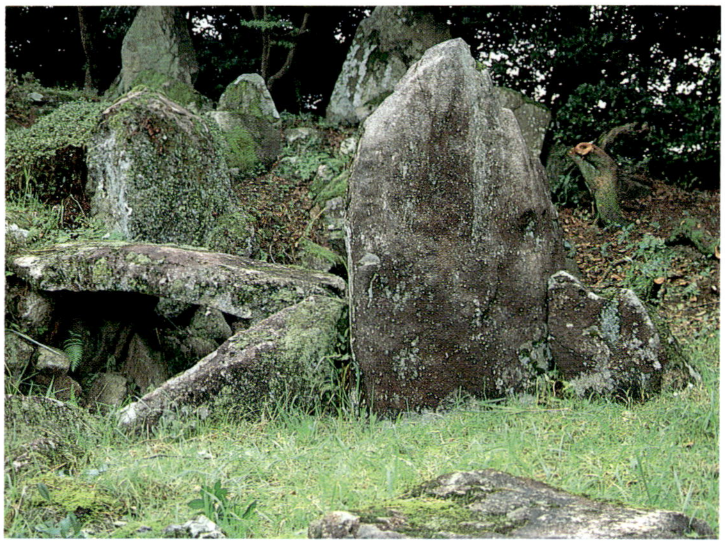

写真17　築山の主景として組まれた安定感のある三尊石組。主石に対する左右添石の変化のある力関係が見事である。（円徳院庭園・江戸初期）
17. The somewhat unusual placement of the two side stones adds stability to this *sanzon* arrangement (Entoku-in temple, Kyoto; early Edo period)

京都市)，円徳院庭園(江戸初・京都市・写真17)，金地院庭園(江戸初・京都市)，旧円融寺庭園(江戸初・大村市)，楽々園庭園(江戸初・彦根市・写真16)などに立派な作例が見られる。

2．須弥山式石組

同じく仏教的名称の石組であるが，この語は実は昭和に入ってから重森三玲氏によって石組のあるタイプの仮称として用いられた名称である。この点については当の重森三玲氏が，雑誌『林泉』15号(昭和11年3月発行)において述べた資料があるので詳しくはそれを参照してほしい。

しかし，この名称はその後かなり広まり，一般に須弥山石組として用いられるようになった。この石組は，主石を中心としてそれに三石以上の石を組み込んだ石組で，重森説では，集団手法，傾斜手法，寄石手法があるとされている。

その意味は，仏説でいう須弥山(しゅみせん)を象徴したような石組ということであって，形式名称であるから，ここでは須弥山式石組の名称を用いることにする。

須弥山思想は，古くインドにおいて起った仏教の根本的世界観で，その経典が中国から日本へも伝わった。

それは，虚空に生じた風水金の三輪の中心にそびえ立つ須弥山(一名を妙高山という)を仏教世界の主峰とするもので，この山は金でできており，それを取り囲んで周囲に七つの金山がドーナツ状に形成されている。これを全体で八金山という。

そして，最も外側には，鉄でできた“鉄囲山”があり，山と山の間には八つの海がある。したがって，このすべてを総称して九山八海(くせんはっかい)というのである。

庭園史上に，九山八海石という名石が出てくるが，それは須弥山世界を象徴した石という意味を持っている。

この他にも，須弥山思想には，数々の興味深い考え方が出てくるが，それは石組と離れるのでここでは省略する。

したがって，須弥山式石組とは，主石を須弥山のように立て，それを囲って数石を配したものに対していうのが本来であると思われる。それは，築山山畔上部などに，多少独立して，しかも庭の中心的な景として用いられているのが一つの特色と考えてよいであろう。著者は，室町時代に出現する渦巻式石組(後で詳記)などは，最も須弥山式石組というにふさわしいものであると思う。

また山梨県には，石を寄石手法とした独特の慧林寺式須弥山式石組があり，地方的特色となっているのも興味深い。

なお，庭園史上では，『日本書紀』の推古天皇20年(612)の条をはじめとして，度々須弥山を作った記録が見えている。ただし，この飛鳥時代に作られた須弥山が，はたしてどのようなものであったかは定説がない。少なくとも，石組として作られたものではないというのが，現在のところ正しいのではないかと思う。

須弥山式石組の実例としては，旧玄成院庭園(室町・勝山市)，北畠神社庭園(室町・三重県)，松尾神社庭園(桃山・八日市市・写真19)，慧林寺庭園(鎌倉・塩山市・写真18)，窪田氏庭園(江戸中・塩山市)，永源寺庭園(江戸中・群馬県)，岡氏庭園(江戸末・山梨県)などがある。

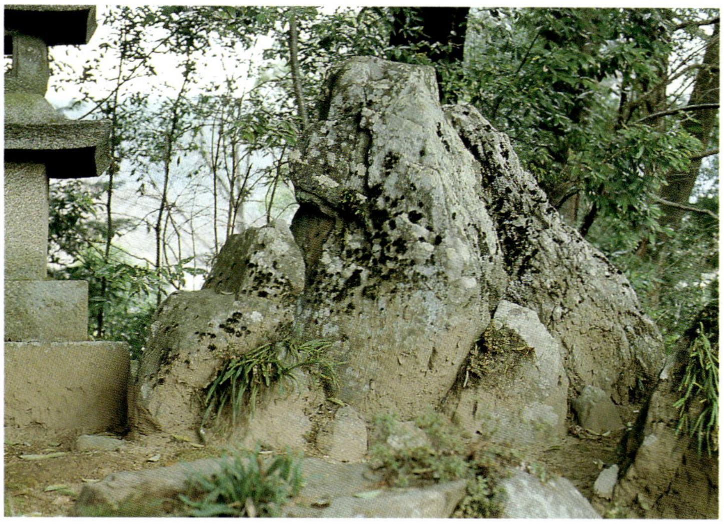

写真18　主石に左右から石を寄せ立て，その間の下にも小石を組んだ独特な石組造形。慧林寺式須弥山石組として名高い。(慧林寺庭園・鎌倉時代)

18. Unique *shumisen* arrangement with the peripheral stones leaning toward the central one and additional small stones placed in the nooks between them (Erin-ji temple, Yamanashi Pref.; Kamakura period)

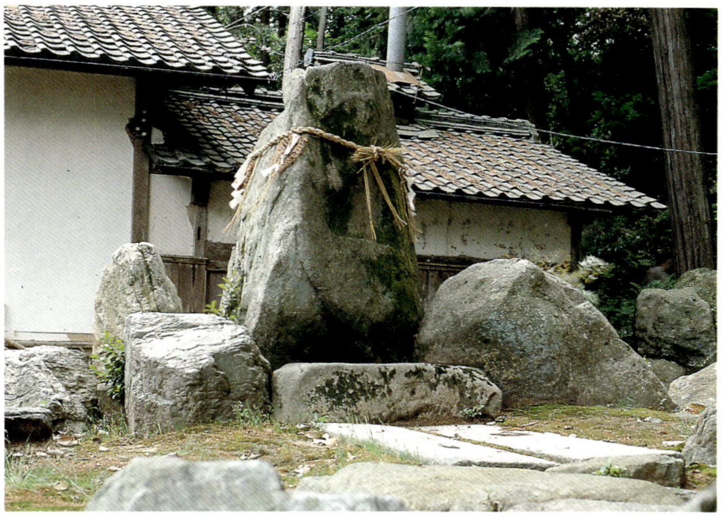

写真19　中央に力強い立石を組み，その周囲を囲うように石を組んだ神秘的造形で，須弥山式石組の典型とされる。(松尾神社庭園・桃山時代)

19. Typical *shumisen* arrangement with a prominent central stone (Matsuo Shrine, Shiga Pref.; Momoyama period)

3．亀石組

祝儀思想的名称の石組中，その実例が最も多く，しかも古くから庭に表現されてきたのがこの亀石組である。

それには，石組だけで表わされるものと，中島として作られるものがあり，また他の石組と兼用手法とされた例もある。

亀とは，いうまでもなく蓬莱の亀であって，亀とはいうものの本来は鼇(ごう)といわれる想像上の神秘な動物を意味している。

中国で紀元前の戦国時代(B.C.403～221)に起った蓬莱神仙思想では，大海中に蓬莱山(島)があり，それは巨大な鼇の背に負われていると考えられていた。このようなものを一名鼇山ともいった。

したがって，中国においても皇室の広大な園池などには，亀形をなす蓬莱，方丈，瀛州などの島々が作られていたのである。

蓬莱神仙思想は，早くも二世紀以前には日本へも伝来し，園池には蓬莱山が作られるようになった。それが亀形をなすものであったことは，聖徳太子の築造した定林寺園池を記して『古今目録抄』に，「太子自造蓬莱山。亀大四五尺許」とあることでも明らかと思われる。その後は各時代を通して多数の実例があり，いかに蓬莱的なテーマが日本人に好まれたかがよく分かる。

亀石組は総体的に見て写実的に組まれる例が多い。その表現として最も多く用いられるのは，亀の頭部を表わした亀頭石である。亀頭石はその組み方に時代的好みがあって，直立させたり，力強く斜石手法にしたものが古式である。

その他，亀脚石(前脚，後脚)，亀尾石，亀甲石などを組んだ例もある。しかし，そのすべてを完備した亀石組は意外に少ないものである。

亀石組を亀島とする場合も同様であるが，島では中央に蓬莱山を象徴した中心石を組んだり仙木である松を植えたりする例も多い。他のものと兼用された亀石組では鶴石組兼用，山畔護岸兼用，

亀石組

Turtle stone arrangement

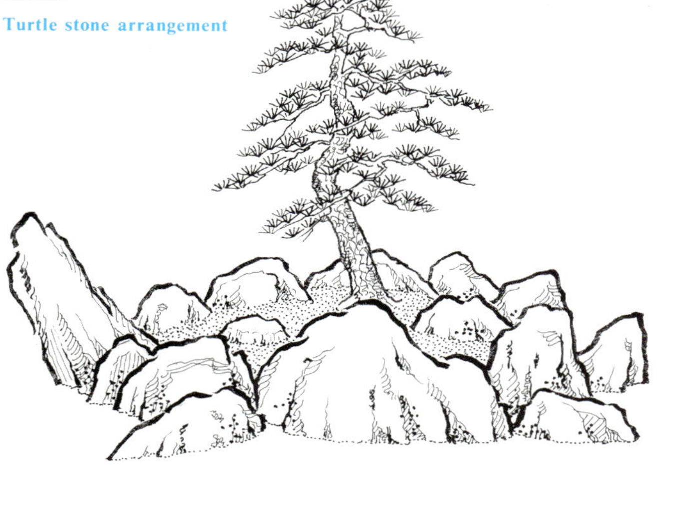

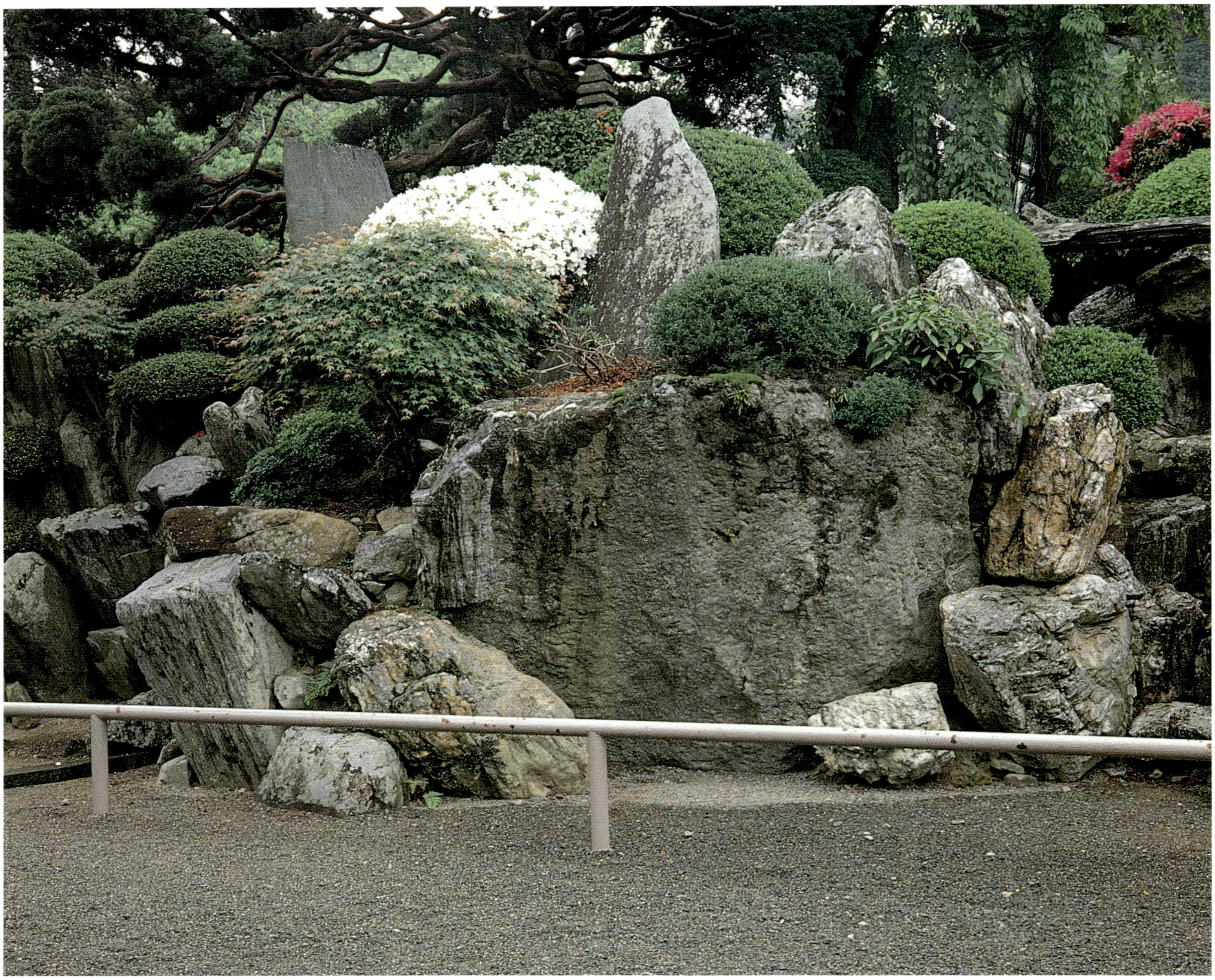

写真20　巨石を用いた亀石組の名作。中央に大胆な巨石の亀甲石を据え，その右下の台石下に組んだ斜石で亀頭石を表現している。(粉河寺庭園・桃山時代)
20. Turtle stone arrangement with a centrally placed large "shell"; the diagonally placed stone below the base stone at the lower right represents the head (Kokawa-dera temple, Wakayama Pref.; Momoyama period)

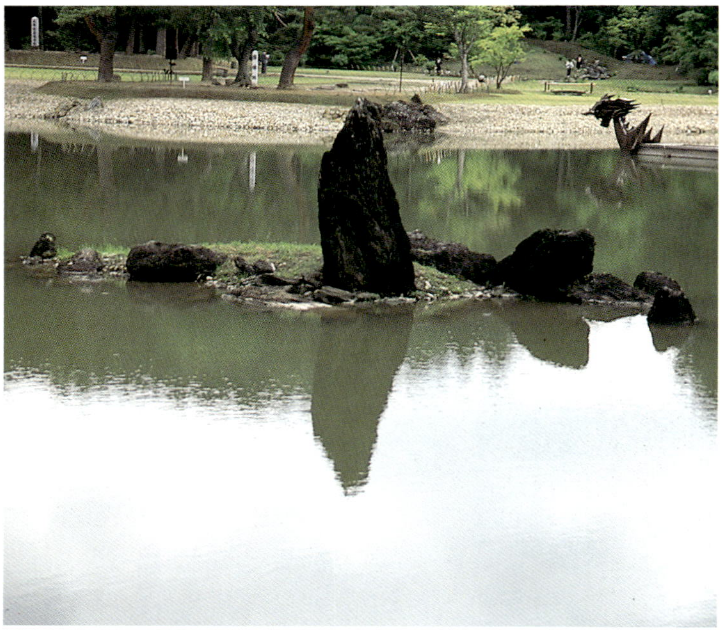

写真21　園池の蓬莱島を象徴した亀島石組。力強い斜立石は亀の背負う蓬莱山の象徴でもある。右手には亀頭石を組む。(毛越寺庭園・平安時代)
21. Turtle island stone arrangement that can be taken as a turtle supporting Mount Horai on its back or as a representation of Horai itself; the head is at the right (Motsu-ji temple, Iwate Pref.; Heian period)

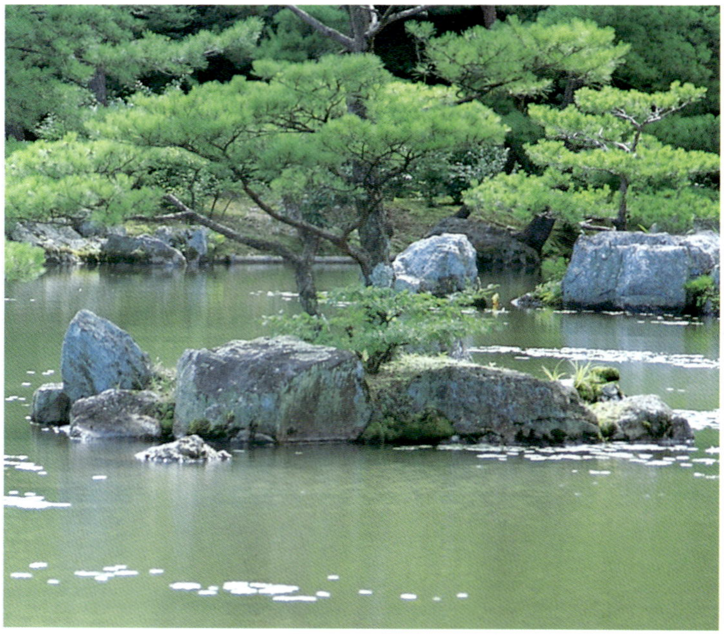

写真22　名高い「金閣」前の池中にある亀島。風雅な小島であるが，左には斜石で亀頭石を組んでいる。(鹿苑寺庭園・室町時代改修部分)
22. Graceful turtle island stone arrangement (Rokuon-ji temple, Kyoto; Muromachi period)

洞窟兼用，滝石組兼用，築山石組兼用などの例も知られている。珍しいものでは護岸石組中に亀頭石を一石だけ組んだような例もある。

亀石組は写実性が強いだけに，ややもすると平凡なものになるおそれがある。本来の神秘性や，力強さを備えた創作的な石組でなければ意味が少ない。

その実例中傑出したものを少々あげると，毛越寺庭園（平安・岩手県・写真21），西芳寺庭園（鎌倉・京都市），鹿苑寺庭園（鎌倉・京都市・写真22），深田氏庭園（南北朝・米子市），保国寺庭園（室町・西条市），大仙院庭園（室町・京都市），旧秀隣寺庭園（室町・滋賀県・写真23），旧亀石坊庭園（室町・福岡県），徳島城庭園（桃山・徳島市），粉河寺庭園（桃山・和歌山県・写真20），三宝院庭園（桃山・京都市），二条城庭園（桃山・京都市），養寿寺庭園（桃山・堺市），安養院庭園（桃山・神戸市），西本願寺庭園（江戸初・京都市），金地院庭園（江戸初・京都市・写真24），円徳院庭園（江戸初・京都市），中田氏庭園（江戸初・松本市），宝積院庭園（江戸中・大津市），霊洞院庭園（江戸中・京都市）など多数のものがある。

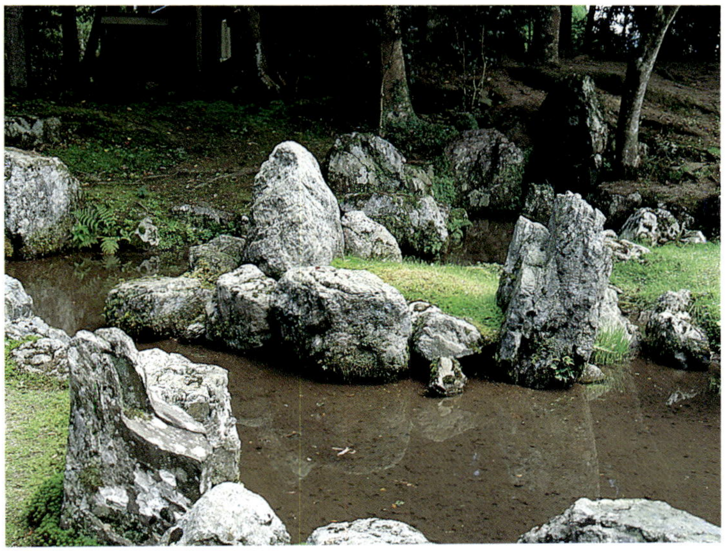

写真23　石組を強調した亀島石組の名作で，右の鋭い感覚の斜石を亀頭石とする。島の後部立石は蓬莱山の表現。（旧秀隣寺庭園・室町時代）

23. Turtle island stone arrangement with the prominent head at the right; the standing stone in the rear represents Mount Horai (former Shurin-ji temple, Shiga Pref.; Muromachi period)

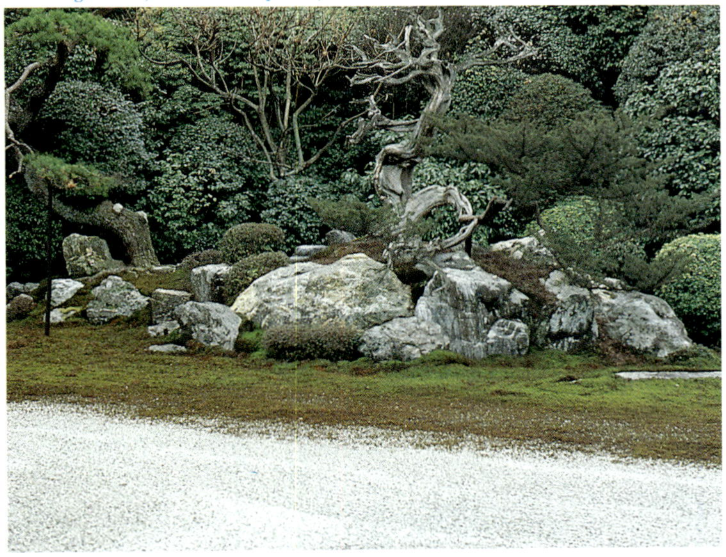

写真24　枯山水の亀島としてよく知られている作。右にある亀頭石はリアルで，いかにも江戸時代らしい造形といえる。（金地院庭園・江戸初期）

24. Turtle island arrangement done in a dry-landscape style, with a realistic head at the right (Konchi-in temple, Kyoto Pref.; early Edo period)

4．鶴石組

祝儀思想的名称の石組で，亀石組と共に好んで日本庭園中に造形された。しかし，亀石組よりは実例少なく，また中国では作られていなかったと考えられる。

日本庭園において，何時頃から行われ出したかもはっきりしていない。一説には平安時代からあったともいうが，現在一庭も保存例がないので疑問とする以外にない。ただ『作庭記』に，

一，池はかめもしはつるのすかたにほるへし。水はうつはものにしたかひて，そのかたちをなすものなり。……

とあって，池を亀，または鶴の姿に掘ることを述べているのは，鶴というものが平安時代から意識されていた一つの証拠といえると思う。

鶴石組や鶴島には，総体的にみて抽象的なものが多く，一見しただけでは鶴と分からないものもある。それだけ，表現が困難であり，したがって鶴の特色である羽や首を象徴的に石組とする場合が多くなる。羽を表現したものは羽石，首を表現したものを鶴首石といっている。

羽石は，一石の山形の石を組む例と，二石以上で羽を表現したものとがあるが，前者が最も多い。平天石の例外もある。

鶴首石は，鶴の長い首を表わしたもので，これを立石としたものと，長い横石としたものがある。後者は鶴石組としては最も写実的なものといえる。

鶴石組は蓬莱石組の一種であるから，山形の羽石が蓬莱山の象徴としても扱われ，これを蓬莱石ということもある。

その石組構成は実に多種多様であり，そのために造形が分かり難いことも事実であるが，大体は亀石組と対するような形式で造形されていることが，実例の上から分かるのである。

鶴といった特殊な造形を石組で表現することは，実際には非常にむずかしい。それが写実であればあるほど，かえって趣味的になり，また下手になるおそれがある。

そのような点を感じさせず，芸術的な力強さにあふれた鶴を創造するには，優れた美意識が要求されるのである。

古庭園にみる鶴石組は，さすがに傑出しており，抽象化された造形の中に神秘感さえただよわせている。しかし，江戸初期以後では，あまり名作が見られないのはやはり時代性というべきであろう。

鶴石組中でも特に名作として知られているものは，摩訶耶寺庭園（鎌倉・静岡県・写真29），深田氏庭園（南北朝・米子市）のもので，前者は島全体の流れるような線の美が特色であり，後者は特に写実性の強い石組で名高い。

他では，鹿苑寺庭園（鎌倉・京都市），慈照寺庭園（室町・京都市），常栄寺庭園（室町・山口市），旧秀隣寺庭園（室町・滋賀県・写真25），大仙院庭園（室町・京都市・写真26），霊雲院庭園（室町・京都市），二条城庭園（桃山・京都市），三宝院庭園（桃山・京都市），朝倉氏湯殿跡庭園（桃山・福井市），粉河寺庭園（桃山・和歌山県・写真27），国分寺庭園（桃山・徳島市），玄宮園庭園（桃山・彦根市），向嶽寺庭園（桃山・塩山市），西本願寺庭園（江戸初・京都市），円徳院庭園（江戸初・京都市），金地院庭園（江戸初・京都市・写真28），中田氏庭園（江戸初・松本市），大善寺庭園（江戸初・山梨県），長昌寺庭園（江戸初・杵築市），などがある。

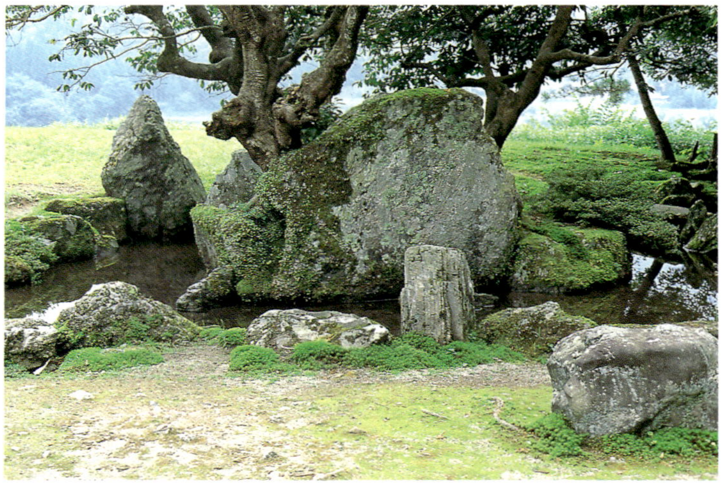

写真25　中央の大きな山形石を羽石表現とした鶴島石組。護岸石組との遠近感の取り方にも絶妙な味わいがある。（旧秀隣寺庭園・室町時代）

25. Crane island arrangement with a large wing stone, placed to contrast with the embankment stones in the rear (former Shurin-ji temple, Shiga Pref.; Muromachi period)

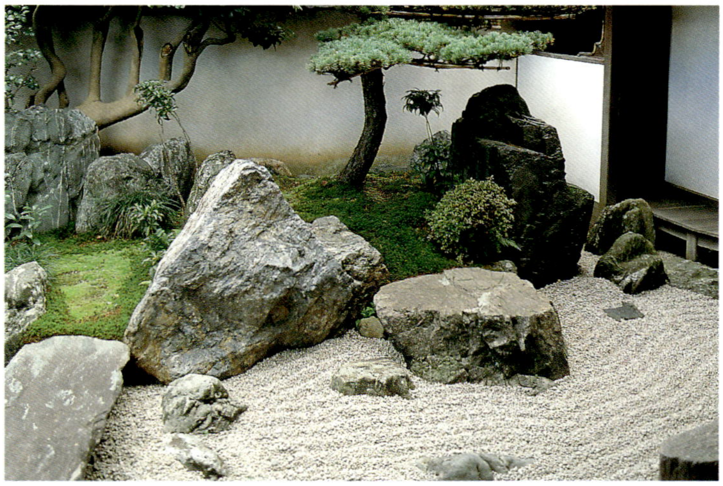

写真26　抽象的な表現ながら，折り鶴のような造形を見せる鶴島石組。中央に組んだ平天石がよく生かされている。（大仙院庭園・室町時代）

26. A rather abstract crane island stone arrangement; the flat-topped stone is well placed (Daisen-in temple, Kyoto; Muromachi period)

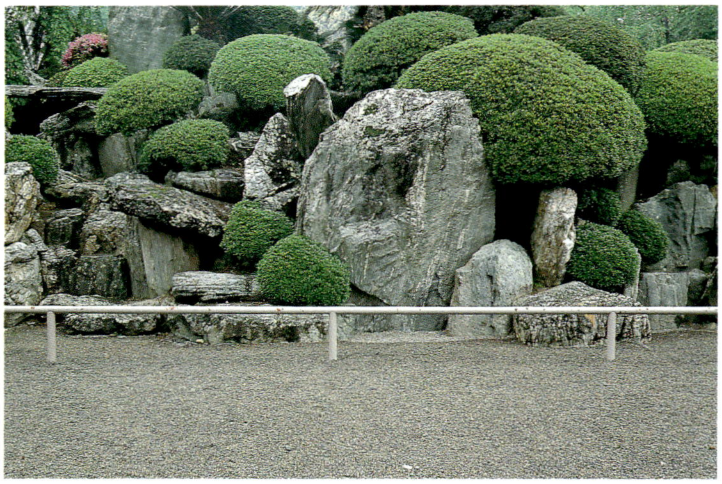

写真27　大空を羽ばたくような雄大な感覚の鶴石組。中央の青石の巨石を羽石とし，左手には力強く鶴首石を突き出す。（粉河寺庭園・桃山時代）

27. This crane stone arrangement gives the impression of a wing flapping in the air; the large blue stone is the wing, and the neck extends prominently to the left (Kokawa-dera temple,Wakayama Pref.; Momoyama period)

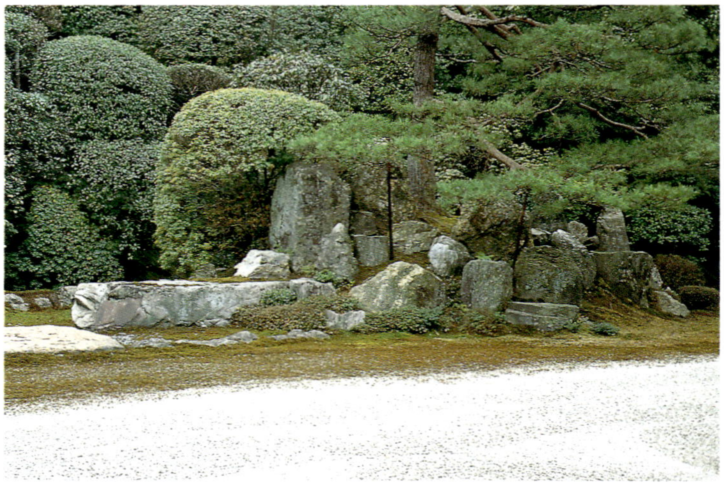

写真28　最も写実的に表現された枯山水の鶴島石組。島上に大きく三尊石組を配し，左の長い一石によって鶴首石を象徴。（金地院庭園・江戸初期）

28. A relatively realistic dry-landscape crane island stone arrangement, with a *sanzon* arrangement on the island; the long stone at the left represents the neck (Konchi-in temple, Kyoto; early Edo period)

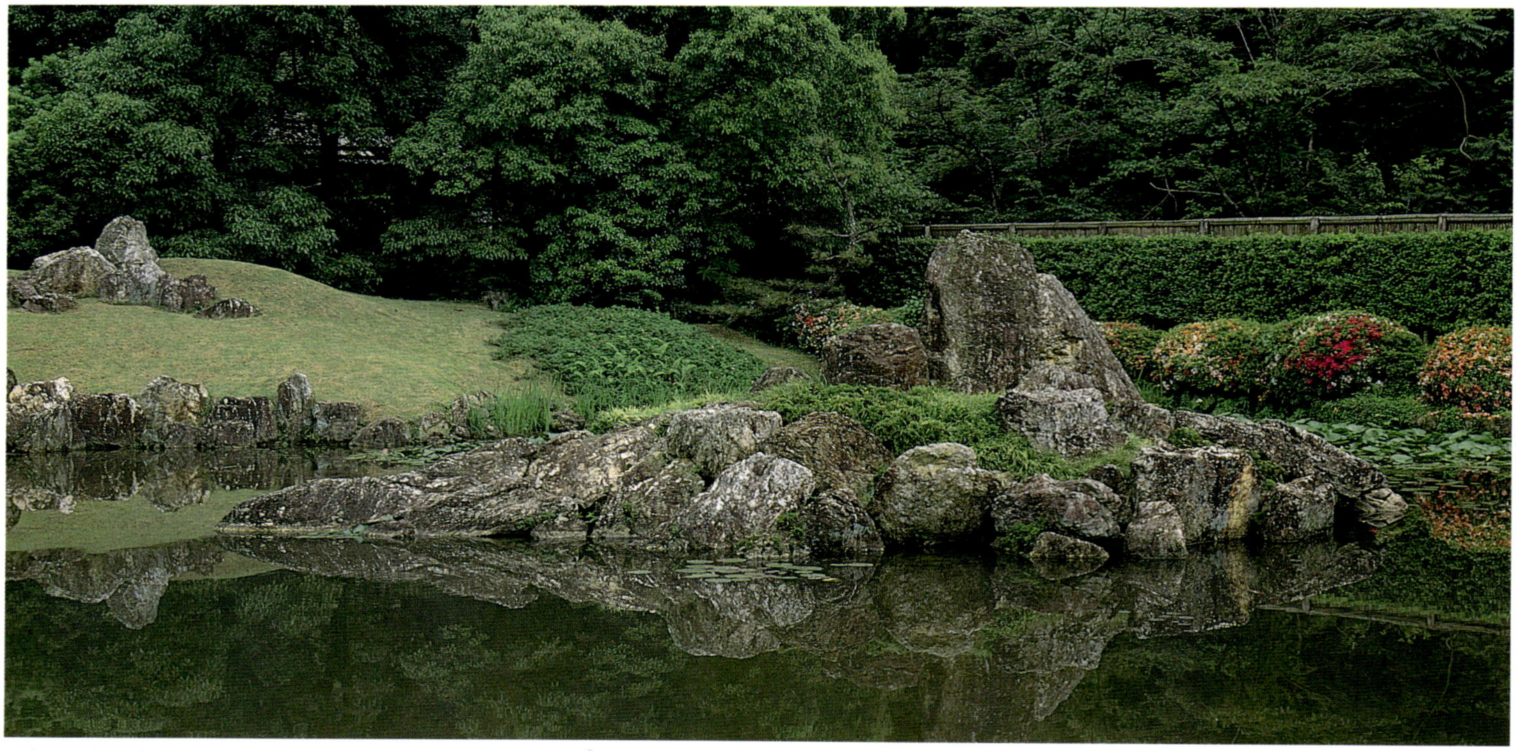

写真29　左の池中に延びた鶴首石の先端から，島全体に美しい線を通した鶴島石組。気品ある鶴の姿を見事に表現している。（摩訶耶寺庭園・鎌倉時代）

29. Beautiful crane island arrangement with the long neck extending to the left (Makaya-ji temple, Shizuoka Pref.; Kamakura period)

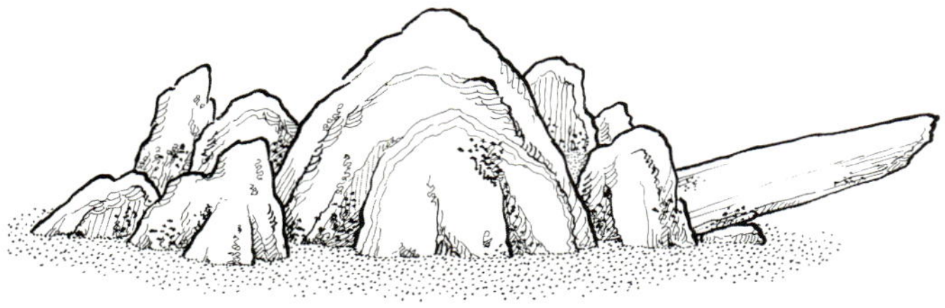

鶴石組

Crane stone arrangement

5．七五三石組

七・五・三のような奇数は，いわゆる陽の数で，万物を生成させるものと考えられてきた。その根本はやはり中国にあって，『説文』などにこの説が述べられている。

このことから中国でも，楽の音の調子を七・五・三としたり，念仏称名を七・五・三に唱えたりすることが行われていた。

これが日本にも伝えられ，祝儀に用いられる吉数として，七・五・三は好んで用いられるようになった。

奈良時代天武天皇頃の記録として『雑令』に，「凡正月一日，七日，十六日，三月三日，五月五日，七月七日，十一月大嘗日皆為節日」とあり，ここで三月三日，五月五日，七月七日を節日としているのは，これらの数がめでたい数と考えられていた証拠であって，後の七・五・三を好む思想につながっていることは明らかであろう。

七・五・三が，特に万物の配列などに応用されるようになったのは大体に室町時代頃からであり，当時の唐物尊重から器物の飾り付けなどにこの数が好んで用いられた。

また，神社の注連(しめ)縄を，別に七五三縄ともいうのは，三筋，五筋，七筋のわらを捻っていくところから出たものであり，この吉数が用いられているのである。

江戸時代になると，いわゆる七・五・三の祝いがさかんになり，この風習は今日までも続いている。

以上のような伝統から考えても，日本庭園の石組に，七・五・三の配石が行われたのはむしろ当然といえるのであり，現存の実例では，室町時代後期に発祥した枯山水庭園に最初に応用されたものと思われる。名高い龍安寺庭園(室町・京都市・写真30)は，その典型的な作例であって，石組を五・二〔以上で七〕，三・二〔以上で五〕，三，と分けて平庭上に組み込んでいる。

この配石は，平庭に用いて特に効果が大きく，石組と共に平面空間の美が重要な意味を持ってくる。そのような点から，禅的・精神的造形ともいわれるのである。

また，七・五・三，合わせて十五石という石組は，小庭においてまことに手頃であるから，現在でもかなり広く応用されている。これらの数は，単独の石組としてもバランスのとれたものになることが多いので，テーマとして用いるのには大変に都合が良いものである。

ただし，その内容は作者の好みによって様々であり，最もよくその力量を表わすものともいえる。七・五・三の考え方として一部の石組を共通させて，九石によって七・五・三を象徴したような作があることも興味深い。

古庭園での七五三石組の実例はあまり多くないが，真珠庵庭園(伝室町・京都市)，大徳寺本坊方丈東庭(江戸初・京都市)，酬恩庵虎丘庭園(江戸初・京都府)，雑華院庭園(江戸初・京都市)などがよく知られている。

なお，江戸時代になると，飛石の手法にも七・五・三打ちが出現しており，真珠庵(前出)にその代表的な名作が保存されている。

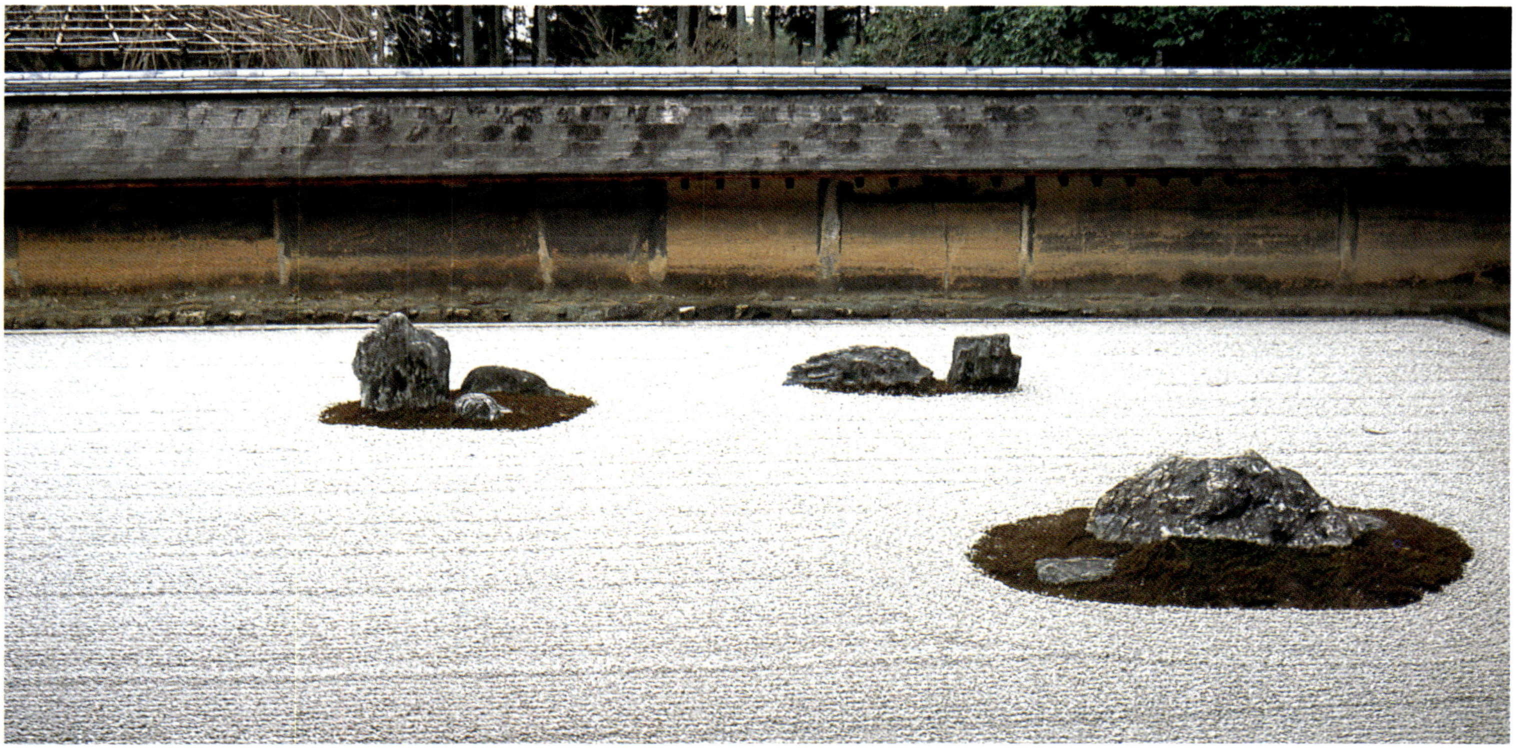

写真30　七五三石組の名作として名高い枯山水造形。中央左の3石，右の2石が五を意図し，右下の石組が三を表現している。(龍安寺庭園・室町時代)

30. Part of a well-known seven-five-three stone arrangement: the three stones on the left and the two at the right make up the five, with three stones in the foreground (Ryoan-ji temple, Kyoto; Muromachi period)

The Variety of Stone Arrangements

(Pages 39–49)

Classification Scheme

A simple, consistent classification scheme for stone arrangements is virtually impossible to develop because of the great variety of stones and the different names that have been given to similar arrangements at different times and places. The four-category classification delineated below should therefore be considered one of convenience. With regard to the names of the arrangements, we have attempted to limit ourselves to the standard terms used by professional gardeners and to avoid terms that are essentially proper names that have been given to specific stone arrangements.

Stone arrangements with names adopted from Buddhism

Although stone arrangements are frequently associated with gardens of Buddhist temples, only a relatively small group have been given names adopted from Buddhism, and the names and stones are not usually related to Buddhism as such, but are, for example, based on the shape of something found in a Buddhist temple. (Again, in this classification scheme we do not include specific stones named after Buddha, bodhisattvas, and so forth.) Names include *sanzon* and *shumisen* stone arrangements, as well as worship and zazen stones. (The meanings of these names will be delineated in the paragraphs below.)

Auspicious stone arrangements

A few stone arrangements are named after items, practices, or ideas that have traditionally been considered auspicious. Items in this category include *horai, horai* mountain range, crane, turtle, night mooring, and seven-five-three stone arrangements, as well as *horai* and yin-yang stones. Such stones arrangements were placed in gardens to provide them with an aura of utopia.

Stone arrangements based on natural scenery

In that Japanese gardens are laid out to reflect the beauty of the four seasons, it is only natural that the greatest number of stone arrangements belong to the "natural scenery" category. Some common arrangements are waterfall, dry-waterfall, river, dry-riverbed, garden stream, mountain range, grotto, distant-mountain, island, pondside, embankment, rock hill, shoreline, rocky island, whirlpool, bridge, scenic-rock, well, floodgate, and water well stone arrangements, as well as boat stones and decorative stones.

Functional stone arrangements

Several types of stones and arrangements have primarily a functional existence and so have to be placed in a category separate from the others, although it must be remembered that these, too, add to the scenic beauty of a garden. Such stones include steppingstones, flagstones, stone washbasins, and *hachimae.*

Common Stone Arrangements

Sanzon stone arrangements

Sanzon refers to the arrangement of three figures—a Buddha in the center and an attending bodhisattva on either side—in the worship hall of a Buddhist temple. Three large stones positioned with the middle one higher than the other two are called a *sanzon* arrangement, although, today at least, the arrangement is used because of the stability of its appearance, not as a representation of three Buddhist personages. A *sanzon* arrangement is very versatile. While it is often the central feature of a garden, it may also appear in combination with a waterfall stone arrangement or as a secondary part of a distant-mountain arrangement, for example. Excellent *sanzon* stone arrangements from the Nara period through the early Edo period exist. (Examples of *sanzon* arrangements are seen in Figures 14–17)

Shumisen stone arrangements

Shumisen is derived from the Sanskrit term *sumeru,* which in the Buddhist cosmology refers to a tall mountain at the center of the world. Made of gold, silver, lapis lazuli, and crystal and rising out of the sea, Sumeru was said to be surrounded by seven more mountains of gold, which were in turn encompassed by a ringlike mountain of iron; in all, there were eight mountains and nine seas among them. A *shumisen* stone arrangement is thus one in which several stones are positioned around a larger central one. Such an arrangement is often the central feature of a garden. The term was first used by garden designer Shigemori Mirei earlier this century. (Examples of *shumisen* stone arrangements are seen in Figures 18 and 19.)

Turtle stone arrangements

Turtle stone arrangements are the most frequently seen auspicious stone arrangements and appear in a number of early gardens. They may be found on land or as turtle island arrangements in garden ponds.

Turtles began to be considered auspicious during the Warring States period (402–221 B.C.) of China, when the religious myth of a massive tortoise that supported Mount Penglai (Horai in Japanese), a mystical island of eternal youth, arose. Turtle-shaped *horai* islands were built in the vast imperial gardens of China, and by the second century A.D. the story had spread to Japan, where *horai* and turtle stone arrangements became popular items in gardens.

Turtle stone arrangements frequently do look like turtles, usually because the stone representing the head has been well chosen. The positioning of the head stone has varied over the centuries; the old style was to place the stone erect, or at an angle that gave the power to the arrangement. Theoretically, a turtle stone arrangement can comprise separate stones for the head, shell, four legs, and tail, but most arrangements depict only part of the turtle.

One drawback to the ease of realistic representation is that a mediocre arrangement is the most likely result. It takes some skill to create a powerful, interesting turtle stone arrangement. (Examples of turtle stone arrangements are seen in Figures 20–24.)

Crane stone arrangements

Crane stone arrangements seem to have originated in Japan, where cranes have traditionally been considered auspicious. They tend to be more abstract than turtle stone arrangements because of the difficulty inherent in representing a crane's wings and long, thin neck. A wing is usually depicted with a single mountain-shaped stone (which can also be thought of as representing Mount Horai), although more than one stone is sometimes used. A long stone, placed upright or horizontally (the latter positioning is considered more realistic), is used for the neck. As with turtle stone arrangements, crane arrangements may appear on land or as an island in a garden pond. (Examples of crane stone arrangements are seen in Figures 25–29.)

Seven-five-three stone arrangements

In ancient Chinese belief, the odd numbers belong to the yang element and bring about the growth of all things. Music was composed in units of seven, five, and three beats, and the prayer recited to Amida Buddha was recited seven, five, and three times in succession. The Japanese naturally interpreted these numbers as auspicious ones, and by about the fifteenth century, arrangements of fifteen items, including garden stones, in three subgroups of seven, five, and three were common. Similar arrangements of garden steppingstones appeared two or three centuries later. Seven-five-three stone arrangements seem particularly effective on flat land and in small gardens. (An example of a seven-five-three stone arrangement is seen in Figure 30.)

6．滝石組

風景的名称の石組中，最も代表的な造形が滝石組であるといえよう。島国ながら山水の景に恵まれ，いたるところに清らかな川の流れがあった日本では，滝の景が自然風景の中心とも考えられてきた。また，高所から瀑布として豪快に水を落す滝は，名高い那智大滝の例のように，深い信仰の対象とされ，滝自体が不動明王の姿とも信じられるようになったのである。

このように滝は，景としても重要であり，同時に園池に水を注ぐ役割も果たしたから，園池には滝を作るのが古来庭作りの大きな理想とされた。

そのような庭滝は,すでに奈良時代から作られていたことが『万葉集』などによって明らかである。さらに平安時代に入ると，まことに多くの滝が作られたから，その造形や技術は特に発達した。おそらく，今日行われているような滝石組の大部分は，この時代にすでに完成していたといっても過言でないほどである。

当代の『作庭記』には，滝石組についてのすべてが詳細に記されており，それは立派に今日でも通用する主張である。

同記では，「滝を立る次第」の条で，滝の総体的な施工法を述べ，次に「滝のおつる様々をいふ事」の条で，「向落，片落，伝落，離落，稜落，布落，糸落，重落，左右落，横落」という滝の落し方の種類を解説している。

これらの滝は，いうまでもなく実際に水を落す滝であって，これを“生得の滝”ともいうが，これには天然の滝という意味もあるから，むしろ“落水の滝”といった方が分かりやすいと思う。そして同記では滝を記した最後に，

「不動明王ちかひてのたまはく，滝は三尺になれは，皆我身也。いかにいはむや四尺五尺乃至一丈二丈をや。このゆへにかならす三尊のすかたにあらはる。左右の前石は二童子を表するか。……」と述べ，滝と不動信仰のかかわりを語っているのは興味深い。

滝は水を落すことに最大の目的があるが，しかしその美を決めるのは石組である。石組が傑出していなければ，いくら水を落してもそれは庭の景としては次元が低い。

滝石組として最も重要なものは，まず水を落すための水落石であり，次にその左右の添石である滝添石が景としては大きな役割を持つことになる。さらに，組み方によっては，滝の中央に滝中心石を組んだり，上方に遠山石を用いることもある。

特に鎌倉時代以降に流行した，水墨山水画式の滝石組では，立石手法の滝添石や遠山石が効果的に組まれる例が多い。

滝の落ちる部分には，それを二つに分ける意味の水分石が用いられるのが普通であるが，この水分石に代えて，滝を登ろうとする鯉を表現した鯉魚石(りぎょせき)を組むこともある。

鯉魚石を見せる滝は，中国の故事である登龍門をテーマとしたもので，鯉が激流を登ってついに龍となって昇天するという意味が込められている。このような滝を，龍門瀑ということはすでによく知られていると思う。

滝石組には，本来滝と瀑とがあって，滝は水が龍のように勢いよく流れ落ちる，いわゆる激流式のものをいい，瀑は上から下へ水が落下する形式のものをいう。しかし，一般には双方を滝といっており，用語上明確な区別はなされていない。

滝石組の種類としては，先の『作庭記』の記述のように，水の落し方でいう場合と，全体の構成でいう場合がある。

全体構成では，水落石の数によって，一段落，二段落，三段落などという。多いものでは七段程に用いた例もあるが，ほとんどは三段以内と考えてよい。また，激流式と瀑布式をつないだ構成の滝もあり，激流の下に瀑布を作るものや，瀑布の下を激流として池へ導く形式のものもある。

滝石組に対しては，その前方あるいは上部に石橋を架けて景としたものもあり，また滝の落口に洞窟を用いるなど，様々な構成が見られるのである。

注意すべきことは，滝石組には大分類として，落水の滝と枯滝があるということである。しかし，枯滝は次項に記すのでここでは落水の滝だけを述べた。ただし，落水の滝でも，後になって何らかの理由で水が失われたものはかなり多い。そのようなものは枯滝ではなく，涸滝と書いて区別するのである。

そのような涸滝を含めて，落水の滝の例はまことに多いので，ここではごく代表的なものだけをあげることにする。

法金剛院庭園(平安・京都市)，観自在王院跡庭園(平安・岩手県・写真35)，鹿苑寺庭園(鎌倉・京都市・写真31)，天龍寺庭園(鎌倉・京都市・写真32)，光前寺庭園(鎌倉・駒ヶ根市)，慧林寺庭園(鎌倉・塩山市)，常栄寺庭園(室町・山口市)，旧亀石坊庭園(室町・福岡県)，旧秀隣寺庭園(室町・滋賀県)，小川氏庭園(室町・江津市・写真33)，三宝院庭園(桃山・京都市)，二条城庭園(桃山・京都市)，朝倉氏下部館跡庭園(桃山・福井市)，観音寺庭園(桃山・徳島市)，三光寺庭園(桃山・山梨県)，円徳院庭園(江戸初・京都市)，仁和寺庭園(江戸初・京都市)，修学院離宮下御茶屋庭園(江戸初・京都市)，根来寺庭園(江戸初・和歌山県・写真34)，大善寺庭園(江戸初・山梨県)，実蔵坊庭園(江戸初・大津市)，中田氏庭園(江戸初・松本市)，後楽園庭園(江戸初・東京都)，六義園庭園(江戸初・東京都)，その他。

滝石組

Waterfall stone arrangement

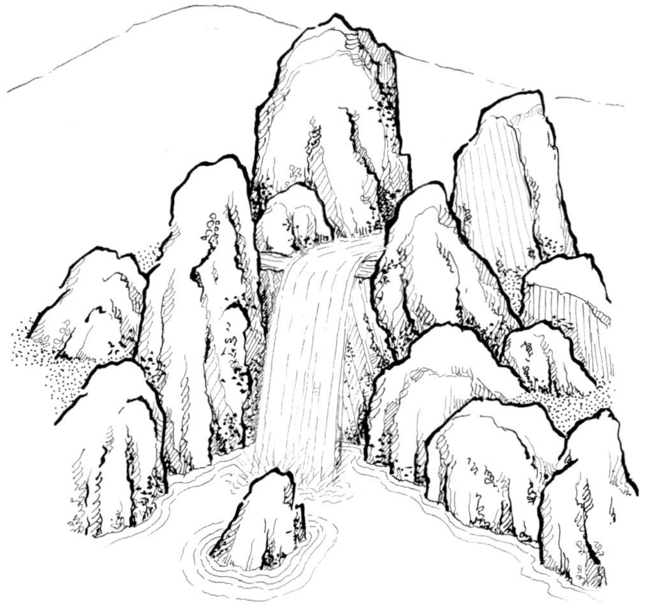

＊一段離れ落ちの滝

Single-level waterfall

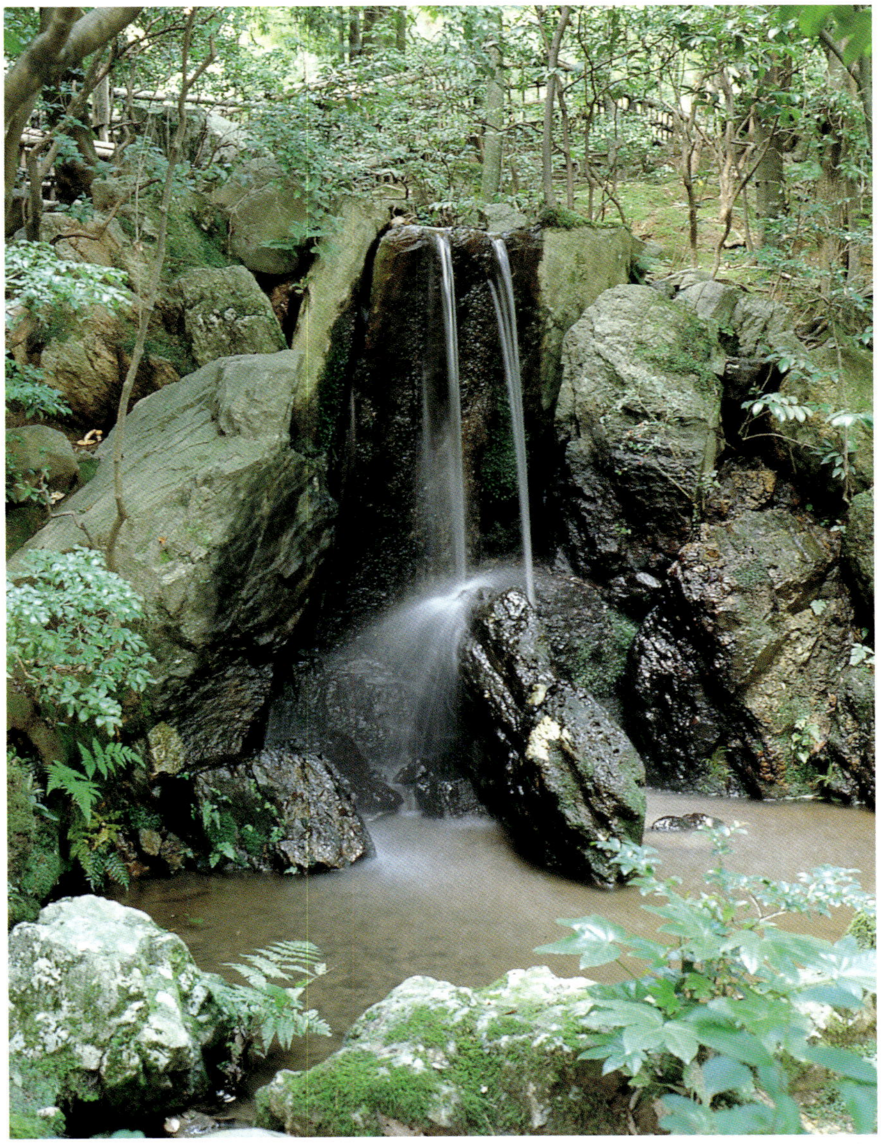

写真31　険しい水落石と，左手の鋭い滝添石，そして落水を受ける鯉魚石の構成美。（鹿苑寺庭園・鎌倉時代）

31. **Waterfall stone arrangement with steep waterfall and accessory stones and a carp stone in the pool (Rokuon-ji, Kyoto; Kamakura period)**

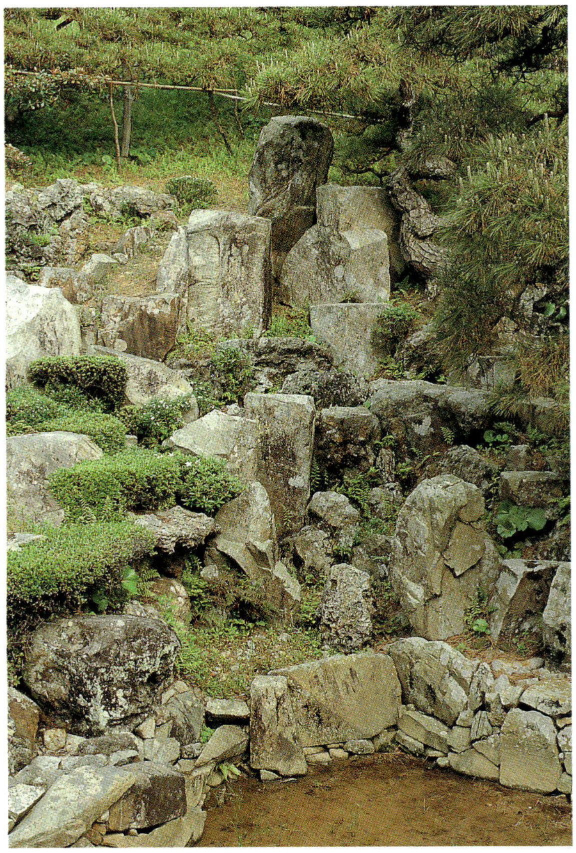

写真33　上部に巧みに三尊石組を用いた滝石組の名作で，平天石の用法に特色がある。（小川氏庭園・室町時代）

33. **Waterfall stone arrangement employing flat-topped stones and with a *sanzon* arrangement at the top (Ogawa estate, Shimane Pref.; Muromachi period)**

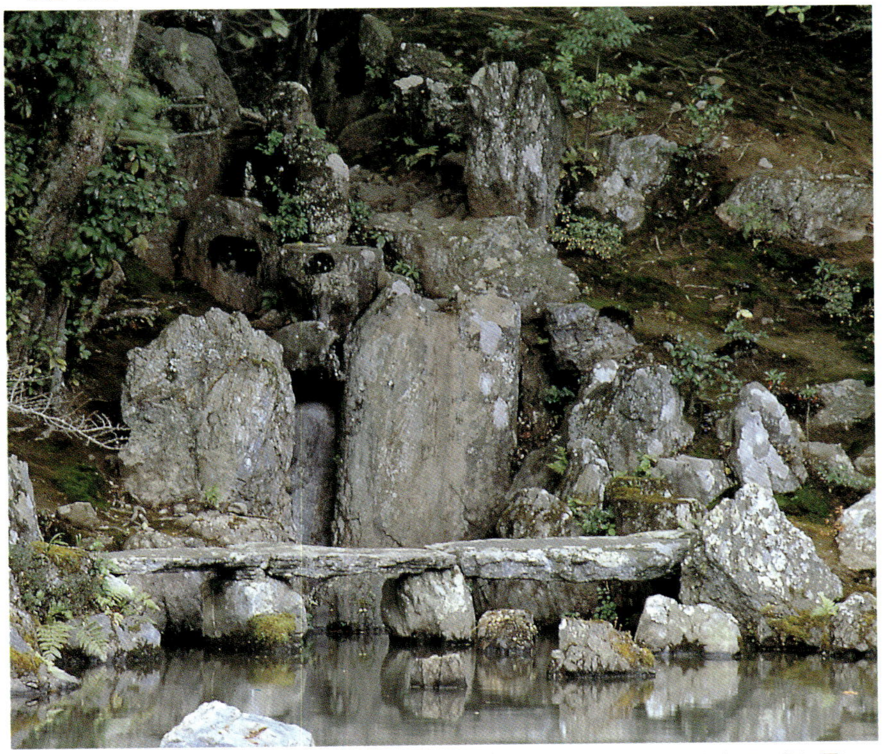

写真32　上の鹿苑寺庭園の滝と共に，「龍門瀑」の代表作。この滝は水落石を上下二段に用いており，下には石橋を架けて水墨山水画風の表現を見せる。（天龍寺庭園・鎌倉時代）

32. ***Ryumonbaku* waterfall stone arrangement with two waterfall source stones and a stone bridge at the base; the style is that of an india ink painting (Tenryu-ji temple, Kyoto.; Kamakura period)**

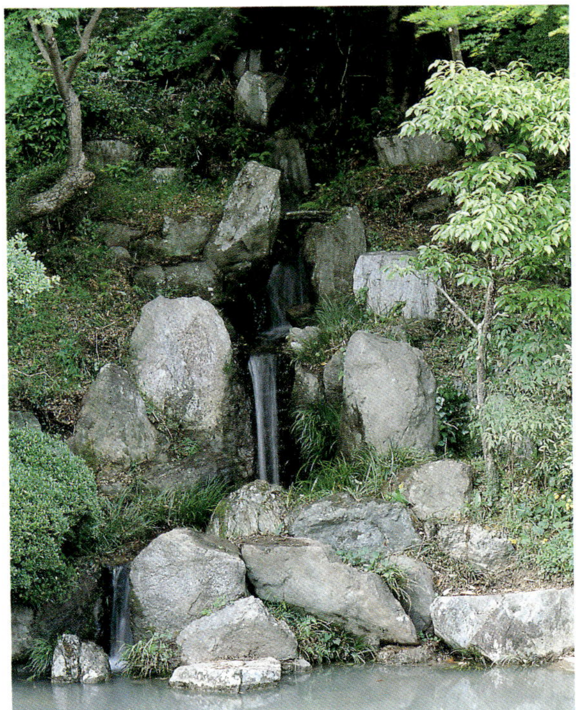

写真34　三段に水を落とす滝石組。中段左にある斜石の滝添石が景を引き締めている。（根来寺庭園・江戸初期）

34. **Trilevel waterfall stone arrangement, enhanced by the accessory stone at the middle level (Negoro-ji temple, Wakayama Pref.; early Edo period)**

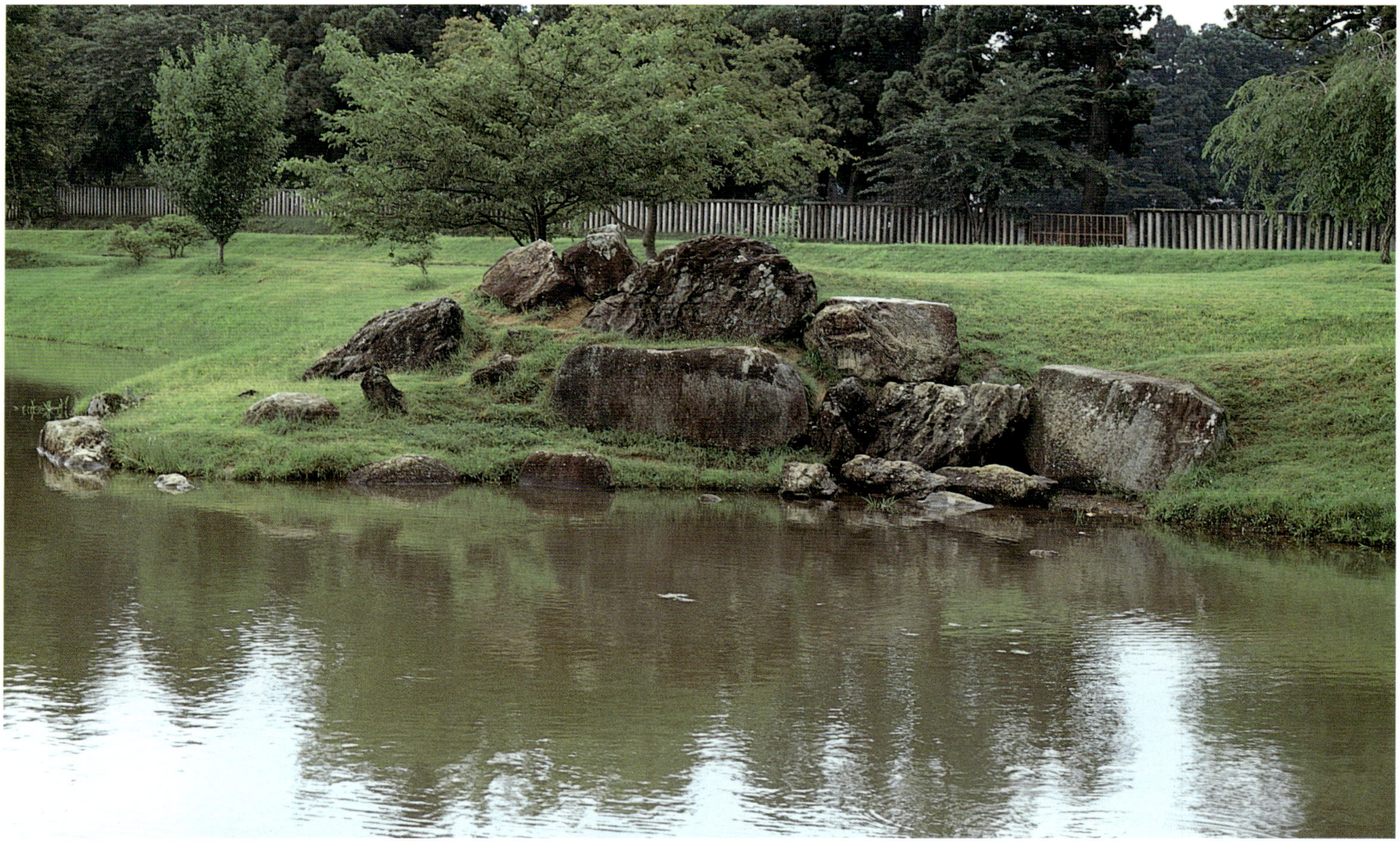

写真35　水墨山水画の縦の線を生かした組み方とは異なった，大和絵風の滝石組で，右から二石目が水落石となっている。（観自在王院跡庭園・平安時代）
35. Waterfall stone arrangement more in the style of traditional Japanese painting than an india ink painting with its vertical brush strokes; the second stone from the right is the source stone (site of Kanjizaio-in, Iwate Pref.; Heian period)

7．枯滝石組

作庭の当初から水を落さぬ滝，それが枯滝石組である。石組だけで滝を表現し，そこから水音さえ聴くという感覚は，いかにも日本的な美意識といえよう。

落水の滝でも，石組の美がなければ本当の滝とはいえない。そうだとすれば，水を用いなくても立派な滝はできるはずである。一般的には，枯滝は枯山水庭園に作られるものと思われがちであるが，実際は池泉庭園にも多くの枯滝が見られる。

むしろ，古庭園に限っていうならば，滝の実例としては，落水の滝よりも枯滝の方がはるかに多いのである。

池泉を掘っても，水利は必ず上方にあるとは限らない。むしろそのような良い条件でない場合の方が普通なのである。

そこで，池は池として別に作り，滝は自由な位置に枯滝として構成する。それならば，作者の思い通りの庭園造形が可能となる。枯滝はそのような有利さを持っている。

枯滝石組には，落水の滝とほとんど変らないような構成を見せたものと，滝のイメージだけを象徴的に表現したものとの二種があるが，むしろ後者に自由な造形的おもしろさがある。

小規模の枯山水庭園では，二三石の石組と水分石だけでも滝の景を表わすことができるから，これからの庭作りにおいてもこの手法は大いに応用されてよい。

象徴的な枯滝石組でも，水落石などはよく用いられるが，さらに栗石，砂利などを敷きつめることによって，水の表現を見せたり，前方に橋を架けて，さらに水景を意図する手法もよく用いられている。しかし，古庭園においては，枯滝石組は決して小規模のものだけではない。特別に豪華な枯滝も数多いのである。その中でも，朝倉氏諏訪館跡庭園（桃山・福井市）や，旧久留島氏庭園（江戸初・大分県）などは，巨石を用いた枯滝として正に特筆すべき存在となっている。

以上の他，ごく代表的な枯滝を持った庭としては，西芳寺庭園（鎌倉・京都市），東光寺庭園（鎌倉・甲府市・写真36），願勝寺庭園（室町・徳島県），保国寺庭園（室町・西条市），大仙院庭園（室町・京都市・写真37），退蔵院庭園（室町・京都市），霊雲院庭園（室町・京都市），旧西方院庭園（室町・広島県），願行寺庭園（桃山・奈良県），朝倉氏御湯殿跡庭園（桃山・福井市），南陽寺跡庭園（桃山・福井市・写真38），松尾神社庭園（桃山・八日市市），本法寺庭園（桃山・京都市），勧持院庭園（桃山・京都市），安養院庭園（桃山・神戸市），安国寺庭園（桃山・福山市），普賢寺庭園（桃山・光市），国分寺庭園（桃

枯滝石組
Dry-waterfall stone arrangement

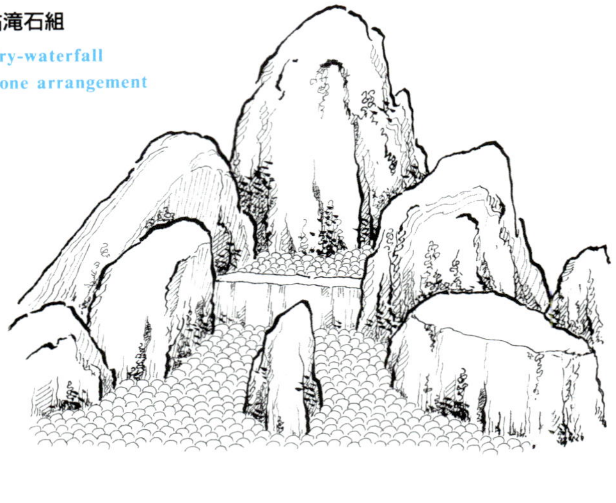

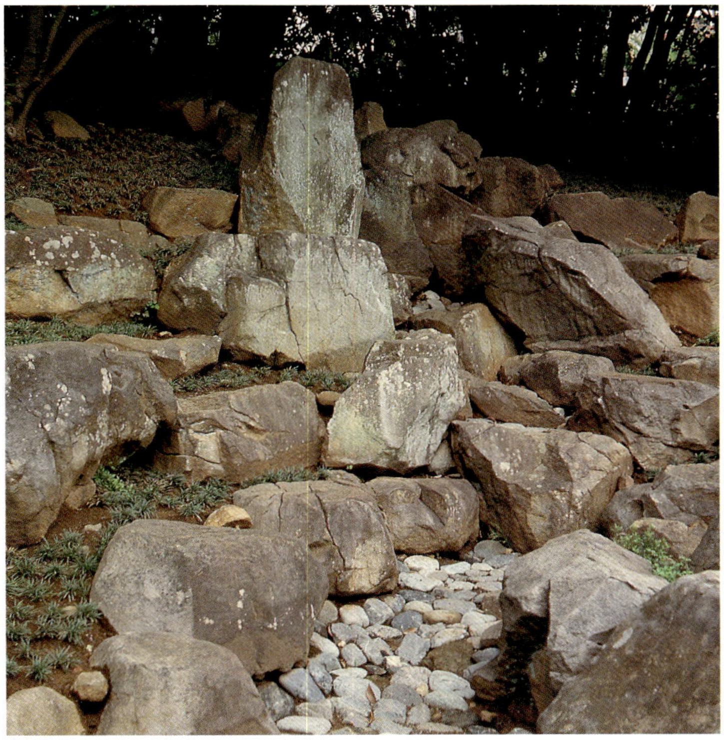

写真36　枯滝に表現された「龍門瀑」の名作。上段の滝を乗り越えようとする斜石手法の鯉魚石が景の中心となっている。（東光寺庭園・鎌倉時代）
36. Dry *ryumonbaku* waterfall arrangement with a slanted carp stone attempting to ascend to the top (Toko-ji temple, Yamanashi Pref.; Kamakura period)

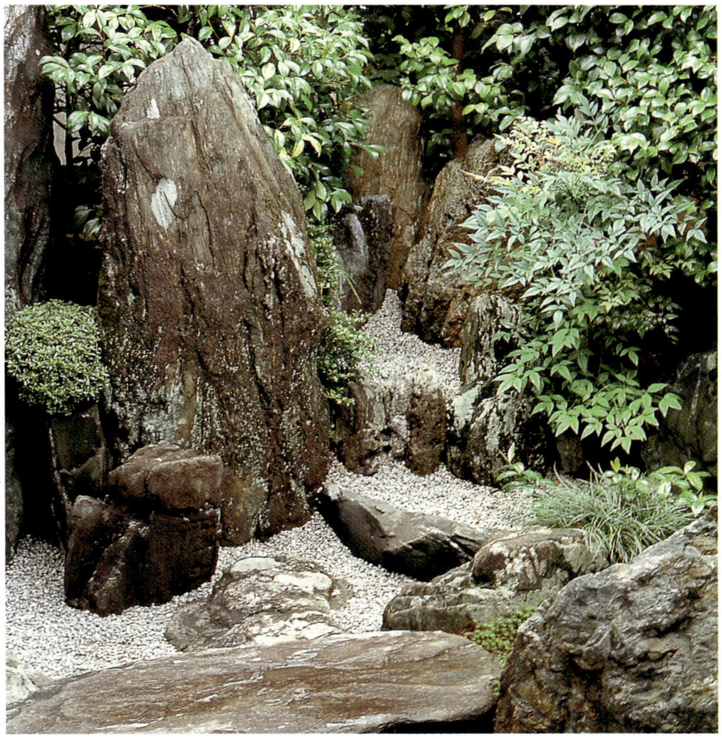

写真37　立石の右手から三段に落ちる枯滝表現。あえて小規模に組んで遠近感を強調し，奥深い景を意図している。（大仙院庭園・室町時代）
37. Dry-waterfall arrangement that, while small, uses perspective to express profundity (Daisen-in temple, Kyoto; Muromachi period)

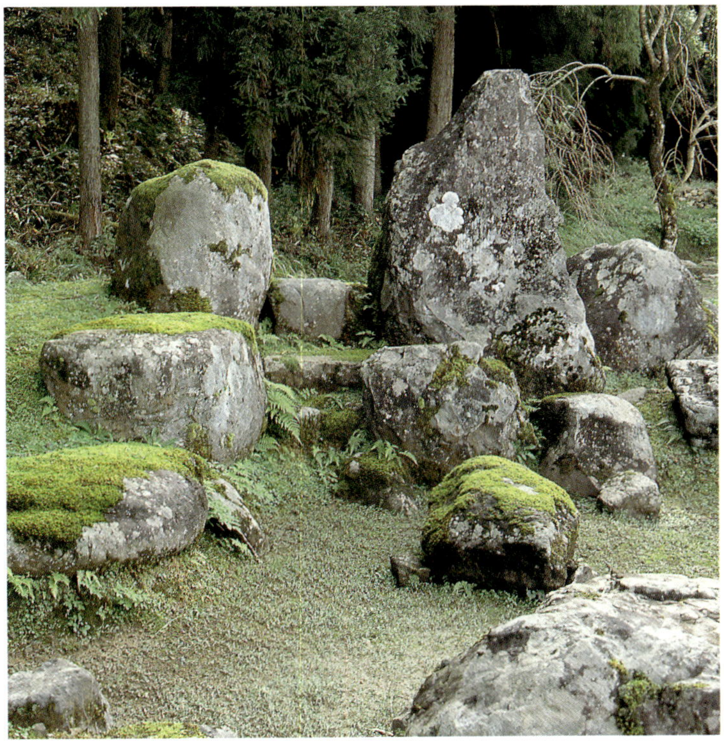

写真38　二段式の枯滝造形。右の見事な斜石による滝中心石と，その右裏に添えて組んだ山形石の力関係が絶妙である。（南陽寺跡庭園・桃山時代）
38. Bilevel dry-waterfall arrangement; the small stone behind the tallest one is an exquisite touch (site of Nan'yo-ji temple; Fukui Pref.; Momoyama period)

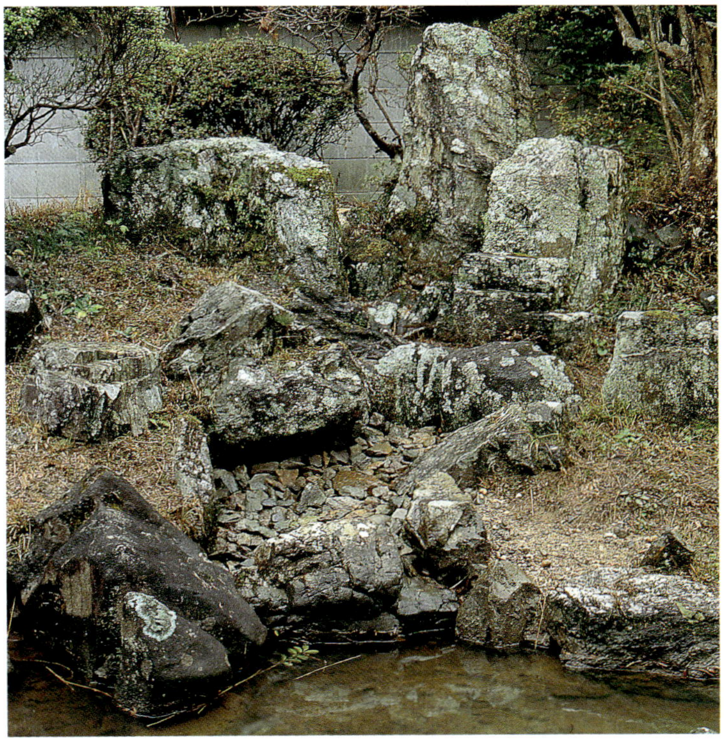

写真39　池泉の主景として用いられた小規模な枯滝だが，三尊石組を生かした造形には優れた感覚が秘められている。（冨賀寺庭園・江戸初期）
39. Small dry-waterfall arrangement, the main feature of the garden pond, with a *sanzon* arrangement (Fuga-ji temple; Aichi Pref.; early Edo period)

山・徳島市)，徳島城庭園（桃山・徳島市)，政所坊跡庭園（桃山・福岡県)，旧座王院庭園（桃山・福岡県)，粉河寺庭園（桃山・和歌山県)，名古屋城二ノ丸庭園（桃山・名古屋市)，等覚寺庭園（桃山・宇和島市)，西本願寺庭園（江戸初・京都市)，大徳寺本坊庭園（江戸初・京都市)，曼殊院庭園（江戸初・京都市)，酬恩庵庭園（江戸初・京都府)，楽々園庭園（江戸初・彦根市)，福田寺庭園（江戸初・滋賀県)，青岸寺庭園（江戸初・滋賀県)，冨賀寺庭園（江戸初・新城市・写真39)，普門寺庭園（江戸初・高槻市)，帝釈寺庭園（江戸初・兵庫県)，観音院庭園（江戸初・宝塚市)，多聞寺庭園（江戸初・徳島県)，西江寺庭園（江戸初・宇和島市)，旧円融寺庭園（江戸初・大村市)，長昌寺庭園（江戸初・杵築市)，龍潭寺庭園（江戸初・静岡県)，大覚寺庭園（江戸初・茨城県)，妙経寺庭園（江戸中・杵築市)，古茂池庵庭園（江戸末・兵庫県)，成就院庭園（江戸末・神戸市)，照福寺庭園（江戸末・京都府）などがある。

8．連山石組

主に庭園の山畔上などに，神秘的にそして力強く連なる山岳を意図した石組で，分類上は風景的名称の石組に入るが，同時に蓬萊神仙世界を表現したものも多い。そのようなものは別に"蓬萊連山石組"ともいう。

庭園の主景というよりも，むしろ背景として組まれる例が多いが，庭に遠近感をつける石組としてまことに重要な意味を持っている。山水風景の庭でよく生きる石組であり，平安時代にはすでに行われていたと考えられるが，中世から桃山時代にかけては特に発達した。

山畔に組まれるものが主体となるが，他にも中島，池泉中，枯池中に組まれた例があり，古式枯山水にも表現される場合がある。

この連山石組中に，主峰としての立派な山形石などが組まれることもあり，そのようなものは"蓬萊石"といっている。

また，他の石組と兼用して表現される例も少なくない。それには，岩島，鶴石組，枯滝，築山石組などとの兼用があり，手法としては三尊石組の応用も多い。

主なものをあげると，鹿苑寺庭園（鎌倉・京都市），摩訶耶寺庭園（鎌倉・静岡県・写真41），東光寺庭園（鎌倉・甲府市），常栄寺庭園（室町・山口市），退蔵院庭園（室町・京都市），願行寺庭園（桃山・奈良県），松尾神社庭園（桃山・八日市市），三宝院庭園（桃山・京都市），旧座主院庭園（桃山・福岡県），朝倉氏湯殿跡庭園（桃山・福井市），朝倉氏諏訪館跡庭園（桃山・福井市），西本願寺庭園（江戸初・京都市），旧円融寺庭園（江戸初・大村市・写真40），永安寺庭園（江戸初・山梨市），栗林園庭園（江戸初・高松市），岡山後楽園庭園（江戸初・岡山市）などに実例がある。

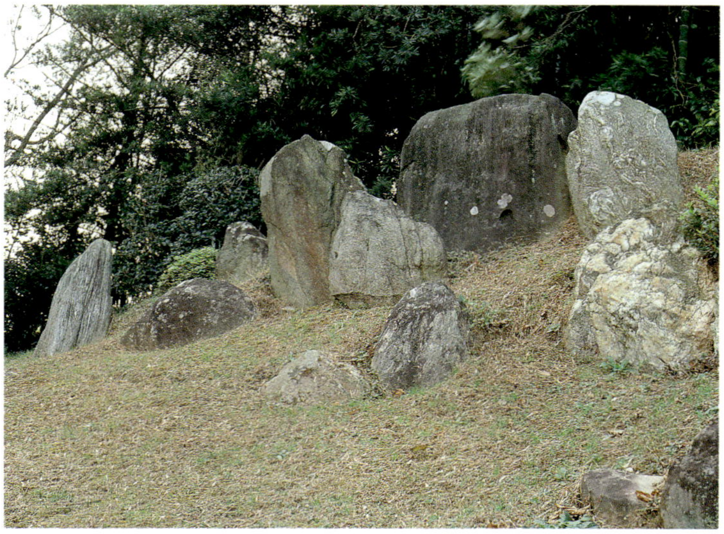

写真40　高い山畔上に組まれた連山石組。横石の黒っぽい主石を中心に，実に見事な変化を見せた五石組となっている。（旧円融寺庭園・江戸初期）
40. Mountain range stone arrangement on a hillside (former En'yu-ji temple, Nagasaki Pref.; early Edo period)

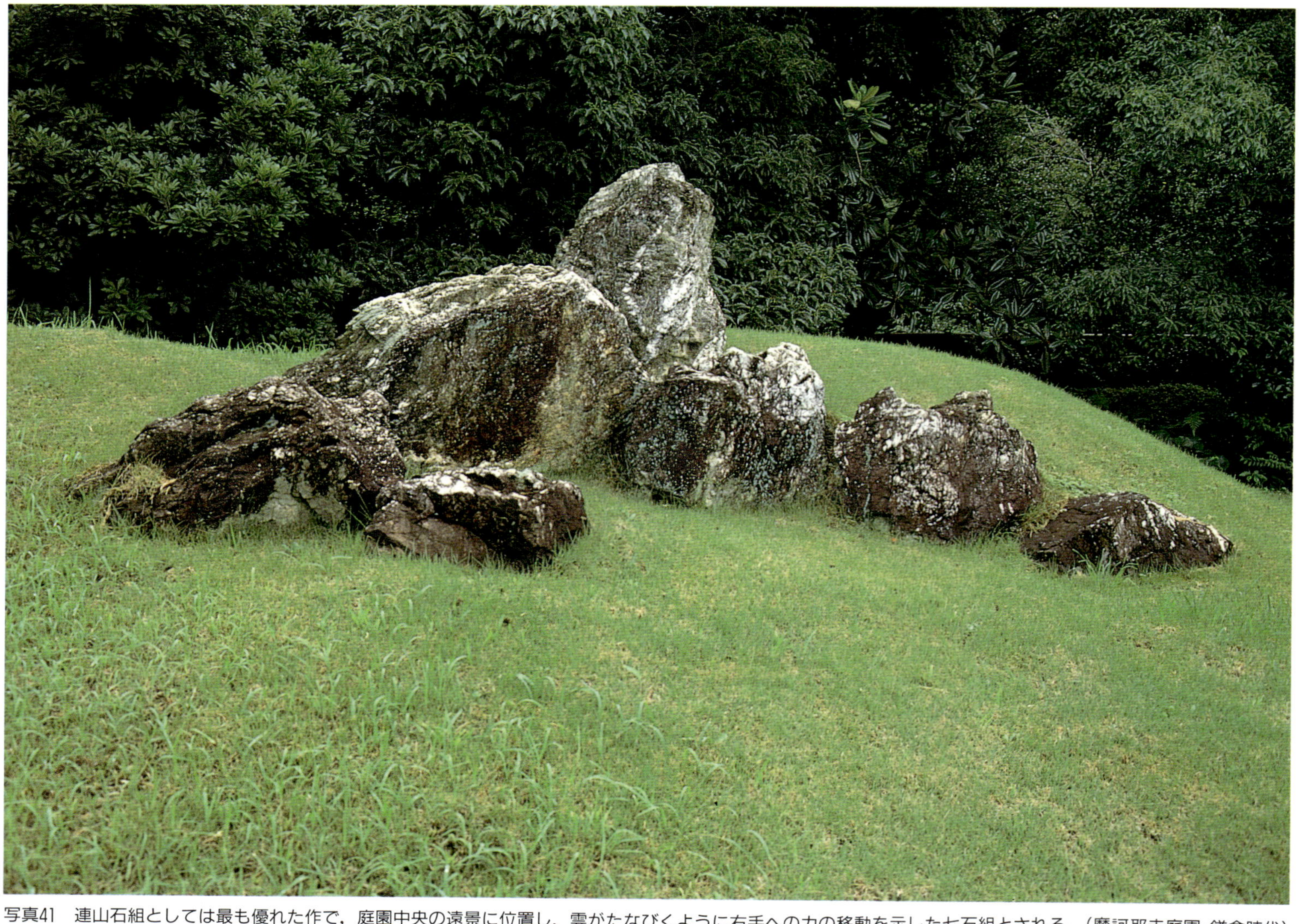

写真41　連山石組としては最も優れた作で，庭園中央の遠景に位置し，雲がたなびくように右手への力の移動を示した七石組とされる。（摩訶耶寺庭園・鎌倉時代）
41. Superb mountain range arrangement of seven stones (Makaya-ji temple, Shizuoka Pref.; Kamakura period)

9．洞窟石組

海岸の崖地や険しい山腹などに，ぽっかりと口を開いた洞窟は，自然風景の中でも特に神秘的な感覚を私達に抱かせる。

基本的には風景的名称の石組といえるが，その神秘性から古来洞窟は一種の信仰の対象ともなってきた。

特に中国においては，蓬莱神仙思想との結びつきが大きく，洞窟を仙人の住する石室とする記録はまことに多い。

さらに，洞窟を神仙世界への入口と考える説もあり，また洞窟そのものを寺院とした石窟寺院の存在もよく知られている。

このようなことから，庭園石組の中に洞窟を用いることは，庭の神秘感を盛り上げるのにまことに大きな効果があり，また石組の奥深さの表現としても適切なものといえる。

古庭園中でも，かなり古くから行われたものと考えられるが残念なことに今日あまり古い例はなく，摩訶耶寺庭園（鎌倉・静岡県）に一種の洞窟手法が見られる他は，慧林寺庭園（鎌倉・塩山市・写真42）のものが，本格的な洞窟石組としては最も古い。

その後桃山時代になると，洞窟は好んで庭内の景とされるようになり，江戸時代にまでおよんでいる。

特筆すべきは徳島城庭園（桃山・徳島市・写真43）で，ここでは庭中に全部で十二ヵ所もの洞窟石組を見せているのである。

最も代表的な洞窟石組の手法は，山畔や護岸石組中に二石の支え石を入れ，その上に大きな板石をかぶせたもので，奥は石積みとして固定する形式である。これが最も神秘的で洞窟らしい構成といえる。

また，支え石を入れるのは上記と同様だが，穴を反対側に貫通させたものもある。これには石橋や，天然橋のように見える形式もあって，その表現は様々である。

さらに，石組ではなく，一石で天然に穴の開いた形の石を用いる例もかなりあって，この場合ほとんどが陰陽石の陰石としての意味を持たせている。これを洞窟石組に加えるかどうか問題もあるが，通常の洞窟手法でも陰石としての意味を持っているものがあるので，陰石と兼用のものも一応は洞窟石組に加えておく方がよい。

これとは別に，アーチ状の石を用いて洞窟とする例もまれにはあるので，これも洞窟石組の一種に加える。

現代の石組においても，この洞窟はもっと用いられてよいと思うが，一般にはほとんど見られなくなってしまった。たとえば狭い庭に奥行を出す石組手法として，大きな応用価値を持っているのではないかと思う。

古庭園中で洞窟石組を保有する庭をあげると，前記の他に，願行寺庭園（桃山・奈良県），国分寺庭園（桃山・徳島市），旧座主院庭園（桃山・福岡県），粉河寺庭園（桃山・和歌山県），安養院庭園（桃山・神戸市），浄居寺庭園（桃山・山梨県），西本願寺庭園（江戸初・京都市），常御所庭園（江戸初・京都市），能仁寺庭園（江戸初・飯能市），根来寺庭園（江戸初・和歌山県），渉成園庭園（江戸初・京都市），長昌寺庭園（江戸初・杵築市），岡山後楽園庭園（江戸初・岡山市），石像寺庭園（江戸初・兵庫県），六義園庭園（江戸初・東京都），永源寺庭園（江戸中・群馬県），妙経寺庭園（江戸中・杵築市），森氏庭園（江戸中・鹿児島県），天赦園庭園（江戸末・宇和島市），その他がある。

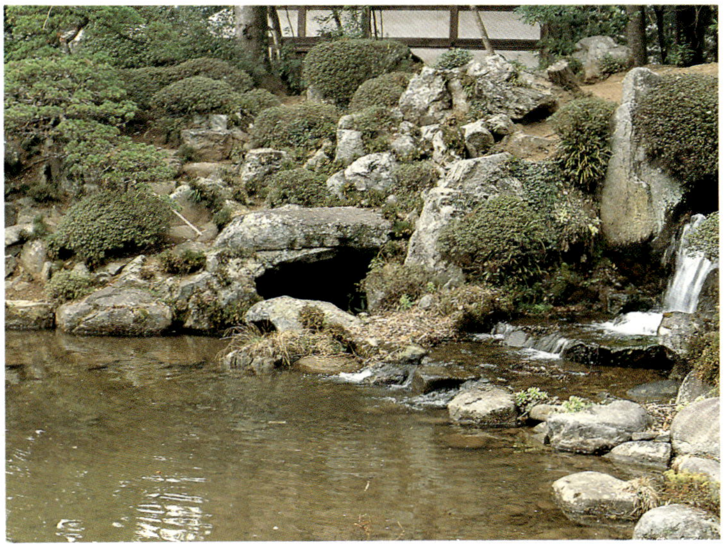

写真42　右手にある滝に添えるように，護岸中に組まれた洞窟手法。その前にも小さなアーチ状の小洞窟を見せている。（慧林寺庭園・鎌倉時代）

42. Grottoes in an embankment, with waterfall at the right (Erin-ji temple, Yamanashi Pref.; Kamakura period)

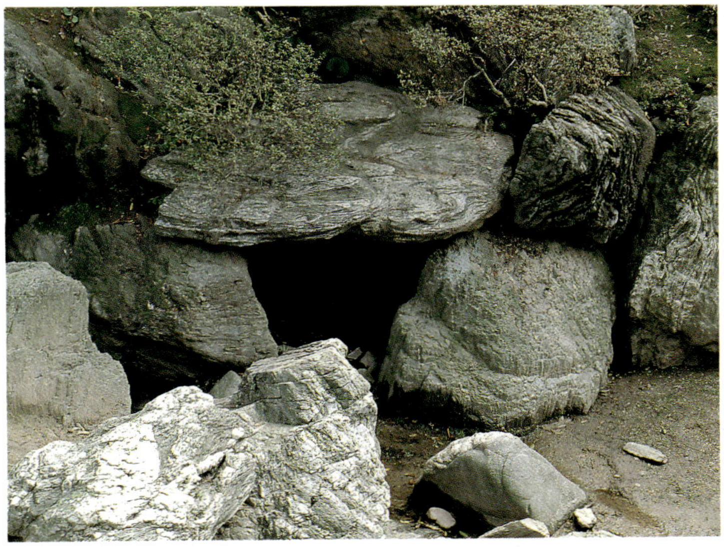

写真43　枯流れ式の滝が，渓谷式の池泉に落ちる部分に組まれた洞窟。他の石組と共に神秘感を高める効果は絶大である。（徳島城庭園・桃山時代）

43. Grotto, near dry waterfall and pool (Tokushima Castle, Tokushima Pref.; Momoyama period)

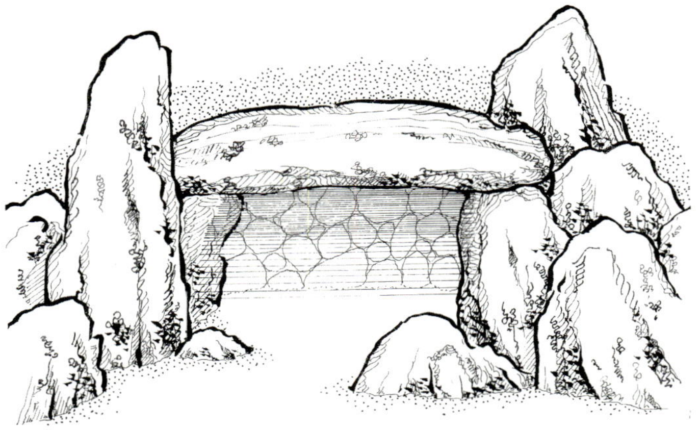

洞窟石組

Grotto stone arrangement

10．護岸石組

室町時代後期に，いわゆる枯山水庭園が出現する以前，日本庭園はその大部分が池泉庭園であったといってよい。

池泉において最も重要なこと，それは美しい池の線を半永久的に保たせることであり，また池中への土砂の流入を防ぎ，清らかな水景を見せることであった。

そのために，朝鮮系の池泉築造法の影響が大きかった飛鳥時代では，石垣式の池泉護岸の例もかなり多かったらしい。

石垣式の護岸は，強度において優れていることは否定できないが，しかし造形といった美的側面からいえば，画一的であり日本庭園らしい変化ある景を見せることは不可能である。

そこで，我が国では，まず池泉の主要部に自然石を美しく組み込み，景としての役割を持たせると同時に，岸を水から保護することが次第に行われ出した。

このような護岸石組が，すでに奈良時代初頭に出現していたことは，先年の平城京曲水庭（奈良市）の発見によって裏付けられている。

そして平安時代に入ると，今日では保存例こそ少ないものの，すでに本格的な護岸石組が完成したと考えてよい。

『作庭記』には，池泉工事に粘土を用いることを詳しく述べると共に，護岸石組の施工法もよく記されており，これは今日においても立派に通用する主張となっている。その一例をあげれば，

> 池の石は，そこよりつよくもたえたるつめいしをきて，たてあけつれは，年をふれとも，くつれたふるることなし。水のひたるときも，なをおもしろくみゆるなり。

などとあり，水の干上がった時でも，なお美しい護岸の景が見られるように注意がなされているのである。

池泉の美しさというものは，ただ水景にのみあるのではなく，変化に富んだ護岸石組があってこそ，さらにその美的価値を増すものといわねばならない。

ただし，そこには岸を護る強度というものが当然要求されるの

護岸石組
Embankment stone arrangement

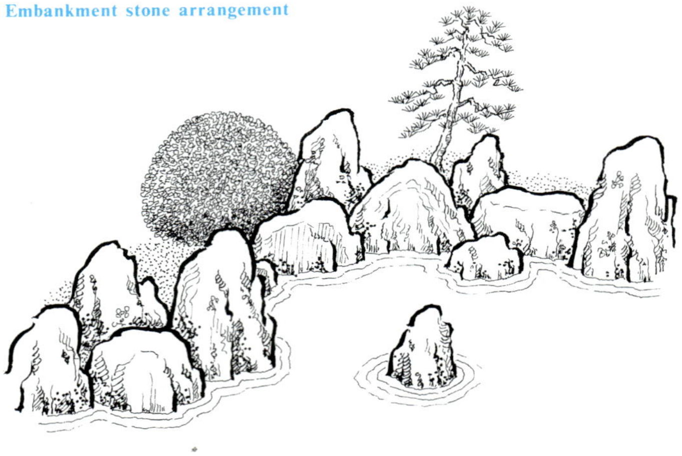

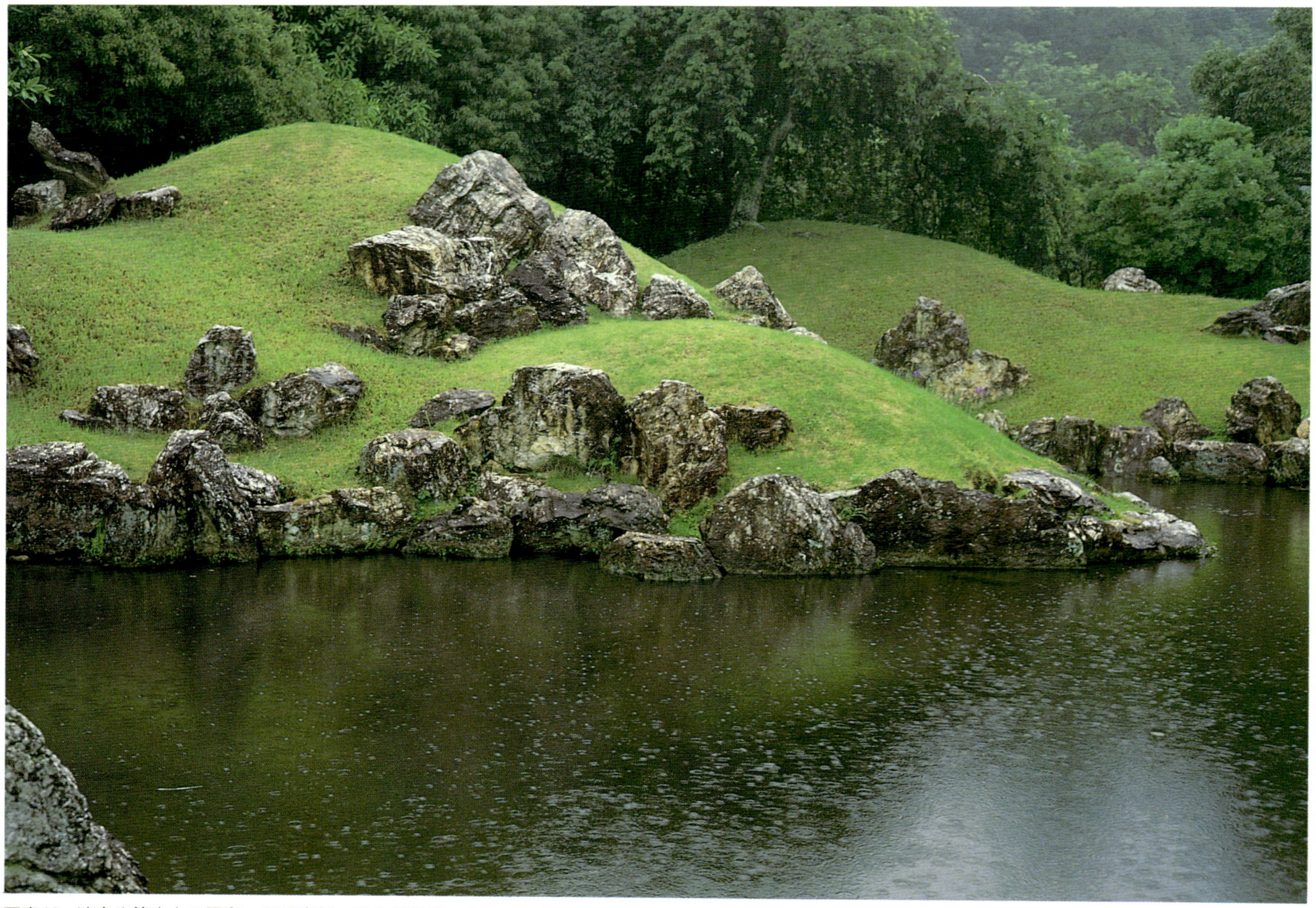

写真44　池泉や築山との調和，石の高低，形の多様性，組み方の変化，どれ一つを取っても，この護岸石組に勝るものは少ない。（摩訶耶寺庭園・鎌倉時代）
44. Embankment stone arrangement, superb in many respects, including the variety of stone shapes and heights and the balance achieved with the stones on the hill and the pond (Makaya-ji temple, Shizuoka Pref.; Kamakura period)

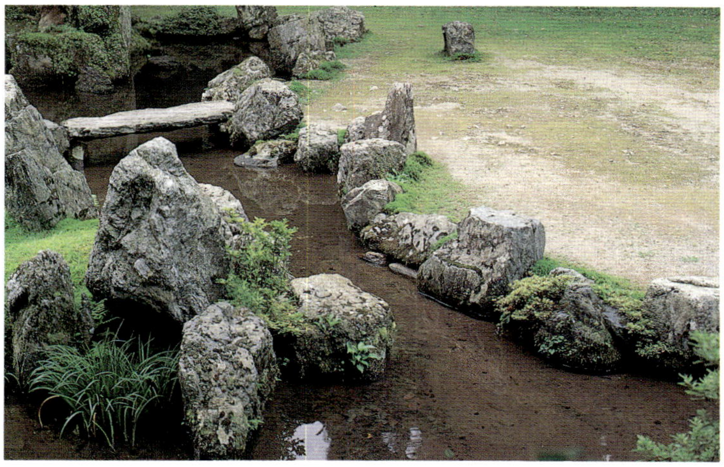

写真45　流水式池泉の本庭は，護岸石組の美しさが命でもある。この護岸のリズミカルな石組構成はまことに心地よい。(旧秀隣寺庭園・室町時代)

45. A rhythmical embankment stone arrangement along the flowing waterway of a garden (former Shyurin-ji temple, Shiga Pref.; Muromachi period)

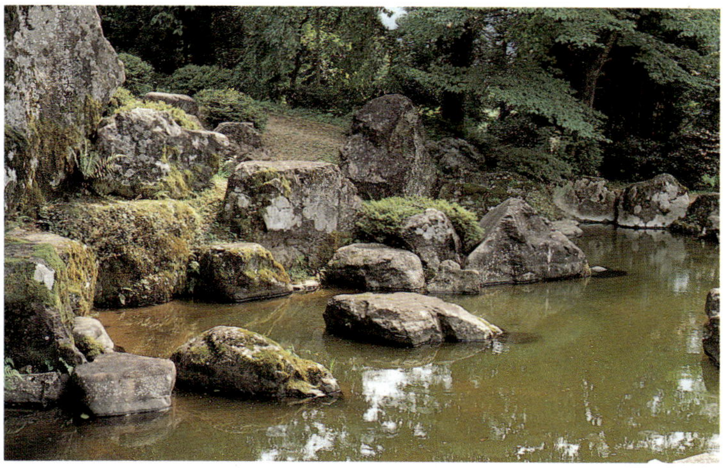

写真46　この時代の石組は豪華さが特色だが，特に大きな石を用いた護岸石ながら，変化に富んだ名作といえる。(朝倉氏諏訪館跡庭園・桃山時代)

46. This embankment arrangement exhibits the ostentation of the Momoyama period (Asakura estate, Fukui)

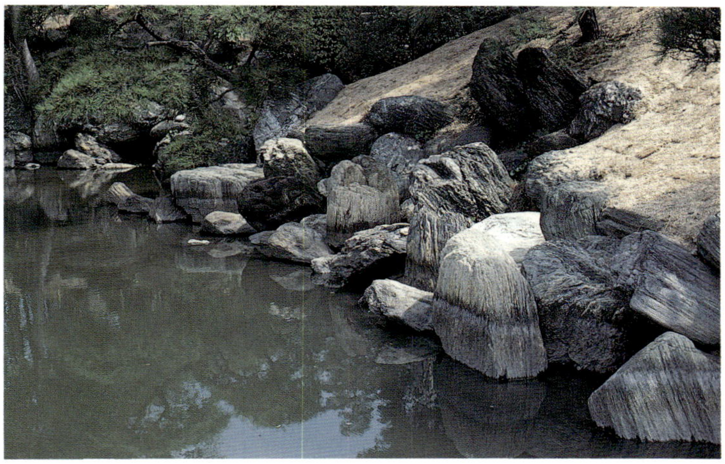

写真47　当代の自由奔放な石組手法を遺憾なく発揮した護岸石組の実例。汐入式の池水の増減も考慮した組み方である。(徳島城庭園・桃山時代)

47. A rather freely designed embankment arrangement made to be pleasing to the eye at both high and low tides (Tokushima Castle, Tokushima; Momoyama period)

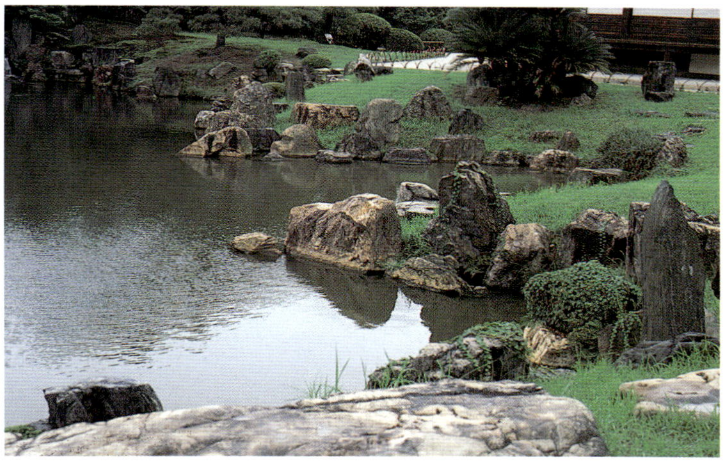

写真48　三尊石組の応用で組んだ護岸石組の典型。池水が低い位置にあることを意識して，二重に組んでいるのが特色。(二条城庭園・桃山時代)

48. An embankment arrangement that employs *sanzon* motifs (Nijo Castle, Kyoto; Momoyama period)

であって，施工的に万全であり，しかも美しく石を組み上げる必要がある。その点からいえば，すべての石組中でも，護岸石組は最もむずかしい石組であって，作者の力量というものが如実に現われてしまうのである。

護岸石組はまた，池泉に遠近感を出し立体的な石組の美を強調する役割も持っている。通常では観賞点から見て対岸の護岸に特に注意されるのであるが，古庭園の名作においては，さらに手前側の護岸に立石等を使い，庭全体の遠近法や力強さということに十分なる配慮がなされている例が多い。

その点，江戸時代以降になると，護岸はかなり退化する傾向を見せ，平凡な平天石の多用などが目立ってくる。今日でも護岸というと平天に組むものと思っている施工者は多いのであるが，これは一見無難ではあっても，生命力ある石組とはならないうらみがある。また，江戸時代初期以降では，手前側の護岸中央に，平天の大きな礼拝石を組むことが流行し，一種の役石と考えられていた。これは今日でも広く行われているが，定型的な感覚であることは否定できない。

護岸石組は，池の周囲の他に，中島，流れの岸などに組まれるが，さらに枯山水庭園の枯池にも用いられており，必ずしも池庭だけのものではない。枯山水のものは，通常枯池護岸とか枯流れ護岸と称している。

護岸の手法には，小さ目の石で特に変化ある組み方を見せるものや，巨石による豪華なものまで多種多様の石組がある。

また，護岸の上にさらに重ねて石を組む，二重護岸，三重護岸といった例も知られている。

ただこの護岸石組も，古庭園においては案外当初のままの保存例が少ない。それは，水に関係する石組であるだけに痛みが激しいという側面も考えられるが，むしろ荒廃した場合，後補や実生の木の根などで石が動かされる例が多い。

さらに，人為的に石組が抜かれたり，建物の変遷によって池の手前側の地割が縮小したりすることがかなりあって，そのために護岸石組が改造される率は非常に高いものである。

現在，池泉庭園で優れた護岸石組を保存する庭としては，鹿苑寺庭園(鎌倉・京都市)，摩訶耶寺庭園(鎌倉・静岡県・写真44)，東光寺庭園(鎌倉・甲府市)，旧秀隣寺庭園(室町・滋賀県・写真45)，常栄寺庭園(室町・山口市)，北畠神社庭園(室町・三重県)，旧亀石坊庭園(室町・福岡県)，朝倉氏諏訪館跡庭園(桃山・福井市・写真46)，朝倉氏下部館跡庭園(桃山・福井市)，徳島城庭園(桃山・徳島市・写真47)，二条城庭園(桃山・京都市・写真48)，政所坊跡庭園(桃山・福岡県)，旧久留島氏庭園(江戸初・大分県)，森氏庭園(江戸中・鹿児島県)，護念寺庭園(江戸末・兵庫県)などが代表的なものとなっている。

The Variety of Stone Arrangements

(Pages 50—57)

Waterfall stone arrangements

In a nation blessed with steep mountains and rushing rivers it is perhaps only natural that waterfalls be represented in garden arrangements. Tall waterfalls were often objects of worship, in part because they were thought to resemble Fudo Myoo, a Buddhist deity.

Gardens with waterfalls were first laid out in the Nara period, and by the Heian period most gardens included a waterfall, largely as a result of the thorough treatment of waterfall stone arrangements in *Sakuteiki*, the garden construction manual of the day. Waterfalls serve a dual purpose: enhancement of a garden's scenery and supply of water to the garden pond.

The beauty of a garden waterfall is determined by the arrangement of the stones from which it is made. A waterfall stone arrangement comprises several specific stones. At the top is a waterfall source stone off of which the water falls. An arrangement may have two or three such stones arranged vertically to give a bi- or trilevel effect; some arrangements have as many as seven source stones. On either side are placed accessory stones, which are important elements of the overall scene. The water falls upon a waterfall base stone positioned at the bottom of the arrangement. A so-called carp stone may replace the base stone; this is a stone that, rather abstractly, represents a carp attempting to climb the falls. An garden waterfall that includes a carp stone is called a *ryumonbaku* (lit., "dragon gate waterfall") arrangement, after a rapid section of the Yellow River in China with the same name and the Chinese legend of a dragon that ascends to heaven. Optional elements include a centrally placed stone and distant-mountain stones, the latter of which are common in Kamakura-period arrangements in the india ink—painting style. A waterfall stone arrangement can be constructed so as to give the falls either a cascade or curtainlike appearance, or may combine both of these effects. (Examples of waterfall stone arrangements are seen in Figures 31—35.)

Dry-waterfall stone arrangements

Dry-waterfall stone arrangements can be part of an entire dry-landscape garden, but are often found in gardens with ponds as well, when the pond's water supply is lower than the pond, making a regular waterfall impractical. In older gardens, dry waterfalls are more commonly seen than regular ones.

Dry-waterfall arrangements may be constructed in either exactly the same way as a ordinary waterfall arrangement or in a more abstract manner, which allows for more artistic freedom. In small dry-landscape gardens, a waterfall base stone and two or three additional stones are often sufficient to provide the image of a waterfall. Pebbles may be spread at the base to create the illusion of water, and a bridge may even span the foreground. Older gardens sometimes have rather grandiose dry-waterfall arrangements. (Examples of dry-waterfall stone arrangements are seen in Figures 36—39.)

Mountain range stone arrangements

A set of stones arranged to look like a series of peaks is called a mountain range stone arrangement. Playing an important role in creating visual perspective in gardens, mountain range arrangements are usually positioned for scenic effect, but may sometimes appear specifically as *horai* mountain range arrangements, after the mythical Mount Horai. They are usually placed on hillsides, as well as occasionally on an island in the garden pond or as an element of a dry-landscape arrangement. They may also appear in conjunction with other arrangements, such as crane and dry-waterfall arrangements. Mountain range stone arrangements probably first appeared during the Heian period and were very well developed by the Momoyama. (Examples of mountain range stone arrangements are seen in Figures 40 and 41.)

Grotto stone arrangements

Because of the religious associations of grottoes as places where mountain hermits lived and as the sites of temples (in China), grotto stone arrangements often provide a garden with a sense of mystery. Although grotto stone arrangements were probably made early on, the oldest ones extant are from the Kamakura period, at Makaya-ji temple (Shizuoka Pref.) and Erin-ji temple (Yamanashi Pref.). Numerous grotto arrangements were constructed during the Momoyama and Edo periods. One Momoyama-period garden that deserves special mention is that of Tokushima Castle, which has twelve grotto arrangements.

Grotto stone arrangements are usually built on hillsides or as part of embankment stone arrangements, with a supporting stone on either side and a large flat stone placed on top of these. The arrangement is usually like a small cave, but occasionally like a tunnel, with an opening at both ends. (Examples of grotto stone arrangements are seen in Figures 42 and 43.)

Embankment stone arrangements

Before the appearance of dry-landscape gardens at the end of the Muromachi period, the vast majority of gardens included a pond in their layout. Imported from Korea during the Asuka period, the earliest artificial-pond construction method involved a simple stone wall lining the circumference of the pond. However, although stone walls were sturdy enough, they were too commonplace to contribute to the overall beauty of the garden. Experimentation eventually led to the use of natural stones of interesting shape to serve as the banks of garden ponds. The earliest embankment stone arrangements probably appeared during the Nara period, as seen in the recent excavation of Kyokusui Garden in Nara. The detailed explanations of embankment stone arrangements in *Sakuteiki* indicate that techniques were quite refined by the Heian period, although few such arrangements are left from this time. As with gardens in general, by the Edo period embankment arrangements, with their abundance of plain, flat stones, had become rather stylized and boring. Unfortunately, this trend has continued to the present day among many garden designers.

In addition to lining the garden pond, embankment arrangements may be used to line garden streams and pond islands, and may also appear in dry-landscape versions of all of these. Stones of a great variety of shapes and sizes are used in embankment arrangements. (Examples of embankment stone arrangements are seen in Figures 44–48.)

11．岩島石組

岩島は風景的名称の石組としては最も典型的なものの一つで，海中などにある力強く，また神秘的な岩の景を庭内に取り入れたものである。枯山水庭園にも例はあるが，原則としては池泉庭園のものと考えてよい。

岩島の特色は，石だけで島を表現するところにあり，一石だけを用いるものが最も多い。しかし，他に，二石岩島，三石岩島，四石以上の岩島（岩島群ということもある）なども知られている。

歴史的にも古くから庭に表現されたことは間違いなく，その立派な実例が平城京曲水庭（奈良・奈良市）にある。

岩島は，古い時代には「離れ石」と称したらしい。平安時代の『作庭記』にこの名称があり，

> 又はなれいしは，あらいそに（の）おき，山のさき，島のさきに，たつへきとか。はなれ石の根には，水のうへにみえぬほとにおほきなる石を，両三みつかなえにほりしつめて，その中にたてて，つめ石をうちいるへし。

と，具体的にその施工法が述べられている。

岩島には，池泉空間を引き立てるという大きな役割があるが，それにも，池泉の造形として主要な景となる岩島と，あまり目立たないが，池の水面のポイントになる補助的な岩島とがある。

石組としては，立石や斜立石となる例が最も多いが，他に山形，横石，伏石などの岩島も見られる。特殊な形式では，石を洞窟式に組んだ六義園庭園（江戸初・東京都）の例などが非常に珍しい。

数石組みの岩島としては，最も優れたものが天龍寺庭園（鎌倉・京都市）にあって，中心となる立石のするどい感覚が見事である。また，岩島群としての代表作は，栗林園庭園（江戸初・高松市）の南湖中央にあり，一種の蓬萊様式の岩島として神秘的な味わいを持っている。

この他，岩島には亀島の亀頭石，あるいは亀尾石と兼用されたものも知られている。

注意すべきは，一見岩島に見える石組でも，中島の土が失われて石だけになったような例が西芳寺庭園（鎌倉・京都市）などにある。このようなものは岩島には加えない方がよい。

岩島を用いた池泉庭園の例は大変に多いので，ごく代表的な庭だけをあげると，前記のものの他に，大沢池庭園（平安・京都市・写真49），浄瑠璃寺庭園（平安・京都府），白水阿弥陀堂庭園（平安・いわき市），鹿苑寺庭園（鎌倉・京都市），摩訶耶寺庭園（鎌倉・静岡県・写真50），常栄寺庭園（室町・山口市），旧亀石坊庭園（室町・福岡県），慈照寺庭園（室町・京都市），徳島城庭園（桃山・徳島市），政所坊跡庭園（桃山・福岡県），朝倉氏諏訪館跡庭園（桃山・福井市），朝倉氏下部館跡庭園（桃山・福井市），玄宮園庭園（桃山・彦根市），和歌山城庭園（桃山・和歌山市），根来寺本坊庭園（江戸初・和歌山県），円照寺庭園（江戸初・小浜市），内々津神社庭園（江戸初・春日井市），大善寺庭園（江戸初・山梨県），竹林院庭園（江戸初・奈良県），大覚寺庭園（江戸初・茨城県）などにその好例がある。

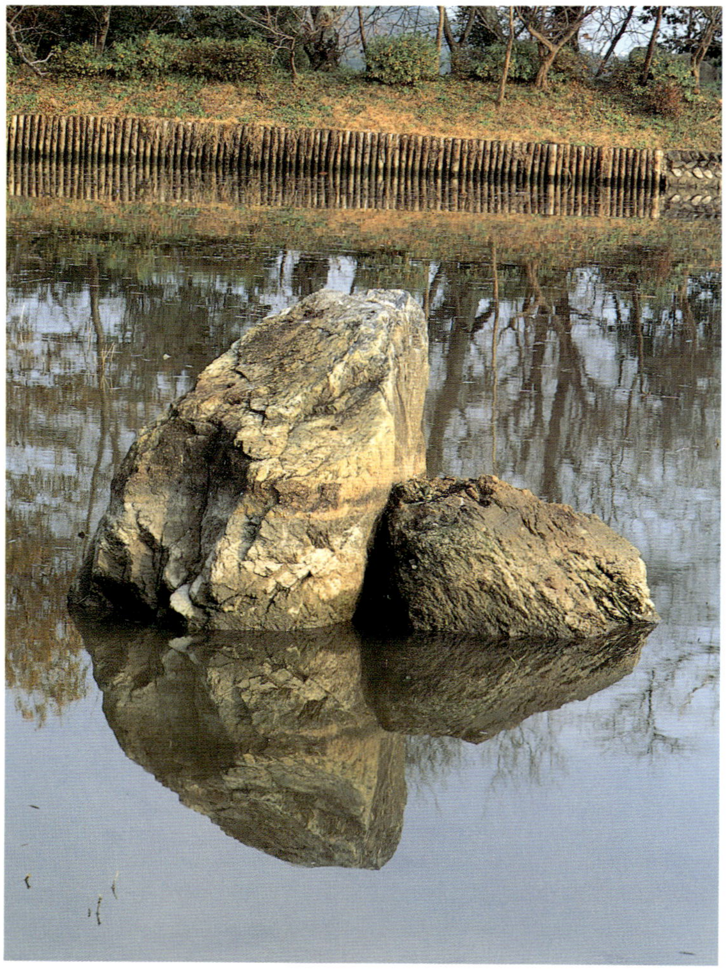

写真49　平安朝初期の典型的な二石組岩島で，「庭湖石」と名付けられている。その造形から人字石組ともいう。（大沢池庭園・平安時代）
49. A classic Heian-period rock island stone arrangement (Osawa-no-ike Garden, Kyoto)

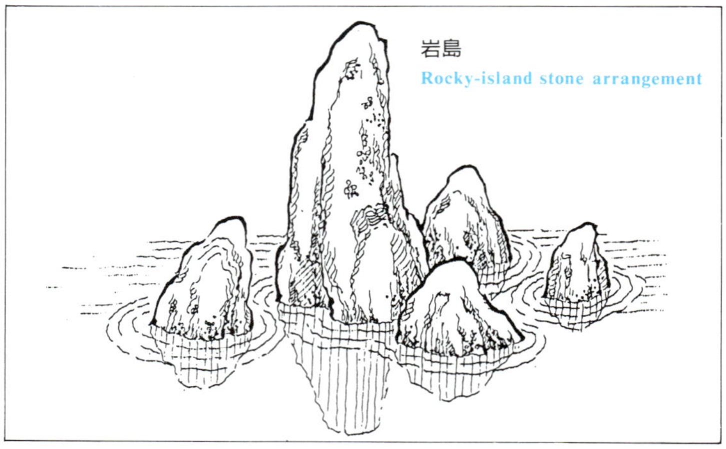

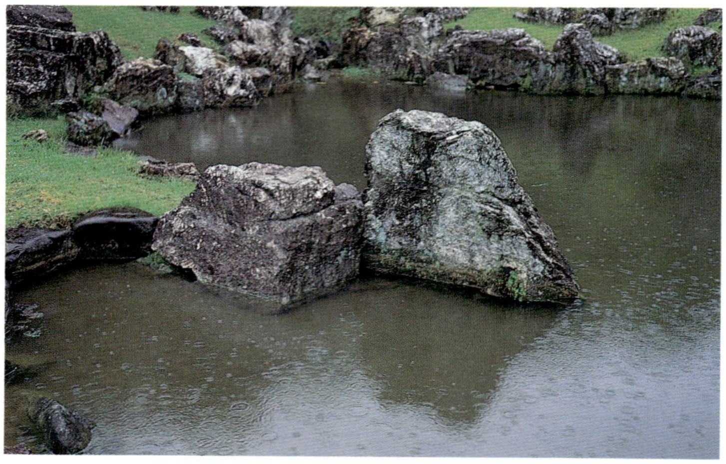

写真50　小出島の先端に組まれた力強い二石組岩島。どの角度から見ても変化ある造形で，背後との遠近感を強調する。（摩訶耶寺庭園・鎌倉時代）
50. A two-stone rock island arrangement jutting out from the bank of the pond (Makaya-ji temple, Shizuoka Pref.; Kamakura period)

12. 渦巻式石組

風景的名称の石組中に加えてはいるが，どちらかというと特殊な形式に属するのがこの渦巻式石組である。

古庭園中では，室町時代後半にごく一部の庭園において見られる少数石組であるが，その造形にはまことに優れた感覚が秘められており，石組造形の一つの基本ともいえる。

この石組の特色は，中央に力強い立石を組み，それを中心として渦を巻くように数石を曲線的に連続させて組み込むもので，それぞれの石が高さや角度に変化をつけ，まことに立体的で動きのある造形を見せる。

また，渦巻状に組まれる石組は，いわば裏のない石組であって，どのような位置から見ても無限ともいえる立体美を見せるのである。それだけに，作者には十分なる力量が要求される石組である。

渦巻式石組の古庭園中での実例は，北畠神社庭園（室町・三重県・写真51）と，旧玄成院庭園（室町・勝山市）にあり，前者は池泉東部の地上に大きな渦巻として構成され，後者は庭園の正面山畔に全庭の中心的造形として組み込まれている。

立石を主体として，その周囲に渦を巻くように石を組んだこの石組が，何をテーマとしたものかはっきりしていない。

しかし，その造形は，仏説にいう須弥山の表現にまことに類似しており，これこそ須弥山式石組というにふさわしいものと著者は考えている。

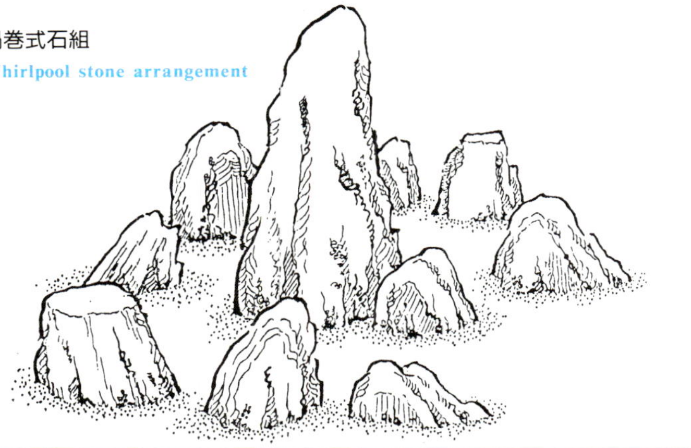

渦巻式石組
Whirlpool stone arrangement

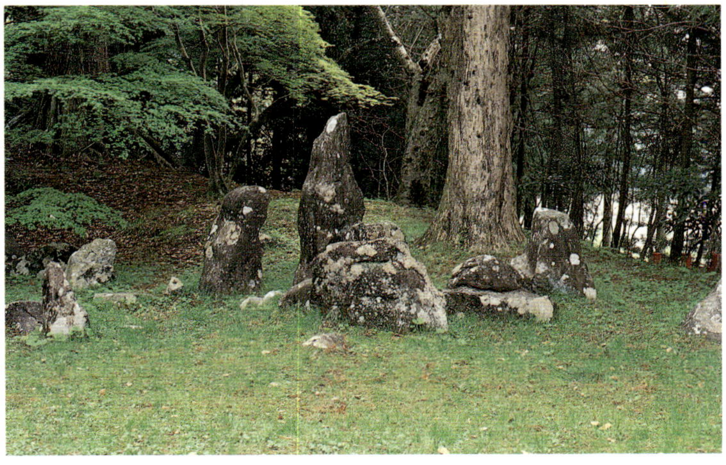

写真51　中央のするどい立石を中心として，右回りに勢いよく回転するような造形を見せる渦巻式石組の代表作。（北畠神社庭園・室町時代）
51. A clockwise whirlpool stone arrangement with a tall central stone. (Kitabatake Shrine, Mie Pref.; Muromachi period)

13. 橋石組

庭内に用いる石橋と，それにともなう石組を橋石組という。橋は，平安時代までは大規模な板橋が中心であり，石橋は遣水に実用的に架けたものが絵巻物などで知られる位である。

庭の景として石橋が用いられるようになったのは，中国の水墨山水画の影響が出てきた鎌倉時代後半であって，現存最古のものは，天龍寺庭園（鎌倉・京都市・写真52）の滝前に架けられた石橋であると考えられる。この石橋は，三石の板石をつないで架けたもので，そのつなぎ目には支えの橋脚石を用いている。

このように，初期の石橋は単純なものであったが，少し時代が下がると，石橋を架けた台石から橋がはずれないように，台石の左右に石を組んで橋を固定する手法が出現した。この石を古くは「橋挾石」といっており，『庭造秘書』に，

> 石橋には必ず橋挾みの石四つあるべきなり，但所により三つ二つもあるべきなり。

と述べられている。

現在ではこの石に対して，橋挾石の他に橋添石の名称も用いられており，著者はもっぱら後者を用いている。

橋石組というのは，このように石橋に対する橋添石，橋脚石などの石組を総合した造形をいうのである。

注目すべきことは，初期の橋挾石が，橋の固定に重点をおいていたのに対して，後世になるとそれがさらに発達して石橋と共に主要な景として重視されるようになっていったことであろう。

室町時代頃には，薄目の低い石橋が流行したが，それに味わいよく橋添石を組むことによって，石橋の美はさらに高められた感がある。

桃山時代から江戸初期にかけては，石橋にも厚味のある巨石が多用されるようになり，それに負けぬだけの力強い立石の橋添石が組まれるようになった。

橋添石の数は四石が原則であるが，それは石橋の形式によって様々で，後世においても橋添石を省略した例もある。また，二石，三石の例もあり，その数によって時代等は判定できない。

先に述べた橋挾石と橋添石という用語には，少々ニュアンスの違いがあって，橋挾石ならば，橋より低い石組でも橋を固定する役割を果たしていればそういえるのである。

しかし，橋添石といった場合は，石橋の造形的な添石になっている必要があり，橋より低いような石はそういい難い。そのあたりに微妙な違いのあることを理解しなければならない。

なお，桃山時代から庭に新たに用いられるようになったものに，切石橋がある。初期の立派な切石橋は，多くが巨石による反橋であって，その曲線の美しさが見所となっている。

したがって，橋添石などはあまり強調されていないのが普通であるが，これにも決して用いなかったのではなく，ひかえ目ながらかなり用例は多い。そして後世になると，自然石石橋と同様に橋添石を組むようになっていった。

実例の上からは，橋石組には一橋架けるものが最も多く，築山や滝石組上部などに架けて景とする例も意外に多い。

二橋つなぎ，三橋つなぎの石橋は，主に池泉に架けられるものであるが，例は少ない。

橋石組はまた，必ず池庭のものではなく，枯山水庭園にも水景

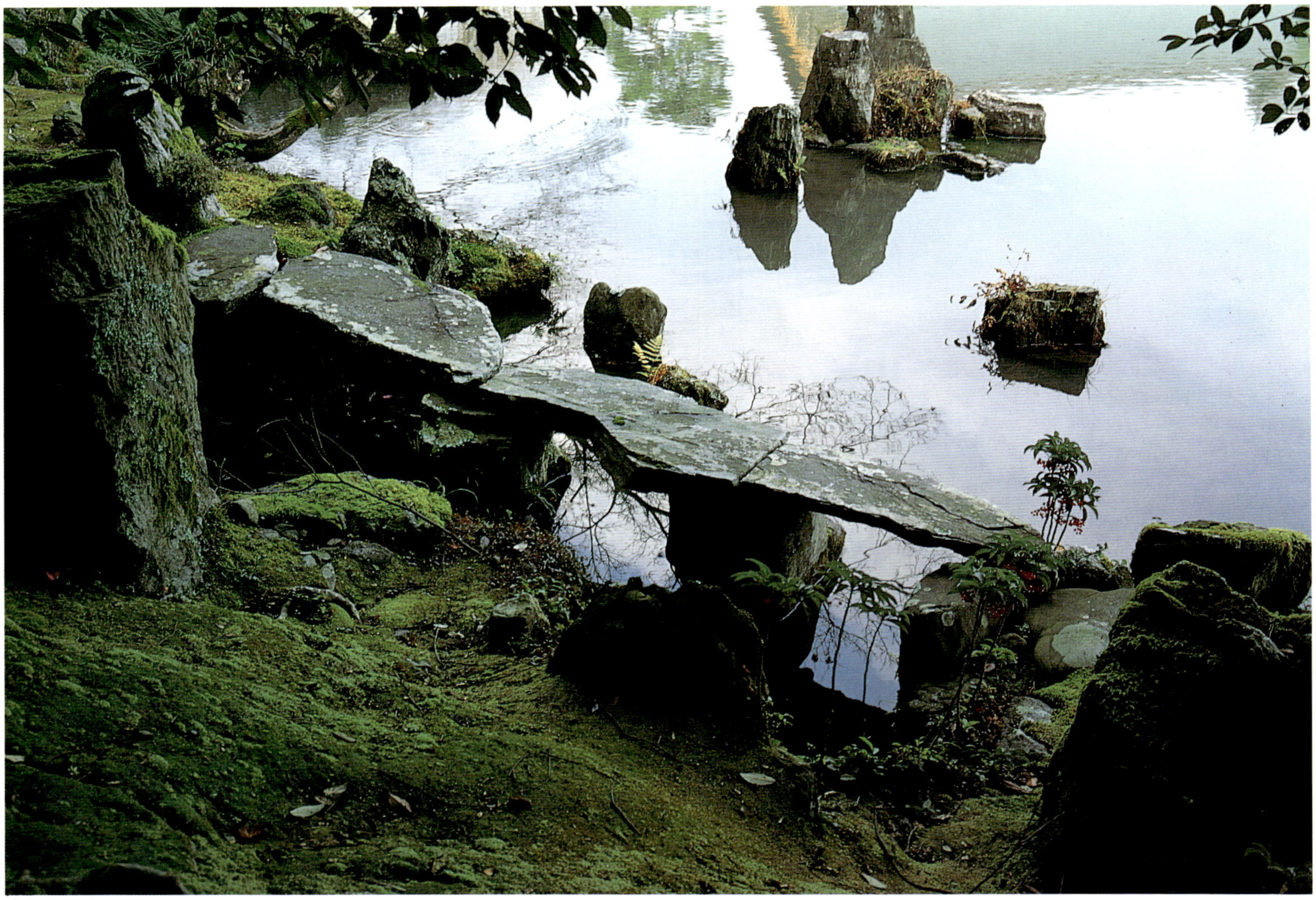

写真52　滝石組の直前に架けられた三石のつなぎの石橋。水墨山水画の造形を庭に用いた作例であり，日本最古の橋石組として名高い。（天龍寺庭園・鎌倉時代）
52. A three-stone bridge arrangement in front of a waterfall arrangement. In the india-ink style, this is the oldest bridge stone arrangement in Japan(Tenryu-ji temple, Kyoto; Kamakura period)

の象徴として好んで用いられている。

実例はまことに多いので，その代表的なものだけをあげると次の諸庭にあるものに特に注目してほしい。

慈照寺庭園（室町・京都市・写真54），大仙院庭園（室町・京都市・写真55），退蔵院庭園（室町・京都市），旧秀隣寺庭園（室町・滋賀県・写真53），朝倉氏諏訪館跡庭園（桃山・福井市），松尾神社庭園（桃山・八日市市），徳島城庭園（桃山・徳島市・写真56），国分寺庭園（桃山・徳島市），粉河寺庭園（桃山・和歌山県），二条城庭園（桃山・京都市），三宝院庭園（桃山・京都市），名古屋城二ノ丸庭園（桃山・名古屋市），聚光院庭園（桃山・京都市），西本願寺庭園（江戸初・京都市），円徳院庭園（江戸初・京都市），金剛輪寺南庭（江戸初・滋賀県），楽々園庭園（江戸初・彦根市），後楽園庭園（江戸初・東京都），西江寺庭園（江戸初・宇和島市），瑞厳寺庭園（江戸初・徳島市），曼殊院庭園（江戸初・京都市），桂離宮庭園（江戸初・京都市・写真57），宝積院庭園（江戸中・大津市），寿量院庭園（江戸末・大津市）。

橋石組
Bridge stone arrangement

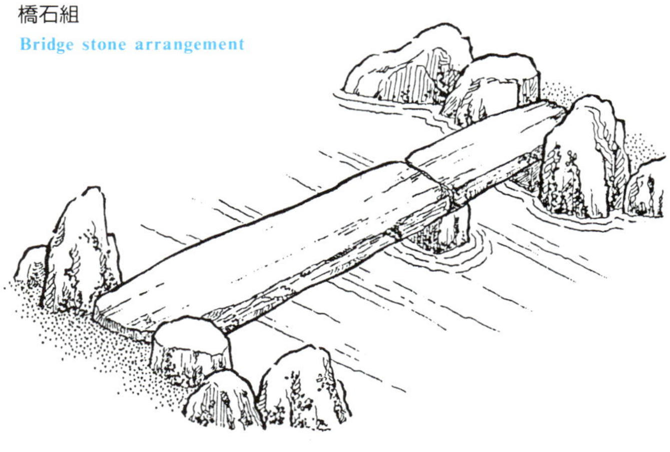

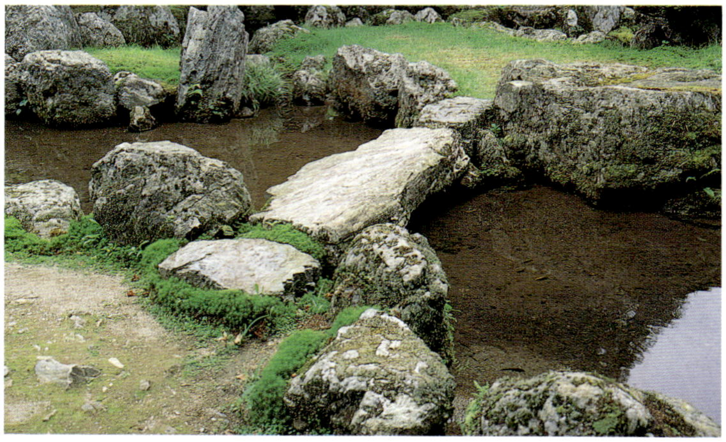

写真53　曲水式池泉の中央部に架けられた自然石石橋による橋石組。橋添石の構成がまことに変化に富んでいる。（旧秀隣寺庭園・室町時代）
53. A stone bridge, part of an interesting stone arrangement (former Shurin-ji temple, Shiga Pref.; Muromachi period)

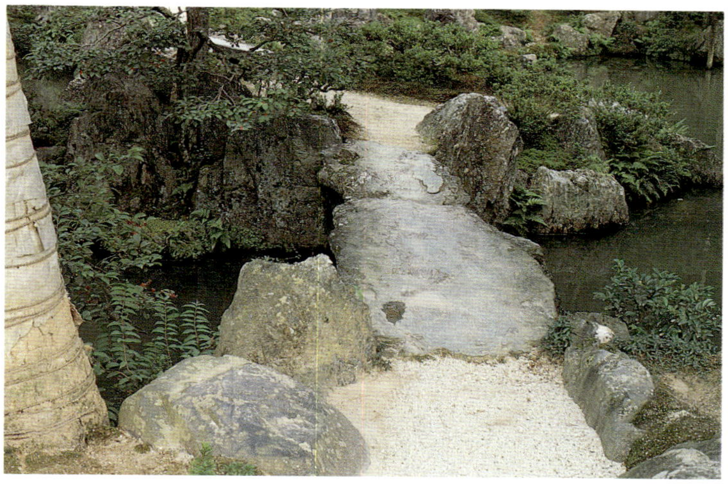

写真54　中島に架けられた二石つなぎの自然石石橋と橋石組。橋添石と護岸石組とのつながりが見事である。(慈照寺庭園・室町時代)

54. A two-stone bridge arrangement, well-coordinated with embankment stones (Jisho-ji temple, Kyoto; Muromachi period)

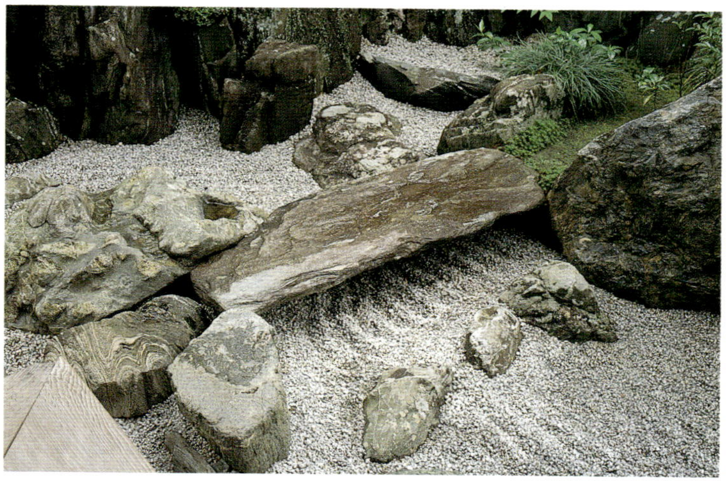

写真55　枯流式枯山水庭園に水景の美を見せる効果的な橋石組。青石の石橋を低く架けており，橋添石にも特色がある。(大仙院庭園・室町時代)

55. An excellent example of a bridge stone arrangement in a dry-landscape garden (Daisen-in temple, Kyoto; Muromachi period)

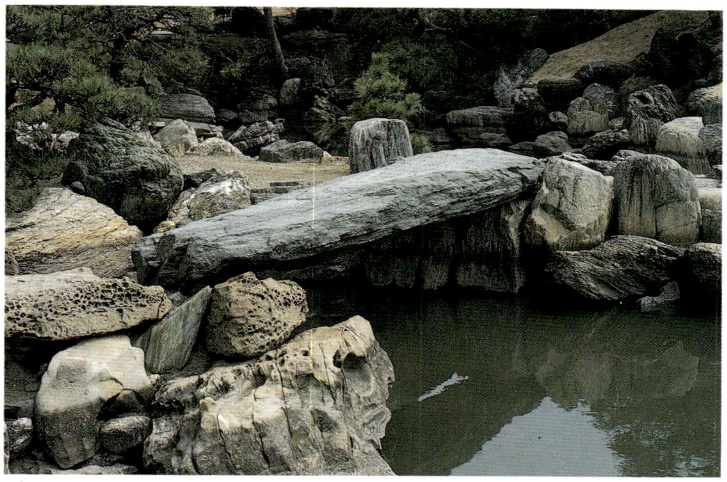

写真56　中島間に高く架け渡された巨大な石橋。石は阿波青石で長さ4.52mもあり，池泉の主景の一つになっている。(徳島城庭園・桃山時代)

56. A 4.5-meter-long stone bridge connecting islands in a garden pond (Tokushima castle, Tokushima; Momoyama period)

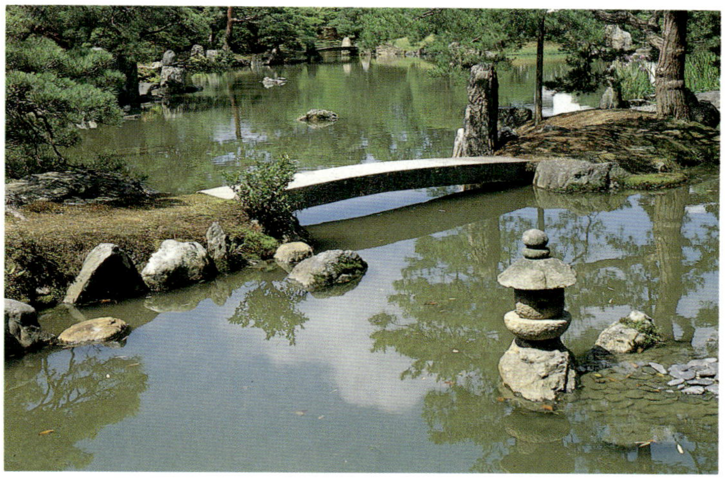

写真57　中島を結んで低く架けられた切石反橋の美景。橋添石の一石を特に高い立石としているのが特色といえよう。(桂離宮庭園・江戸初期)

57. A low-lying stone bridge with an upright accessory stone (Katsura Detached Palace, Kyoto; early Edo period)

14．飛石

敷石と共に，実用的石組の中に加えられるが，通常いう石組とはかなりその形態が違っており，いわば平面的石組とでもいうべきものである。

したがって，本書において取り上げる石組とは少し角度が異なってくるが，一通りの知識として，次の敷石と共に大略を解説しておくことにする。

飛石は茶の湯との関係において用いられるようになったもので，歴史的には新しい造形といえる。その出現は，桃山時代の天正年間頃と思われ，この頃茶の湯を行うための設備として露地(茶庭)が成立し，そこに打たれたのが最初と考えられる。

露地は，茶席に到る道すがらの庭であり，茶の世界に入る精神的な意味合を持っている。そこには必ず身心を清めるための手水鉢が配置され，客はそれを使ってから入席した。

このように露地を通る時，苔などを敷いただけではどうしても苔を痛めるし，草履の裏も湿ってしまう。そのような不便を解消するために，露地内に歩きやすいように石を打ったのが飛石の始まりであろう。

文献としては，天正15年(1587)の『利休川崎梅千代宛伝書』や『宗湛日記』などにすでに明確に述べられている。後者の，天正15年6月19日，箱崎の茶会の折の記述には，

此路地ノ入ハ外ニククグリヲハヒ入テ，トビ石アリ。箱松ノ下ニ手水鉢有。木ヲクリタル也。……

とある。

実用を主として打たれた飛石も，それを実際に用いてみると一種独特のリズム感と，侘びた味わいがあり，露地にはまことによく調和するものであった。そこで，以後露地には飛石を打つことが一つの約束となり，各茶人達の好みによって，様々な形式の飛石が発達したのであった。

そして，江戸初期頃からは，一般の書院庭園などにも広く導入されるようになり，日本庭園の美景の一つともなったのである。桂離宮庭園(江戸初・京都市)などは最も飛石をよく生かした庭園として知られており，ここでは，花崗岩の正方形切石の飛石(真の飛石)さえ用いられているのである。

露地の飛石は総体的にいって地味に打たれるが，特に草庵式の露地では自然石飛石の小ぶりのものが低く打たれ，侘びを強調することが多い。しかし，書院式茶席の露地では，大ぶりの飛石が高目に打たれる例が増え，派手な感覚も取り入れられてくるのである。

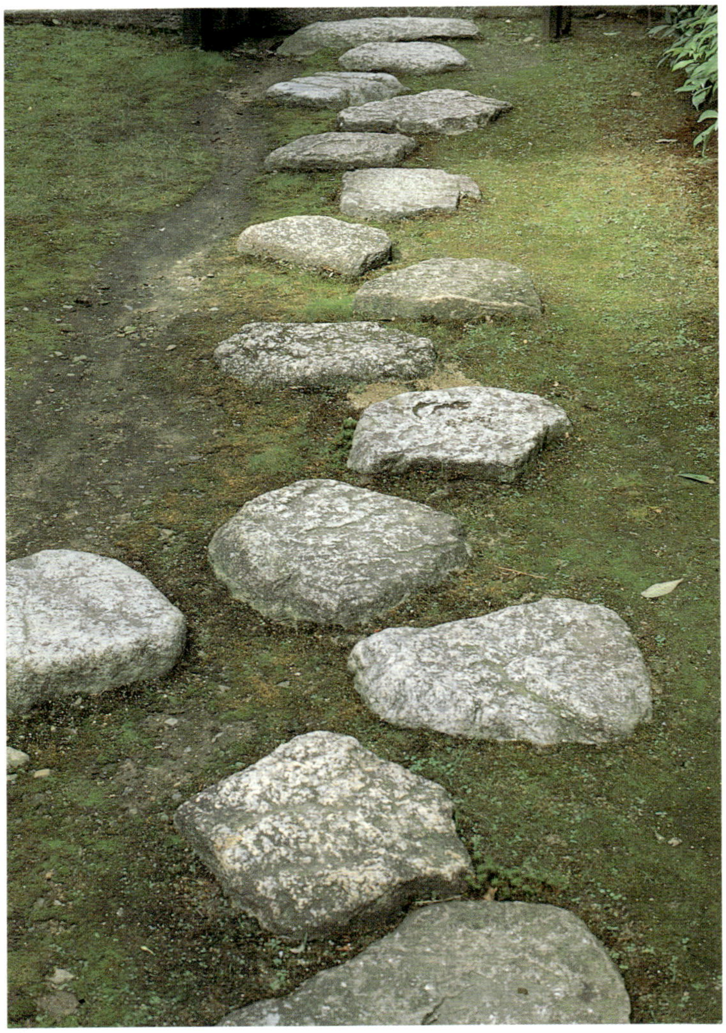

写真58　苔地の中に風雅に打たれた飛石の一例。この一石ずつを左右交互に配した打ち方は「千鳥掛」という。(居初氏庭園・江戸初期)

58. Steppingstones gracefully dotting a lake of moss (Izome estate, Shiga Pref.; early Edo period)

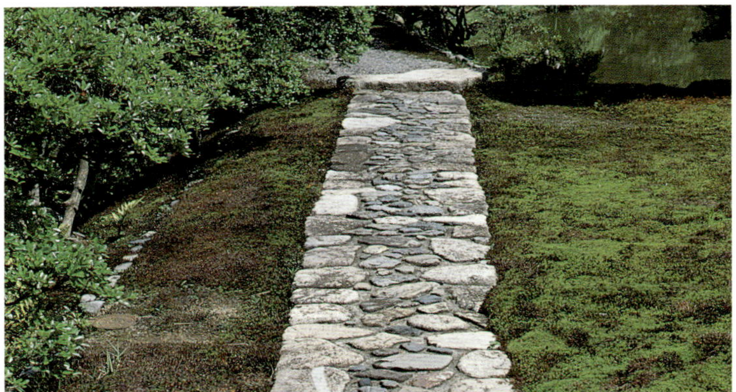

写真59　一直線に長く延びた園路の敷石造形。自然石だけを用いた様式で，大小の石の配置が味わいを高めている。(桂離宮庭園・江戸初期)

59. A flagstone path of uncut stones of varying size (Katsura Detached Palace, Kyoto; early Edo period)

また露地においては，飛石中に多くの役石が配されるのが普通であるから，まず使い勝手が優先され，次に景というものが重視されなければならない。その点一般庭園では，かなり自由な造形的な飛石も見られるのである。

飛石の打ち方には，直打，二連打，三連打，四連打，二三連，三四連，雁掛，千鳥掛(写真58)，大曲り，筏打などさまざまな形式がある。しかし，何よりもその場に合わせて美しく，歩きやすく打つことが肝心というべきである。

15．敷石

石を一面に敷きつめて，その上を歩いたり，また生活の場とすることは，縄文時代後期にはすでに行われていた。

したがって，敷石そのものは飛石よりも歴史が古く，社寺などでも早くから通路などとして用いられていたことは明らかと思われる。もちろん古いものはすべてが自然石を敷き込んだもので，切石敷きは江戸初期頃から出現したに過ぎない。

ただし，敷石が庭園と関連を持ったのは，まったく飛石と同様で，露地の発祥した桃山時代に，飛石と共に露地に導入されたことは間違いない。草庵式露地では，侘びという点から飛石が重視され，その一部に敷石が用いられたのであった。

ところが，書院式露地では，むしろこの敷石が主体となるような例も出現しており，それがただちに一般庭園にも影響した。

桂離宮庭園(江戸初・京都市・写真59)などは，飛石よりもさらに敷石の美しさに特色があるといってよい。

敷石は，昔の茶書などの文献には，畳石，石段，石壇，石畳などの名称で記されていることが多いので，特に注意が必要である。中でも，石段という語は，今日では石の階段と誤解されやすい。

露地の敷石では，やはり自然な感覚が尊重されたので，自然石敷石が主流であったが，格式が尊ばれる前庭などでは，切石敷きが広く行われた。

そこで，真・行・草という敷石の区別も生まれ，切石によるものを真，半加工の割石敷きや切石と自然石を混ぜた寄石敷きを行，自然石だけのものを草，とすることも多い。

現代では，日本庭園においても，新しいモダンなデザインが追及されるようになり，敷石にも各種の美しい造形のものが作られている。

16．蹲踞

実用的石組の中でも，蹲踞の設備は最も特殊なものであり，その使い勝手が生命といってよい(写真60)。

露地においては，その中心的な存在であり，ここで身心を清めて入席するのだから，露地の最大の見所ともいえる。

蹲踞の特色は，まず中央に水をたたえる手水鉢を低く配し，その手前に前石という平天の役石を据えることである。

この前石の上につくばって手水を使うところから，蹲踞の名が出た。前石の右手には，通常前石より少し高い平天石を組むが，これを湯桶石という。これは寒中の茶会の際，手水鉢の水では冷たいので，湯の入った桶を出すための役石である。

また，前石の左手には湯桶石よりも高い平天石を組み，これを手燭石という。夜の茶会の時，ここに手燭を置いて明りとする役石である。

手水鉢と前石の間は適当な間隔をおいて流しとし，排水口を設ける。排水口にはゴロタ石などを四，五石置いて隠すが，これを水掛石といい，水のはね返らない用心も兼ねるのである。

以上が蹲踞の主要構成であるが，この他に手水鉢の後方に石を組むこともあり，これを後石という。

なお，流しの中央に手水鉢を配する形式を中鉢といい，ほとんどが台石の上に乗せる。見立物手水鉢などの名品は，この中鉢とすることが多い。また，流しの後方に手水鉢を配する形式を向鉢と称し，自然石手水鉢などは原則として向鉢とするのである。これは生け込みとして用いる手水鉢にふさわしいものといえよう。

通常の石組が，何よりも造形的な美しさに主体をおくのに対して，蹲踞では使い易さが第一であるから，たがいの寸法などに一定の決まりがある。特に重要なのは，前石と手水鉢間の距離であって，前石の前方から手水鉢水穴の心までは70センチ前後とするのが標準となっている。その他，寸法には細かい注意が必要であるがここでは省略する。

以上は，露地に用いる蹲踞を述べたものであるが，一般庭園の例では蹲踞も景として配される場合がほとんどである。

そのために，役石などにことさら気をつかう必要はなく，かなり自由に用いてよい。役石を略することも多い。

ただそのような場合でも，手水鉢には必ず良いものを用いるべきであって，主役はあくまでも手水鉢であることをよく認識する必要がある。

17．鉢前

鉢前というのは本来俗称で，いうならば正しい名称とはいえない。ただ，これまで多くの庭園書で誤ったままに使用されてきたので，何となくこの名称が使われているのである。

これは，正しくは縁先手水鉢というべきであって，蹲踞に対して，書院などの縁から使う手水鉢の総称である（写真61）。

この縁先手水鉢には，大きく分けて三種がある。その一は，文字通りの実用で，便所などの近くに配して手洗い用とするものである。その二は，蹲踞と同じく，書院式茶席に配置して入席前の清めの意味で用いるものである。その三は，使用ということを考えず，ほとんど書院の飾りとして配するものであって，これを飾り手水鉢などともいっている。

原則として縁先手水鉢には背の高い手水鉢を用いることになるが，高い台石を据え，その上に低い手水鉢を乗せて使うこともあるので必ずしも一定したものではない。

このように，手水鉢を配するだけでは石組ということにはならないが，江戸時代後期になると，縁先手水鉢に対して役石というものが用いられるようになった。

『築山庭造伝後編』に，「定式の手水鉢置様の事」の条があり，また「手水鉢前定式置様の伝」などの記載があり，ここに役石が主張されている。

そこに「鉢前石遣い様の事ハ…」などと記されており，これは「鉢の前の石使いの方法」といった意味で，決して鉢前という独立した用語ではない。その点に誤解があって，鉢前という語が一人歩きしてしまったのである。

さて，ここに主張されている役石とは，まず手水鉢の下に作った流しの手前，すなわち縁の下に配する蟄石で，これは水が縁下にはね入らないようにする意味がある。

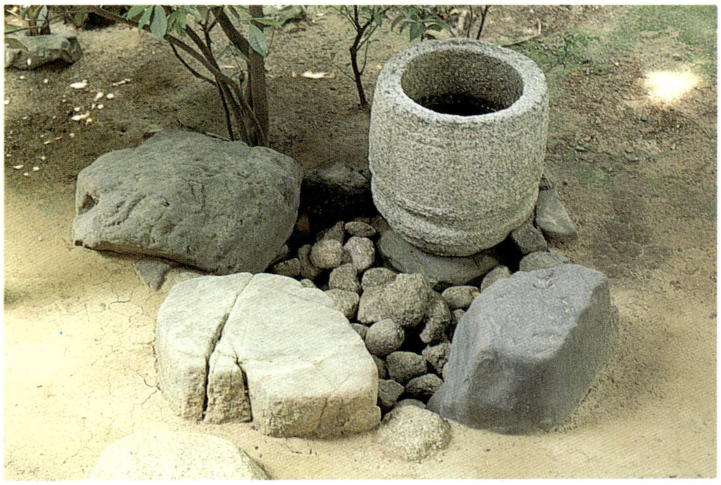

写真60　手水鉢を中心として，前石，湯桶石，手燭石等の役石を組んだ全体の造形を蹲踞という。鉢は見立物の「袈裟形」（西翁院露地・京都市）
60. A stone basin and its accompanying stones (Saio-in temple, Kyoto)

次に水揚石は手水鉢の後方に半隠れに置く平天石で，鉢内の水を入れ替える時に乗る石とされる。また，水汲石は，貴人に対してその下臣が水を汲むために乗る平天石で，大きなものを流しの左右どちらかに配する。さらに，背の高い手水鉢に対して，その左か右にバランスをとって組む立石を清浄石といい，これは多分に造形的な石である。この石は，手水鉢の前に斜めに用いたりするので，一名を覗石ともいうのである。

このような石組は好みの問題であって，今日必ず用いるべきものではないが，参考までに記したまでのことである。

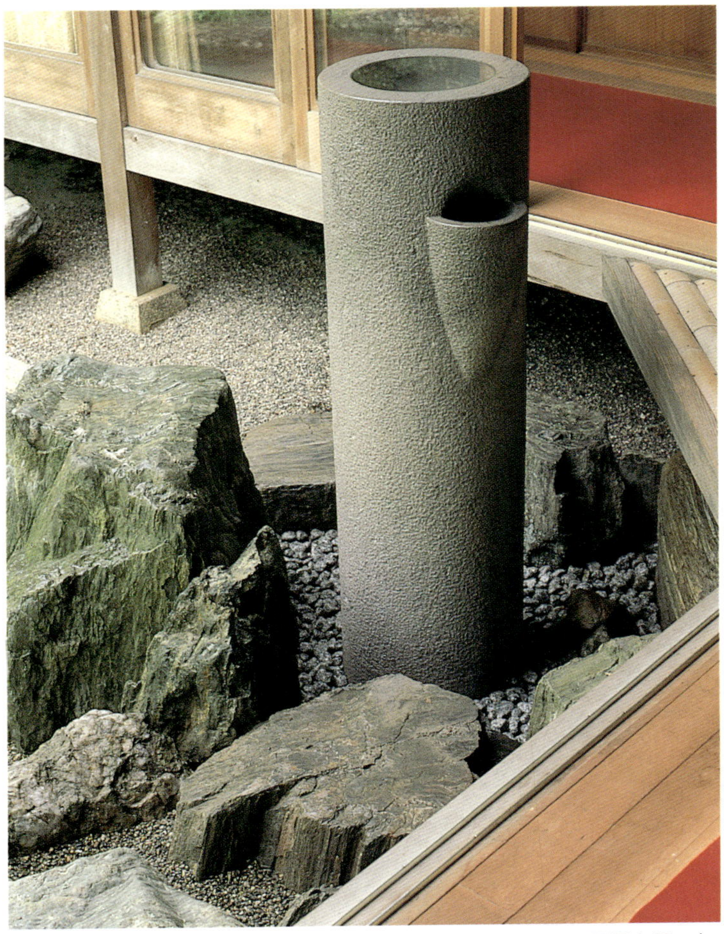

写真61　高さのある縁先手水鉢を主体として，周囲をかこんで石組を行ったものを，俗に鉢前と称している。（根来寺庭園）
61. A tall *hachimae* within a stone arrangement (Negoro-ji temple, Wakayama Pref.; early Edo period)

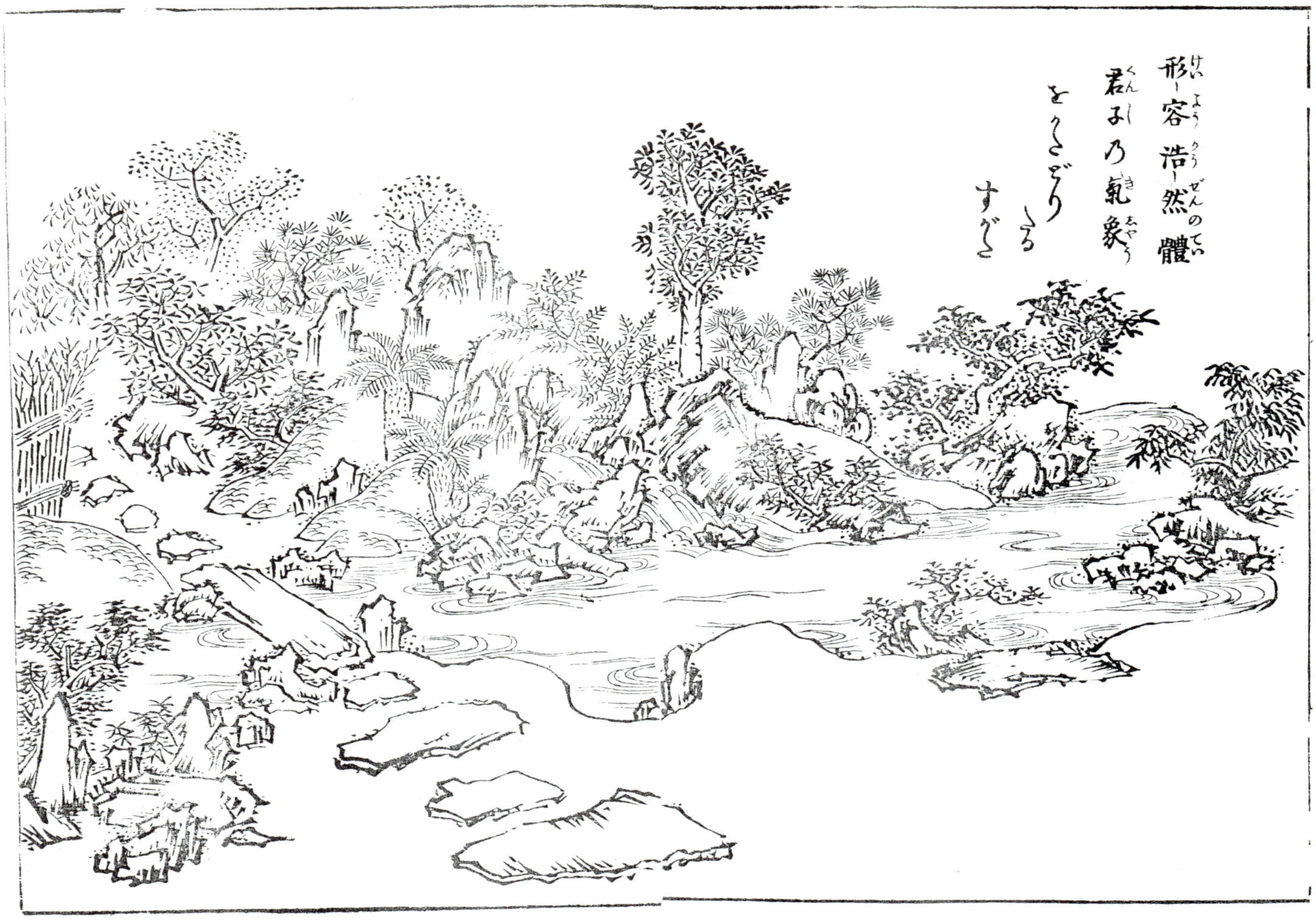

石組を多用した池泉図(『築山庭造伝前編』享保20年刊) **Drawing of a garden pond with numerous stone arrangements (*Tsukiyama-teizo-den*, 1735)**

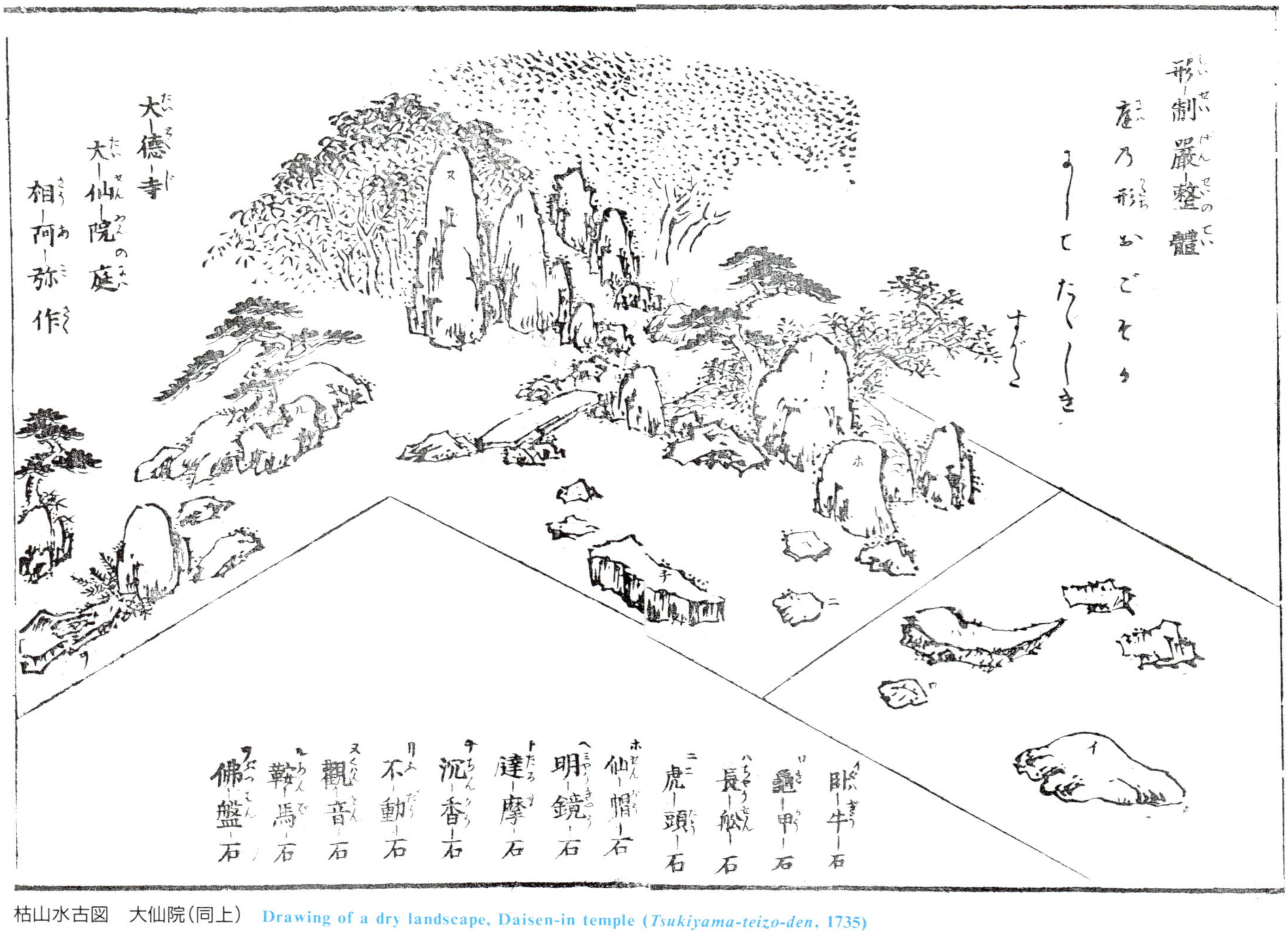

枯山水古図　大仙院(同上) **Drawing of a dry landscape, Daisen-in temple (*Tsukiyama-teizo-den*, 1735)**

The Variety of Stone Arrangements

(Pages 60–65)

Rock island stone arrangements

Often with just one upright or slanted stone, rock island stone arrangements are designed in imitation of small, craggy islands seen in the ocean. They are, obviously, most often found in the garden pond, where they can be used to create an illusion of distance or simply to add an element of interest to the pond. Some are mountain shaped or contain a grotto; others may serve as the head or tail of a larger turtle island arrangement. Rock island arrangements are occasionally found in dry-landscape gardens as well. The earliest rock island arrangements were probably made during the Nara period; the recently excavated Kyokusui Garden in Nara has such an arrangement. (Examples of rock island stone arrangements are seen in Figures 49 and 50.)

Whirlpool stone arrangements

Whirlpool stone arrangements are a rather unusual type that appeared in the late Muromachi period; they may be considered a type of *shumisen* arrangement. A powerful central stone is placed in an upright position and around this are arranged in a spiral a number of stones of differing heights and angles. A whirlpool arrangement is supposed to represent infinity and as such is a challenge for any garden designer. (An example of a whirlpool stone arrangement is seen in Figure 51.)

Bridge stone arrangements

The earliest garden bridges were probably simple stone planks laid over the garden stream, as seen in Heian-period picture scrolls. As a result of the influence of the the india ink–painting style from China during the late Kamakura period, stone bridges began to serve a more scenic function in gardens. The oldest extant stone bridge is from the Kamakura period, at Tenryu-ji temple in Kyoto. Later, accessory stones began to be placed at either end of the bridge to secure it in place, and these, together with the bridge itself, are known as a bridge stone arrangement. Although merely functional at first, accessory stones were eventually arranged so that they contributed to the beauty of the overall arrangement. During the Muromachi period, thin, low-lying accessory stones were considered tasteful, while in the Momoyama and Edo periods large upright stones had to be used to support the massive bridge stones.

A new development during the Momoyama period was the cut-stone bridge; up until this time, garden bridges were constructed of stones in their natural state. Because of the beautiful curved shapes that cut stone allowed for, the emphasis in cut-stone bridges was on the bridge itself, and accessory stones played a relatively minor role at first.

While most garden bridges are single-span, a few two- and three-span bridges exist. The former are as likely to serve a scenic as a functional role, while longer bridges are usually built to span the garden pond. Bridge stone arrangements may also be found in dry-landscape gardens. (Examples of bridge stone arrangements are seen in Figures 52–57.)

Steppingstones

Steppingstones may be considered as two-dimensional stone arrangements. They seem to have first appeared in the tea ceremony gardens, which were first laid out during the last decades of the 1500s, to prevent participants in the ceremony from stepping on the moss of the garden path and getting their sandals wet. Although utilitarian at first, steppingstones came to be arranged in various interesting patterns, according to the tastes of the tea master, sometimes simply, sometimes almost ostentatiously. By the early Edo period, steppingstones were being put in ordinary gardens, as well. (An example of steppingstones is seen in Figure 58.)

Flagstones

Flagstones (closely set pavement stones) may have been used as many as fifteen hundred years ago. The earliest flagstones were, of course, uncut; cut stones began to be used during the early Edo period. Like steppingstones, flagstones first appeared in gardens when the tea ceremony was being developed during the Momoyama period, and were used in ordinary gardens later on (Fig. 59).

Stone basins and accompanying stones

Stones basins and the various stones placed around them (Fig. 60) occupy a central position in tea ceremony gardens; they exist so that participants in the ceremony may perform the necessary ritual ablutions. At the center of the arrangement is the basin itself, in front of which is a low flat stone that a person squats on when taking water from the basin. On the right is usually a slightly higher flat-topped stone on which a bucket of hot water is placed when the weather is cold. To the left is a still higher stone on which a candlestick is placed during evening ceremonies. Between the basin and other stones are cobblestones for drainage. Various other stones may be placed within and around this basic arrangement.

Hachimae

A *hachimae* (Fig. 61) is a stone basin placed near the edge of the veranda of a building. Some *hachimae* are used for the tea ceremony, as noted above, while others may serve the more utilitarian purpose of a wash stand outside a lavatory; still others are merely decorative. A *hachimae* is usually either made of a tall stone or placed on a tall stand. During the Edo period, other stones were placed around *hachimae*, enabling us to classify them as stone arrangements.

設計図面と石組

日本庭園の最大の特色は，その石組に自然石を使うということである。まず原則としては，人為的な加工はしないといってよい(ただし，古庭園においては，大きな石に矢穴を入れて割りその一部を使用したり，石を接近させて組む場合，双方の石を合わせるために角を欠くようなことはよく行われている。これは石の形を人為的に加工するのとは意味が違うので，自然石を尊重していることには変りないのである)。

当然のことに，自然石の庭石には一つとして同じ形のものはない。そこで，設計図面に石組を書き入れた場合，それと同じ形の石を求めることは不可能だから，その点をどのように解決するのか，ということを疑問に思う人はかなり多いようだ。

著者も，一般の愛庭家や，造園関係の学生などから，しばしば上のような質問を受ける。

それはまことにもっともな疑問であり，このような基本的な点から真剣に考えてみることが石組入門の第一歩であるといえよう。

庭石と設計図面の関係を考えてみると，それには大別して次の三つのケースが考えられる。

A，すでにある石を利用して設計し図面を書く場合。

B，設計者が石を探しに行き，その石に合わせて図面を書く場合。

C，設計図面を先に書き，それに合わせて石を探しに行く場合。

Aの場合は，施主が前もって集めておいた石とか，古い庭をこわし，その古石材を用いて作る，などといったことが多い。

結局そこにある庭石というものは，設計者の感覚で選んだものではないので，いろいろな問題も生じてくる。その石だけを使えば，設計図との狂いは出ないことは当然だが，石が限定されることによって，石組造形は極度に不自由になってしまう。

そこにある石が良材ならばまだ良いが，趣味の悪い石だとまず立派な石組にはならない。施主の中には，いわゆる石好きの人が居て，全国各地の石や，色の違った石を多く集めているような例が意外に多い。個々の石を楽しむのならばそれも結構だが，庭の石組ということになると，そのような石はまず使いものにならないと思った方がよい。

すでにある石だけでは，作者の個性を出すのは至極困難であるし，特にその庭の主石などは，作者の意図によって新たに買入れないと，まったくだらしのない石組になってしまうものである。

Bは，作庭者が設計図面を書く前に石を選びに行き，それに基づいて設計を行うやり方である。

これならば，作者が自身の感覚で石を買入れるのだから問題はなく，設計図も大体に出来上がりと同じになるはずである。

作者が漠然と石を選ぶのではなく，現場のイメージを練り上げた上で石を選ぶならば，無駄もなく理想的といえる。

また，現在では石材が昔ほど豊富とはいえないから，このように前もって作者が好みの石を選んでおくことも必要になってくるのである。

しかしながら現在の作庭の進行過程を考えてみると，まず作者が施主に対して設計図を示して説明し，次に見積り書を提出して契約が成立しなければ一切の工事には着手しないのが原則である。

したがって，よほど作者を信用しているか，また理解の深い施主でない限り，図面を書く前に石選びをするのは不可能ということになってしまう。

大きな造園会社ならば，良い庭石を前もって大量に用意しておくこともできるが，その石が必ずしも新たな作庭用に適しているとはいえない。別の庭に良材を使ってしまうこともあるはずだから，ここでいう図面を書く前の石選びとは，多少条件が異なってくるといわなければならない。

Cの方法が，現在でも最も普通だといえる。しかし，この場合に先のような疑問もでてくることになる。

たしかに，作者が設計図においていかに立派な石組を描いたとしても，それと同じ石が手に入ることはまずないといえる。

だが，庭園における設計図というものは，あくまでも作者の意図を整理する造形の下地であって，そのままに作って立派な造形ができるというものではない。

図面というものは，造形のある一面しか表現できないものであって，石組の重なり，奥行，変化，さらには迫力などというものは，とうてい図に描くことは不可能である。

だから，たとえ図面そのままの石が入手できたとしても，それで立派な石組になるとは限らない。

大切なのは，図面よりもむしろ自分のイメージに近い石を苦心して探し出す作者の努力であって，この点を妥協しては決してよい石組は生まれない。なじみの材料屋(庭石屋)に電話をして適当に石を持ってこさせる，というような態度は問題外といわねばならない。

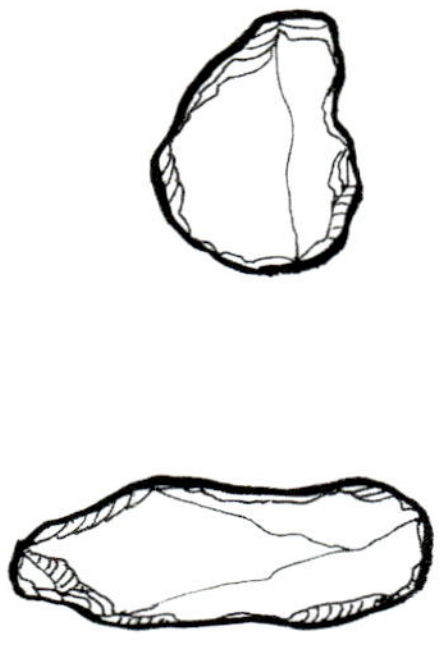

庭石平面図２例
Top view of stones

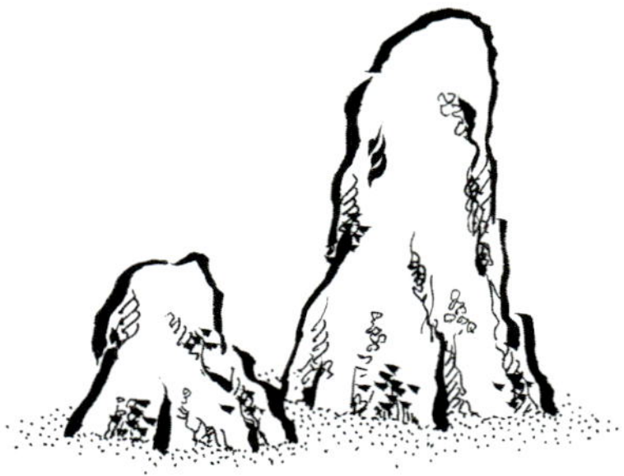

庭石立体図２例
Head-on view of stones

少なくとも自分で石を吟味するため，産地まで足を延ばす位のことは当然と考えるべきである。そこまでの予算がない場合でも，一軒の庭石屋にない場合には，何軒も歩いて探す位の心がけがないと立派な庭はできない。

日本庭園の主体が石組である以上，作者が意図に合った石を入手できた時点において，すでに作庭の半分以上は完成しているのと同じことである。

著者も自分の作庭において，他の石は決ったが，どうしても主石の一石にテーマに合った気に入ったものがなく，苦心してその石を探し歩いた結果，実に見事な主石を入手できて大いに嬉しく思った経験がある。やはり労力は惜しんではならないと痛感したことであった。

また，それと反対で，ある程度妥協して，まあこの位の石でよいだろうと買入れ，いざ組んでみると案外平凡な石組しかできなかった，ということもある。

石組は，設計図以上に立派に仕上がる位でないと本物とはいえないようだ。

次に，設計図にどのようにして石組を記入するかという，根本的な点について少々解説を加えてみよう。

庭園の場合，設計図で最も重要なのは平面図（プラン）であるといってよい。

平面図は，まず正確に敷地を計り出し（平板測量を原則とする）それに対して地割りの線を入れていく。

地割りは，建物や出入口の位置に合わせて庭の正面を決め，池泉の線や築山の形，主要造形物の配置などを描き出す作業である。

枯流式枯山水・十七石組の庭

平面設計図

Ground plan of a dry-riverbed landscape garden

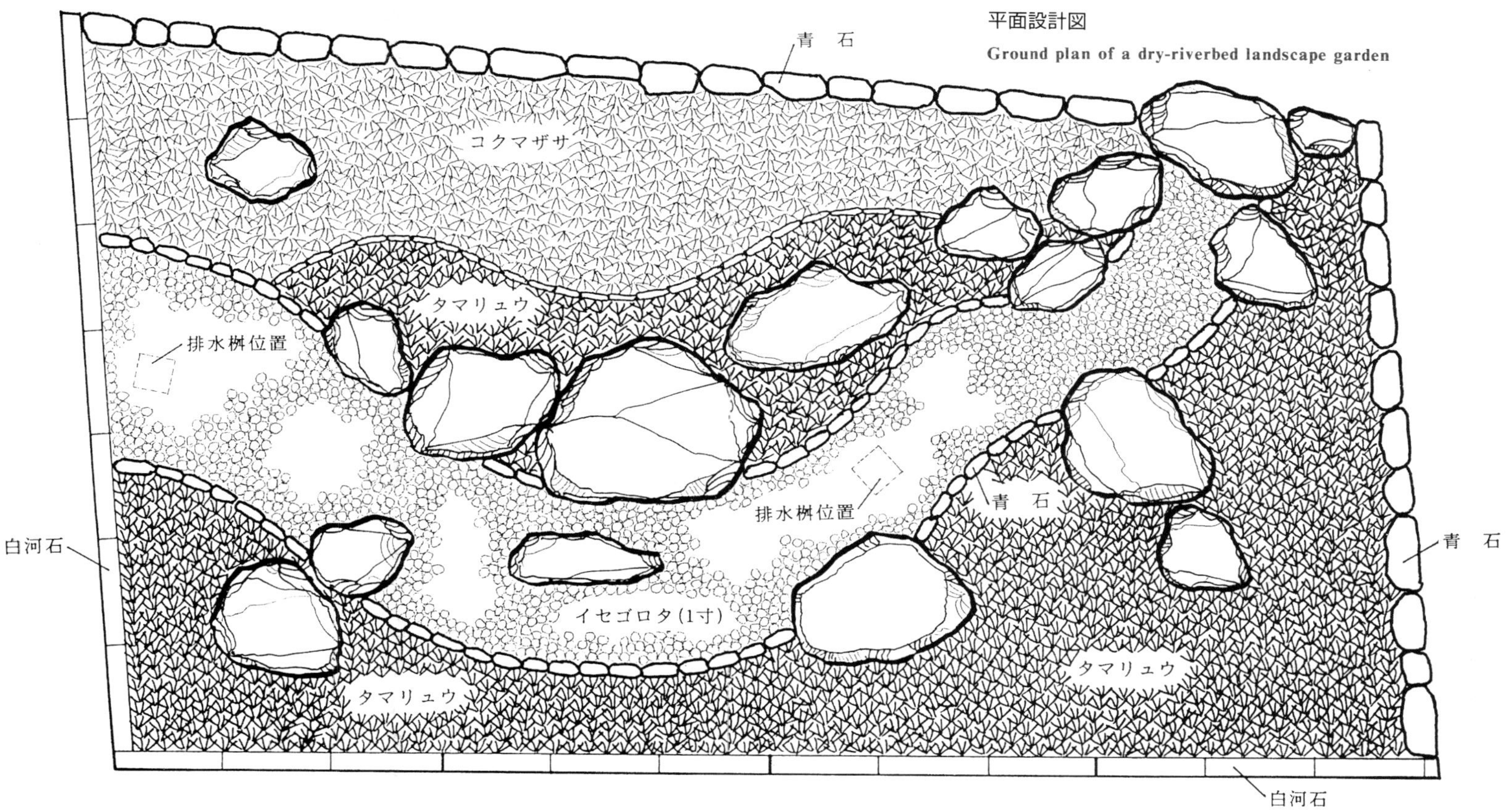

同・透視図

Perspective drawing of the same garden

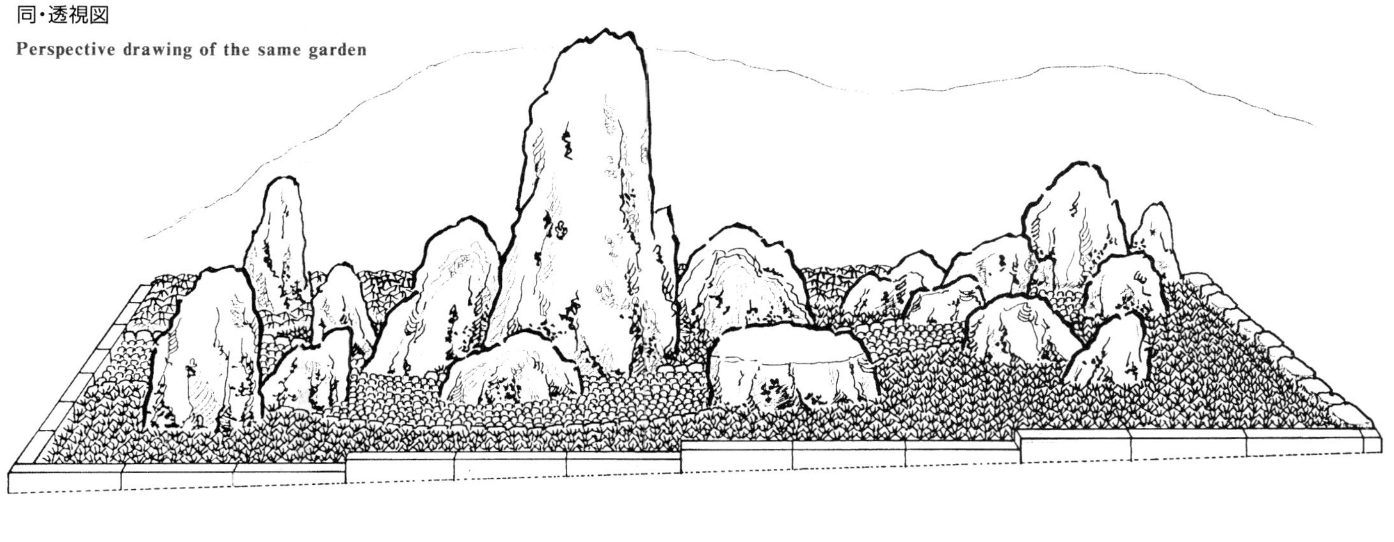

これに対して石組を記入する場合は，まず庭の中心となる主景や，どうしても必要な石組から書き入れるべきである。

それは，庭の正面に用いる主石や，滝石組などであり，池泉の場合は護岸石組も重要である。

このように平面図に石組を記入するとき，最も注意すべきことは，その大きさ(特に横幅)などを正確に出すことである。

下書きには方眼紙を用いるのがよいが，縮尺100分の1の地割図に，幅2センチの石を書き入れると，それは幅2メートルの石ということになり，こんな巨石は通常ほとんど使うことは無理と思った方がよい。実際に使えないような大きな石を記入しても，それでは平面図のバランスを崩すだけで，他の石組にも影響を与えてしまう。平面図とはいっても，完成した時の石の大きさや形を想定して石を書き入れないと，後の見積りの時に狂いが生じてくるものである。

次に，石組で大変に重視しなければならないことがある。それは，石組は石を組み形を作るということの他に，庭の空間を作っていくという大切な一面があるということである。

だから，平面図における石組配置のバランスは特に重要で，これは図の上で十分過ぎる位に練り上げておかねばならない。

石の大小のバランス，主要な石をどこに組むか，あるいは岩島のように池泉空間を引き締める配石など，まことに大切で庭の美を決定してしまうといっても過言ではない。

平面図が完成すると，次にそれを基本として立体図(パース)を描いてみることも重要である。平面図を立体図にするには少々技術が必要だが，方眼を基準にして描けばそうむずかしくはない。

立体図は施工の基本となる図ではないが，平面図に記入した石組を実際にどんな感覚に組んだらよいかという作者の心づもりとなる。主石の高さなども，これによってある程度決定することができる。

また，バランスのよい平面図は，必ずよい立体図になるものであって，立体図で石組がさびしく感じられるような場合は，石組の数が不足している証拠でもある。

立体図は，施主に作者の意図や，庭の大体の完成状態を理解してもらうためにもまことに有意義である。平面図だけで庭の感覚をつかめる施主はほとんどないといってよいから，立体図はより美しく，詳細に描かねばならない。

簡単な見取図のようなものでは，いくら平面図が立派なものでも，見すぼらしく思われてしまうから注意すべきであろう。

ついでに，平面図，立体図への石組の描き方について，そのコツを述べておくことにする。

まず平面図であるが，下書きによって大体の大きさを決め，それを正式な図面に写すことになる。この時，石の輪郭線の入れ方が重要で，あまり細い線では石組が引き立たないし，反対に太すぎても重い感じがして図面が見にくいものになってしまう。

石の輪郭線は適度に太目の線が好ましい(この点は100分ノ1図，50分ノ1図によっても変ってくる)。

輪郭線を入れても，それだけでは石組の感じは出ない。そこで次に，石の内部に線を入れて，石らしい平面にする必要がある。その方法は，人により好みによっていろいろだが，基本としては，あっさりと表現するのがよい。

著者は，太目の石の輪郭線に対しては，なるべく細い線を入れた方が引き立つと考えている。輪郭線が0.7ミリ程であれば，内部の線は0.1ミリ位が望ましいと思う。

筆記具は鉛筆でもよいが，それ以外では製図用のペン，あるいはロットリングのようなものでもよい。内部の線は，後者の0.1ミリのものなどが便利である。

立体図の石組も，原則としては上と同じだが，描き方には少々技法が必要である。輪郭線は太目がよいが，一定の線ではなく，線に強弱をつけることと，適度に線を切りつぐと味わいのある石となる。その点で筆記具は，ペンかあるいは筆がよい。

内部にも少し太い線を入れ，特に石の根に変化をつけることが，立体図の最も大切な描き方となる。さらに，そこに細い線を加えていくのであるが，このあたりになると各人の好みであるから，どのような方法がよいとはいえない(著者の技法は他にも本書にいろいろ図を入れているので，そちらを参考にしていただければ幸いである)。

Making Design Drawings

(Pages 68–70)

I am often asked how design drawings can be prepared for stone arrangements when stone arrangements are made up of unprocessed stones whose shapes are not known in advance. The easiest way around this problem is for the garden designer to use only stones that the owner of the land has already procured or that belong to existing arrangements that can be dismantled. This does, of course, limit the design possibilities and the designer's creativity, and will likely result in mediocre arrangements.

A second method is for the garden designer to procure the desired stones and make design drawings from these. However, while this removes any limitations on the designer's creativity, it may turn out that the owner will not approve of the stones and design, in which case the designer will not be able to recoup the purchase price of the stones.

The remaining method is the one most commonly used: the designer makes drawings, gets approval from the owner, and tries to find stones that fit the design. The problems here are that it may be difficult to find appropriate stones and that once stones are found, the actual arrangement may not look as good as the drawing. Insofar as possible, the designer should visit as many stone suppliers as possible to find optimal stones.

The most important drawing is the ground plan, which is a ground view of the arrangement (see illustration) based on a plane survey. A ground plan is indispensable in previewing the balance within the stone arrangement. The basic outline of ponds and built-up hills are drawn first, followed by the stones of the arrangement. Use fairly thick lines for the outlines of the stones and fine lines for the inner contours. Next, a perspective drawing should be made, to give an idea of how the arrangement will actually look head on, and also to secure the garden owner's approval for the layout.

石の選定

石の買い方

庭石というものは，前項でも述べたように，あくまでも設計図に基づいて買入するのが原則であるが，ここでは一般論として，どのような方法で，どんな石を入手するのが理想的かを述べてみよう。

まずその第一歩として，施主や作者の好みによって，どのような種類の石を使うのか決定する必要がある。当然それによって買入場所も違ってくる。

石の種類は，まず青石系，花崗岩の錆石系，安山岩の錆石系というように決め，たとえば青石ならば，阿波石(徳島県産)，伊予石(愛媛県産)，三波石(群馬県産)，鮫川石(福島県産)などのいずれにするかを決定するのである。

この場合，特別の事情でもない限り，石質は統一するのが望ましい。最も慎むべきは，青や黒や赤といったように，色の違った石を混ぜることであって，これではとても日本庭園としての本当の味わいや美しさは出せないものである。

種類が決まると，次に実際の買入れということになる。それには大きく分けて，(1)産地買い，(2)問屋買い，(3)材料屋買い，などの区別があると考えてよい。そこで，次にそれぞれを分けて説明してみよう。

(1) 産地買い

それぞれの石の産地に直接出向いて石を選び買入れる方法が産地買いである。本場に行くのだから石も豊富であり，多数の中から選べるのは大きな利点である。

しかし，産地といってもいろいろな業者があり，山から石を出して積み上げて売っている小規模な業者から，街道に沿って多くの石を並べている大手の業者まである。

当然のことに，前者は安く，後者は高い。石を飾り並べているような業者は，その手間代や土地代までが石の値段に上乗せされているし，石の一つ一つに値を付けている場合も多い。

我々としては，石はトン計算で買うのが常識だから，一つ一つの石に値を付けているようなものは素人相手と考えた方が無難である。同じような石でも3倍以上も高いというような例はかなり多いものである。

また，初めてその地方に行って買入れるような場合は，知り合いの紹介など何らかの手段をもって行った方が絶対に有利である。トン当りいくら位いかも前もって調べておくと交渉の時に参考になろう。

産地の庭石屋でもどうしても気に入ったものが手に入らない時には，実際に石山を歩いて直接石を選び，それを出してもらうようなこともあるが，これだと当然少々割高になることは仕方がない。石が出し難い場所にあるときなどは，なおさらのことである。

産地買いは最も理想的ではあるが，ある程度トン数がまとまらないと，運賃などが高くつくことも出て来る。今はほとんどがトラック運送だから，４トン車１台とか，８トン車１台というように，きりのよい量で買入れるのが望ましい。

この場合，庭石の値段は必ず現場着の値で交渉するのが常識となっている。このように上手に買えば，他の方法よりもかえって安く買えることも少なくないのである。

(2) 問屋買い

産地の業者と連絡をとって，常に一定量の石をそろえているような庭石問屋から買う方法である。

東京周辺ならば，埼玉県や神奈川県などにこのような業者があり，かなりいろいろな種類の石を置いているから何かと便利なこともある。ただ，近年はあまり石が動かないという傾向もあって，こういう業者は少なくなっていることも事実である。

問屋にはいくら量があるからといっても，産地ほどではないから，そこだけで石が間に合うということは少ない。値段などにもかなり差のあることが多いから数軒を歩いてみることも大切だ。

(3) 材料屋買い

いろいろな庭園材料を扱っている業者から求める方法である。通常あまり種類や量はないから，運がよくないとよい石を入手することはなかなか難しい。特に，主石となるような石はこういう所ではさがしにくいし，大きな石も少ない。

しかし，ちょっとしたものが二，三石必要だ，などという時には便利である。当然のことに値は少々割高になるし，業者によってはトン売りをしないところもある。

大抵は近くの業者であるから，こちらの方からトラックを出したり，他の材料と共に求めるようにすべきであろう。

石の選び方

次に，石の選び方について少々述べてみよう。これはあくまでも原則論であって，作者の感覚がすべてであることはいうまでもないが，入門的な心得として次のようなことはよく頭に入れておくべきである。

まず，種類をなるべく統一することは前述の通りであるが，その他では，(イ)大きさ，(ロ)姿形，(ハ)色と目，(ニ)用途，などを十分に考えることが必要であろう。

(イ) 大きさ

図面上での石の大きさを十分に考えて選ぶことはまことに大切

である。もちろん，この大きさには，高さと幅の双方が含まれる。あまり大きいものばかりそろえても石組にはならないしトン数も増えてしまう。

主石の大きさが決まれば，後は適当に大小を混じえるようにしなければならない。沢山の石がある場所で石選びをすると，どうしても石は小さ目に見えてしまうものだが，現場に入れると意外に大きかったということもよくある。そんな失敗をしないためにも，必ず巻尺などを持参して，高さや幅などを当ってみることが大切である。

また，石は地中に埋める部分があるのだから，常に石の根を考えて大きさを見ることが重要である。地中に埋まる部分の多い石を選ぶのは最も非能率である（石は地中に多く入った方がよいというのは石組の迷信中の迷信である）。3分の1以上地中に入るような石は求めるべきでない。

（ロ） 姿形

前に，「石組の本質」のところでも述べたように，石組となる石は，あまり整い過ぎたものや，一石で飾り石になるようなものは好ましくない。

姿形というと，すぐに次に述べる色や石目を考えてしまう人が少なくないが，それよりもまず形，特に石の線を十分に見ることが大切である。石はこの線が命であるといっても過言ではないのである。

たとえば，雪舟などの描くあのするどい水墨画の山々などは，まず線が躍動して生きているからこそ，私達を感動させる神秘感が画面から伝わってくるのである。形，すなわち線こそが最も重視されるべきである。このあたりを理解している人は案外少ない。すぐに石の面などを見て，正面を決めたがる作庭家が多いのだが，その場合，色や石目が主で，形が従となっていることに気付かねばならない。

しかし，石の線を見るのはなかなか難しい。石選びの時，すべての石が都合よく起きていてはくれないからである。

むしろ，山積みにされたような中から選ぶ場合の方が多いから，見える部分だけ見ても本当にその石を見たことにはならないのである。小さな石ならば立てて見ることも可能だが，重量のある石ではそうはいかない。だから，できる限りいろいろな方向から見て，良し悪しを決める。

どちらを上にして，どの面を正面とするか，それをこの段階で判断するのには，ある程度の経験が必要である。

また，石の中でも，青石系の石のように，形が見やすくまた正面が決めやすい石はよいが，花崗岩や安山岩系の山石のように，多角的な面を持っている石は非常に扱い難い。それだけに石選びも大変ということになる。

（ハ） 色と目

石の色，そして目も石選びでは考慮に入れなければならない。線もよく，さらに色も目もよい石ならば申し分ないことになる。

目というのは，石目のことで，石の表面に入っている層となった線である。石によってこの目の際立ったものから，あまり見えないものもある。青石系の石は特にこの石目が美しく尊重される。ただしこの目は，石に対して縦に入るか，横に入るかで据え方も違ってくる。

たとえば，立石にしようとする石に横目では，どうしても景にならない。また，低い横石に縦目というのもあまり感心できない。そのあたりを十分に見極めることが大切である。

しかし，いくら色や目が良いといっても，石の線が平凡ではどうにもならない。著者自身は，いくら色や目がよくても，裏の方がよい形，すなわちよい線を持っている場合は，必ずそちらを正面にしてしまう。それが正しい石の扱い方と信ずる。

（ニ） 用途

いうまでもなく，石を選ぶ時，それはどこに使うつもりの石か十分に頭に入れておく必要がある。

滝を組むのならば，水落石にするもの，滝添石にするもの，中心石にするもの，遠山石にするものなど，それぞれの用途によって石の選び方も違ってこなければならない。

だから，石を選ぶ時には，ある程度石組造形のイメージが頭に入っていないと，いたずらに迷ったり，後で使えない石が出て来たりしてしまう。そのためにも，図面の段階でしっかりと造形をまとめておくことが必要であり，立体図は特に注意深く描くことが大切なのである。

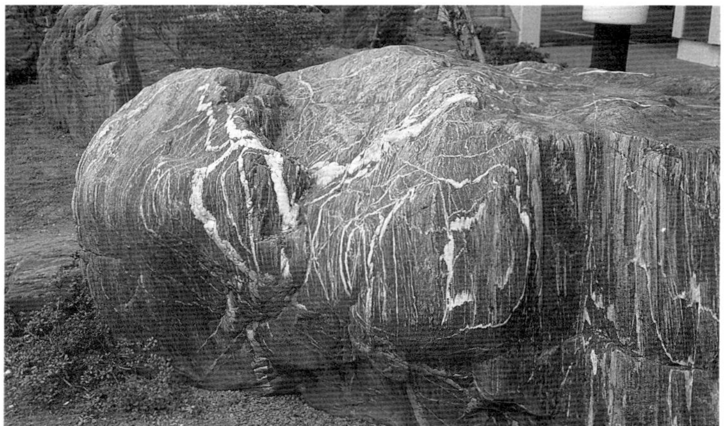

写真62　天然の川の流れに洗われた三波青石。多数の石目の白線が特色。
62. ***Sanba*** **blue stone taken from a river**

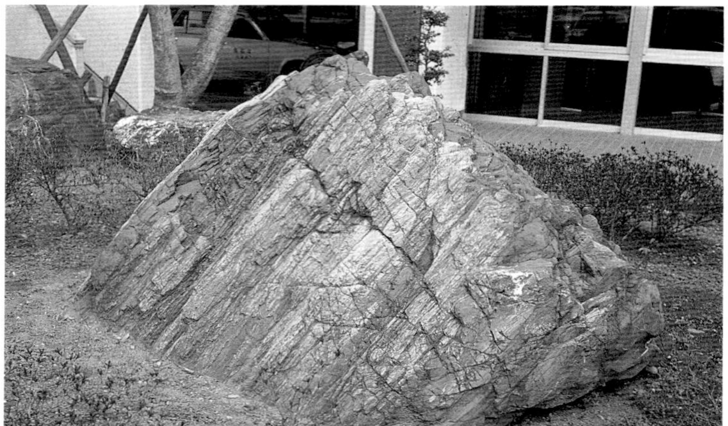

写真63　三波赤石の山形石。同じ三波石でも様々な色調がある。
63. Mountain-shaped ***sanba*** **red stone**

参考

この項の最後に，庭石について一つ注意すべきことを述べておきたい。それは，近年自然のままの石が次第に少なくなってきた結果，人工的に手を加えた石が庭石としてかなり出まわってきていることである。

すでに，現在使われている庭石のかなりのものが，そういう石になってきている。

それには大体二通りのものがあって，山から掘り出した角の強過ぎる石に，強力なジェット水流を当てることによって角をとり，自然に風化した石に見せる方法と，そのような石を大きな鉄のドラムに入れて回転させ，石をこすり合わせることによって角をとる方法である。

現在は多く後者が用いられており，それが天然の石として売られていることもある。しかし，このような石は，表面に多くの傷が付いているから，青石の場合など白っぽくなっており，またあまりにも角がとれ過ぎて丸くなっているものが多いので，よく見ればすぐに分かるものである。

しかし素人には，水をかけて良い色に見せ，天然のものとして売る庭石業者もあると聞いている。

これらの石は値が安いので，作庭に使うことも多くなっているのであるが，一見してそれと分かるような石を使うのは賛成できない。

自然石が不足して，高価になっている現在であるから，このような方法も必要であろうが，これも石質などを十分に考えて適度に角をとらないと，いかにも作った石という感覚になってしまうものである。

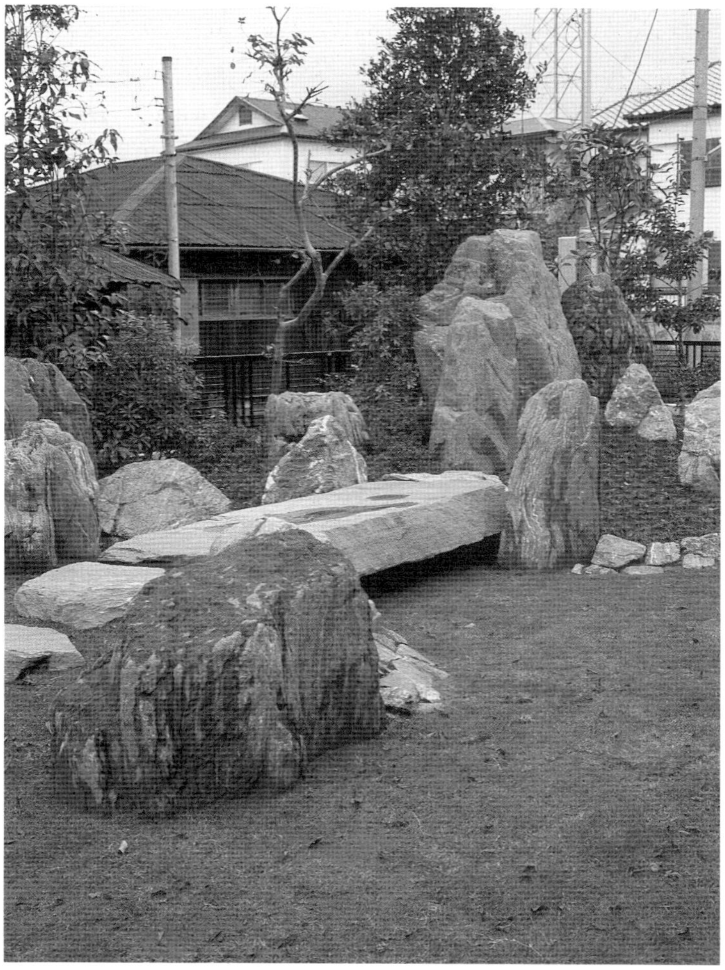

写真64　人工的にジェット水流加工をほどこした三波石を用いた石組実例。

64. Stone arrangement of *sanba* stones whose lines were created by a mechanical jet spray

Selecting Stones

(Pages 71–73)

The first rule in selecting stones for a given arrangement is to attempt to find stones that are similar in color and other characteristics. In general, choose stones that fit the purpose, be it a waterfall arrangement, distant-mountain stone, or whatever.

Size: Select stones according to the scale of your drawings; bring a tape measure with you when you go shopping. Be aware that stones that look small among the many stones in a wholesaler's lot can look unexpectedly large in a garden. When measuring the height, take into account that part of the base will be underground.

Shape: Avoid stones that are too even or plain or that will come across as merely decorative. Look at the lines of a stone as well as its overall shape.

Color and texture: The color and texture (grain) of stones for a given arrangement should be similar. Avoid ineffective combinations of stone size and texture, such as a tall, standing stone with a horizontal grain.

Finally, it should be noted that stones processed in some way are often sold as "natural" stones. The usual method of processing stones to make them appear natural is to roll them in a large metal drum to remove sharp protuberances; a less common method is to spray them with water. Although the high cost of true natural stone may make it necessary for a designer to use such processed stones, examine these stones carefully, as stones processed by the first method often have numerous scratches.

石組の考え方

「石は一体どのように組んだらよいのか」それが施工者，特にこの仕事に入って間もない人にとっては最も知りたいことであると思う。

また，一般の愛庭家からも，「石の組み方には難しい秘伝があるのでしょう？」というような質問をよく受ける。

しかし，この問題の解答は実にハッキリしている。結論から先にいえば，「こう組むべきだ」などという規則は一切ないのである。あくまでも作者が自由に組めばよい。

作者が美的センスや独自の創作にものをいわせて，その庭園に合わせて臨機応変に組むのが一番である。それが芸術というものの本質であるからだ。

前にも述べた江戸時代の秘伝書などは，法則的なことをやかましくいい，五ツ組を述べて『石組園生八重垣伝』に，

> …上略…五ツ組真の図伝といふは一組にして山水の風光おのづからあり，庭のかたちをなす事目前たり，何程大なる築山たりとも此姿より外に需る事なかるへし……

などとあるように，いかにももっともらしく記述しているが，その本質はかなりあやしげな御手本でしかない。このような説にとらわれていては，決して良い石組などは組めないと断言してよいと思う。あくまでも自由な創作ということが根本でなければならない。

しかしながら，以上述べた創作の自由ということには，非常に大切な一つの原則がある。

それは，勝手に組めということではなく，根底に日本庭園における石組の美学がなければならぬということである。

この石組美学を，作者が理解しているか否かが，良い石組になるか，つまらない石組に終るかの別れ道だといえる。

では，この石組美学はどのようにして学ぶのであろうか。これも回答はただ一つしかない。

それは，古来からの多くの優れた日本庭園から学ぶべきであり，その研究からしか石組美学は成立してこないのである。

古庭園における石組は，ほとんど例外なく近世の作品よりも優れている。その美しさの原点は人々の心の問題でもあるから，現代の我々にはとても及ばない豊かな古人の心が，幾多の傑作を生んだともいえるのである。

多くの芸術作品が，むしろ文明の進歩と反比例することはすでに実証されている。それだからこそ，今日の我々は古人の優れた作品を十二分に研究し，新しい現代の石組美学を確立していかなければならないと思う。

現代の作庭者の多くに共通していえることは，目前の創作活動や，あるいは職業的作庭にとらわれてしまう結果，そのような傑出した古庭園の研究をほとんど無視していることであろう。まったくそのような研究には興味を示さない業者も少なくないのである。

また古くからの伝統ある業者であっても，例の秘伝書の類を重視したり，自分の家の流儀に固執したりする者が多く，もっと深く本格的な勉強をしようとする者は少ない。しかし，そのようなことでは本当の石組は理解できない。

どのような職業にしても，その道でまともな仕事をしようとすれば，その裏には大変な努力研究が必要となる。特に芸術的な作品を残す者は，研究こそが生命であるといってもよい。

日本庭園であっても，それは決して例外ではない。伝統的な芸術は護るだけでは決して発展しない。それをさらに未来に向けて前進させて行く努力が何よりも大切である。

しかし，そのような発展の基礎として，伝統的な作品を十分に研究し自分のものにしておかなければ，いくら創作といっても実際は砂上の楼閣である。日本庭園とは何か，石組の美とはどういうものか，その回答は優れた古庭園の中にしかないことを，ここでもう一度強調しておきたい。

本書は，著者がこれまでに多くの古庭園を調査して，そこから学んできた石組の基本論を述べることに大きな目的がある。しかし，それはもう少し後のこととして，ここでは総合的な立場から，石組を行う場合の考え方，注意点といったことを述べておきたいと思う。

これから記すことは，著者の考える石組の十二ヵ条とでもいうべきものである。

1．石組と庭全体を調和させること

日本庭園において，石組はその主体というべき重要な存在であるが，しかし庭は決してそれだけで成立するものではない。

他の素材，たとえば土，水，樹木，砂，芝，苔，また構造物としての竹垣や石燈籠などが石組に対して附属してくる以上，それらと石組との調和はまことに大切な問題になってくる。

さらに，庭園敷地や周囲の環境，建物などとの調和も十分に考える必要がある。

石組だけが，他の景色と遊離しているような庭は，それ自体すでに失敗作といわなければならない。

2．平面空間の美に注意をはらうこと

石組というと，どうしても立体的な造形を最初に頭に描いてしまうものであるが，実は石組造形の最も重要な問題点は平面構成にある。どのような石組であっても，まず平面的な石組配置が優れていなければ決して立派な作とはならない。

また，石組というものは，石を組むということだけではなしに，それを組むことによって，庭園に美しい空間を作っていく意味があることも，特に注意しなければならない。

有名な龍安寺庭園の美しさは，十五石の石組によって創造された白砂空間の深い味わいにある，ということにも気付かねばなら

ないのである。
さらに，水面に組まれた岩島が，いかに周囲の水面空間を引き締めているか，ということも，深く見つめてほしいと思う。
以上はもちろんほんの一例であって，いかなる石組であっても，この平面空間を無視しては決して立派に組めないということを，特に心に銘記すべきである。

3．石組全体のバランスをとること

これは庭園の石組にとってまことに重要なことで，庭の大小にかかわらず，全体のバランスがとれているということは美の大切な基本である。
よく地方の庭園などに見られる傾向で，庭の正面に大きく滝石組を行うような例があるが，その滝だけが石組としての主体となり，他にそれに対する石組造形がないような作が案外多いのである。主石の附近だけが立派で，他は弱々しいというのでは，石組としての価値はない。
多くの石を組んだとしても，その中に適度にポイントとなる石が配置され，全体が景として一つのまとまりを持っていることが，良い石組の条件である。
このことは，また逆に考えれば，石組の中に無駄をなくすということでもある。どんなに小さな石を組んでも，その石は立派に造形的存在価値を持っていなければならないのである。
石があまったから適当に据えておくというような考え方では，かえってその石を組んだことによって庭のバランスを崩す結果になってしまう。

4．石に大小，強弱の変化をつけること

立体造形は，石組の一つの生命といってもよい。その良し悪しが石組の美を決定してしまう。
しかし立体といっても，似たような形の石や，同じような大きさの石を組んでも，決して味わい深い石組にはならない。
そのような平凡な石組にしないことが何といっても石組の基本である。そのためには，石の大小の変化に注意し，その表現の強弱によって，より傑出した石組とするよう努力しなければならない。これには，当然，立石，横石，伏石などの使い分けも必要になってくる。
設計や石選びの段階で，これらをしっかりと頭に入れておかないと，大きな石ばかり選んで失敗するということにもなりかねないものである。
石組の強弱ということは，本項で解説できるほど簡単なものではないが，多少は後の実際的な組み方の記載によって理解してもらえるのではないかと思う。

5．静，動の美を知ること

石を安定的に据える大きな原則は，石の根をしっかりと決めることである。根の決まった石組は堂々とした落着きを見せるものであって，これは静の美の基本といってもよい。
しかし，石を安定させ，静の美を見せることは，それほど困難なことではない。さらにそれを超えて，石に動きを加えることができるならば，石組は飛躍的に発展するはずである。
もちろん石は動くものではない。しかしその組み方によって石に勢いを出し，その結果動の造形とすることは十分可能なのである。古庭園の名作石組には，そのような実例が数多い。
そして，その動きを出す要素のうち，最も大切な働きをするのは斜石の存在である。斜石を石組中に十分生かすことができれば，石組造形を自分のものにしたといえるであろう。

6．主景の表現に工夫をこらすこと

平凡な石組になることを避けるためには，まず主景となる石組を非凡なものにするよう心掛けなくてはならない。
主景が思ったように組めたならば，その後の石組も必然的に良い方向に定まってくるものである。
だから，主景には十分時間をかけてよい。ある書には，「多少の欠陥があっても直観で可なりと信じた位置を定め，あまり手直ししない方がよい」などと記してあるが，著者はこの説には反対である。もちろん迷うのはよくないが，作者が納得する造形になるまで手直しすることはむしろ当然のことと信じている。直観だけでどんどん石組が行えるとしたら，それは余程の名手であるが，実際にはなかなかそうはいかないのが石組というものである。

7．模倣を避け，創作表現とすること

石組経験の少ない者は，その組み方に迷うあまり，知らず知らずのうちに，どこかの庭にある石組の模倣になってしまうことがかなり多いようである。
しかし，たとえ名園などの部分的な石組をまねたとしても，それはあくまでも形だけの模倣に過ぎない。最も大切な作者の感覚や精神というものが抜けてしまっているから，同じような美はとても望めない。
ましてや，同じ形の石を入手することは不可能なのだから，作者はむしろ入手した石の形を十二分に生かした創作表現に努力すべきである。
経験を積めば，主石を据えると次にどのような添石が良いかということが自然に浮かんでくるものである。『作庭記』に，「石をたてんには，まつおも石のかとあるをひとつ立おおせて，次々のいしをは，その石のこはんにしたかひて立へき也」とあるのは，まず主石を組み，次にはその主石の要求(乞はん)にしたがって組むべきだ，といっているのである。
この主石の要求ということは，すなわち作者の感覚を意味しているのである。それは，あくまでも作者の創作力を根本としていることを十分に理解しなければならない。

8．正面を意識しすぎぬこと

古庭園でも，特に名園というにふさわしい江戸初期以前の庭園では，その石組にほとんど裏というものが感じられない。
庭園である以上，造形の中心としての正面があることは当然であるが，傑出した石組というものは，どのような角度から見たとしても優れた感覚を失わないものである。
それは，まさかこんな角度からは観賞はしないだろうというような裏の裏から見た場合でも，驚くほどの美しさを示していることが多い。それだけ昔の作庭者は，全精神を投入してゆるぎない美を創造しているのである。
近年の多くの石組の欠点は，あまりにもこの正面というものを

意識して，それにとらわれてしまうことである。正面の造形を作りすぎ，石の面をすべて正面に集中するように組んでしまうと，その造形は飾り物的になり，他の方向から見るとまるでたよりない石組になってしまうことが多いものである。

さらに，そのような点に注意して，どの角度から見ても美しいように組んだ場合でも，やはり正面を強く意識すると，どうしても正面がまとまりすぎてしまう傾向が出てくる。そんな時は，かえって正面をややはずれた位置の方が，生々とした石の躍動を感じさせるものである。

そのようなところが石組の難しさであって，全体のまとまりは非常に大切なことであっても，まとまりすぎはかえって面白味に欠けるという結果になる。そんな時，意識的にアンバランスに用いることも，高度な感覚ではあるが，まことに重要な石組技術ということができる。

これを理解するためには，やはり石組美学というものをじっくりと研究しなければならない。

9．造形と施工が一体であること

石組の美は，造形面だけではなく，そこに優れた施工技術という裏付けがなくては完成されない。最近の石組傾向を見ると，造形が勝っていて施工が貧弱であったり，その反対に施工の都合によって造形が左右されているような実例を見ることがかなり多い。これではとても良い石組とはいえないのである。

傑出した石組は，造形と施工とが無理なく一体となっているものであって，しかも優秀な施工技術はかえって表面に出ていないものである。だから，一見すると無雑作であり，自由自在に石を組んだようでも，その裏には非常に合理的な考え抜かれた技術が秘められている。それが無技巧の技巧であり，造形を最大に生かす施工技術ということができる。

このような造形と施工の一体化は，優れた作者と，その作者をよく理解した技術者との息が合ってこそはじめて可能であって，今日よく見られるような，下請け方式を主とする作庭システムでは，まず望めないことであるといえよう。

10．素材の選択に誤りのないこと

このことは前にも述べたが，いかに努力して石組を行ったとしても，それを構成する素材自体が，下手趣味で反芸術的なものであっては，良い石組とすることは到底不可能である。

そのあたりの素材の選択眼というものがまことに重要であって，それを選ぶ作業において，石組の半分は終了したも同然ということができる。したがって，常々よい感覚の石とはどういうものかという研究を十分に積んでおかねばならない。

11．石は線を最も重視すること

前の「石の選定」の所で詳しく述べたことであるが，大切な点なのでもう一度ここで解説しておく。

通常石の良し悪しは，その表面の美しさ，石目，色などで決定されることが多い。しかし，それは二次的なことで，最も重視すべきなのは全体の形，すなわち石の線である。

石組というものは，一石々々の観賞ではなく，総合的な組み合わせの美であるし，ある程度の距離をおいて観賞するものだから，一番目立つのがこの線ということになる。

だから，石組は石の線をどのように表現するかというところに，最大の目的があるといってよい。

いくら石の表面が美しくても，この線が平凡であり，また弱いものは，決して立派な石組とはならない。単なる石の愛好や盆石ならばそれでもよいのかも知れないが，日本庭園における石組はそうでないことを十分に認識しておく必要があろう。

線というものは，弱い線はどの部分も弱いものだが，強い線は部分的にも強さを持っているものである。

石組は，石を組み合わせて行くのだから，ある意味では線を部分的に見るように組むのである。それだけに，その部分の強さということが最も重要になってくる。

そして，どのような線が強い線かということは，やはり古来の名作を数多く見て，そこから学びとる以外に方法はない。

それは石組に限らず，絵画でも書でも彫刻でも，すべて原則は同じであるから，その気さえあれば多くのものから学ぶことができるはずである。

12．生命力，底力を理解すること

いかなる造形芸術においても共通していえることは，その作品自体に力強い生命力が秘められていなければ，決して傑出した作品にはならないということである。

石組も，ただ単なる庭の飾りものではない以上，そこに作者の生命力や精神というものが移入されていなければならない。

古庭園の石組には，そのような生命力と，底力があふれており，それが私達を感動させるのである。

強さということは，芸術的にいうと立派さを意味し，弱さとは貧弱を意味する。もちろん，この強さも表面的なものではなく，内面的なものであることが原則で，時には優雅さに包まれ，また時には内面の強さがそのまま外に出ることもある。

そして，この強さが失われた時，すべての芸術は堕落への道をたどり始めるものである。

Philosophy of Stone Arrangements

(Pages 74–76)

Beginning stone arrangers often ask if there is a particular method—any trick—for arranging stones well. The answer is no; one is free to be as creative as one wants, as long as the result is beautiful and in line with the basic principles of traditional Japanese gardening. The latter are best learned by visiting as many gardens as possible and studying good examples of stone arrangements in them, a potential learning experience that, unfortunately, seems to be ignored by many contemporary garden designers.

The following are twelve principles that should help lead to successful stone arrangements.

1. Make sure stone arrangements harmonize with the garden. Although stone arrangements are the prime features of Japanese gardens, they should not overpower the trees, water, moss, and other garden elements. The arrangements should also harmonize with surrounding buildings and physical features.

2. Be careful how the arrangements are laid out on the ground. In addition to working out how the stones will appear in relation to one another from a head-on view, make sure that they are spaced properly on the ground. (A somewhat extreme, but effective, example of spacing is the famous fifteen-stone arrangement at Ryoan-ji temple in Kyoto.)

3. Strive for balance within an arrangement. For example, don't let the main stone of an arrangement become so prominent that an accessory stones become virtually invisible.

4. Vary stone size, shape, and positioning.

5. Strive for both stability and movement. Achieving stability is relatively easy; it requires determining how the stone is to be planted into the ground. It is more difficult to create a sense of movement. This is usually done by setting stones at an angle.

6. Make sure a garden's main stone arrangement is a good one. This will upgrade the garden overall, even if some of the other arrangements are ordinary.

7. Avoid imitating existing arrangements; be creative. There is no point in imitating other arrangements, since it is impossible to find stones of the same shape. With experience, selecting and positioning accessory stones will come naturally once the main stone is in place.

8. Avoid overemphasizing the "front" view of a stone arrangement. With many early stone arrangements in well-known gardens it is almost impossible to tell where the "front" of the arrangement is, and this is how it should be. Nowadays, however, designers often place too much emphasis on the view of the arrangement from a particular direction, with the result that any other view of the arrangement is disappointing. While an arrangement may have a "front" view, effort should be made to ensure that all views are pleasing, even if some of the appeal of the main view has to be sacrificed.

9. Form and construction technique should work together.

10. Choose materials carefully.

11. A stone's lines are its most important property. The basic form of the stone and its lines are more important to the final arrangement than such factors as color and texture, since the overall form is what is noticed most when an arrangement is viewed from normal distances.

12. The creative spirit of the designer should be manifest in the stone.

石の名称分類と形態図

名称分類

石組を説明するには，個々の石の形をまず表現する必要がある。ところが，これまでその名称が実に種々雑多で，個人によっていい方も分類も異なっているのが実情である。

対象が自然石だから無理もないという人もあるが，やはりこのようなことを曖昧にしておくのはよくない。

そこで完全とはいえないが，著者なりに分類を試みたので，まずこれを理解していただきたいと思う。

1．高さによる分類

最も一般的に使われるのが，この石の高さによる名称分類で，これは石の形には関係しない。それには基本的に，立石，横石，伏石の区別があり，さらにそれが細分化される。

立石は，別に竪石とも書くことがあるが，古い表現なので今は普通に立石と書く。これは，リッセキと読むべきである。

立石は，正面から見た時，石の幅よりも高さの方が長い石と考えてよいが，幅より高さが低くても立石に見える場合もあることに注意しなければならない。立石には次のような種類がある。

立　石
- 極長立石
- 長立石
- 中立石
- 短立石

極長立石は，最も細長い立石で，高さを10とした場合，幅が1～3までの比率の立石である。〔以下図表参照〕

長立石は，高さを10とした場合，幅が3以上で7までの比率の立石であり，立石の中では最も主要な石組としてよく用いられるものであるといってよい。中立石は，高さを10とした場合，幅が7以上で10までの比率の立石である。これに対して短立石は，高

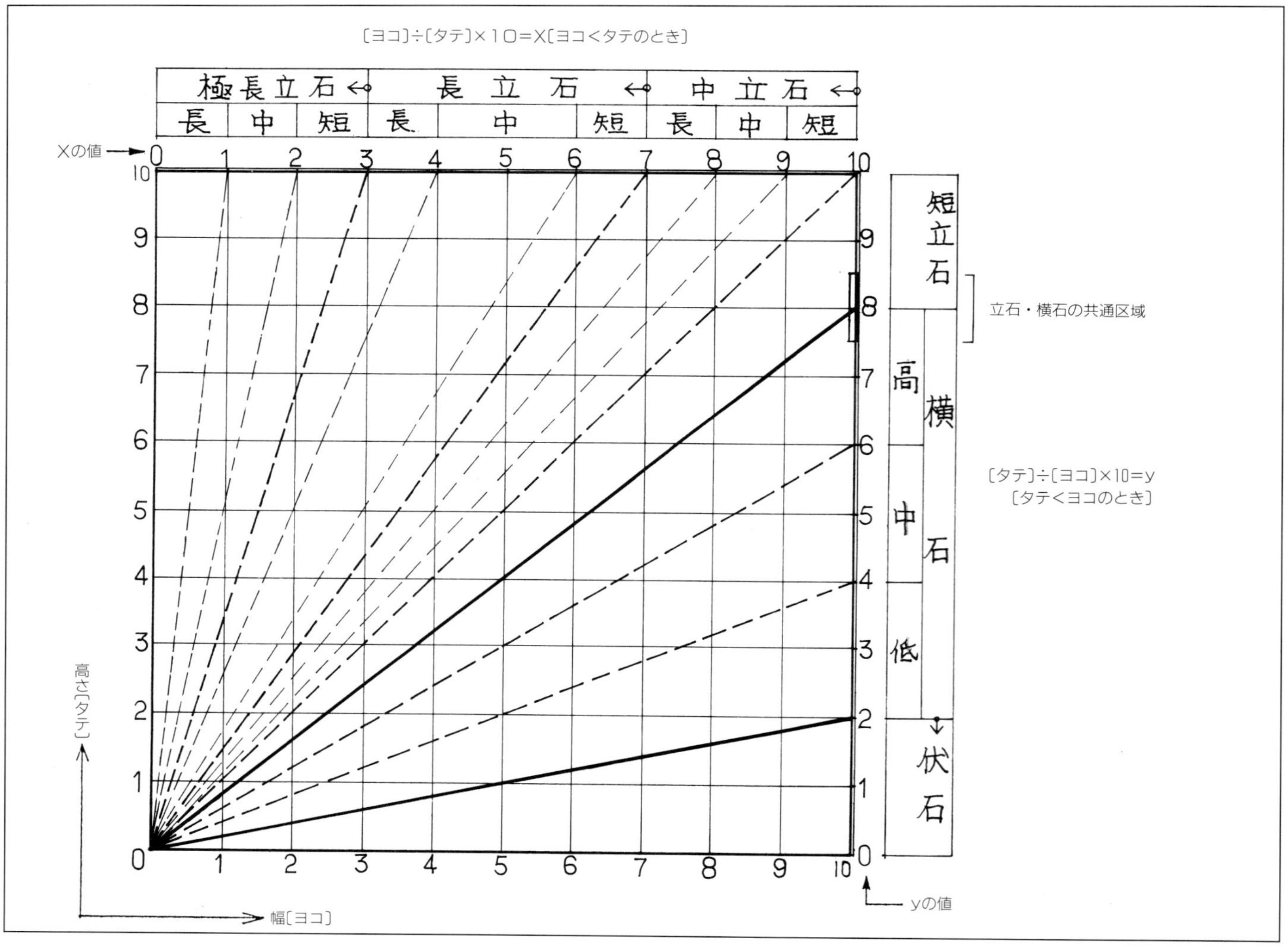

高さによる石の名称・参考図表

さよりも幅の方が広いが，それでいて立石に見えるもので，横幅を10とした場合，高さが８以上のものというのが基準となる。

横石は，原則として高さより幅の広い石であるが，そのすべてではなく，上に述べた短立石と，後に述べる伏石を除いた以外のものをいう。この横石をさらに分類すると次の三種に分けることができる。

横石
- 高横石
- 中横石
- 低横石

高横石は，横幅を10とした時，高さが８～６までの比率の石で，かなり高い感覚の横石ということになる。中横石は，横幅を10とした時，高さが６～４までの比率の石である。低横石は，横幅を10とした時，高さが４～２までの間の比率を示す石，ということになる。

伏石は，地面に伏しているような石で，幅に対してほとんど高さのない石の総称である。横幅を10とした場合，高さが２以下の比率の石と考えてよい。

※以上記した比率の数値は，研究的に理論化して示したものだが，一般にはそれほど厳密に考えることはなく，感覚を主としてかまわない。ただし，石組を具体的に解説する時には，このような正しい表現も必要になってくるのである。

２．角度による分類

石に傾斜角度をつけることは，石組の中でも特に重要な要素であって，石組の美をにぎるポイントといってよい。

それは，大きく二つに分けられるのであって，角度をつけないものを**直石**，角度をつけるものを**斜石**という。表現としては通常，直石手法，斜石手法，のように使う。

斜石にはまた二種があり，それは

斜石
- 斜立石
- 斜横石

である。斜立石という語はごく普通に使われているが，斜横石はあまり用いない。それは例が少ないからだと思われるが，実際は目立たないだけで，案外実例はあるものである。そこで，斜横石という語も斜立石に対するものとして必要になってくるのである。

※なお，ある著名な造園関係者の書に，「初心の人は(石を)斜に立てない方がよい。立石も初心の人は斜に立てない方がよい。……」などとあるが，とんでもない説というべきである。これは，たとえば絵を描くのに斜線を使うな，という類のナンセンス論で，斜石がなければ石組は生きないのである。同じ書に，「石はなるべく臥せて使った方が見栄えがする。…」などともあるが，こういう誤った固定観念が，日本庭園を定型化して来たそもそもの原因であることを認識してほしい。むしろ初心の人には大いに斜石を実践してもらい，その効果や美しさを知ってもらいたいと思う。

３．形からの分類

石の形をいう分類名称は最も数が多い。しかし，これはかなり主観的なものであって，その人の考え方によって同じ石でも異なって呼ばれる性質のものである。

したがって，名称として統一するのは困難であるが，その中でも最も主観的なものは，ここでは取り上げないことにする。

それは，たとえば達磨に似ている“達磨石”とか，牛に似ている“臥牛石”などといったものである。このようなものは分類名称としてはふさわしくないことは明らかであろう。

形を表現する名称として最も妥当性のあるものは，山形石，方形石，柱形石，平天石，平石，丸石，段石，反石，板石などだ。

山形石は，文字通り山形をなす石であって，立石にも横石にもある形である。南画的な山と，北画的な山は形自体も違ってくるが，それらの総称と考えてよい。主石の他にも，遠山石や蓬莱石などに多く用いられている。

方形石は，石が全体として四角形，または長方形に近い形を見せるもので，直方体に近い形の石を“角石”という場合もある。強い感覚の石となるので，用い方は少々難しいが，それを生かせば思わぬ美を創造することができる。

柱形石は，柱のような形をした石の総称である。方柱形でも円柱形でも，下部と上部の幅があまり変らず，上面も平天に近いような石をいう。立石の一種であることはいうまでもない。

平天石は，どのような形の石であっても，上部が平らな石を総称するのである。だから，立石，横石，伏石のいずれであっても平天石はあるわけである。

平石は，本来は平天石の一種であるが，特別に扱われる場合が多いのでここに加えておくことにした。平石というと，伏石の平天石を指すのであって，江戸時代の庭では，礼拝石に多用され，また飛石の一部にも用いられている。

丸石は，全体に角がとれて丸い形となった川石系の石で，玉石という人もある。特別な例以外は石組に使われることは少ない。主に石積みなどに用いる他，飛石として打たれることが多い。

段石は，石自体の形が段になっているもので，通常は二段となるものが多い。立石，横石，伏石のどれにでもある形であるが，使われるものは横石や伏石が主となる。茶庭の役石として重視される刀掛石には，特にこの段石(二段石)が好まれる。

反石は，石が全体的に反りかえった形のもので，扱い難い面もあるが，また組み方によっては非常に面白い効果を出すことができる。立石の反石は特に用途が広いものである。

板石は，板のように厚味の少ない石の総称で，石組中に変化を出す素材として貴重である。また形によっては滝の水落石や石橋，あるいは敷石や飛石材としても用途が広い。石質によって，特に緑泥片岩系の青石などには見事な板石が多いものである。

石の形態図

石の形には一つとして同じものはない。しかし，伝統的な石組造形を見ると，ある程度石組に好まれるタイプというものがあるように思われる。そこで次に，極長立石，長立石，中立石，短立石，高横石，中横石，低横石，伏石の順番で，よく使われる石の形態の一部を紹介しておくことにする。

極長立石 **Very tall standing stones**

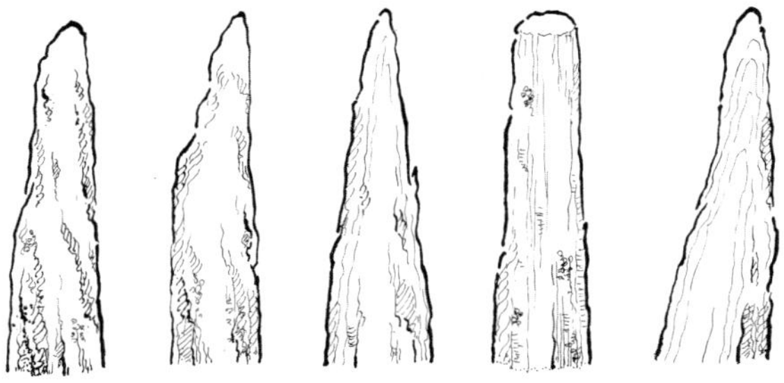

長立石 **Tall standing stones**

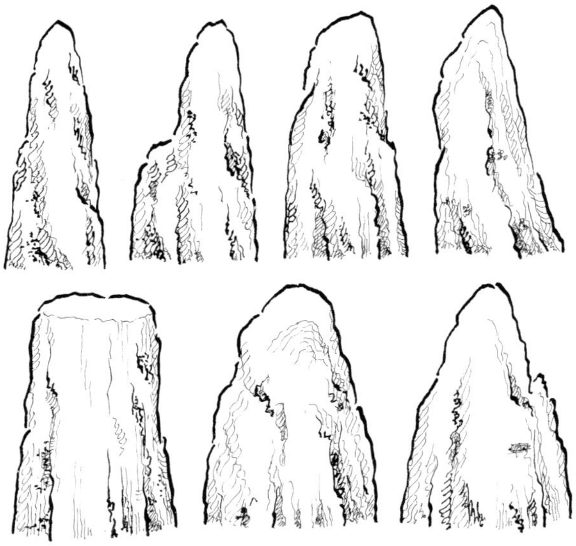

短立石 **Short standing stones**

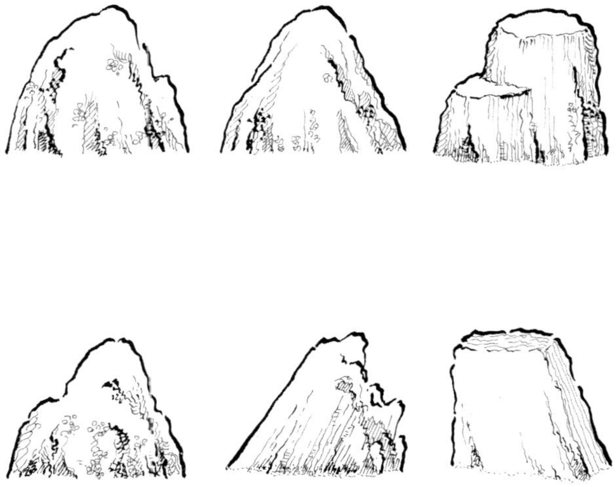

高横石 **Tall horizontal stones**

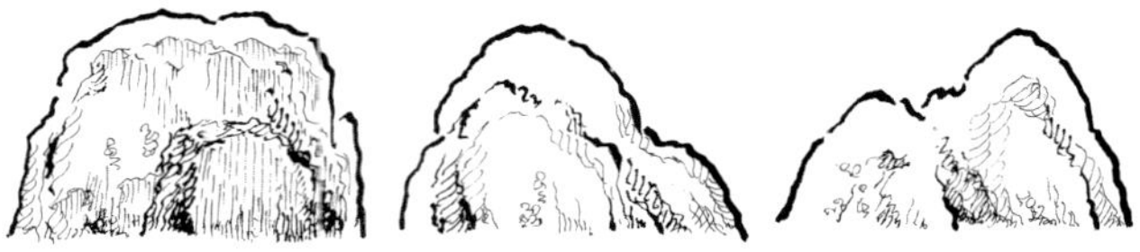

中立石 **Medium-height standing stones**

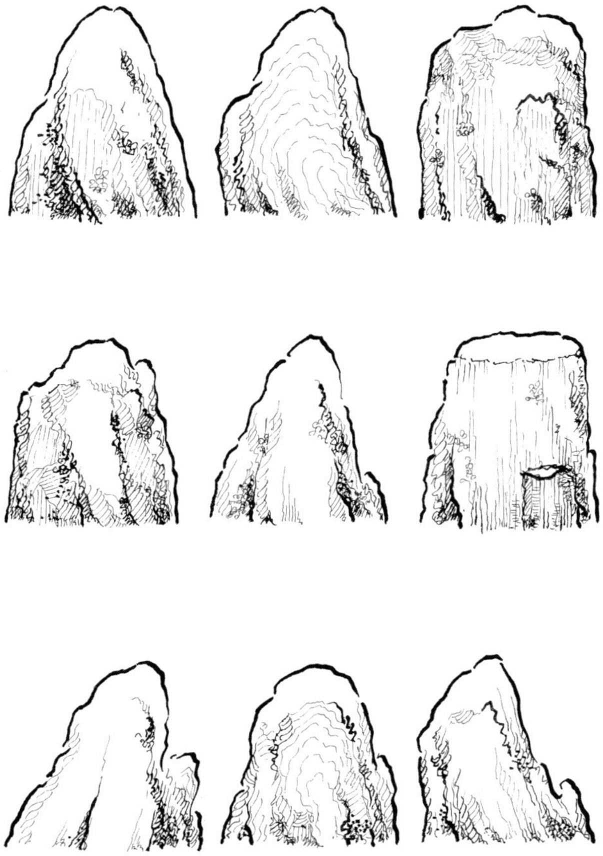

高横石 **Tall horizontal stones**

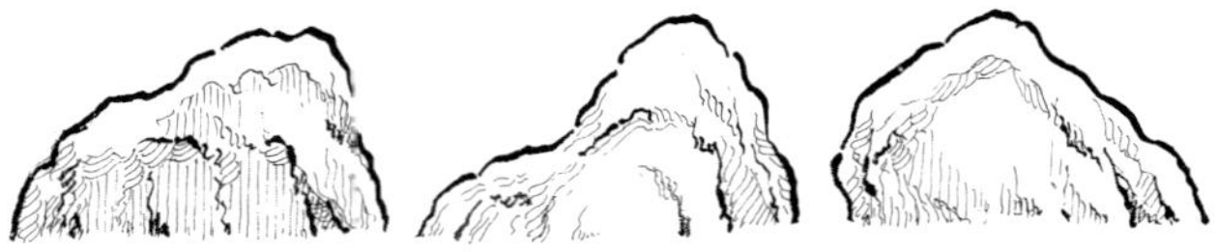

中横石 **Medium horizontal stones**

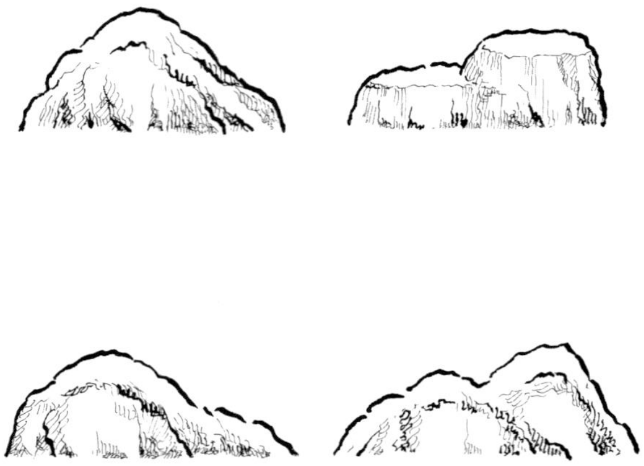

低横石 **Low horizontal stones**

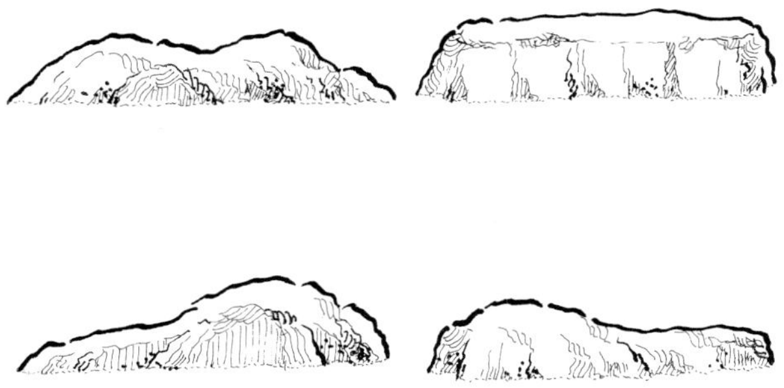

伏石 **Flat stones**

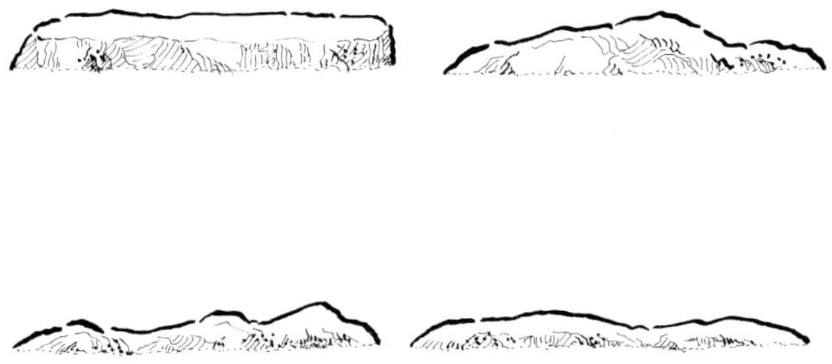

Classification of Stones

(Pages 78—81)

There is no single, uniform set of terms for describing the shapes and possible positioning of stones in stone arrangements. The system of classification presented here has been compiled by the author.

Classification by Height

Standing stones are those that are taller than they are broad, or that at least look that way. Standing stones may be subdivided into four types: (1) very tall standing stones (breadth is 10—30 percent of the height); (2) tall standing stones (breadth is 30—70 percent of the height); (3) medium-height standing stones (breadth is 70—100 percent of the height); and (4) short standing stones (height is 80 percent of the breadth or greater) The terms "tall" and "short" refer to relative, not absolute, heights.

Horizontal stones are those that are broader than they are tall (with the exception of short standing stones, above, and flat stones, discussed below). Horizontal stones may be subclassified as (1) tall horizontal stones (height is 60—80 percent of the breadth); (2) medium horizontal stones (height is 40—60 percent of the breadth); and (3) low horizontal stones (height is 20—40 percent of the breadth).

Flat stones are those whose height is 20 percent of the breadth or less; the upper surface of a "flat stone" is not necessarily flat.

Classification by Angle

The angle at which stones are placed is a prime determinant of the success of a stone arrangement. The main classifications by angle are ***erect stones*** (set at 90 degrees to the horizontal) and ***diagonal stones*** (set at any other angle). Diagonal stones may be essentially standing or horizontal, according to the height classification.

Classification by Shape

A classification of stones by shape is necessarily subjective. The following groupings are suggested: mountain-shaped, rectangular, columnar, flat-topped, round, staggered (i.e., with a natural step-like shape), curved, and planar.

石組の基本造形

1．石組用語

続いて，実際的な組み方の解説に入るのであるが，それに先立って，ここで使用する用語を理解してもらう必要がある。

石組というものは，その規模はいくらでも発展していくものだが，基本は数石による石組にあるといってよい。そこで，ここでは九石組以内の石組に限定して基本を述べていくことにする。

石組は，その全体構成を大きく次の四つに分けることができる。

主　石
添　石
つらね石
おさえ石

下の左図によって，大体は分かっていただけると思うが，一通り説明しておこう。

主石は，その一組の石組中で，造形的に主となる石である。最も高く，堂々とした感覚に組まれるのが普通で，一石に限るものである。

添石は，主石に添えて組む石組の総称で，それを添える位置によって後述のように各種の名称がある。数も主石に対して一石から四，五石組まれるものもある。

つらね石は，添石と次に述べるおさえ石の間に組むもので，これで石組が終るものではなく，おさえ石に連絡する役割を持っている。そこに，つらね石という名の理由があるが，ただしこの石は，単に連絡だけではなく，大きく造形の主体として扱われることも多い。また，数も一石以上数石組まれるものまである。

おさえ石は，添石あるいはつらね石の次に組み，その石組をまとめる意図を持った石である。造形のおさえ，という意味であり，これも一石とは限らず，左右，前後に組む例もある。

以上のように，九石以内の石組であれば，大部分はこの主石，添石，つらね石，おさえ石で説明がつく。

ただし，石組はこれらをすべて用いるとは限らない。岩島のような一石だけの石組ならば，それは主石だけ組んだことになる。二石組になると，主石と添石の関係が生じてくるが，それは三尊石組でも同様である。三石組になると，たとえば左に主石を組み，その右に添石を行い，さらにその右におさえ石を組む，といった造形が可能となり，おさえ石が用いられるようになる。

しかし，中央に主石を組み，その周囲に四石の添石を行った五石組では，おさえ石は用いないことになる。つらね石は，理論的には四石組から出現することになるが，そのような例は少なく，やはり下の左図のような五石組から用いられると考えた方がよい。

このような石組用語は，実際に石を組む時には大して気にすることなく，自由に造形に集中すればよいのであるが，石組の基本を学ぶためには，しっかりと頭に入れておく必要がある。

また，古今の石組実例を見る時，そのような観点からその美を理解することも大変に勉強になる。

さらに，紙の上に自分で石組を描きながら，これらの石の関係や変化をたしかめることも，まことに良い方法なので，ぜひ実行してもらいたいと思う。

次に，主石と添石の造形を示した用語について解説を加えよう。石には，大きく分けて直石と斜石があることは，前の「角度による分類」のところで述べた。

この直石，斜石の使い分けは，石組の最大のポイントの一つである。その中でも，主石をどのように組むかは，石組の美を決定する重要な基本となる。そこで，主石には大別して直石，斜石の二種があると考えるのである。

主　石─┬直石手法
　　　　└斜石手法

主要石組の名称
Terminology

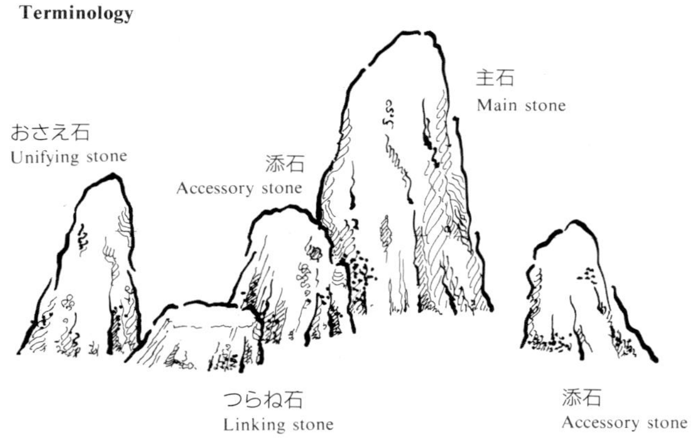

主石
Main stones

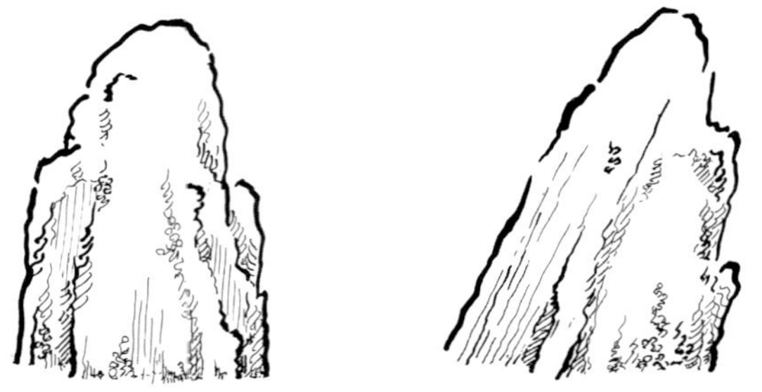

直石手法
Erect placement

斜石手法
Diagonal placement

左頁右図は，これを明確に示したものである。

添石は主石との関連で，大きく五つの添え方がある。その名称は次の通りである。

添　石
- ふところ添え
- まえ添え
- うしろ添え
- わき添え
- はなれ添え

それぞれの例は，下図に示した通りであるが，一通り説明しておく。

ふところ添えは，必ず斜石手法の主石のふところにもぐったような形式で組んだ添石で，その全体の形から“人字形石組”などといわれることもある。

まえ添えは，主石の前に組んだもので，石が主石から左右いずれかに出ていても，主要部が前にあれば，まえ添えとしてよい。しかし，これがあまりはずれてしまうと，後のわき添えになってしまうのである。

うしろ添えは，主石の後方に組んだ添石で，まえ添えと正反対の組み方だと思えばよい。主石の後ろにまったく隠れてしまうものもあるが，そのようなものは，他の方向から見た効果を考えているのである。

わき添えは，主石の脇に組む添石で，その種類はずいぶん多い。下右図の上段は典型的なわき添えであるが，中段の右手のものはまえ添えに近い組み方である。しかし，添石の半分以上が主石からはずれているから，この角度から見ればわき添えとするのが妥当である。しかし，もう少々右側から見るならば，まえ添えとなってくるであろう。

下右図中段左手のものは，添石が幾分主石から離れているが，それでもこの程度であればまだわき添えといってよい。特にどの位離れるというような数値ではなく，主石の脇にあるという感覚のものならば，わき添えに入れるべきである。

はなれ添えは，主石からかなり離れた添石で，しかも主石との間に別の石がないものをいう。もし間に別石が入ると，これは添石ではなく，おさえ石になってしまうのである。

しかし，はなれ添えは，主石と離れてはいても，主石と造形的つながりを持っていることが条件である。したがって，あまり離れ過ぎては添石とはいえないのである。

以上によって，五種類の添石について述べたが，これはあくまでも原則論である。だから，角度によってはどちらとも受けとれる添石が当然でてくる。それがまた，石組の変化として必要なことなのである。この五種の添石は，あくまでも一定の正面から見た場合の用語であることを理解していただきたいと思う。

これらの用語をしっかりと頭に入れておくことが，次の造形面の解説に移る第一歩となる。

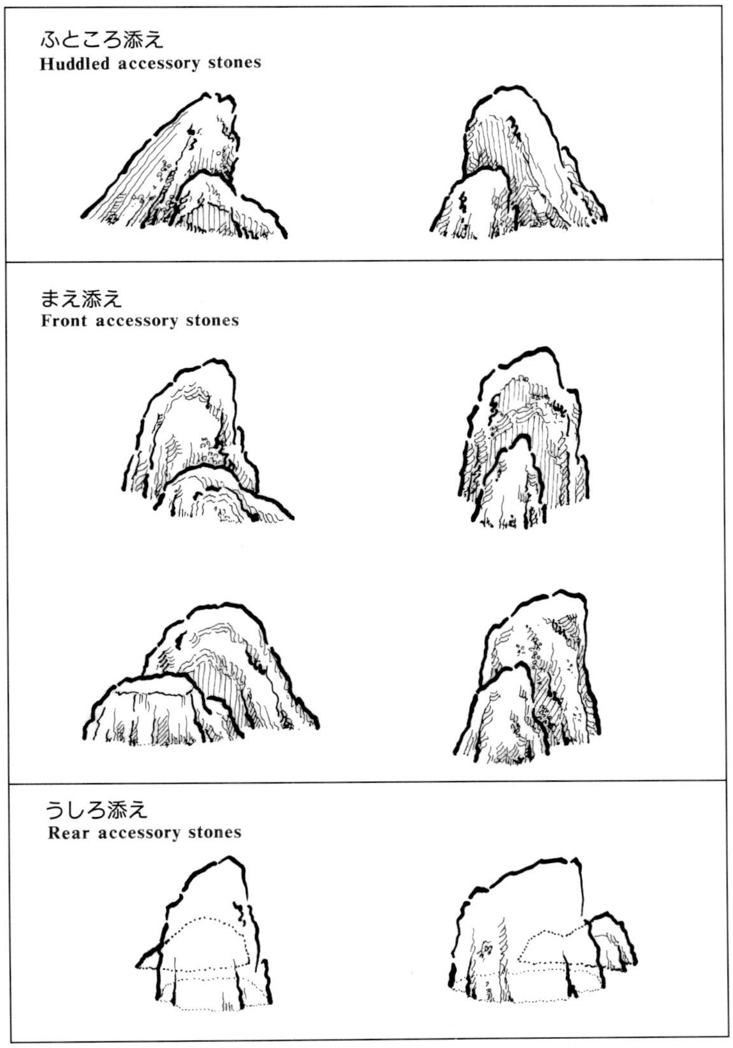

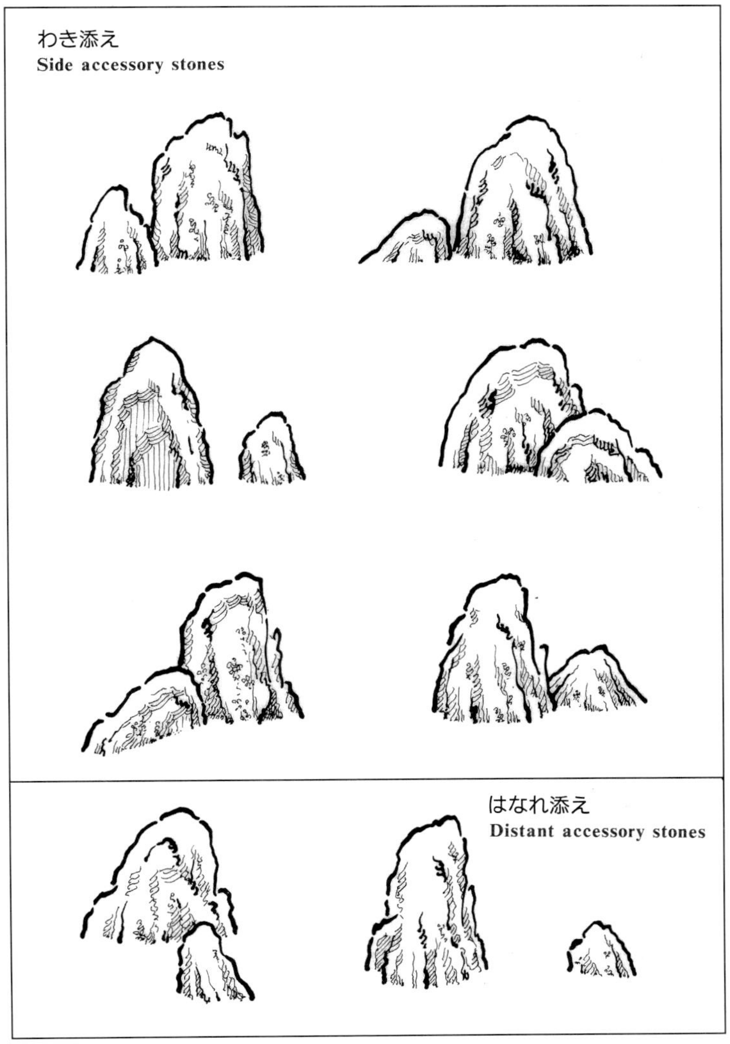

2．石組の力関係

いよいよこの項では，主石，添石，つらね石，おさえ石の組み合わせによる造形を解説していくことにする。

それに先立って改めて述べておくが，これから示す石組造形は，石組の美を構成する基本的要素であって，それはごく初歩的かつ原則的なものであるということである。

そしてこの理論は，石組の形にとらわれた固定的なものではなく，石と石の力関係を重視したものであるから，基本的にはどのような形の石を使用しても成立するものと考えてよい。

すでに多くの石組経験を持つ方にとっては，もの足りない面もあるかも知れないが，そのような人も一度原則にたち返って造形を考えることは非常に意義のあることと思う。これを基本として，さらに作者の個性を加え，大いに発展させてこそ，この理論は実地に生きるはずである。

ただ問題は，本来立体造形である石組を，このような紙上において解説するのだから，奥行や，石の角度など最も肝心なところが表現しにくいことである。それは，宿命として仕方がないので，できる限り分かりやすく図を描くつもりであるが，図面技術未熟の著者のことであるから満足な結果は得られないかも知れない。その点は切にご容赦願いたいと思う。

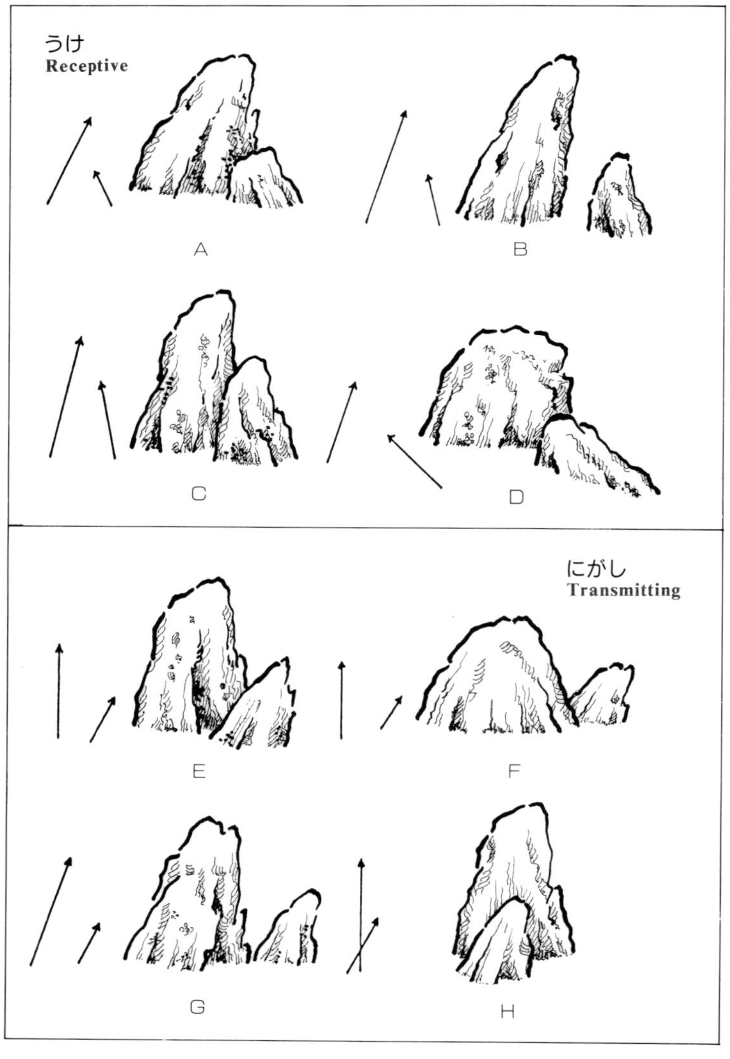

そこで，これからの解説にとってまことに重要な造形用語をここでぜひ記憶していただきたい。

主石に対する，添石，つらね石，おさえ石の表現には，大きく分けて次の七種がある。

う　　け(受け)
に が し(逃がし)
ひっぱり(引っ張り)
お　　い(追い)
と　　め(止め)
せ　　め(攻め)
な が し(流し)

もちろん相手が自然石である以上，もっと特殊なものや，二種を兼ねたもの，どちらともいえる造形もある。しかし，そのようなものは例外として，石組のほとんどは，この七種の表現に分類して考えることができる。

そこでまず最初に，最も分かりやすい二石組によって，この造形を解説していくことにしよう。

(1)　二石組の造形

二石組というのは，主石と添石による最も基本的な石組で，先の七種の表現を理解するにはまことに都合がよい。そこで，左に示した図を参考にして具体的に解説しよう。なお，各石組図の左手に入れた矢印は，その石組の力関係を分かりやすく表示したものである。

うけは，主石の力をしっかりと受け止めるように組んだ添石である。したがって，主石は必ず力の移動を見せる斜石手法とされ，その力のかかる方向に添石を組むことになる。さらに，添石自体も斜石とされるのが最大の特色といえる。

図のAは，前にも示したふところ添えの手法で，実際に二石を接して力学的にも完全に固定するものが多い。最も典型的なうけといえるものである。Bは，たがいに斜立石となり，やや離して組んだわき添えの手法である。このような造形では，二石だけでまとめるのではなく，さらに他の石組を行って発展させていくことが多い。Cは，やはり二つの斜立石であるが，両者をわずかな斜手法として，おたがいを寄せ立てたうけである。かなり安定感のある造形といえよう。Dは，低めの主石に対して，勢いのある横石をわき添えとして組んだもので，その力関係は，やはりうけの基本といえる。

にがしは，主石の力を一方に積極的に伝達して行く添石の手法である。いわば造形を他に発展させる目的がある。主石は，直石手法でも，斜石手法でもかまわないが，斜石のほうがさらに効果が大きいのが特色といえよう。添石は必ず斜石となる。

Eは，直石手法の主石の力を，わき添えのするどい感覚の添石によって右へ移動させた例である。Fは，山形の主石に対して，右後方に組んだわき添えのにがしであるが，基本的にはEと変らない。このように主石が直石手法の場合は，添石を左右どちらに組んでもにがしとなる。

Gは，主石を斜石手法とし，その勢いをわき添えによってさらに右手に強く移動させている。まことに躍動感にあふれた石組であり，にがしの意味が最もはっきりする造形といえよう。

Hは，直石手法の主石に，まえ添えとされた例で，やはりこの添石は右手と前方に，にがしの手法を示している。

ひっぱりは，石組の力関係としては，最も微妙な感覚を持つが，その効果はまことに大きく，変化ある石組にとってなくてはならぬ造形である。すなわち，主石は必ず斜石手法となり，一方に力の移動を見せるのに対して，やはり斜石の添石によって，主石を引き止める力関係を示すものである。だから，添石は主石の傾斜とは反対の位置に組まれることになる。なお，このひっぱりにおいては，添石が直石であっても，その効果を示す場合があることが一つの特色といってよい。

下図のⅠは，左に傾斜を見せる主石に，わき添えとして右手に組んだ添石の例で，勢いのある主石を右に引き止める造形であることが分かるであろう。このような造形は古庭園にもよく見られるものである。Ｊは，共に斜立石となり，添石は後方に組んだわき添えであるが，原則的にはⅠと変らないひっぱりの手法である。しかし，まことに変化ある構成といえよう。

Ｋは，主石に山形横石を用いた例で，この主石は右に力をかけたものである。これに対して，左後方にわき添えとして組んだ立石が，わずかに左手への斜石手法となり，主石に対するおだやかなひっぱり手法となっている。また，この造形の場合では，添石が直石であったとしても，なおひっぱりという感覚を持っている。名園の亀石組などに，このような作例があることはよく知られているところである。

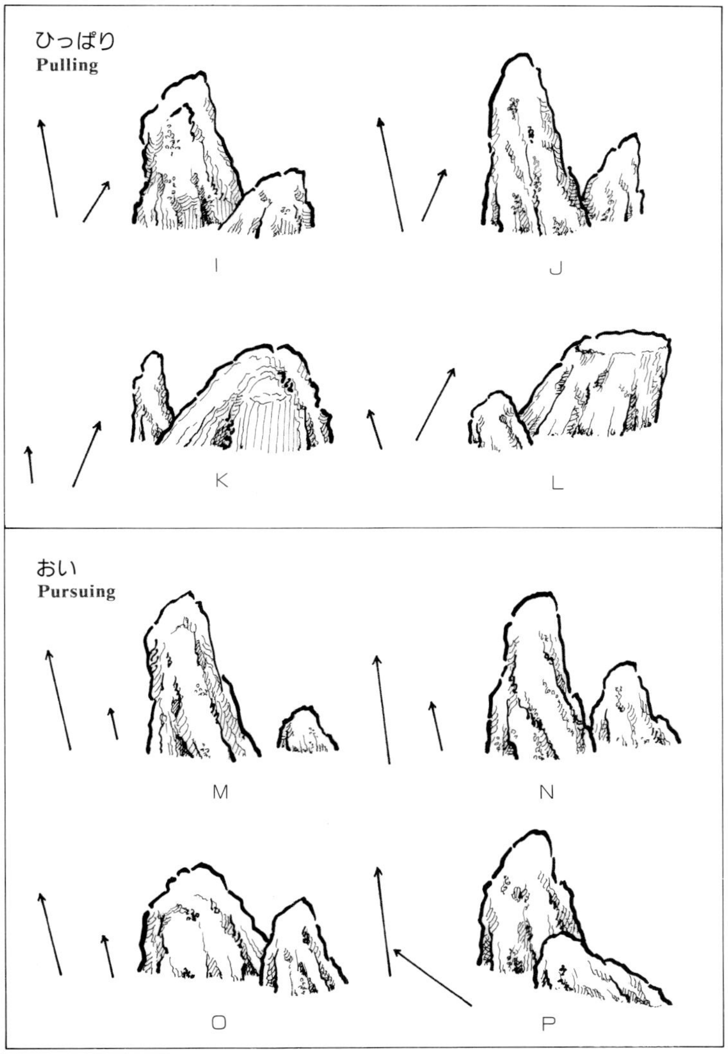

Ｌは，右へ力の移動を見せる平天の主石に対して，その左手前に組んだ小さ目のわき添えであるが，やはりこの添石は左へ主石を引き止める効果を持っていることが分かるであろう。

おいは，ひっぱりとは正反対の造形で，主石は必ず斜石手法となり，その傾斜と逆の方向に添石を組むことはひっぱりと同じであるが，この添石は主石を後方からさらに追いかけて，主石の動きを強調するような手法とされる。

これによって，さらに石組全体の動きが高められることは，先に述べたにがしとも共通するが，このおいの方が，さらに力の移動が大きいともいえると思う。二石だけの造形として用いられる例はどちらかというと少なく，他に石を組んで石組を発展させる目的が大きい。

図のＭは，左に傾斜する斜立石の主石を，その右に少し離れたわき添えとして組んだ小さ目の添石が追う造形を見せる。添石は小さくても，このように斜石として用いられていれば，完全なおいということができる。Ｎは，やや左に斜立石となる主石に対して，右後方に接近して組まれたわき添えで，この添石も立石となり，明らかなおいの造形を見せる。このような組み方は古庭園中にもかなり例が多く，またよく引き立つ造形ということができる。

Ｏは，主石が山形石ながら，やはり左手に強い傾斜を示す組み方で，その右手前にわき添えとして組んだ斜立石の添石が，主石を追う力関係を見せている。これも二石の造形として，非常にバランスのよい石組といえるであろう。

Ｐは，左への斜立石の主石に対して，まえ添えと，わき添えの中間的な横石の添石を行った例であるが，横石であっても主石の方へ勢いを持っており，これもおいということができる。

とめは，主石の力をしっかりと止めてしまう添石の組み方で，この添石は原則として直石として用いられる。そして重要なことは，主石が直石手法でも，斜石手法でも，それを止めるように組んだものは，このとめの手法といえることである。

前に述べた，うけとの相違は，添石が斜石にならないところにあり，それがまた次に述べる，せめとの違いでもある。その点の混同がないように，図において十分に理解していただかなければならない。

86頁のＱは，直石手法の主石に対して，まえ添えとした平天の添石で，主石とバランスをとってまことに安定感のある造形を示している。おとなしい感覚ではあるが，組み様によっては石組を大いに生かす存在ともなってくる。

Ｒは，主石が山形の立石で，やはり直石手法となり，その右手前にわき添えとして山形の添石を行っている。これも安定感はあるが，それでいて主石を積極的に受けているのではなく，その点にこのとめの一つの特色があるといえよう。

Ｓは，主石が斜石手法として大きく右へ力をかけているのに対して，やや離れたわき添えとして，小ぶりの添石を組んだ例である。この添石も直石であり，ただ止めているだけであって，その点がうけとは違っている。また，このようにとめの造形であっても，それだけでは主石の力を完全には止めきれない場合も当然でてくるものである。Ｔは，山形の主石がやはり右へ力をかけており，それにわき添えの低い横石の添石を組んだとめの造形である。このような手法もよく見かけるものといえる。

せめは，主石が必ず直石手法として組まれ，それに向って添石は積極的に向って行く，すなわち攻めて行く造形である。

したがって，添石は斜石とされ，勢いある姿で用いられるのが普通である。主石が直石手法で動きを見せないからこそせめといえるのであって，主石がもし斜石手法になれば，その傾斜の方向によって，それはすでに述べた，うけや，おいに変化してしまうのである。

Uは，直石手法の主石に対して，わき添えとして組んだ添石で，せめとしては最も典型的な造形である。実際の石組にも特に例が多い。石組としては基本的な表現といってよいであろう。こういう立石の添石によるせめは，特に力強い感覚が見られる。

Vは，山形で直石手法の主石に，まえ添えとして用いた，やはり斜立石の添石によるせめの造形である。この添石は，あくまでも主石の方向に向っているのであり，これがもし手前に向うのであれば，それは前に述べたにがし（たとえば図Hのようなもの）になってしまう。このような点は，図ではどうしても表現が困難である。

Wは，直石手法の立石による主石を据え，その右手に離して，はなれ添えとして組んだ添石である。小さい石ではあるが，主石方向に斜石とされ，せめの造形を示している。

Xは，主石に対してわき添えとされた横石の添石で，低い石ながら主石に向って行く勢いがあり，このような造形も当然のことにせめということになろう。

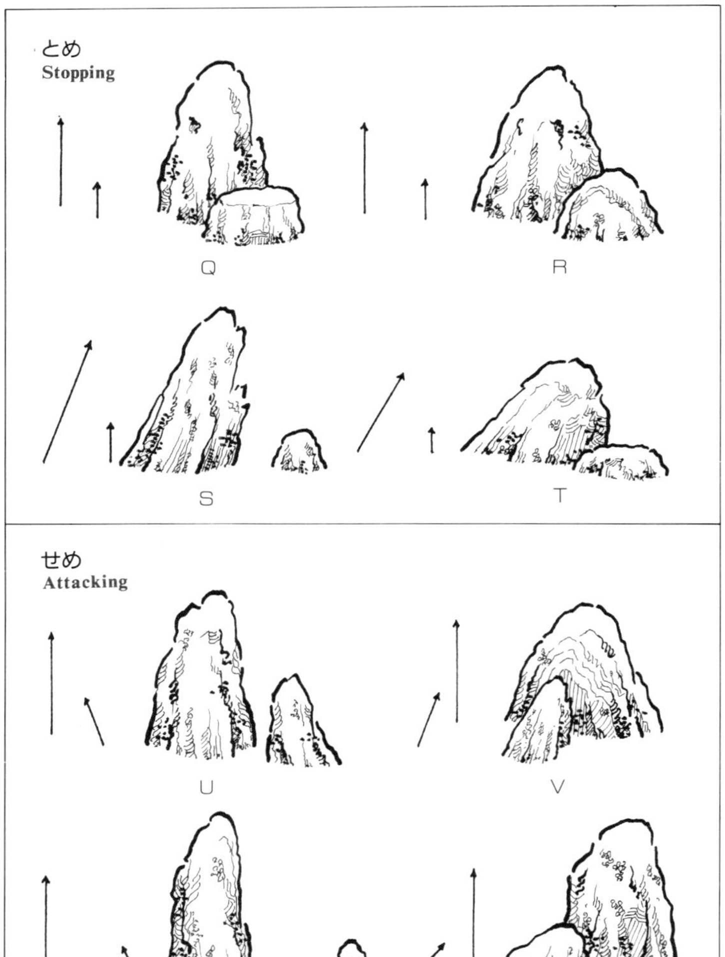

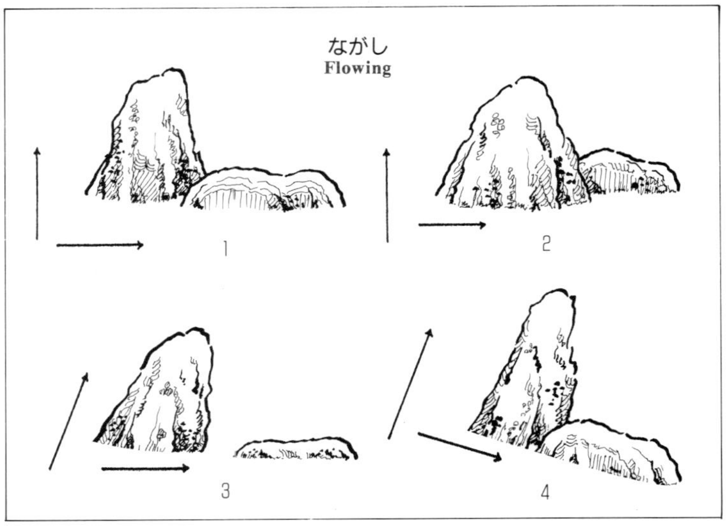

ながしは，主石の景をいずれかの方向へ伝達するもので，したがって主石は直石手法でも斜石手法でもよい。この手法は，にがしのように積極的なものではなく，そうかといって止めるのでもなく，流して行くという表現が最も適切である。次に組む石に景をつなぐ，という意図の強いのがながしであるから，これだけでは石組としてはまとまりに欠けることはいうまでもない。

1は，直石手法の主石の右にわき添えとして組んだ横石の添石で，右に力を流してはいるが，やはり力を伝えているだけといった表現であることが分かるであろう。このように，ながしでは，添石はどうしても横石や伏石手法になってくるのが大きな特色といえる。

2は，山形の直石手法の主石に対して，その右後方に組んだわき添えで，造形は異なっているものの，本質的には1と同様の手法となっている。

3は，主石が右への斜石手法となり，その右に組んだわき添えの伏石である。伏石であるから，うけでもなく，とめでもなく，やはり右へ力を流しているに過ぎない。

4は，強い斜石手法の主石の力を，右下にわき添えとした横石で右手前に流したものである。とめ，とやや感覚は近いが，十分に止めてはおらず，やはりながしであろう。

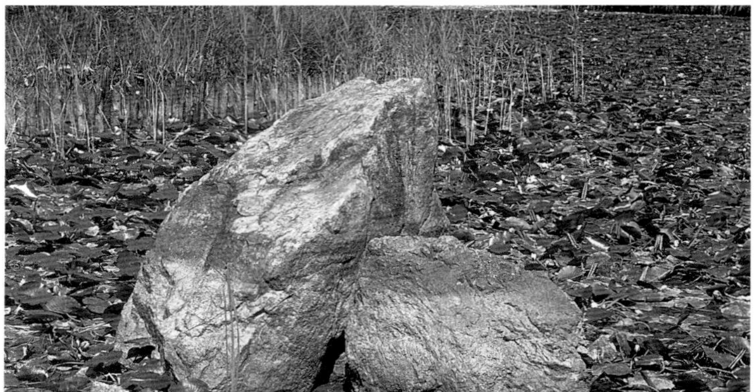

写真65　右へ斜石手法の主石に対して，右下に組まれた添石は典型的な「ふところ添え」で，力関係は「うけ」の造形。（大沢池庭園・平安時代）

65. A typical huddled, receptive relationship (Osawa-no-ike Garden, Kyoto; Heian period)

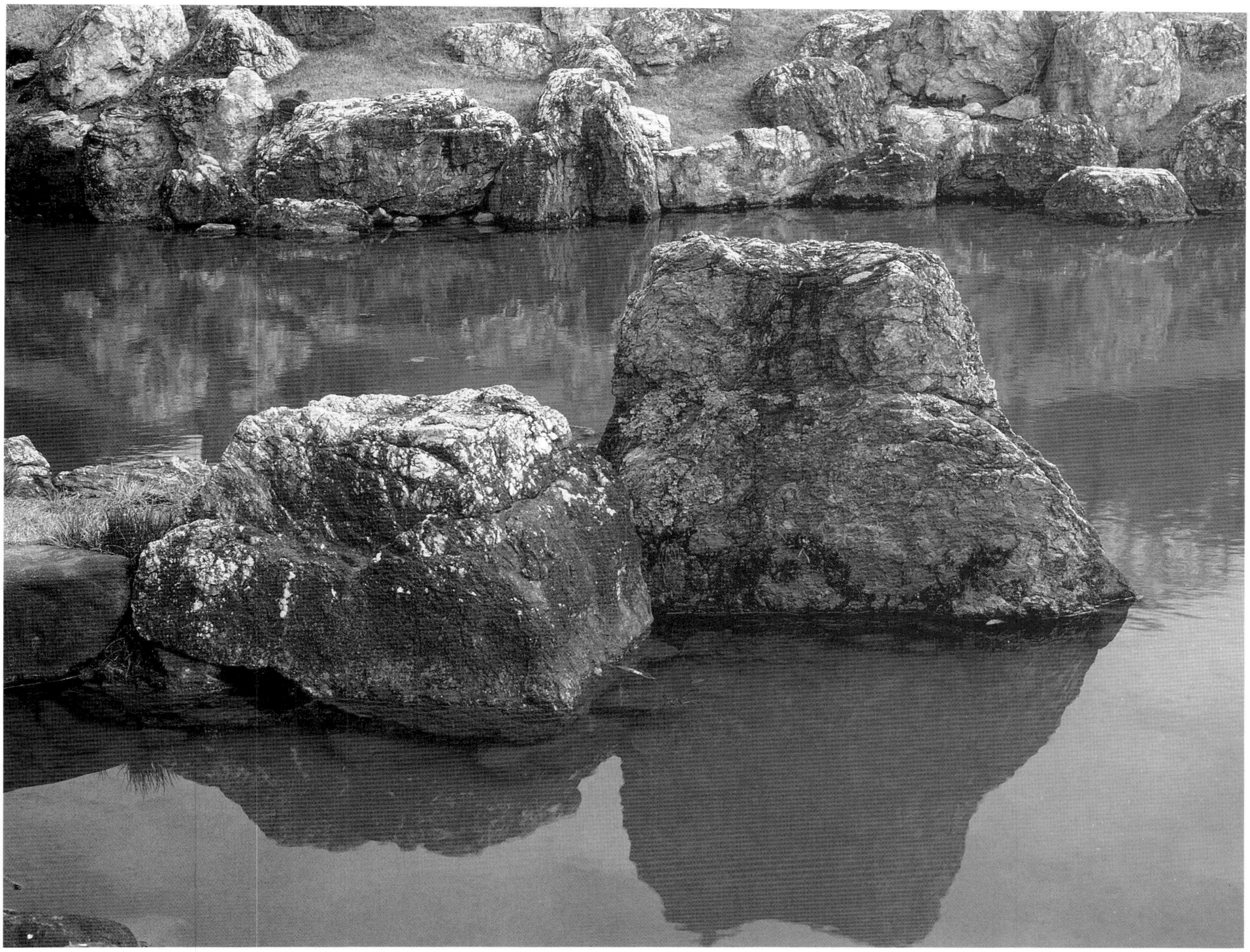

写真66　右手の主石は左への斜石手法を示し，左の添石は「わき添え」となっているが，力関係は，やはり「うけ」といえよう。(摩訶耶寺庭園・鎌倉時代)
66. The side accessory stone *(left)* is in a receptive relationship to the main stone, which is angled to the left (Makaya-ji temple, Shizuoka Pref.; Kamakura period)

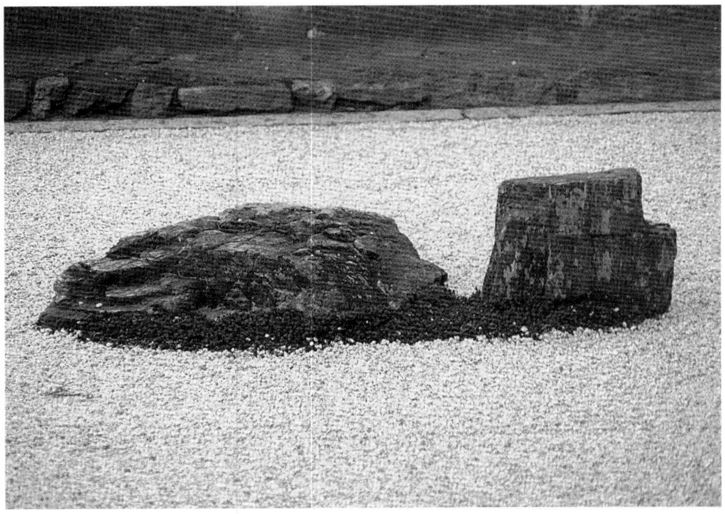

写真67　左の山形横石を主石とすれば，右の平天石は「わき添え」で，力をさらに右に伝えようとする『にがし』の造形。(龍安寺庭園・室町時代)
67. The mountain-shaped horizontal stone is transmitting its energy to the flat-topped side accessory stone on the right (Ryoan-ji temple, Kyoto; Muromachi period)

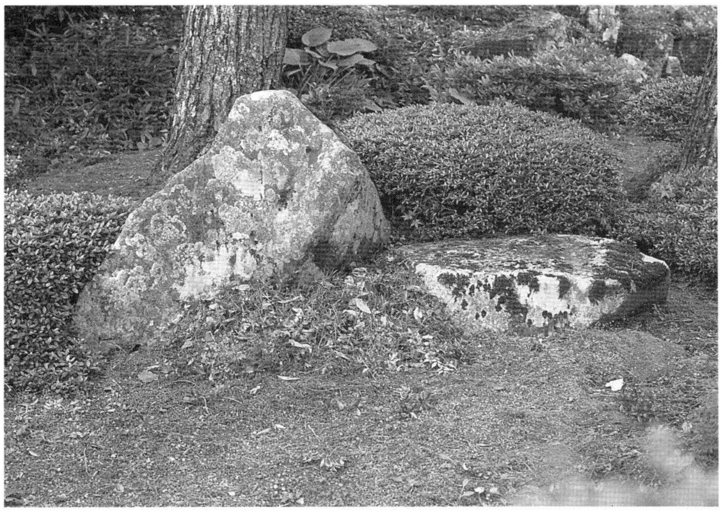

写真68　左の主石は右への強い斜石手法を示す。対する右の平天添石は「わき添え」で，「とめ」の典型といえよう。(旧亀石坊庭園・室町時代)
68. The flat-topped side accessory stone stops the energy flow from the strongly angled main stone to its left (former Kameishi-bo, Fukushima Pref.; Muromachi period)

（2） 三石組の造形

二石組が，必ず主石と添石の二石によって構成されるのに対して，三石組には，主石一，添石二となる場合と，主石一，添石一，おさえ石一の三石で構成される場合とがある。

すなわち，おさえ石は理論上三石組よりはじめて出現してくることになる。そして，主石一，添石二という構成の三石組は，その大部分が三尊石組だと考えてよい。

主石，添石に対して，おさえ石の入ってくる組み方は，主石が中央ではなく，左右どちらかに寄って据えられることになり，この場合は三尊石組にならないことはいうまでもない。

ここではまず，日本庭園の石組中でも最も重要でしかも景として多用される三尊石組から，その造形を解説していくことにする。

図1から図12までは，いずれも三尊石組の諸形式を示したものであり，以下それを順番に具体的に述べていきたい。

図1　1の主石が直石手法となり，その左にわき添えとして組まれた添石2も特に角度を示さず，「とめ」の手法であることが分かる。右の添石3は，わき添えとはなれ添えの中間的表現で，主石の方へかなり勢いよく傾斜角度をつけており，これは直石手法の主石に対する「せめ」の造形である。平凡になり易い三尊に動きを出した添石3がポイントといえよう。

図2　4の主石が山形の直石手法とされ，その左にわき添えとされた添石5は，大きく左方向に傾斜を示す。これは主石の力を左に移動させる「にがし」の手法である。右の添石6はわき添えの平天石で低目に組み，安定感のよい「とめ」の造形であるが，石組全体から見れば「ひっぱり」的効果もある。

図3　7の主石が直石手法の立石となり，その左のわき添えの立石8も直立して「とめ」となる。また，右の添石9もやはりわき添えとされるが，これも「とめ」であり，小さ目の石を用いてバランスをとっている。

図4　10の主石は力強い立石の直石手法であり，その左の添石11はわき添えで，山形の石ながら左手に強く傾斜を示し，直石手法の主石の力を左に移動させる典型的な「にがし」の手法を見せる。

これに対して，主石の右後方に組んだわき添えの添石12も，右手に大きく力を移す斜立石となり，これまた「にがし」の造形である。変化に富んだ構成だが，それでいてバランスはよくとれている。このような石組は，かえって発展性のあるものといえよう。

図5　中央の山形主石13は，堂々とした直石手法で，同様の形をした左の添石14は，わき添えで「とめ」の造形を示す。

右の添石15は，やはりわき添えだが，横石ながらかなり大きく右手へ力の移動を見せ，「にがし」であることが分かるであろう。

このような低い三尊形式は，平安時代から例があり，『作庭記』に，“品文字の石”として記載されていることは，すでにこれまでも何度も述べてきた。

図6　主石16は，少々角張った石であり，右が高い形であるが，全体からすれば直石手法といってよい。

左の添石17は，横石のわき添えで，この位だとやはり直石とし

図1
Diagram 1

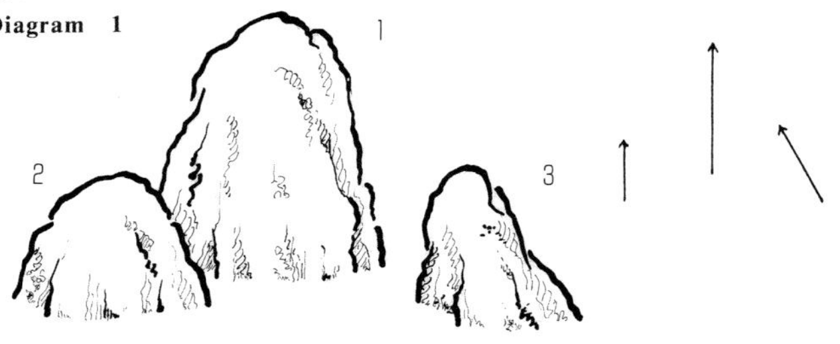

図2
Diagram 2

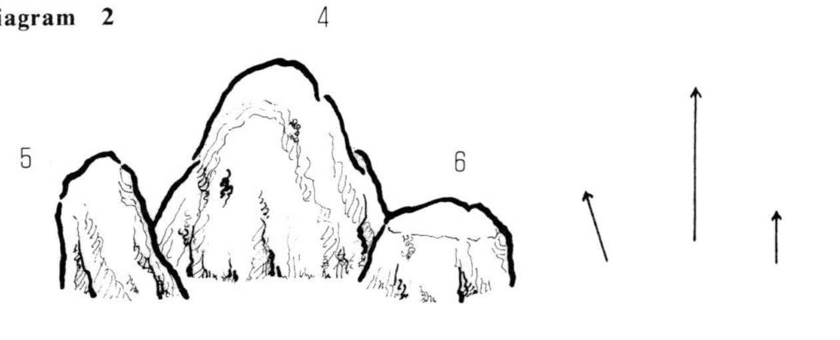

図3
Diagram 3

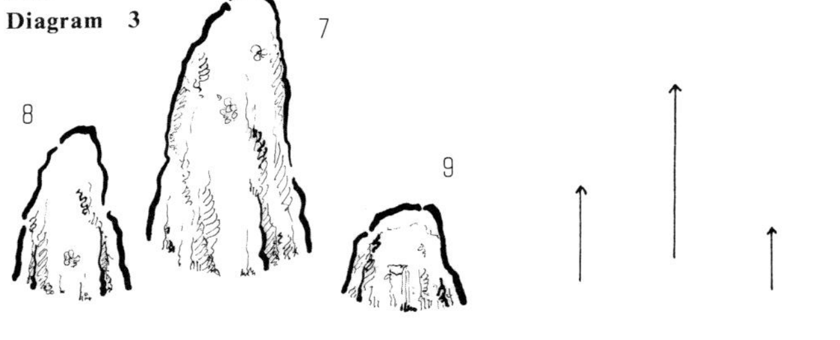

図4
Diagram 4

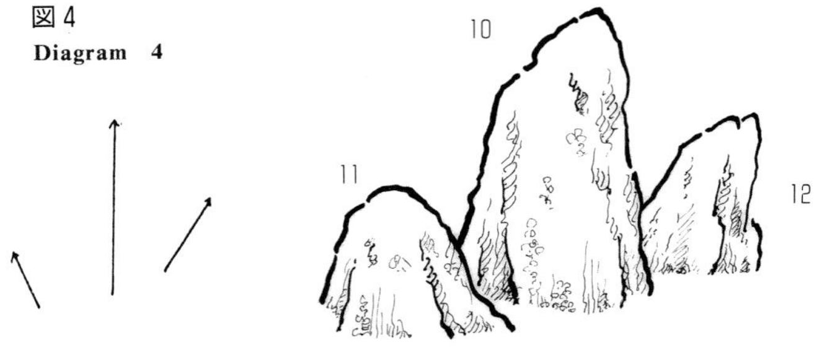

図5
Diagram 5

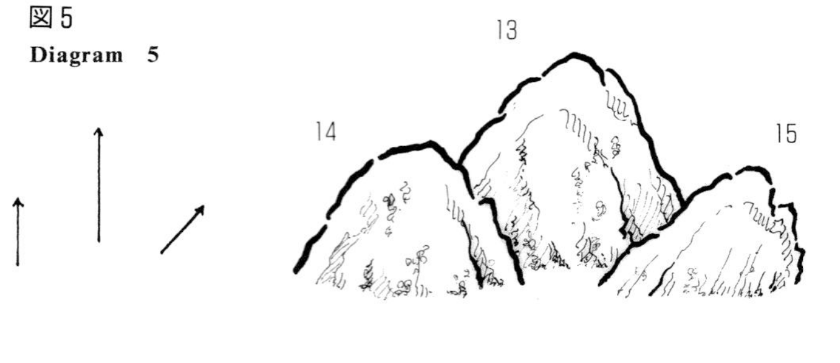

図6
Diagram 6

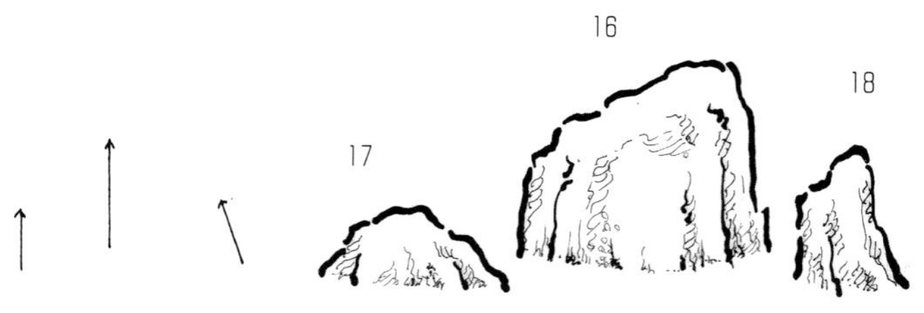

てよく，したがって「とめ」ということになる。

右の添石18は，主石の方向に力をかけたわき添えの斜立石で，「せめ」の造形である。小さいながら力強い感覚の一石で，主石としての高さのバランスもよく，全体をよくまとめているものといえよう。

力関係は図１と同様だが，感覚的にはかなり違っている。

図７　中央の主石19は，右への傾斜を示した斜石手法である。

それに対して左にわき添えとされた添石20は，やや左手への傾斜をつけており，これによって主石の力を引きとめる役割を果たしている。これが典型的な「ひっぱり」の造形である。

右に，はなれ添えとして組まれた添石21は，主石の上方に向って行くような形式であり，主石が斜石手法であるから，これも典型的な「うけ」といえる。

図８　22の主石は，なだらかな山形に近いが，右への斜立石とされ斜石手法となる。

主石の左に，わき添えとされた添石23は，ほぼ直石で小さ目の石であるが，このような造形では「とめ」というよりも「ひっぱり」に近いものといえよう。

主石の右下に，ふところ添えとされた添石24は，「うけ」であること誰にも明らかであろう。この主石と右添石の形式が“人字形石組”といわれるものであることは，前に解説し，また，その実例写真も紹介した。

図９　主石25は，図７の主石とも共通する斜石手法で，さらに力強い感覚を示したものである。

左にわき添えとなる添石26は，主石の右手へ移動する力を，さらに強調するように右への強い斜石となり，これは明らかな「おい」の造形ということができる。この二石によって，右への大きな力の移動が見られるのである。

これに対して右のわき添えの添石27は，小さ目の石で，ほぼ直立し「とめ」であるが，わずかに「うけ」の要素も感じさせる。このような低い石でも，他の二石を受けとめることができるという好例といえよう。

図10　主石28は，左への傾斜を示した斜石手法で，かなり力のある一石である。

その左手に，わき添えとされた添石29は，さらに左への力の移動を強調しており，主石の力を強く左に伝える役割を持った積極的な「にがし」の手法である。

以上の二石だけだと不安定であるが，主石の右後方の，わき添えとうしろ添えの中間的な添石30が，反対に大きく右への斜石となり，二石の移動する力を右に引きとめる「ひっぱり」の造形を示している。

図11　主石31は，図10と形が似ているが，さらに力にあふれた線を見せ，やはり左への斜石手法とされる。

左のわき添えである添石32は，横石ながら左への力の移動を示し，これも「にがし」の造形となっている。

右のわき添えとなる立石の添石33は，直石に近いが，やや左へ力をかけており，「おい」であると見てよい。しかし，この立石は，「おい」でありながら，そこに「ひっぱり」の要素も秘めてお

図７
Diagram 7

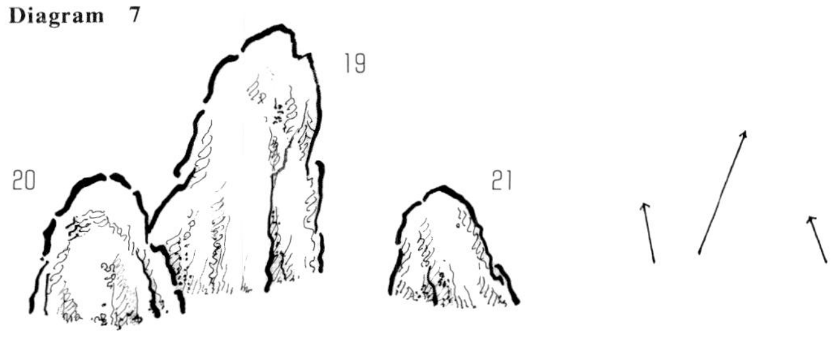

図８
Diagram 8

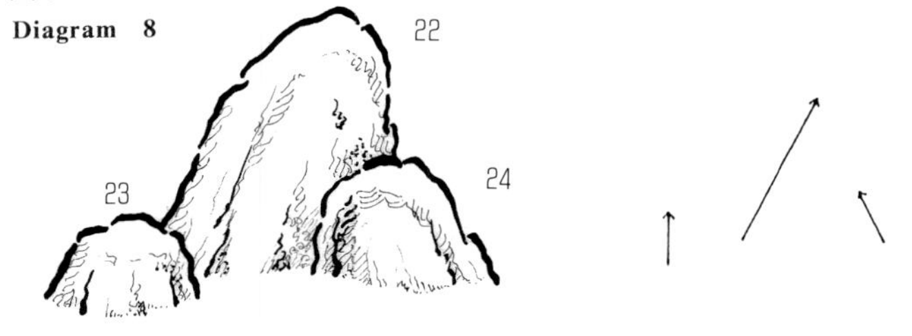

図９
Diagram 9

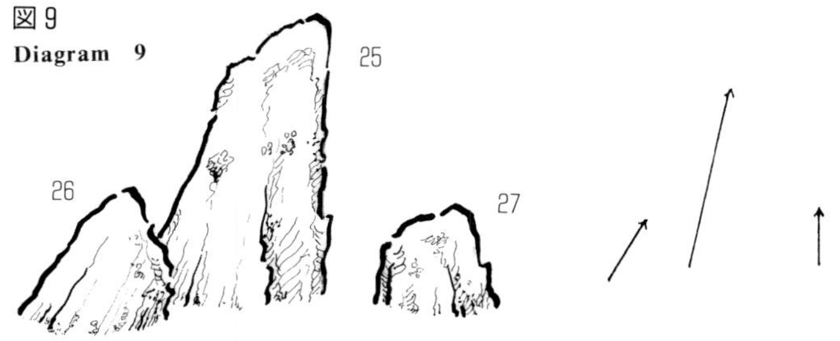

図10
Diagram 10

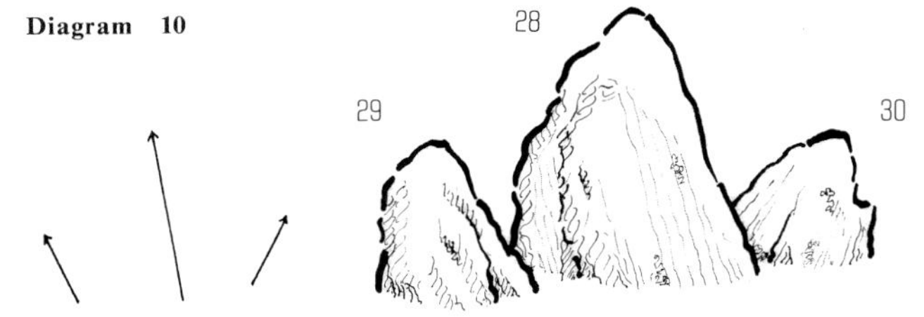

図11
Diagram 11

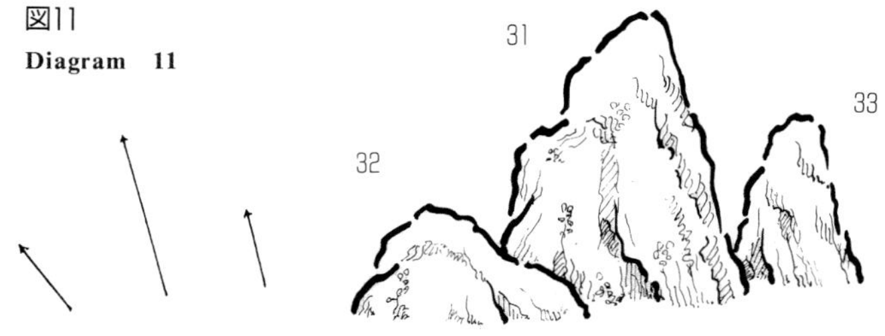

図12
Diagram 12

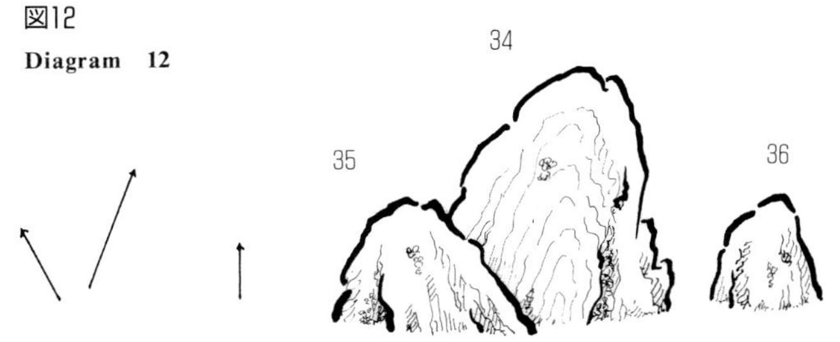

り，このあたりに石組の微妙な力関係が秘められているのである。

図12　34の主石は，右への傾斜を示した斜石手法である。

左に，ほぼまえ添えとされた添石35は，横石であるがかなり力強く，左手への斜石として力の移動を見せる。これは積極的な「ひっぱり」の造形といえよう。

右にわき添えとされた添石36は，直立しており，主石の力をここで安定させる「とめ」の手法を示す。

力関係は図７と少し似ているが，右添石が斜石とならないところが相違点となっている。

次に，図13から図18までは，三尊石組以外の三石組の参考例を解説して行くものである。

図13　主石はいうまでもなく山形の37であって，直石手法となる。

これに対して添石38は，完全なまえ添えであり，図では分かり難いがこの38は右と手前に傾斜を示すものである。したがって，この造形は「にがし」ということになる。

右の添石39は，わき添えであり，横石ながら主石に向っており，「せめ」であることが分かるであろう。

この角度で見る限り，三尊石組とは違っており，三石組に加えるべきである。

図14　主石は左にある40で，大きく右に傾斜をつけた斜石手法である。そのすぐ右下に，ふところ添えとして組まれた添石41は，二石組でも紹介した「うけ」の手法となっている。

これだけではややバランスが悪いが，右にある42の一石がそれに安定感をあたえている。この42は，添石の次にくる石，すなわちおさえ石で，このような三石組から，おさえ石が出現することになる。

42は，平天石で左の二石の力を止める「とめ」の造形を示す。

図15　左にある主石43は，やや左に傾斜した斜立石の斜石手法となる。右下の，わき添えの添石44は，反対に右への斜立石となり，ここに明らかな「ひっぱり」の造形が示されている。

この二石だけでは，安定に欠けているが，さらにその右に組まれたおさえ石45が二石に向っていく造形を示し，この石は添石44に対する「うけ」として用いられているが，多少は「とめ」の感覚をも持っていることが分かると思う。

変化ある石組として，参考になる造形といえよう。

図16　主石46は，山形の石で直石手法としてよい。

その右後方にわき添えとして組まれた添石47は，右への傾斜を示し，直石の主石の力を右へ逃がす「にがし」の手法である。

右の48は，おさえ石で，小さ目の平天石となり，直立して他の二石の力を止める「とめ」の造形である。このようなおさえ石は，平面空間の美を見せる一つのポイントとしても重要な役割を果たしている。

図17　主石49は，安定感のある立石で，直石手法で据えられている。

その右下にある横石でわき添えとなる添石50は，「とめ」のようにも思えるが，むしろ右手へ力を伝えていく「ながし」の手法と考

図13
Diagram 13

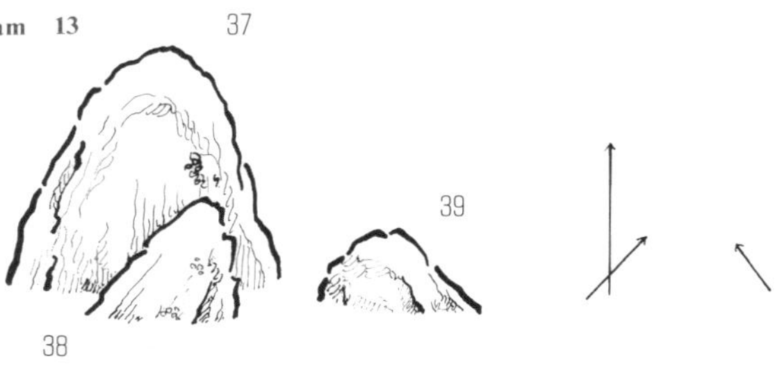

図14
Diagram 14

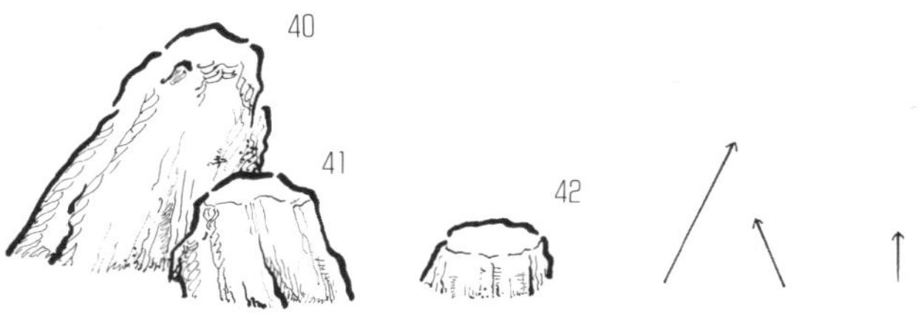

図15　Diagram 15

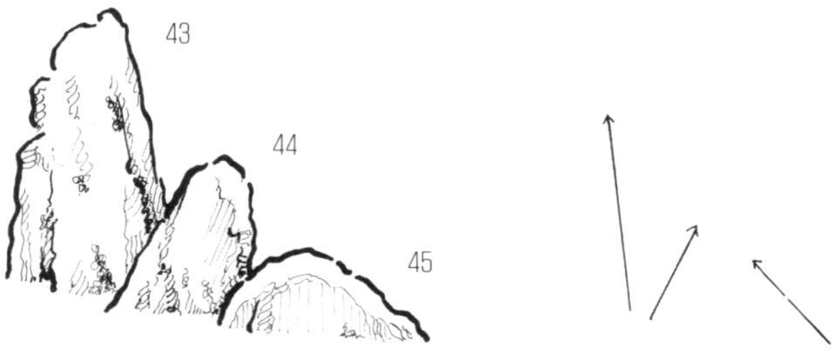

図16
Diagram 16

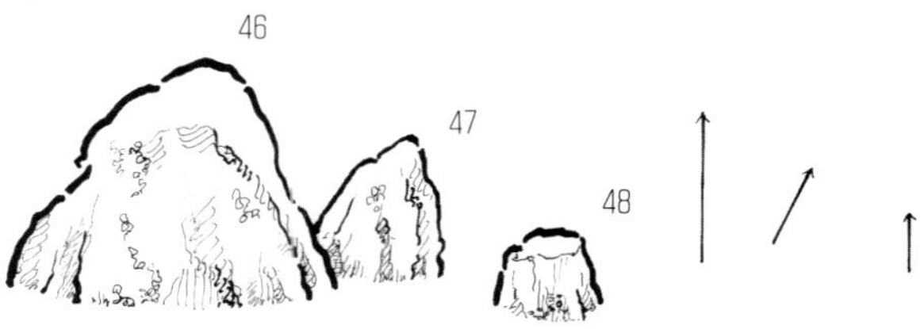

図17　Diagram 17

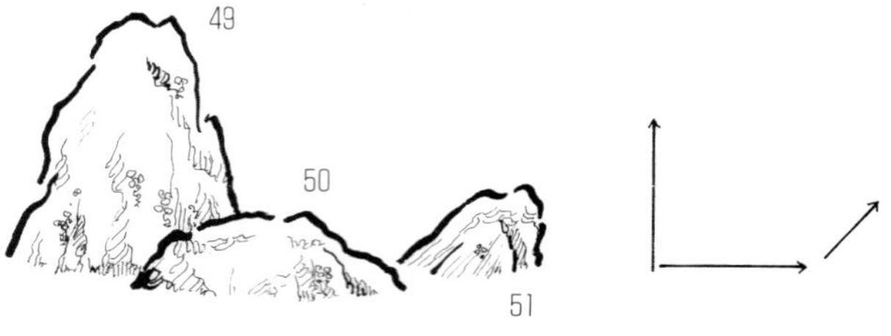

図18
Diagram 18

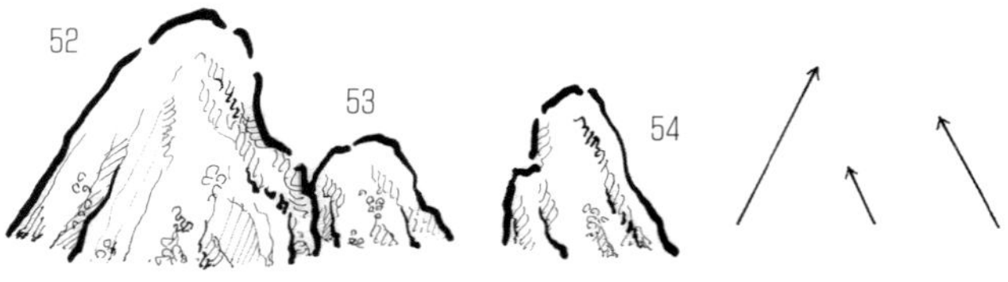

えるべきであろう。

したがって，この場合には，どうしてもその右におさえ石が必要となるのであって，それが51である。

この51は，小さな石であるが，右へかなり強い傾斜を示し，おさえ石としての「にがし」手法を見せる。それでいてこの三石はよくバランスが取れている。

図18　主石52は，やや変形の山形石であり，その勢いは右方向にかかり，斜石手法ということができる。

右後方のわき添えの添石53は，その主石方向に傾斜を示し，「うけ」の造形である。ただし，以上の二石だけでは，まだ主石の右への力が安定しないので，右におさえ石54を組んでいる。

54は，左への斜立石となり，主石からの力をしっかりと受け止めており，これは「うけ」の手法となっている。

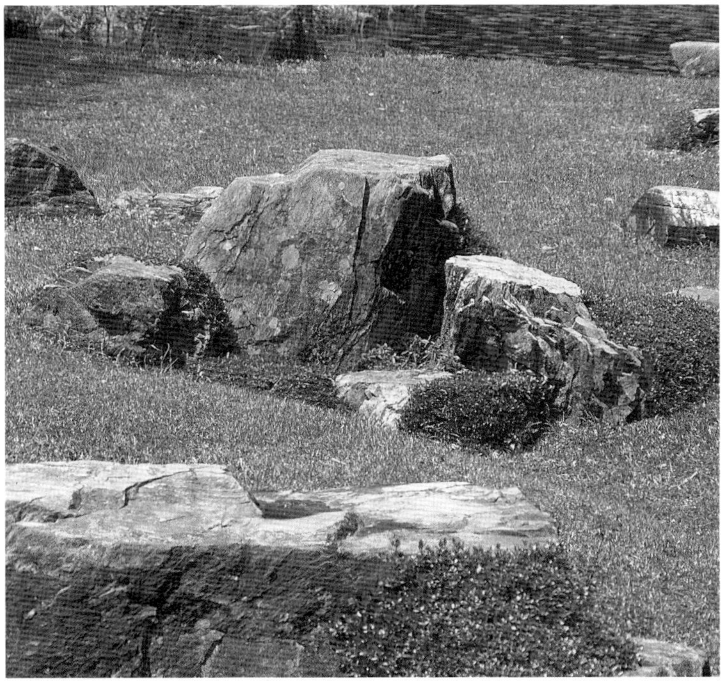

写真69　主石はやや右へ斜石となり，左右に「わき添え」の添石を組む。添石は左が「おい」，右は「うけ」の造形。（常栄寺庭園・室町時代）

69. The side accessory stone at the left is pursuing; the one at the right is receptive (Jyoei-ji temple, Yamaguchi Pref.; Muromachi period)

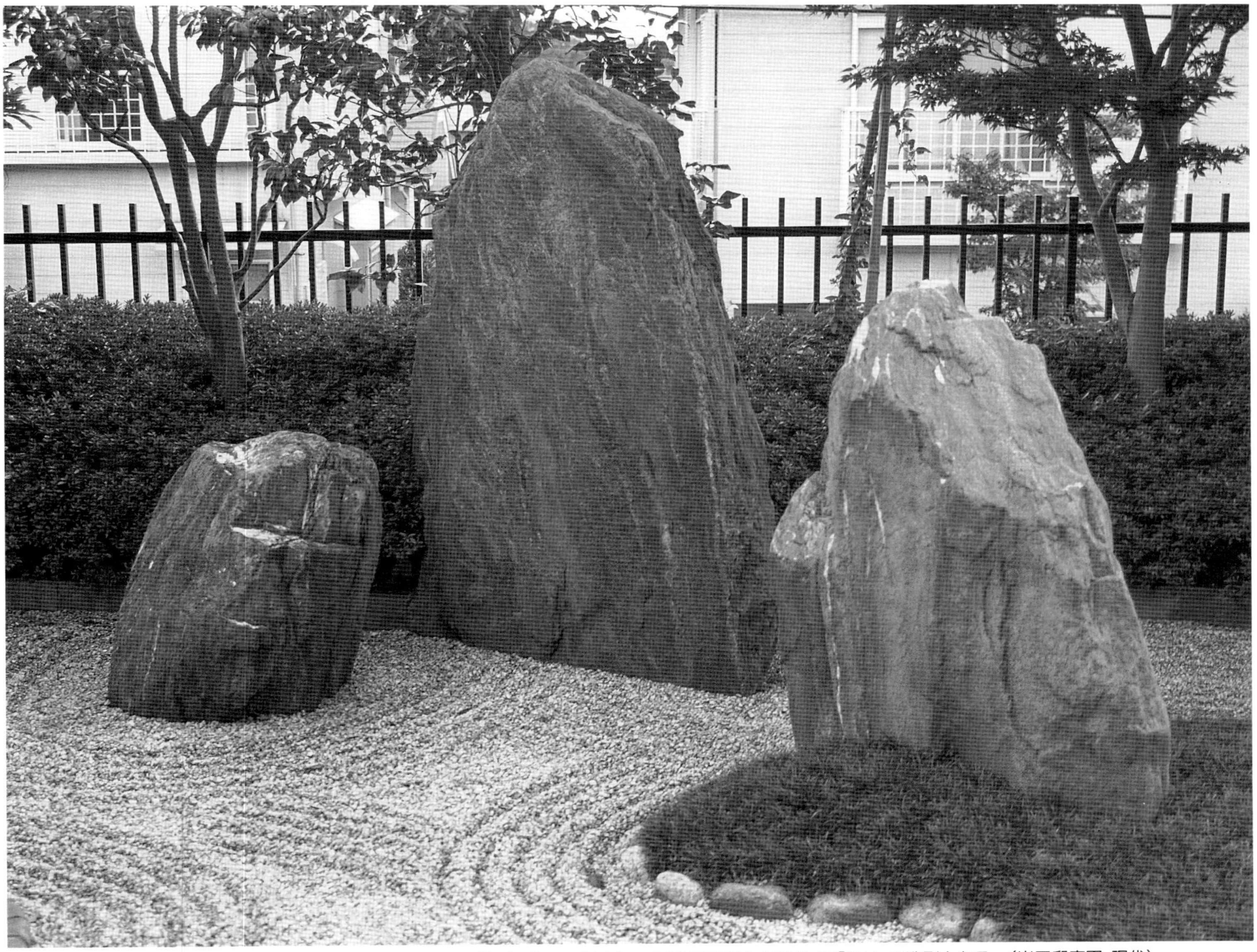

写真70　左と手前に斜石手法を示す主石に対して，左添石は「わき添え」で「うけ」。右添石は「はなれ添え」で「おい」の造形となる。（岩田邸庭園・現代）

70. The side accessory stone on the left is receptive; the distant accessory stone on the right is pursuing (Iwata estate, Chiba Pref.; modern)

（3） 四石組以上の造形

三石組までの石組造形は，石組の最も基本的な力関係を持っているが，四石組からはさらにそれを発展させた造形となり，石数が増えるにしたがい，複雑化してくるように見える。

しかし，これをよく見るならば，主石，添石，つらね石，おさえ石という関係に根本的な変化はない。

ここでは，四石組から九石組までの一群の石組を図に示しながら，その力関係について見ていくこととする。

ただし，前図までは石数が少なかったので，力の移動等を示す矢印を入れたが，ここでは図のスペースの関係でそれができないので，解説によりそれを理解していただきたいと思う。

下には，まず四石組の実例を紹介した。通常四石による石組はあまり好まれず，またまとまりも悪いとされている。

たしかに組みにくいことは事実であるが，必ずしも四石組が造形として悪いとはいえない。組み方によっては，おもしろい景とすることも十分可能である。

図19　主石１が直石手法で，左のわき添えとして組んだ２は主石に向って傾斜を見せ「せめ」。まえ添えとわき添えの中間的な３の添石は，微妙だが右手への「ながし」と考えられる。

右のおさえ石４は，３の力を受けながらも，主石に向っており，これも「せめ」の造形としてよい。ポイントは３であり，この横石が四石組の単調さを消している。

図20　主石５がやや左手への斜石手法であり，左のわき添え７はその勢いを受け止める「うけ」である。６のおさえ石はやはり右へ力をかけた横石で，これも「うけ」としてよい。

右のわき添えとなる８は，どちらかというと主石の力を引き止める効果を持っており「ひっぱり」の傾向が大きい。

図21　主石９が堂々とした直石手法で，左のわき添え10がその力を左に伝える「にがし」。右のわき添え11は安定感のある「とめ」である。以上の三尊石組に対してまえ添えとされた横石12はすべての造形を引き締める「とめ」であり，三尊の前の台座石などといわれる形式のものである。

図22　主石13は山形石ながら右への斜石手法を示しており，堂々とした姿といえる。左の添石14はわき添えで，右へ大きく力の移動を見せ，「おい」の典型である。主石手前の添石15はまえ添えで，造形的には「うけ」といってよい。

右の16はわき添えで，主石の力を支えてはいるが，受けているというほどではなく，やはり「とめ」と考えるべきであろう。ただし，これも十分ではなく，さらに右にあるおさえ石16′に力をつなぐ意図が大きい。16′は，いうまでもなく主石方向へ力をかけており，全体の造形を受けていて，「うけ」の好例といえる。

図23　主石の17は，少々するどい感覚の立石で，変化はあるが，用法からすると直石手法である。その左下のわき添え19は，安定感のある山形石で「とめ」。これに対してその左に組んだおさえ石18は，左に傾斜を示した「にがし」の手法で，石組に動きを出している。

図19
Diagram　19

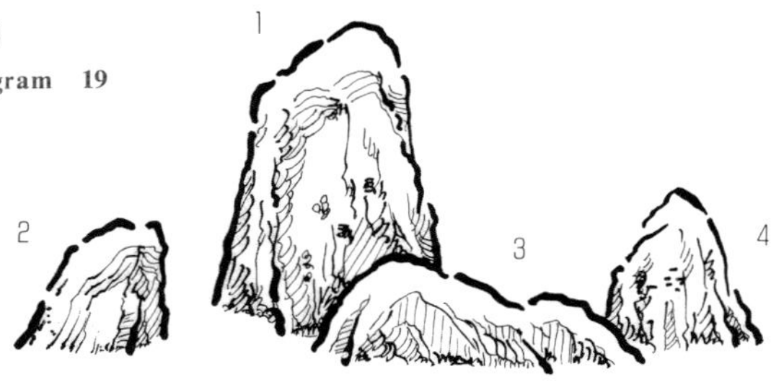

図20
Diagram　20

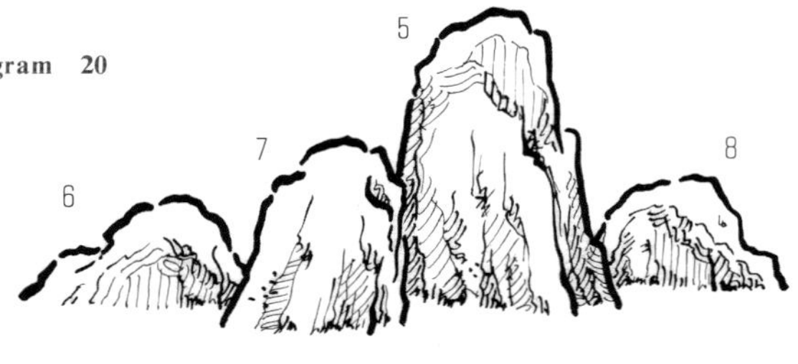

図21
Diagram　21

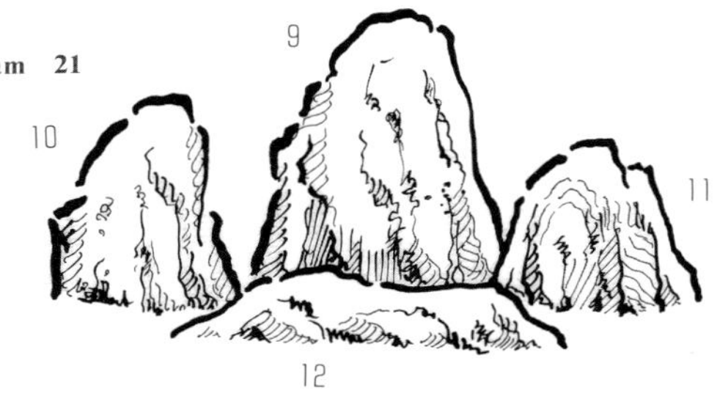

図22
Diagram　22

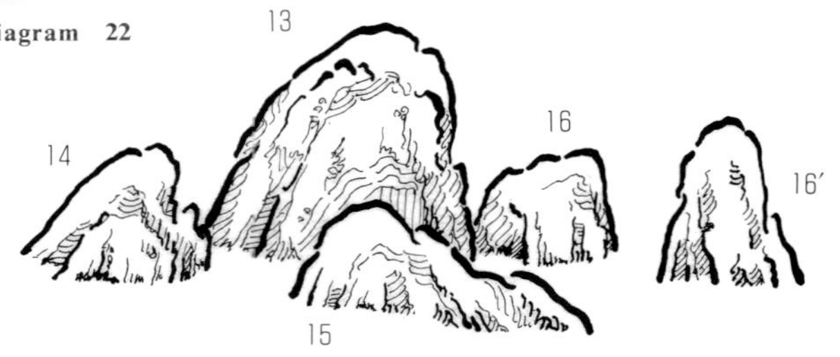

図23
Diagram　23

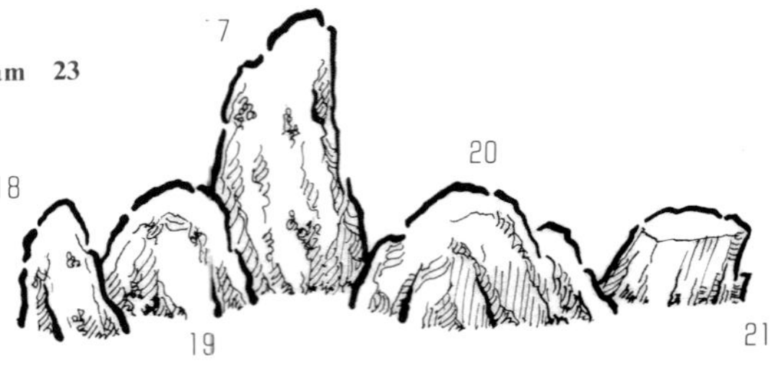

図24
Diagram　24

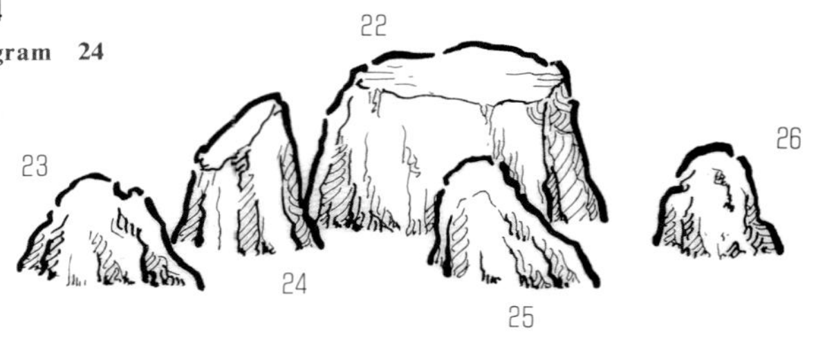

主石右のわき添え20は山形の横石となり，これも「とめ」であるが，主石の形からすると「ひっぱり」的なところもある。右のおさえ石21は，平天石であり大きく右に傾斜して「にがし」の造形を見せている。主石を石組の中央に据えず，左にずらしている点が一つのポイントで，これは他の石組にも共通する技法といえる。

図24　最も大きな平天石22が主石となる五石組で，主石はいうまでもなく直石手法。

その左のわき添え24は，傾斜を示してはいないので「とめ」であるが，石の感覚からすると「にがし」のようにも見える。これに対して左に組んだ23のおさえ石は，わずかに左への力の移動を見せ，この場合は「にがし」と考えてよい。

主石のまえ添えとなる25は，かなり強い傾斜角度で「せめ」の造形を見せ，石組全体に大きな変化を与えている。

26はわき添えとはなれ添えの中間的な一石で，角度はわずかだが主石へ力をかけており，「せめ」であることが分かるであろう。

図25　主石27は，左に強い傾斜を示した斜石手法であり，その左下の29はふところ添えの平天石で，典型的な「とめ」ということができる。ただし，この29だけでは主石の力を止め切れておらず，そのために28のおさえ石が必要で，主石方向に斜石となり，「うけ」となっている。

この石組での大きなポイントは，手前に組んだ平天の伏石30であって，この石はやはり主石前方のおさえ石というべきものである。造形は「とめ」とすべきであろう。

右の添石31はわき添えで，主石方向に力をかけており，「おい」の造形となっている。二石の平天石に注目すべきものがある五石組といえよう。

図26　横幅のある力強い感覚の主石32は，左への斜石手法であり，その左のわき添え34は，それに対してするどく迫った形式の斜立石で「うけ」の造形を示す。

33のおさえ石は小さめの立石で，完全な「とめ」とされる。

主石の手前にまえ添えとされた山形の横石は，微妙な感覚だが主石との関係からいえば「とめ」に近い。しかしここでは34の添石との力関係もあって，34を主とすれば，35は「うけ」ともいえる。このあたりが一つの変化であり，おもしろさといえよう。

36のわき添えは，ほぼ直立しているが，主石の勢いを引き止める力があり，「ひっぱり」の好例といえる。

図27　37は立石の直石手法で，主石を全体の右手へ寄せて組んだ例である。左のわき添えとなる39は，大きめの横石で，主石に力をかけた「せめ」。さらにその左の38は，いうまでもなくおさえ石で，39とは反対方向に移動を見せ，「にがし」の造形とされる。

主石手前の40は，39が間に入ってくるので，造形としてはおさえ石であり，前方の「とめ」と考えるべきであろう。

41は主石のわき添えで，それに向って行く力があり，これは当然「せめ」ということになる。

この五石組では，横石の39が造形の変化を強調し，また40も遠近法という点でよく生かされている。

図28　これからの三例は偶数の六石組である。

主石42は直石手法であり，左下のわき添え44は「とめ」の造形。

図25
Diagram 25

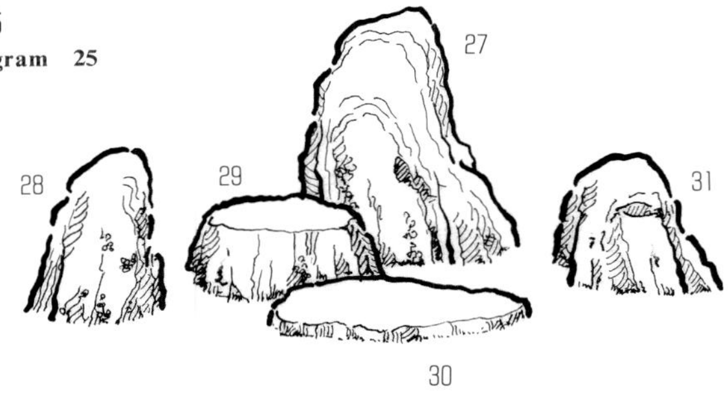

図26
Diagram 26

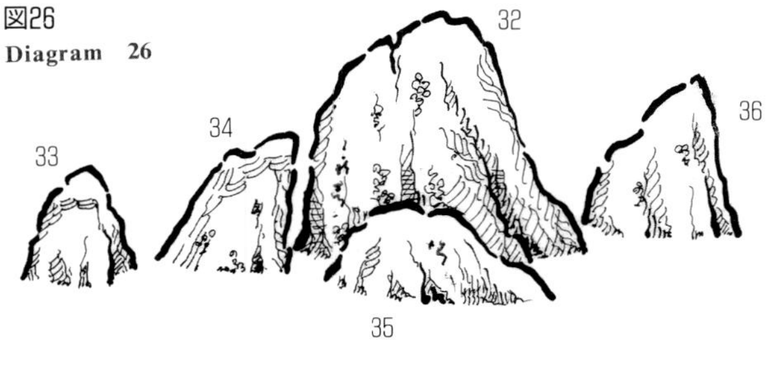

図27
Diagram 27

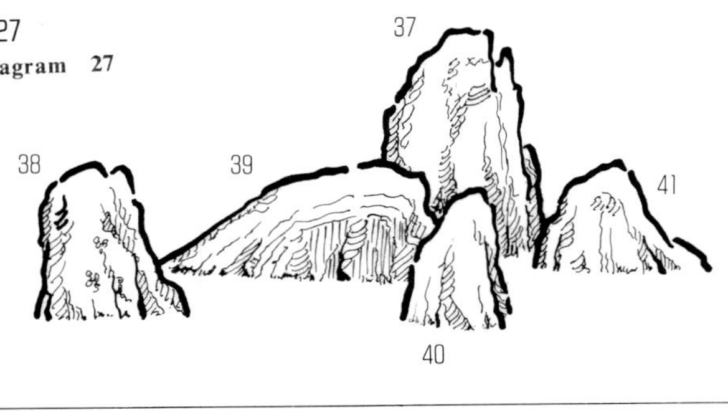

図28
Diagram 28

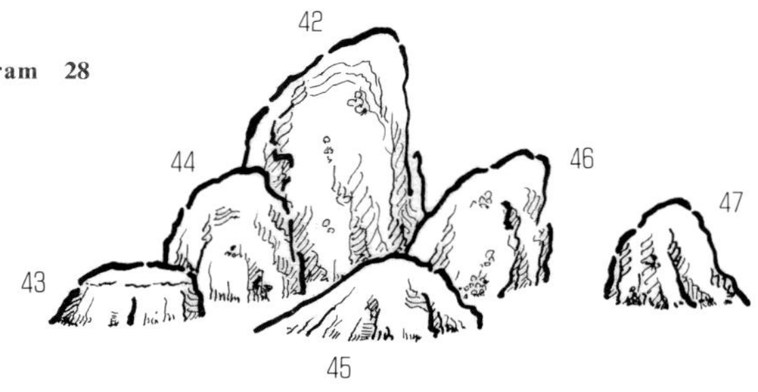

図29
Diagram 29

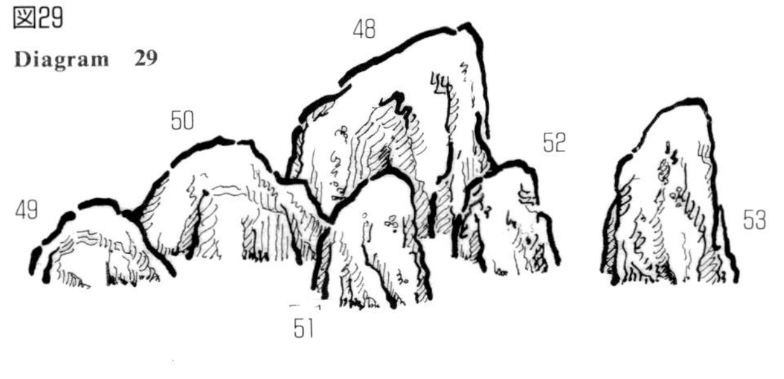

図30
Diagram 30

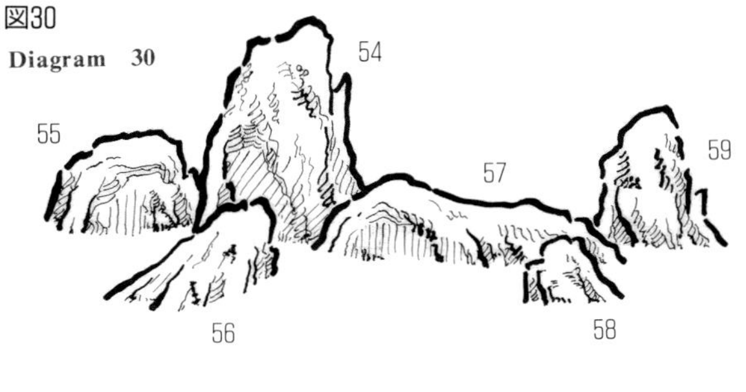

さらに，その左下に組んだおさえ石43は平天石でやはり「とめ」となっている。以上の三石は安定していて変化は少ない。

手前の山形横石45は，おさえ石であり造形はやや右に力をかけているが，感覚としては「とめ」であろう。

46はわき添えで，主石の力をかなり大胆に右へ逃がしており「にがし」の典型手法である。この一石が大きな変化をあたえている。46と45の関係でいえば，45は「おい」ともいえる。

右のおさえ石47は，左に力をかけており，ここでは「うけ」と考えてよい。六石組は偶数であっても四石組よりは組みやすいものである。

図29　主石48は，図28の42と似た感覚だが，それよりもかなり横幅が広い。やはり直石手法とすべきであろう。

左下のわき添え50は山形横石で，少しではあるが左手に力をかけており，「にがし」の手法と考えてよい。49のおさえ石も感覚は似ているが，こちらは「とめ」に近い造形である。

手前の51は，はなれ添えとも，おさえ石ともとれる中間的な立石で，「とめ」であるが，主石方向への傾斜があると見れば「せめ」となる。このあたりは図では表現が難しい。

わき添え52は，少しだが主石へ向っており「せめ」。おさえ石53の立石は，わずかに左に力の移動が感じられるもののこの程度では「とめ」と見た方がよい。

図30　主石54は直石手法で，バランスからいうとかなり左に寄せて組んでいる。

その左にわき添えとされた55は，明らかな「とめ」であるが，主石の形からすると「ひっぱり」的感覚を持っていることも事実である。手前の添石56は，まえ添えというより，はなれ添えであり，主石に向う「せめ」ということができる。

主石の右にわき添えとされた横石57は，この六石組のポイントであるが，主石の方向へ向う「せめ」を少々見せながら，実際には右手への「ながし」の手法が強い。その右手前に組んだおさえ石58は，小さいながら「せめ」であり，また右のおさえ石59は，力強い感覚の斜立石で，明確な「せめ」であることが分かる。57によって生みだされた空間が，この石組のおもしろさであろう。

図31　これからの三例は七石組の作例図解である。石数が多くなると，ついまどわされやすいが，原則はまったく同じだということを理解してほしい。

主石60は形から見て左への斜石手法のようにも見えるが，ほぼ直石手法と考えられる。左のわき添え62は，少々左への「にがし」を見せ，おさえ石61も左へ力をかけた斜立石でやはり「にがし」の造形である。

手前のおさえ石63も，やや左への動きを見せるが，主石との関係では「とめ」といってよい。64は少し遠く，はなれ添えであるが，主石に向う勢いがあり，ここでは「せめ」と見たい。

わき添えの65も，やはり主石に力をかけており「せめ」である。

これに対して，右にあるおさえ石66は立石であり，「とめ」の感覚であると共に，64，65の二石に対しては「ひっぱり」の効果を見せている。全体としてはおとなしい表現であり，特にポイントは感じられない。

図32　主石67はかなり強い右への角度をもった斜石手法で，この石をどのように生かすかが重要である。

まず左わき添えの69は，反対の左方向へ傾斜し，最も明確な「ひっぱり」の造形である。これに対して小石ではあるがおさえ石68は，69に対する「うけ」としてよく景をまとめている。

手前のまえ添え70はややおとなしい横石で「とめ」としてよい。

この七石組中での最も特色ある造形はわき添えの71で，横石ながら強い感覚を有し，主石に負けぬ勢いで左に力を移している。これは明らかな「うけ」である。

この変化ある67・71の二石に対して，71の右には立石72を組むが，これは添石とおさえ石の間に位置するつらね石である。

このつらね石は「とめ」と「ひっぱり」の両者を兼ね，七石組の造形をさらに味わい深いものにしている。

最も右に組んだおさえ石73は小石であるが，すべての造形をまとめる「とめ」の手法としてよく生かされている。

図33　堂々とした感覚の横石74が主石で，いうまでもなく直石手法である。

これに対し左下のわき添え77はあえて低い石で「とめ」の手法とし，主石の力を十分に止め切れぬようにして，次のつらね石76に景をつないでいる。この76は立石であり，これも「とめ」とすることによって，大きな主石とのバランスをよくとっている。

75は平天のおさえ石で，これも「とめ」の造形となっている。

主石の手前にある立石78は，はなれ添えで，遠近法にかなった組み方であるが，造形としては「とめ」と考えるべきであろう。

わき添えの大きめの山形石79は，よく主石と調和した組み方であり，やや主石に力をかけているようにも見えるが，これもどちらかというと「とめ」の手法である。そして，最も右手に組んだお

図31
Diagram　31

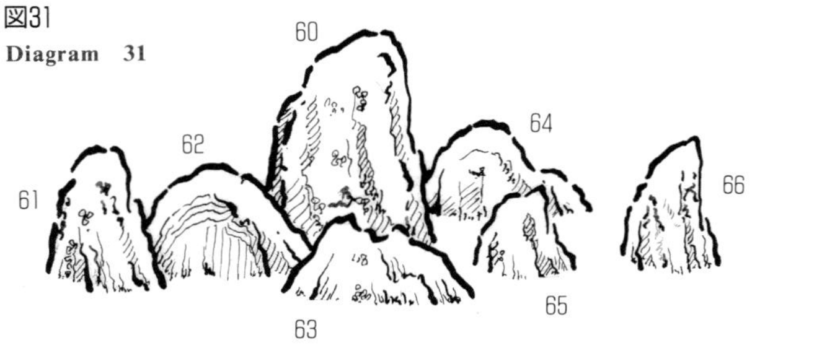

図32
Diagram　32

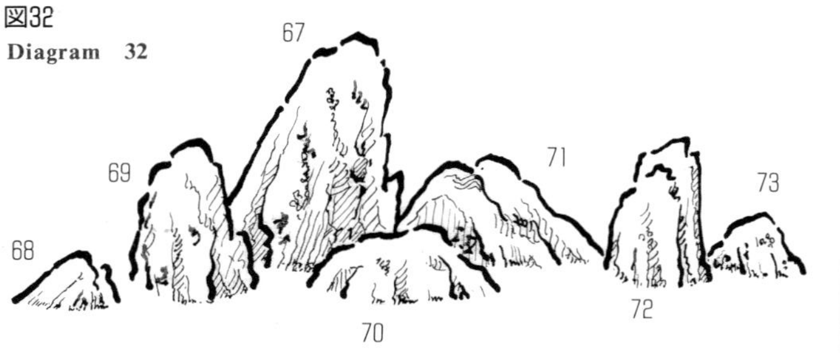

図33
Diagram　33

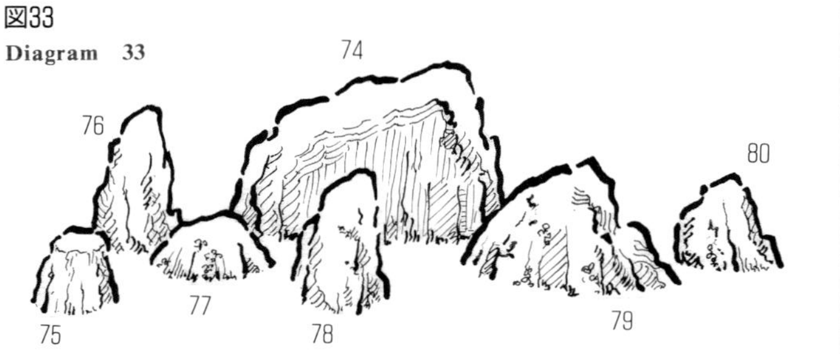

さえ石80だけは，中央に向って傾斜を示し，「せめ」として七石組全体をよくまとめる役割を果たしている。

図34　この図は八石組の例であるが，この位石数が増えると，偶数，奇数ということはあまり関係しなくなってくる。

主石81は立石の直石手法で，周囲に四石の添石を組む。まえ添えというべき84は山形石で「とめ」といえる。その左後方にある添石83も角度を見せず「とめ」としてよい。左側は84，83の二石だけでは不安定だが，左に少々離しておさえ石82を組み，これをかなり強く主石方向に傾斜させることによって，力強くしかも巧みな空間処理とする。82は明確な「せめ」といえよう。

主石の右後方にある添石86は，山形石ながら左に力をかけて，これも「せめ」の造形であり，その手前のわき添え85も「せめ」であることが分かる。

87はつらね石に当るが，これはほぼ直立しており「とめ」であるが，86に対しては「ひっぱり」の効果を持っている。

右のおさえ石88は，ごく小石ながら，空間をよく引き締める「とめ」として重要な存在となっている。

図35　以下の二例は，今回最も数の多い九石組の参考例である。

89の主石は，かなり大きく右への斜石手法となり，左手前にはわき添えの横石92を組む。この92は左への力の移動を見せ「ひっぱり」である。わき添え91は立石で直立するが，主石が右への斜石手法なのでこれも「ひっぱり」となる。

さらにその左に組んだおさえ石90は，大きく左へ力をかけ「にがし」の造形を見せている。手前の低い横石のおさえ石93は「とめ」であり，94はふところ添えで典型的な「うけ」の手法である。

95と96は共におさえ石と添石との中間に組んだつらね石であり，95は山形石で「とめ」。96は少々するどい感覚の立石であるが，これも「とめ」である。

右手のおさえ石97もやはり「とめ」であり，ここでは94，95，96，97の各石が主石の傾斜角度に対して総合的な調和を計っていることに注意してほしい。

この九石組で景をまとめるよく利いた造形は，90の斜立石であるといえよう。

図36　石数が多くなると，どうしてもまとまり難くなり，また複雑化する傾向もでてくるが，それを逆に考えればそれだけに変化ある景を作ることも可能となる。

これはそのような作例で，主石98は直石手法であり，左下のわき添え103は大きく主力に向っており「せめ」となる。

はなれ添えの101はやや右へ力の移動を示すが，まず「とめ」といってよい。

102は手前のおさえ石だが，平天石ながら103と同様に「せめ」として動きを強調している。

100の立石がつらね石であり，ここでは「とめ」となっているが，この左手の一つのポイントとして主石と対照的に用いている点が特色である。その左下のおさえ石99は，やや右に力をかけて「せめ」の造形を示す。主石の右わき添え104も，主石に向っており「せめ」。はなれ添えの105は「とめ」である。右手のおさえ石106は，力強く主石方向に傾斜を示しており，「せめ」であることが分かる。

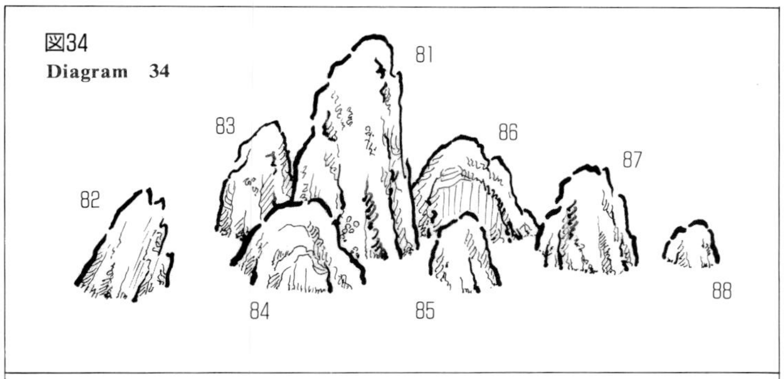

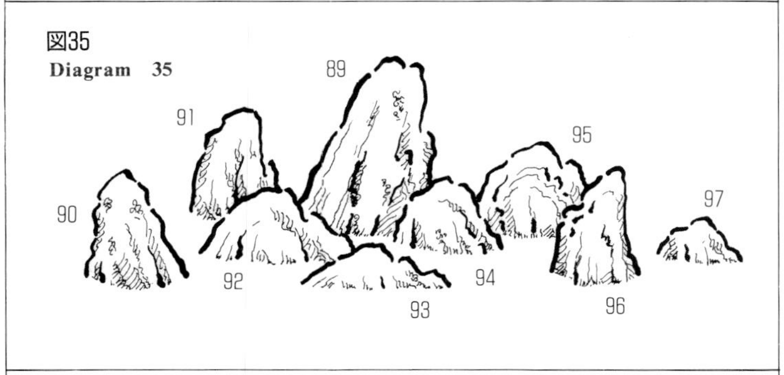

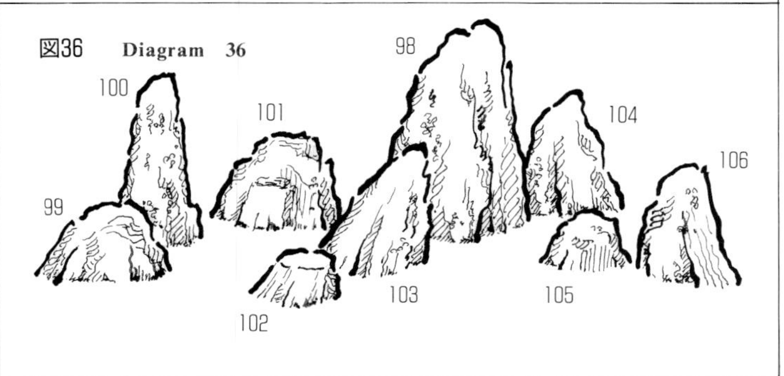

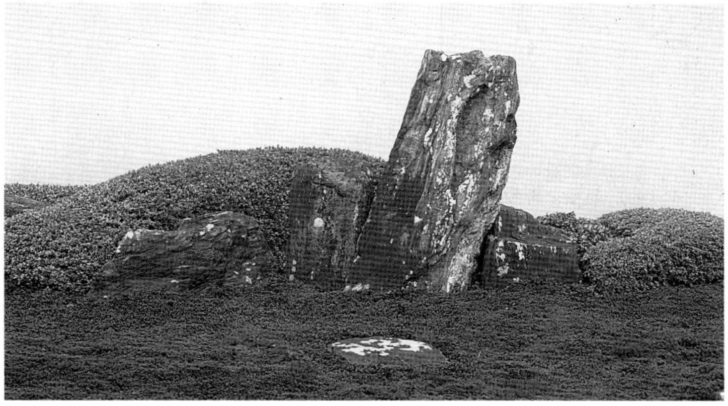

写真71　大きく右手への斜石手法を見せる主石を中心とした，変化ある五石組の名作。手前の平石がポイントといえる。（龍源院庭園・室町時代）

71. The main stone leans strongly toward the right, surrounded by four other stones (Ryogen-in temple, Kyoto.; Muromachi period)

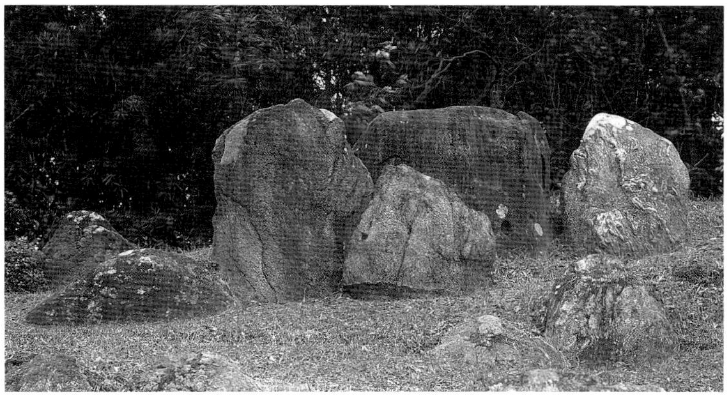

写真72　築山上部に組まれた五石組。直石手法の横石を主石として，遠近感と動きを強調した優れた造形を示している。（旧円融寺庭園・江戸初期）

72. A five-stone arrangement atop a built-up hill (former En'yu-ji temple, Nagasaki Pref.; early Edo period)

Basic Structure of Stone Arrangements

(Pages 82–95)

Terminology (Pages 82–83)

Four types of stones (based on their relationship to one another) may be found in a stone arrangement: (1) one **main stone**, which is the tallest or most imposing stone; (2) one to five **accessory stones,** which are usually in placed in direct relation to the main stone; (3) one or more **unifying stones**, which serve to hold the arrangement together visually; and (4) one or more **linking stones**, placed between an accessory stone and a unifying stone. A stone arrangement need not have all four types of stone; a one-stone rock island arrangement, for example, would comprise only a main stone, and *sanzon* arrangements have only a main stone and two accessory stones.

The main stone of an arrangement may be positioned either erect or diagonally (see previous section). Accessory stones may be placed in one of five positionings relative to the main stone, giving five terms: (1) **huddled** accessory stone (the accessory stone is placed in the shadow of a diagonally placed main stone); (2) **front** accessory stone; (3) **rear** accessory stone; (4) **side** accessory stone (any position other than directly or almost directly in front of or behind the main stone); and (5) **distant** accessory stone (the accessory stone is fairly separated from, but still visually related to, the main stone; it becomes a unifying stone if another stone is placed in between).

Energy Relationships

The relationship between the main stone and other stones is more than one of relative position. There is also a relationship of energy flow between the stones, which the following descriptions and accompanying drawings should make clear. There are seven basic relationships, delineated immediately below.

Two stones (Pages 84–87)

The basic energy relationships are most easily seen when there are only two stones in question (a main stone and accessory stone).

Receptive describes a relationship in which the accessory stone receives fully the energy from the main stone. The main stone must be placed diagonally toward the accessory stone to show this movement; the accessory stone is also placed diagonally (Diagrams A–D). (A: A receptive huddled positioning, the most typical receptive placement. B: The two stones are somewhat separated. C: The two stones are at only slight angles, resulting in a stable appearance. D: A low main stone and a strong horizontally placed accessory stone.)

Transmitting refers to a relationship in which the accessory stone transfers the energy of the main stone; this would imply that there are other stones in the arrangement to receive the energy. The main stone may be erect or diagonally placed (usually the latter), while the accessory stone is diagonal (Diagrams E–H). (E: An erect main stone with an accessory stone angled strongly to the right. F: A mountain-shaped main stone and side accessory stone. G: Both stones are angled toward the right, with the side accessory stone transmitting the energy of the main stone. H: The front accessory stone transfers the energy to the front and right.)

A ***pulling*** relationship is seen when the main and accessory stones are angled away from one another (Diagrams I–L). Such a positioning is extremely useful in adding interest to an arrangement. (I, J: The side accessory stones are pulling the main stones strongly toward the right, a typical arrangement in old gardens. K: The side accessory stone, at a slight angle, is pulling gently on the mountain-shaped main stone. L: A flat-topped main stone and small side accessory stone.)

When the main stone is at an angle and the accessory stone is behind it at the same or a steeper angle, the stones are said to be in a ***pursuing*** relationship (Diagrams M–P). (M: A small accessory stone pursuing a large main stone at somewhat of a distance. N: The two stones are closer here; this is a typical arrangement in older gardens. O: Relatively low-lying stones in a pursuing relationship. P: The pursuing accessory stone is a horizontal stone angled strongly toward the main stone.)

A ***stopping*** relationship occurs when an erect accessory stone is placed next to an erect main stone or in the shadow of a diagonal main stone (Diagrams Q–T). The difference between this the a receptive relationship is that with the latter, the accessory stone is placed at an angle. (Q: The flat-topped front accessory stone is well balanced with respect to the main stone, resulting in a stable arrangement. R: Both stones are erect mountain-shaped stones. S: The small, erect accessory stone effectively stops the energy flowing from the slightly distant diagonal main stone. T: The accessory stone is a horizontal one.)

In an ***attacking*** relationship, the main stone is erect and the accessory stone is placed at an angle toward it (Diagrams U–X). (U: Typical example of an attacking relationship. V: The front accessory stone is in an attacking relationship toward the mountain-shaped main stone. W: The two stones are rather distantly separated. X: The accessory stone is in a horizontal stone, but at a slight angle.)

The term ***flowing*** relationship is used when the energy from the main stone (which may be erect or diagonal) seems to be neither actively transmitted nor stopped by the accessory stone (1–4); the energy is essentially flowing on its own. The accessory stone is usually a horizontal or flat stone. The use of this relationship implies that other stones must be present for the energy to flow to. (1, 2: Horizontal stones in flowing relationships to their main stones. 3: The accessory stone is a flat stone. 4: The accessory stone is not clearly in a stopping relationship to the main stone; the energy is apparently flowing.)

Three stones (Pages 88–91)

An arrangement of three stones may comprise a main stone and two accessory stones (usually a *sanzon* arrangement, with the main stone in the center) or a main stone, accessory stone, and unifying stone (with the main stone at one end). Diagrams 1—12 show *sanzon* arrangements, and Diagrams 13—18 other possibilities. The arrows in the diagrams indicate whether the stones are erect or diagonal.

Diagram 1. Stones 1 and 2 are in a stopping relationship, while Stone 3 is in an attacking relationship to Stone 1, adding interest to the arrangement.

Diagram 2. Stones 4 and 5 are in a transmitting relationship. Although Stone 6 is in a stopping relationship to Stone 4, its overall effect with respect to the other two stones is one of pulling.

Diagram 3. Both accessory stones are in a stopping relationship to the main stone. The effect is very stable.

Diagram 4. An unusual, but balanced, arrangement, with both accessory stones in transmitting relationships to the main stone.

Diagram 5. Stones 13 and 14, both mountain shaped, are in a stopping relationship. Stone 15, although relatively low lying, is angled strongly enough to be in a transmitting relationship to the main stone.

Diagram 6. The main stone, while shaped toward the right, is essentially erect. Stone 17 is in a stopping relationship to the main stone, and Stone 18 in an attacking relationship.

Diagram 7. Stone 20 is pulling at the main stone, while Stone 21 is in a receptive relationship.

Diagram 8. Stone 23 is pulling slightly at the main stone, and Stone 24 is huddled with and receptive to the main stone.

Diagram 9. Stone 26 is clearly in a pursuing relationship to the main stone. Stone 27 is essentially in a stopping position, but may also be somewhat receptive.

Diagram 10. Stone 29 is in a strong transmitting relationship to the main stone; Stone 30 is pulling at both of the others.

Diagram 11. Stone 32 is transmitting the energy of the main stone to the left, and Stone 33 is pursuing the main stone slightly.

Diagram 12. Stone 35 is strongly pulling at the main stone, while Stone 36 is in a stable stopping relationship.

Diagram 13. Front accessory Stone 38 is angled to transmit the energy of the main stone, while side accessory Stone 39 is attacking the main stone.

Diagram 14. Huddled accessory Stone 41 is receptive to the main stone. Stone 42 is a unifying stone that provides balance to the other two; it is in a stopping relationship to the other two stones.

Diagram 15. Side accessory Stone 44 is pulling at the main stone. These two stones alone would appear unstable, so a unifying stone is added (Stone 45), which is in a receptive (or perhaps stopping) relationship to the other two.

Diagram 16. Side accessory Stone 47 is in a transmitting relationship to the main stone. The somewhat distant unifying stone (Stone 48) stops the energy flow from the other two.

Diagram 17. Stone 50 is probably best described as being in a flowing relationship to the main stone. A unifying stone is required in such an arrangement; Stone 51 acts to transmit the energy flow.

Diagram 18. Stone 53 receives the energy from the main stone but is insufficient to stabilize the relationship. The unifying stone at the right further receives the energy flow.

Four or more stones (Pages 92—95)

In this section we look at arrangements of up to nine stones. While complex, such arrangements can be described in terms of the four types of stone (main, accessory, linking, unifying) and their energy relationships.

Diagram 19 (four stones). Accessory Stone 2 is attacking main Stone 1; accessory Stone 3 is flowing with respect to Stone 1. Stone 4 is the unifying stone, which, while in an attacking position toward the rest of the arrangement, receives its energy. Without Stone 3, the arrangement would be uninteresting.

Diagram 20. Accessory Stone 7 is receptive toward main Stone 5. Unifying Stone 6 is also receptive. Accessory Stone 8 pulls energy from the main stone.

Diagram 21. Accessory Stone 10 transmits energy from main Stone 9; accessory Stone 11 stops the main stone's energy, stabilizing the arrangement. The front accessory stone (12), a pedestal stone, is in a stopping position with respect to the other three, which are essentially a *sanzon* arrangement.

Diagram 22 (five stones). Accessory Stone 14 is pursuing main Stone 13; accessory Stone 15 is receptive toward Stone 13. Accessory Stone 16 is in a stopping relationship to Stone 13, but because of the main stone's overpowering position, unifying Stone 16′ is added; it is receptive toward the whole arrangement.

Diagram 23. Accessory stone 19 stabilizes the rather prominent main stone (17) with its stopping position. Unifying Stone 18, in a transmitting relationship to the main stone, helps restore a dynamic sense to the arrangement. Accessory Stone 20 and unifying Stone 21 are in the same respective relationships to the main stone, although their shapes are rather different from Stones 19 and 18. The lack of symmetry makes the arrangement interesting.

Diagram 24. Accessory Stone 24 is in a stopping (or perhaps transmitting) relationship to main Stone 22. The slight leftward slant of unifying Stone 23 makes it transmitting. Accessory Stone 25 is pursuing the main stone, as is, slightly, distant accessory Stone 26.

Diagram 25. Accessory Stone 29 is in a stopping relationship to main Stone 27; however, unifying Stone 28, in a receptive position, is needed to balance the main stone's energy. In a stopping position with respect to the main stone, the flat-topped unifying Stone 30 adds interest to the arrangement. Accessory Stone 31 is pursuing the main stone.

Diagram 26. The angle of accessory Stone 34 makes it receptive toward main Stone 32. Unifying Stone 33 is in a stopping position. Accessory Stone 35 is either stopping or receptive; the uncertainty makes the arrangement as a whole interesting. Accessory Stone 35 pulls the energy from the main stone.

Diagram 27. Accessory Stone 39 is attacking main Stone 37. In contrast, unifying Stone 38 draws the main stone's energy toward the left in a transmitting position; this is effective in the otherwise "right-heavy" arrangement. Stone 40 is in a stopping position; because Stone 39 intervenes between it and the main stone, Stone 40 is considered a unifying stone. Accessory Stone 41 is clearly in an attacking position.

Diagram 28 (six stones). Accessory Stone 44 and unifying Stone 43 are in stopping relationships to main Stone 42; these three stones alone would be uninteresting. Unifying Stone 45, while leaning somewhat to the right, is essentially in a stopping position. Accessory Stone 46 is clearly transmitting the energy of the main stone, while accessory Stone 47 is in a receptive position.

Diagram 29. The slightly left-leaning shape of accessory Stone 50 gives it a transmitting position with respect to main Stone 48. Unifying Stone 49 is in a stopping position. Stone 51 could be considered a distant accessory stone or a unifying stone, and may be in a stopping or an attacking position (it is difficult to tell in this drawing). Accessory Stone 52 is in a slightly attacking position, while unifying Stone 53 is in a stopping position.

Diagram 30. Accessory Stones 55 and 56 are in stopping and attacking positions, respectively, toward main Stone 54. Accessory Stone 57, which gives the arrangement its interest, is slightly attacking but is probably best considered flowing. Unifying Stones 58 and 59 are both in attacking positions.

Diagram 31 (seven stones). Accessory Stone 62 and unifying Stone 61 are both transmitting with respect to main Stone 60. Unifying Stone 63 is in a stopping position. Accessory Stones 64 and 65 are both in attacking positions. Unifying Stone 66 may be considered stopping overall or pulling with respect to Stones 64 and 65.

Diagram 32. Doing something with the strongly right-leaning main stone (67) is the challenge here. Accessory Stone 69 pulls it toward the left, while unifying Stone 68 receives the energy. Accessory Stone 70 is in a stopping position, while accessory Stone 71, the most interesting one in the arrangement, is receptive. Unifying Stone 73 is in a stopping position, with Stone 72, having both stopping and pulling characteristics, linking it to the rest of the arrangement.

Diagram 33. Small accessory Stone 77, in a stopping position, is insufficient to balance the large main stone (74), so a linking stone (76) and unifying stone (75) are added; both are in stopping placements. Accessory Stones 75 and 79 are also in stopping positions, while unifying Stone 80 brings some variety with its attacking position.

Diagram 34 (eight stones). Accessory Stones 83 and 84 are in stopping positions relative to the main stone (81); the left side needs something more, so unifying Stone 82 is placed at somewhat of a distance in an attacking position. Accessory Stones 85 and 86 are in attacking positions on the right. Linking Stone 87 is in a stopping position generally, but perhaps in a slightly pulling posture toward Stone 86. Stone 88 unifies the arrangement with its small size and stopping position.

Diagram 35 (nine stones). The main stone (89) is oriented considerably toward the right, so accessory Stones 91 and 92 are placed to its left in pulling postures. Unifying Stone 90 is in a transmitting posture. In the front, unifying Stone 92 is in a pulling position, and accessory Stone 94 is huddled in a receptive posture at the right. Linking Stones 95 and 96 and and unifying Stone 97 are all in stopping positions. Stone 90 provides the balance to the overall arrangement.

Diagram 36. Accessory Stone 103 is attacking the main stone (98), backed up by unifying Stone 102, which is also attacking. Accessory Stone 101 is in a stopping posture, linked to unifying Stone 99, which is in a slightly attacking posture, by Stone 100, in a stopping position. Accessory Stones 104 and 105 are in respective attacking and stopping positions, with unifying Stone 106 also attacking.

石組の応用造形

基本造形の応用

これまでに述べてきた「石組の基本造形」は，石組の力関係を具体的に解説したものであるが，それはまったくの基本であり，初歩の理論である。

いわば，それはイロハや，またＡＢＣの組み合わせによって，簡単な文章を作った位のものであって，それでよい文章が作れるとは限らないのと同じように，石組もこれをどのように応用，発展させていくか，というところに一番のポイントがあるといえよう。

基本というものは，まことに大切なものであるが，実際の作庭において誰もがその基本通りの石組を行ったとしたら，まったく面白みはなくなってしまう。

それぞれの庭の作者は，大いに自分独自の個性を出した石組を行うべきである。

しかし，それは決して勝手に石を組めばよい，というものではない。基本的な美の理論を理解して，それを十二分に消化し，その上で自分の個性，自分の石組というものを創造することが最も大切である。

そのためには，これまで述べてきた「石組の基本造形」の理論をもう少々発展させて，その応用ということに論を進める必要がある。

基本造形では，石組の力関係は，主石に対して添石，おさえ石，つらね石といった石が，ある程度整然とした働きを持っていた。

たとえば，主石の力を添石が受け，さらにおさえ石がそれを安定させるとか，つらね石が主石や添石の力を，おさえ石に伝達する，などといった技法である。

これらは，まったくの基本であり，造形としては常識的なものであるが，その反面変化にとぼしく，あまりにも整い過ぎてくる場合も多い。

そこでこの「基本造形の応用」では，一見似てはいても，基本をさらに発展させた造形や，築山や滝などの組み方の実例に一歩論を進めてみたい。ただし，この応用はいくらでも実例があり，とても紹介はし切れないので，ここではごく原則的なものだけを数例示すにとどめたいと思う。

（1） おさえ石を強調した石組

主石，添石，つらね石，おさえ石といった構成はまったく同じであるが，主石や添石以外の石に個性を持たせると，石組の味わいはまた別のものになってくる。

おさえ石に力を持たせると，まとまりといった点には問題も出てくるが，反面において他の空間への発展性ある造形となるのは大きな利点といえよう。

図１　おさえ石強調の七石組

主石１は斜石手法で，かなり力強く右手への傾斜を示している。これに対して，わき添えの山形石３は，「ひっぱり」であるがこれだけでは弱く，またわき添え５は「うけ」であるが，とてもこれだけでは受け切れていない。

ここでは，あえて添石を小さく弱めに組んでおり，左手ではおさえ石２が斜立石で主石方向に力をかけ，添石３を越して主石１に対して「おい」の造形を示している。

右手では，平天のつらね石６が主石の力を右へ伝達する役割を果たし，それに対しておさえ石７は，堂々とした大きな石で，左に力強い斜石手法となり，添石５，つらね石６を越して，主石１に対する「うけ」の造形を見せている。

また，主石の前にはなれ添えとなっている立石４は，空間を引き締める重要な役割を持っているが，同時に主石の力が右に行くのを強めた「にがし」であり，おさえ石７との力関係をも秘めている。ここでは何といっても，おさえ石７が造形のポイントといえ

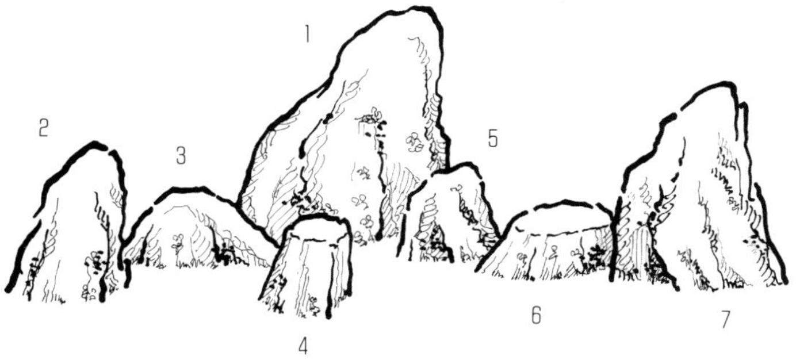

図１　おさえ石強調の七石組
Diagram 1. Arrangement with prominent unifying stones

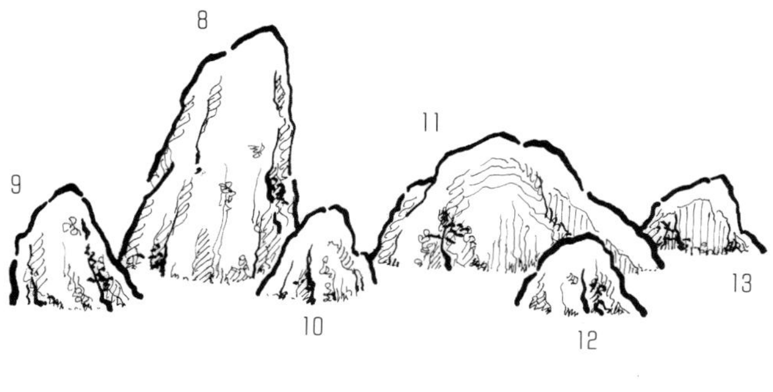

図２　つらね石強調の六石組
Diagram 2. Arrangement with prominent linking stones

るであろう。

（2） つらね石を強調した石組

つらね石は，その名称からすると，添石とおさえ石の中間にあって，力をどちらかに伝達するのが主な役割のように考えられやすいが，実際は石組に変化を出すまことに重要な役割を持つものである。

その点では，おさえ石を強調するよりも，つらね石を強調する方が，一群の石組に大きな活力を与えるように思う。また，まとまりといった点からも優れているようだ。

ここでは，以後三例ほどその実例を紹介しておくが，その後にもこれを応用した石組を示すことにする。

図２ つらね石強調の六石組

主石８は，斜石手法で右手への力の移動を見せる。左のわき添え９は，主石の力を引き止めるような「ひっぱり」であり，造形的にはよく利いている。

主石右下のわき添え10は小さな一石で，わずかに「にがし」となっているが，これだけではバランスがとれない。

ここでの造形のポイントは，いうまでもなく大きな山形横石のつらね石11であって，横石ながら主石方向へ力をかけており，これで主石の力を確実に受けている。「うけ」の典型といえるであろう。この場合，添石10を弱くして，つらね石11に力を持たせたことが成功している。

12・13の石は共におさえ石といえるが，両者ともつらね石11に対したものであり，12は「おい」，13はむしろ「ひっぱり」としての効果が大といえよう。

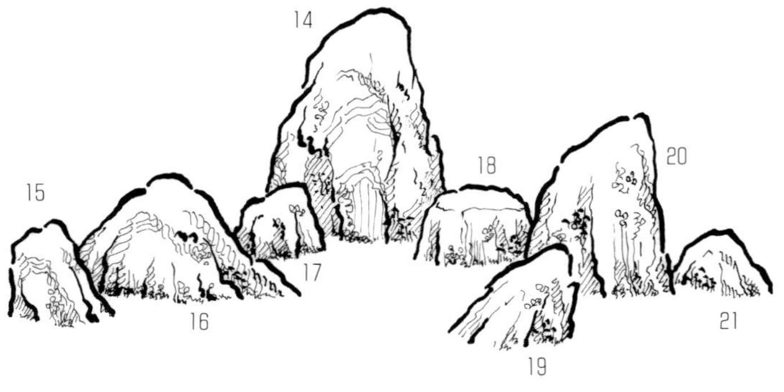

図３ つらね石強調の八石組
Diagram 3. Arrangement with prominent linking stones

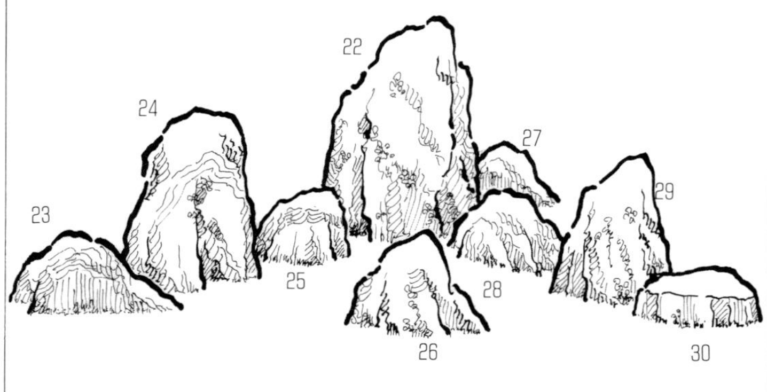

図４ つらね石強調の九石組
Diagram 4. Arrangement with prominent linking stones

図３ つらね石強調の八石組

主石14は，堂々とした風格ある直石手法であるが，その左下のわき添え17は小さく，「とめ」の手法ではあってもあまり力を持っていない。

この添石17が，むしろその左のつらね石16を生かす役割を持っていることは明らかである。

つらね石16は，姿のよい山形横石であり，大きさもよく主石と釣り合っており，左に力の移動を示した「にがし」とみることができる。このように，添石17を間にはさんでいても，全体的な造形から「にがし」とすることは可能であり，そのあたりが面白い変化である。

左のおさえ石15は，つらね石16の左に移動する力を，さらに強めて組んだもので，「にがし」の典型手法である。

主石の右下に組まれたわき添え18は，安定した形の平天石で「とめ」であるが，主石が大きいのでこれだけでは止め切れていない。もちろん，そこに意図があり，その右のつらね石20を大きな立石として，これによって主石とのバランスをとっている。20は形からして「とめ」といってよく，石組中で最もよく利いた一石といえるであろう。

その右のおさえ石21は，つらね石20に対する「せめ」の姿を示しているが，石組全体をよくまとめている。

手前にある19は，前方のおさえ石と見られるが，つらね石20に向って強い「せめ」を見せており，石組に大きな変化をあたえる個性的な一石といえよう。

図４ つらね石強調の九石組

直石手法の主石22を中心に八石を組み込んだ，変化ある石組実例である。

主石22の左下のわき添え25は，図３に近い感覚だが，主石に対してやや「せめ」を見せている。そして，あえて小さな石としておき，次のつらね石24に造形をつないでいるのであって，その点では図３と共通したものといえる。

このつらね石24は，大きめの立石で，石組全体のポイントとして，準主石のような役割を持っている。造形としては直立しており「とめ」といってよい。

その左のおさえ石23は，左に力の移動を示した横石で，24に対する「にがし」であることは明らかであろう。

主石の右後方には，うしろ添えの27があり「せめ」。右下のわき添え28も，横石ながらわずかに「せめ」といえる。

しかし，27，28ともに低くおさえた石として，次のつらね石29の強い感覚の立石をよく生かしている。

このつらね石29も，主石に対する「とめ」であり，また主石22，つらね石24との全体のバランスをよく考えた組み方であるといえよう。

右のおさえ石30は，平天横石で，29に対する「とめ」としてまことによき安定感をあたえている。

主石手前の26は，前方のおさえ石で，手前の空間を引き締める見事な効果を持っているが，同時につらね石24に対する遠くからの「せめ」であることにも注意してほしい。

（3） 築山上の七石組

これまでの石組実例図は，いずれも平面に対する組み方として描いてきたものである。しかし，実際の作庭では，平面以外の傾斜地に石を組むことがまことに多いものであり，そのような時はどうすべきか，という質問を受けることもある。

原則としては，傾斜地であっても石組の力関係などの造形理論はまったく変らないのであるが，注意すべきことは石の大きさが変ってくることと，遠近感がさらに重視されることである。

図5はそのような築山上に組んだ石組例であり，中心に主石31を直石手法で据えている。その左下のわき添え33は「せめ」であるが，この場合主石より下の斜面に組むことになるので，大きめの石にしないと低くなってしまうのである。

その左下のおさえ石32は強い感覚の斜立石で，左への「にがし」であり，これだけの高さがあるので主石とのバランスがとれた。主石右のわき添え36も大きめの石とされ，主石へ向うかなり強い「せめ」である。右のおさえ石37も，やはり「せめ」であるが，築山の線の向う側に組んで遠山的に用いているのが特色であり，このようなところが築山石組の効果の一つである。

中央手前のつらね石35は，36に対する「にがし」のような組み方に効果があり，その手前のおさえ石34は，35に対して遠近感を強調した「受け」となっている。

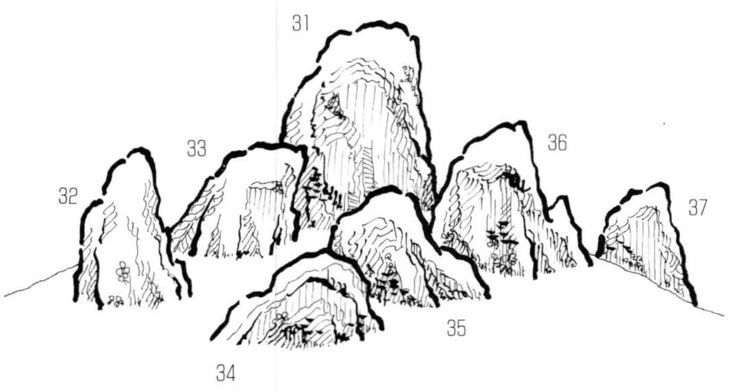

図5　築山上の七石組
Diagram 5. Seven-stone arrangement atop a built-up hill

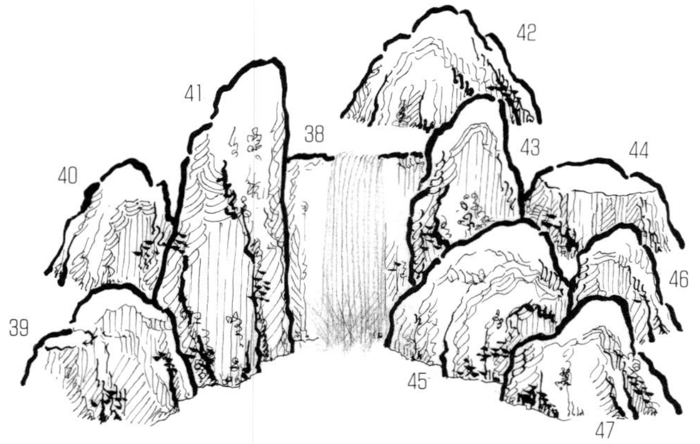

図6　水落石を主石とした滝石組
Diagram 6. Waterfall arrangement with waterfall source stone as the main stone

（4） 水落石を主石とした滝石組

滝石組は，これまでのような石組の力関係からいうと，特殊な石組になってくるので，そのままでは石組理論も通用しない一面がある。

それは，滝の形式によって主石が様々に変化することと，左右は護岸石組に連続していくために，つらね石の連続となり，おさえ石というものが特定できないことである。さらに，滝には，水落石，滝添石，水分石，遠山石といった役石が組まれるので，その組み方が大切な要素となってくるわけである。

落水の滝の場合，古くからその落水自体が不動明王であり，滝の主体とされたので，水落石の役割が甚だ重要と考えられた。

図6は，中央の水落石自体を主石とした例で，左の滝添石41はやや水落石に力をかけた「せめ」といえる。右の滝添石43はほぼ直立しており，通常であれば「とめ」であるが，主石が低いのでその感覚は分かり難い。水落石を前傾させた離れ落ちの場合では，滝添石は「うけ」か「せめ」となることが多い。

左の40，39などはつらね石に相当し，40は41に対する「おい」，39は「ひっぱり」的効果を持っている。

右の45は「とめ」，44も「とめ」，46は「せめ」，47も「せめ」に最も近い。この滝石組では，滝添石と共に，45の山形のつらね石がバランス上重視されている。

後方の42は遠山石であり，この場合は背後のおさえ石と見ることが可能である。

以上，図6に示した滝石組は一段の滝であるが，その他に二段の滝，三段の滝，三段以上の滝というように，滝石組の場合は水落石の数によって大きな変化がある。だから，水落石の形式によっては，それが主石とならぬことも多い。

またそれとはまったく反対で，水落石が他の添石などより高く組まれ，堂々たる主石となっている例もある。その代表的なものとしては，鹿苑寺庭園（鎌倉・京都市）の龍門瀑石組がよく知られている。

水落石が滝の主石とならない場合，それに代って主石となる石には，次のものがある。

A，滝添石

B，滝中心石

C，遠山石

Aの滝添石の場合は，水落石の左右どちらかの石が高く，そして大きく表現され，主石となる例が多い。

Bの滝中心石は，水落石の上方などに，大きめの石を据えるものであり，これを三尊石組として組んだものもある。ただし滝中心石があっても，それが必ず主石となるわけではなく，その石が特別に立派な場合に限られるものと理解すべきであろう。

Cの遠山石は，通常遠方に据えられるもので主石にはなり難いが，一部に遠山石を強調したものがあり，それに限って主石と考えることができる。

しかし，滝石組には必ず主石があるかというと，ときに主石が見当らないものもある。

滝石組というものは，各種の石組が集まった総合的な石組という見方もできるから，主石が特定できぬ場合は，各細部の石組を見ていくことが大切であろう。

また，「石組の種類」の項でも述べたように，滝には，落水の滝と枯滝とがある。

枯滝には，水を落すという目的がないので，造形的には落水の滝よりもはるかに自由であって，意識的に主石を用いたような例も少なくない。

特に小規模の枯滝ほど，主石を中心に組んだものが多くなる傾向が見られる。

ただし，枯滝であっても，そこに水の落ちる景を象徴的に表現するのが目的であるから，これまでに述べてきたような石組造形とは違っている点も多々ある。

象徴化されてはいても，一通り水落石を組む例は多いし，役石も落水の滝と同じように組まれるからである。

ただ，その表現の自由さは多種多様であり，石組として参考になるものもまことに多い。

そこで次に，枯滝のうちから，滝中心石のある代表的な一例を図で解説しておくことにする。

(5) 滝中心石を主石とした枯滝石組

図7は，小さな水落石53の上方に，力強い感覚の滝中心石48を組んだ例で，ここではこれが当然主石ということになる。

主石左の添石51は，位置からしてはなれ添えであるが，直石手法の主石に対して「せめ」となっている。

この全体十石に限っていえば，52の滝添石はつらね石となり，右の滝添石56もつらね石で，主石方向への「せめ」を見せている。52はこの56に対しての「うけ」として組まれているのが，いかにも枯滝らしい構成であろう。

52に続く50もつらね石で，これは52に対しての「ひっぱり」である。その左の49はおさえ石で，「とめ」と考えることができる。もちろん実際の作庭では，さらにこの左へ石組が続くことになるが，その場合49はつらね石となる。

主石の右後方に組まれた添石55は，造形としては「とめ」であるが，遠山石としての表現になっていることが分かるであろう。

最も右手にあるおさえ石57は，力強い斜石手法で右へ力の移動を見せ，56に対する「ひっぱり」となっているが，同時に枯滝全体に変化をあたえる優れた造形的役割を果たしていることに注意してほしい。

水落石53の前方に組まれたおさえ石54は，役石としての水分石であるが，同時に枯滝前方の空間を引き締める重要な役割を持っており，造形としては，水落石方向への「せめ」となっている。

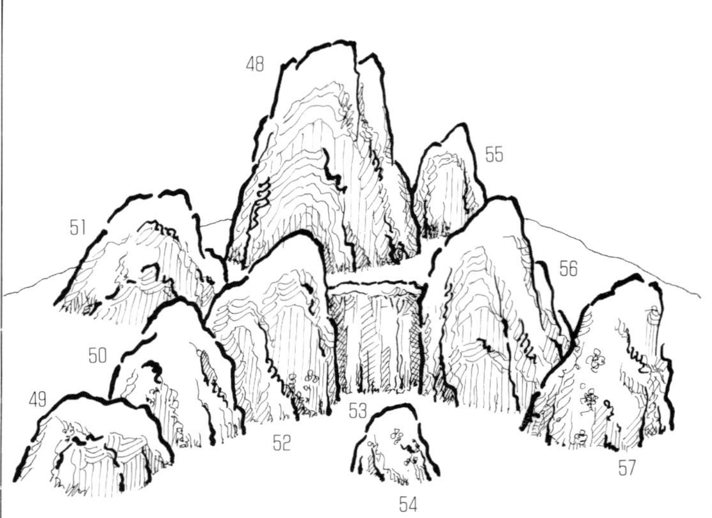

図7　滝中心石を主石とした枯滝石組
Diagram 7. Dry-waterfall arrangement with central waterfall stone as the main stone

(6) 背後の石燈籠を意識した三石組

基本造形の応用のうちでも，忘れてはならないものに，石組以外の造形との力関係がある。

作庭の実際では，石組だけで造形が成立することは少ないので，石を組む時にも，他の造形とのバランスを十分に考慮しなければならない。

この図8と，次の図9の二例は，いずれも著者が実際の作庭で用いたことのある形式であって，それは青松院庫裡庭園(甲府市・枯山水)に実例がある。図はまったく同じではないが，同形式に近く描いてあるので参考になると思う。

図8の石組では，左手にある主石58が，大きく左へ斜石手法を示しているのが特色である。

これに対して右のわき添え59は，反対の右へ傾斜を見せ，典型的な「ひっぱり」であることが分かる。

そして右のおさえ石60は，山形の横石で，「とめ」であるが，中央の59が低めの一石であるために，この三石組だけでは中央部の空間が上方において不安定な感が強い。

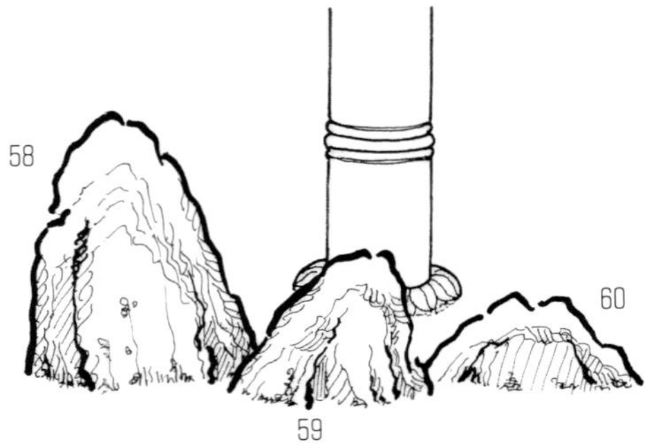

図8　背後の石灯籠を意識した三石組
Diagram 8. Three-stone arrangement with stone lantern behind it

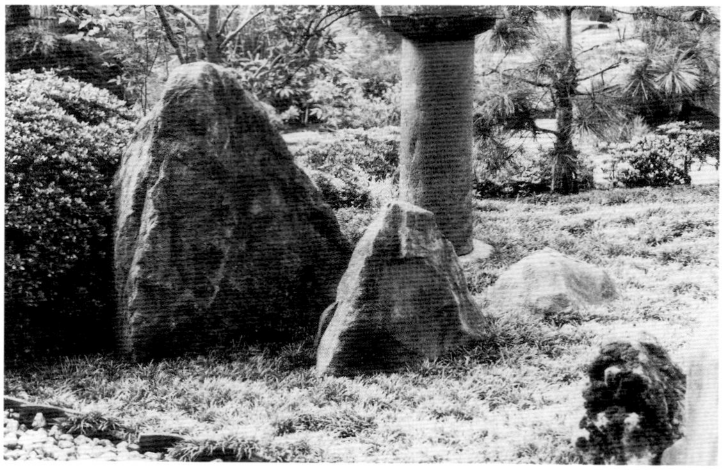

写真73　背後の石燈籠の手前に三石を組んだ作例。左の主石が大きく左へ斜石手法を示すのは，石燈籠の竿を意識した造形。(青松院庭園・現代)
73. The actual arrangement represented in Diagram 8 (Seisho-in temple, Yamanashi Pref.; modern)

ところが，その背後に石燈籠が据えられており，その竿がちょうど中央に来るため，正面から見た場合この竿によって空間が満たされ，主石58の力を引き止める大きな効果がある。

著者がこの石組を行った時は，まず石燈籠を先に据え，それを意識して手前の三石を組んだのであって，そのために主石58にあえて強い傾斜角度を持たせたのであった。

（7） 手水鉢を中心とした石組

図９の実例は，当初より手水鉢を中央に据えることを目的として組んだもので，当然のことに手水鉢を引きたてる石組であり，また手水鉢も石組の一種であるとの考え方に立っている。　主石61は，この図ではほぼ直石手法で，その左下のわき添え65にはあえて低い横石を用いて「とめ」の手法とする。

その左のつらね石63が力のある立石で，これも「とめ」であるが，石組中での大きなポイントとなっている。これに対してその手前に組んだつらね石64は，右の手水鉢に対して傾斜を示しており，造形は「せめ」である。石組全体に動きをあたえるよく利いた一石であると思う。

最も左にあるおさえ石62は，山形横石で，やや左に力をかけており，63からすると「にがし」，64からいえば「ひっぱり」に近い造形といえよう。

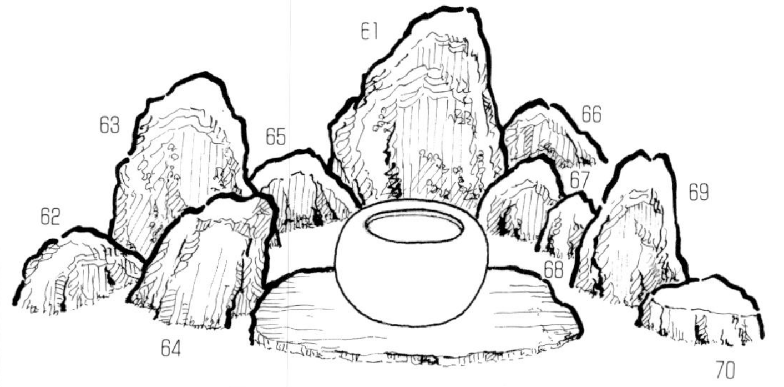

図９　手水鉢を中心とした石組
Diagram 9. Stone arrangement centered on a stone basin

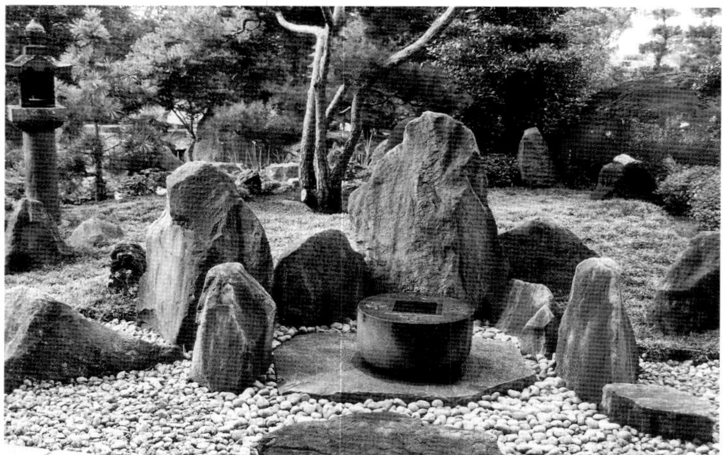

写真74　石組としての主石は後部の立石であるが，その手前に据えた手水鉢を石組の中心に配し，それに力を集中させた造形。（青松院庭園・現代）

74. The actual arrangement represented in Diagram 9 (Seisho-in temple, Yamanashi Pref.; modern)

主石の右後方の添石66は「せめ」に近く，右手下のわき添え67は「とめ」，それに続くつらね石68も「とめ」であり，さらに立石のつらね石69に景をつないでいる。この69はよく遠近感を強調した一石で「とめ」，その右のおさえ石70は，平天横石でやはり「とめ」とすることができる。

実際の作とは少し石組も違い，また手水鉢の形も異なっているが，石組の内容はほとんど同様と考えてよい。また，この石組手法は，前に図４に示したものと類似しており，つらね石強調の典型例となっていることにも注意してほしい。

Applications of Stone Arrangements

(Pages 99–103)

Having completed our summary of the basics of arranging stones, let us look at several interesting variations.

Prominent unifying stones

In the examples of basic arrangements in the previous section, unifying stones were usually not prominent. They can be made so, however, giving the overall arrangement a varied appearance, although care must be taken to avoid a mixed-up arrangement.

Diagram 1. The main stone (1) is strongly angled toward the right. Accessory Stone 3 is pulling at the main stone, and accessory Stone 5 is receptive to it. Since these three stones alone would result in a rather weak arrangement, a rather large unifying stone (2) is placed on the left in a pursuing position toward the main stone, irrespective of the intervention of Stone 3. Likewise, the very large unifying stone on the right (7) is in a direct relationship to the main stone (receptive), irrespective of linking Stones 5 and 6. Distant accessory Stone 4 acts both to tighten the arrangement spatially and transmit some of the energy of the main stone.

Prominent linking stones

Although the term "linking stone" could be thought of as implying a stone that merely transmits energy, linking stones may be emphasized to give a stone arrangement a sense of dynamism and enhance its coherence.

Diagram 2. The main stone (8) is angled to the left; its energy is pulled to the right by accessory Stone 9. Accessory Stone 10 is in a transmitting relationship to the main stone. The arrangement would be weak with these three stones alone. Stone 11 is a large horizontal linking stone in a receptive relationship to the main stone; it successfully takes the energy from the main stone, which Stone 10 alone is unable to do. Unifying Stones 12 and 13 are defined in relationship to Stone 11: pursuing and pulling, respectively.

Diagram 3. Accessory Stone 17 is in a stopping position with respect to the somewhat imposing main stone (14), but is too small to have much effect. Linking Stone 16, in a transmitting posture, is large enough to provide balance to the main stone. Unifying Stone 15 continues to transmit the energy. The situation on the right side is somewhat similar, with small, flat-topped accessory Stone 18 stopping the energy flow only insufficiently. Linking Stone 20, also in a stopping position, provides the needed balance. Unifying Stones 19 and 21 are attacking Stone 20.

Diagram 4. The situation is similar to that of Diagram 3, with linking Stones 24 and 29 (in stopping positions) making up for the relatively weak activity of accessory Stones 25, 27, and 28.

Seven-stone arrangement atop a built-up hill

When a stone arrangement is laid out on a garden hill (which is usually an artificial one—thus the term "built-up hill"), the energy relationships are essentially the same as for stone arrangements on level ground. However, one must be particularly careful of the size of the stones and the sense of perspective created. If the arrangement is on the peak of a hill, accessory and other stones must often be somewhat larger than they would be on level ground, since they are in a lower position due to the slope.

Diagram 5. Stone 31 is the main stone, with fairly large accessory Stones 33 and 36 in attacking positions. Unifying Stone 32, in a transmitting position, is also large, so as to balance the main stone. Unifying Stone 37 is in an attacking posture; it is placed on the far slope to give the arrangement perspective. Accessory Stone 35 is in a transmitting posture, while unifying Stone 34, in a receptive posture, provides perspective.

Waterfall source stone as the main stone of a waterfall arrangement

Waterfall stone arrangements require some extra treatment because of their special form. Waterfalls have stones unique to them (waterfall source stones, central waterfall stones, waterfall base stones, waterfall accessory stones), some of which may serve as the main stone, as can a distant-mountain stone in the arrangement. Additionally, the sides of the waterfall may have embankment arrangements, which are considered to be made up of linking stones (without unifying stones). It is often difficult to tell which stone of a waterfall arrangement should be considered the main stone.

Diagram 6. Stone 38, the waterfall source stone, is the main stone, with waterfall accessory Stones 41 and 43 an attacking and stopping positions, respectively. (In this and many cases it is difficult to identify the exact energy relationships of the accessory stones; when the waterfall stone is leaning forward, the accessory stones are usually in either stopping or receptive positions.) The other stones on either side of the falls are considered to be linking stones. Stone 42, a distant-mountain stone, provides perspective and can be considered a unifying stone.

Central waterfall stone as the main stone of a dry-waterfall arrangement

A central waterfall stone is a prominent one placed at the top of a waterfall arrangement, sometimes as the central stone of its own *sanzon* arrangement. Dry-waterfall stone arrangements, since they need not be constructed for the purpose of letting water fall, allow for greater freedom in design than ordinary waterfall arrangements. It is often easier to construct a dry-waterfall arrangement with a stone that can be clearly designated as the main stone.

Diagram 7. The small waterfall source stone (53) is backed up by a large central waterfall stone (48), the main stone of the arrangement. Accessory Stone 51 is in an attacking posture, and accessory Stone 55, in a stopping posture, provides perspective with its background positioning. Waterfall accessory Stones 52 and 56 are linking stones in attacking postures with respect to the main stone; Stone 52 is receptive to Stone 56. On the left side, Stones 50 and 49 are linking and unifying, respectively. At the right, unifying stone 57 is pulling at Stone 56. Unifying Stone 54 both acts as a waterfall base stone and improves the spatial structure of the arrangement as a whole.

Three-stone arrangement with a stone lantern behind it

In addition to designing an effective stone arrangement, it is important to ensure that stone arrangements harmonize well with other garden elements. In this example we look at a stone arrangement and stone lantern.

Diagram 8. This arrangement is one the author has put together for an actual garden (Fig. 73). Main Stone 58 is leaning prominently to the left, with accessory Stone 59 pulling at it and unifying Stone 60 in a stopping posture. Owing to the relative heights and positions of the stones, the arrangement overall is quite unstable, the middle stone being too low. The tall, centered pole of the stone lantern makes up for this.

Stone arrangement centered on a stone basin

Another possible garden combination is a stone arrangement and stone basin.

Diagram 9. This is another arrangement laid out by the author (Fig. 74). It may viewed as either a stone arrangement designed to enhance a centrally placed basin or an ordinary stone arrangement in which the basin is itself on of the stones. Note that this arrangement is an example of one with prominent linking stones. Stone 61 is the main stone, with small accessory Stone 65 and prominent linking Stone 63 in stopping relationships to it. Linking Stone 64, in an attacking relationship toward the basin, adds a sense of dynamism to the arrangement. Unifying Stone 62 transmits the energy of Stone 63 and pulls that of Stone 64. On the right side, accessory Stone 66 is in an attacking position, and accessory Stone 67 and linking Stone 68 in stopping positions. Linking Stone 69, also in a stopping position, adds perspective to the arrangement. Unifying Stone 70 is in a stopping relationship.

石組の道具

ここでいう道具とは，広い意味のもので，石組を行うのに必要な機械や用具の類をすべて総称するものとする。

したがって，石を運ぶダンプトラックから，石用の小さなノミまでが道具ということになるが，そのうちでも特に説明を要するものに限定して述べておきたい。

1．石を吊り上げる道具

石は重量物なので，それを安全かつ確実に目的地に据え付ける必要がある。そのために，各種の道具が使われるが，ここでは，レッカー車，ユニック車，カートクレーン，手巻ウインチ，チェーンブロック，三叉などを説明しておく。

(1)　レッカー車

今日石組現場で最も多用されているのが，このレッカー車である。いわゆる自走式クレーンの一種で，正しくはトラッククレーンといい，トラックのシャーシに，クレーンを取り付けたものである。通常は10トン吊り以下のもので十分で，現場に車をバックで入れ，専門技術者がクレーン運転席にて操作を行う。力が強いことと，ある程度遠くから作業できるので都合がよいが，大型車の入る現場でないと使えないのが欠点である。

(2)　ユニック車

クレーンの一種であるが，小型のクレーンをトラックの荷台の一部に取り付けたもので，クレーン付トラックともいう。簡単な作業には適するが，クレーンが通常２～４トン吊り程度なので，ブームの長さに限度があり，石組作業のかなり近くに寄らないと仕事がし難い。また，トラックが石組の状態を隠してしまうことが多いのも欠点といえよう。ただし，最近のものは，リモートコントロールが付いているので作業は大変便利になった。

(3)　カートクレーン

小型の無限軌動車(キャタピラ車)に２トン吊り程度のクレーンを装置したもので，幅が狭く，かなり狭い場所にも入って行けるのでまことに便利である。使うときには四方に脚を出して安定した状態で作業を行う。キャタピラのため，自由に動くし足場の悪い現場でも苦にしない利点がある。リモートコントロールも可能なので用途は広いが，大きな石には使用できない。

(4)　手巻ウインチ

動力機械類が入らないような現場では，人力による道具が必要になってくる。手巻ウインチは三叉の一つの柱に小型のウインチを取り付けたもので，三叉の中心上部と，フックの部分に滑車を用い，それをワイヤーでウインチに巻き取るものである。ウインチには巻き手がついており，これを手で巻いて石を吊るのであり，重い場合は左右から二人で作業することもできる。関東ではあまり使わないが，関西ではかなり使われており，「巻き取り」などともいう。著者も京都で修業時代にはよく使ったものである。吊り上げる石の近くに寄らなくてよいので安全であるが，石が重いときにはかなりの力がいる。そんな時は滑車を増して使うこともある。

(5)　チェーンブロック

手動の機械では最も多用されているもので，三叉の中心に吊るして，そこに付いているチェーンを引くことによって石を吊し上げる構造のものである。１トン吊りから４トン吊りくらいまであるが通常は２トン吊り程度が最もよく使われるようだ。昔のものはそれ自体の重量が大であったが，最近のものは改良されて大分軽くなった。少しずつ，確実に吊り上げることができるので，今日ではほとんどの業者がこれを使っている。ただ，吊り上げる石の近くで巻き上げ作業を行うことが多いので注意が必要なことと，巻き上げのチェーンが地面に接地して泥や砂などをかむことが多いのは欠点といえよう。

(6)　三叉

以上の手巻きウインチやチェーンブロックで作業を行うとき，必ず用いるもので，三本の柱の上部を細いワイヤーで結び，三角状に立てたものである。木の柱が原則で，ヒノキ丸太が最もよい。スギ丸太を使うこともあるが，耐久性，ねばり強さという点でヒノキ丸太より劣る。石を吊る場合，大きな石では高さが必要なので，大小二種くらいの三叉を用意しておくべきである。チェーンブロックは，これに台付けという短めのワイヤー(ヘビロの二つあるもの)をかけてそれに吊るすのである。

2．石を引っぱる道具

ここに記すものは，横から石を引くのに使用する道具である。前項の吊り上げ用の道具でも引くことは可能であるが，本来の使い方とはいえないので，完全な横引きは無理といえる。

(1)　ウインチ

これは動力ウインチで，主に電動によってワイヤーを巻き取るものが多い。しかし，機械が重く据え付けにも手間がかかるので，現在ではあまり使われなくなっているようだ。

(2)　かぐらさん

昔は石曳きの主力的な道具であって，「ろくろ」ともいった。海岸で，地引き網を巻きとる装置とまったく同じ構造のもので，太い柱を軸とし，その四方に穴を明けてそこに細丸太などを，上から見て十文字に差し込み，それを四人ないしは二人で押すことによって軸に網を巻きとり，石を引くものである。古くは「せみ車」ともいった。

(3)　ヒッパラー類

これは商品名であり，他にもいろいろな名称のものがあるが，これを代表としておく。大変に便利な道具で，立木の幹などにワイヤーを取り付け，そのワイヤーにこの本体を取り付ける。そのハンドルを引くことによって，そこに差し込んだワイヤーが内側に引き込まれるので，重量物を曳くことができる。

3．石運びの道具

石をその上に乗せ，移動させる道具である。一般のトラックもその内に入ることはいうまでもない。その他では，運搬車，四つ輪，ソリ，リヤカーなどがある。

(1)　運搬車

通常のものは，ガソリンエンジン付きのキャタピラ車であり，荷台が上下したり，ダンプ機能を備えているものもあって大変に便利である。

(2)　四つ輪

引き手付きの低い台に四つの車輪を付けたもので，人力で引くが，１トン程度の石ならば十分に引くことができる。これと同じ構造の二輪車もあるが，小まわりが利いて使いやすいものである。

(3)　ソリ

人力運搬用には最もよく使われるもので，カシ材などを組んで作った丈夫なソリ状の台である。この上に石を乗せ，主にコロを用いて運ぶのである。下には必ず道板を用いる。また，半割り丸太の盤木を地面に置き，それにオイルを付けて，その上でソリをすべらせて運ぶ方法もある。

4．その他の小もの類

石組を行うためには，これまでに述べた道具の他に，小もの類というべき各種の道具が必要であり，それがまた大きな役割を果たすのである。用意すべきものとしては，ワイヤーロープ，チェーン，石帯，ロープ類，ワイヤーモッコ，滑車，ワイヤークリップ，シャックル，金テコ(バール)，木テコ，コロ，盤木，道板，小棒(かつぎ棒)，まくら木，スコップ，地ゴテ，セット，コヤスケ，石ノミ，突き棒，カキ板などがある。

紙面の都合でそのすべてを解説できないが，主要なものだけを少々説明しておく。

(1)　チェーン

石を吊るには通常ワイヤーロープを使うが，重量のあまりないものは，チェーンを使うとすべりにくく，石をかつぐ場合などに適している。

(2)　石帯

近年多用されるようになった合成繊維の帯で，傷の付きやすい石にはよい。ただし，細いものでないと石面を隠してしまい都合の悪いことがある。

(3)　ロープ類

各種があるが，麻ロープが適している。ソリを引いたり，トラ縄をとったりする必需品である。

(4)　ワイヤークリップ

石を吊るワイヤーが長めの時，すきな位置でワイヤーを吊り上げることができる便利な道具である。一名を「ワイヤーごろし」ともいう。

(5)　シャックル

ワイヤー同士を連結させたり，ひっかけたりするときに使うもの。

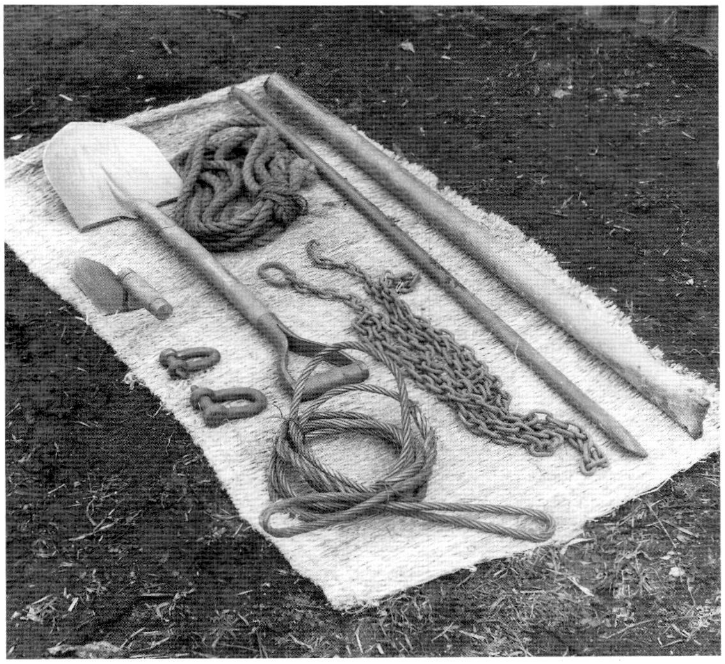

写真75　石組の主要な道具類。右上の長い二本が，石を手で動かすための太いパイプ製のバールと通常の鉄のバール。中央は上が麻のロープ，下がチェーン。スコップの左にあるものは，上が地ゴテ，中央の二つが大小のシャックル，下がワイヤーロープ。

75. Tools used in arranging stones: *(from upper right)* pipe and iron bar for moving stones by hand, hemp rope, chain, shovel, trowel, shackles, wire rope

石組の施工法

1．基本的な石の据付け技術

石組というものは，その組み方，造形といったことが生命であり，それが優れていなければ何の味わいもないものに終ってしまう。造形面については，初歩的なものではあるが，これまでに「石組の基本造形」「石組の応用造形」として述べてきたので，多少は理解していただけたものと信ずる。

しかしながら，造形面がいくら立派であったとしても，施工技術が未熟であると，石組は完全なものにならない。

よく，石は据えれば動かないと思っている人があるけれども，重量物である石は，意外に動きやすいのである。それは，私のこれまでの調査でも明らかに結果が出ている。

石が動く諸条件には，次のようなことが考えられよう。

A，地盤自体が軟弱である場合。

B，地盤が新たに土盛り造成したような土地。

C，寒冷地で，霜柱などがひどい場所。

D，主要道路の近くで交通震動の多い場所。

E，樹木の根などで押し上げられる場合。

A，Bのような例では，いくら石組自体を強固にしたとしても，その下の地盤に問題があったのでは仕方のないこともあると思う。

しかし，それ以外では，それに対処して施工技術さえしっかりしていれば，ほとんどは避けられるものである。

ただし，Eのような場合は，将来を予測して，石組の下や周囲に強く根のはるような樹木を植えるべきではない。

ここでは，そのような様々な条件下での石組を述べている余裕がないので，ごく平均的な石の据付け方について具体的に記しておくことにする。

最近の石組工事では，大部分がレッカー車による施工となっているが，ここでは最も基本的な三叉とチェーンブロックを使用した場合の施工法を述べておきたい。なお，分かりやすく記載するために，箇条書きとする。

1．据え付ける石は，特に主石のような石の場合，前もってどのように用いるか大体決定しておく。それは，石の上下，根，面，角度などである。根を決めるというのは石の高さを決めることになるので，十分な注意が必要である。現場に運んでから，あれこれと考えるのでは，手間ばかりかかり，よい施工とはいえない。ただし，添石などは，ある程度現場合わせということも必要になってくるので，そのケースによって考えるべきである。

2．施工に使う道具類と，石を固定するためのかまし石，詰石，栗石，小砂利などを用意する。かまし石は，硬石がよく，花崗岩の欠けたものなどが適している。コンクリート片や，軟石(たとえば大谷石など)は用いるべきではない。栗石は，小さな隙間などに打ち込むのに非常に便利なことがある。

3．三叉を組み立てる。使う石の高さによって，長いもの短いものを使い分けるのがよい。材質はヒノキ丸太が丈夫でよい。杉丸太は劣る。三叉の脚の下には，必ず持ち手となる短いロープを結んでおく。

4．三叉を所定の位置に運び，石を据える位置の上部に交点がくるようにする。脚は平面正三角形になるように立てる。そして次にチェーンブロックを吊るす(場合によっては先にチェーンブロックを吊ってから運ぶこともあるが，重くなるので注意が必要である)。なお，傾斜地での施工の場合は，三叉の一本の脚を短くして組み立てたり，二叉を使用することもある。二叉による作業は三叉とは別の技術が必要となる。

5．三叉は石の重みで地中に入ってしまうことが多いので，あらかじめ脚が沈まぬように準備をする。これには，通常スコップを差し込んだところに脚を当てる方法がとられることが多いが，完全なやり方とはいえない。バールなどで代用するのはさらに危険である。角材の枕木や，厚板を用いる方法がベストである〔図1〕。

6．使用する庭石を，三叉の近くまで運ぶ。石は三叉の脚の内側に入れてから吊るようにしないと，三叉が引っぱられて危険である。どうしても，やや遠くにある石を引く必要がある場合は，三叉をその位置に移動するか，三叉の上部にロープを結んで，引く石と反対方向の樹木などにトラ縄をとらなければならない〔図2〕。

7．石を三叉の内側に入れたならば，据える形を決めてそのように吊る準備をする。通常はワイヤーロープによって玉がけをするが，チェーンや石帯を使うこともある。特に軟

図1　三叉の脚と支え方
Diagram 1. Bracing the legs of a tripod

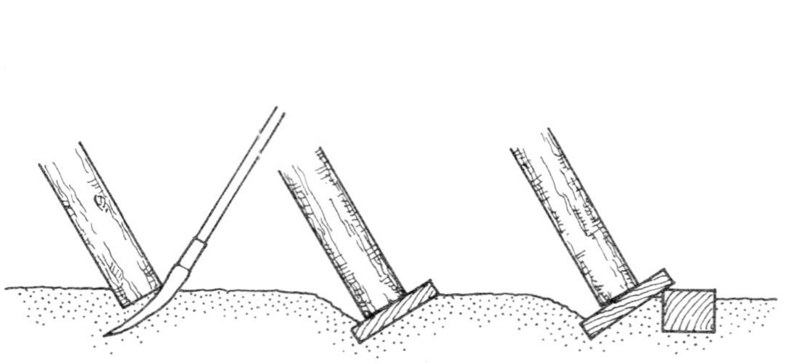

石の場合は帯が適している。ワイヤーは，石に合った適度な太さと長さのものを使うべきであって，太過ぎると玉がけがしにくいし，長過ぎるものは吊りしろがなくなってしまう。

8．ワイヤーをかけたならば，そのまま石を吊ってみて，据える形のままに安定した正しい姿で吊れているかどうかたしかめる。多少の狂いはよいが，かなり狂っているときにはワイヤーのヘビ口の位置を変えて吊りなおすべきである。

9．石を据える穴は，深めに根を入れる予定の時は，おおよその穴を掘っておくのがよいが，浅めの時は石を吊ってから，それに合わせて掘る方がよい。この穴は，石の根よりもやや深めにしておくのがコツである（ただし深過ぎるのはよくない）。深めにするのは，高さの調節ができることと，詰石などをして石を上げるのに都合がよいためである。

10．吊り上げたままで石を回転させ，石の形や正面を最終的に決定する。この場合，正面からだけでなく，いろいろな方面から見て最良の位置を決めるべきである。

図２　三叉と庭石の関係

Diagram 2. Position of tripod and stone

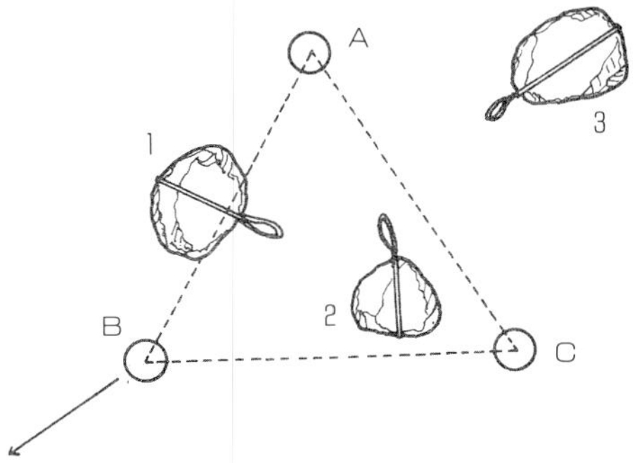

＊三叉の脚Ａ・Ｂ・Ｃを結んだ三角形の内にヘビ口のある庭石１・２は吊り上げ可能。その外にある庭石３を吊り上げると，脚Ｂはその方向に引かれ危険なので，矢印の方向にトラ縄を張る。

The stone can be hoisted up using the tripod if it is brought to Positions 1 or 2. If it is outside the tripod, as in Position 3, the tripod should be braced in the opposite direction (arrow) by connecting it to a tree or other stationary object using a rope.

図３　石組とかまし石

Diagram 3. Support stones

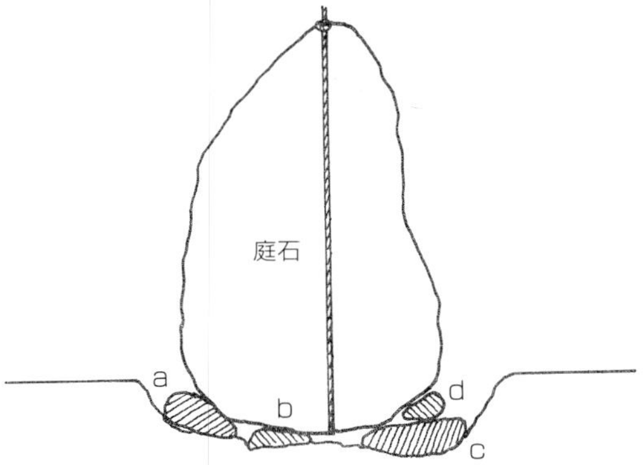

＊ａ・ｂ・ｃ・ｄが，かまし石。ｄのように石を打ち込むとよく利かせることができる。

11．形が決まったら，そのまま動かぬように石を手でおさえながら，少しずつチェーンブロックをゆるめて静かに穴へ下ろして行く。そして根や高さの具合を確認するが，この場合必ず一ヵ所位は穴の中で当る部分があるものなので，そのときはその当るところの土をけずりとるようにする。このような作業はチェーンブロックを上げ下げして根気よく行いたい。

12．このようにして，まず高さを決めて仮り据えしておき，最終的なチェックをする。石というものは，わずかな位置の前後や，傾斜角度などによって，まことに微妙に変化してくるものであるから，この段階で妥協せずに根気よくやり直すことが大切である。石の多少の回転や角度については，人力でも可能なこともあるが，無理をせずにチェーンブロックで吊り直した方が早い場合が多いものである。その方が仕事もきれいにできるのであって，バールなどを使うのはその補助と考えたい。

13．以上によって，位置，形，角度などが決定したならば次に石の固定にかかる。石は原則として下の土をよく突き込んで，その周囲にかまし石を用いてしっかりと噛み合わせて止めるのである。大きめのかまし石を石の下に差し込んで十分に突き，そのかまし石と庭石との間に，小さめのかまし石をハンマー等で打ち込むのが一つのコツである〔図３〕。小さめのかまし石は，場合によって栗石がよいこともある。

14．かまし石をしっかりと打ち込むまで，チェーンブロックはゆるめずに，仮り吊り位の状態にしておき，終了したならばゆるめてみる。この時に石が動かなければそれで決まったと考えてよい。ただし，この後にワイヤーを抜き取ることが必要だが，一本吊りの場合は，かまし石にワイヤーが噛んで抜けなくなることがある。その点に十分注意してかまし石を入れるべきである。ワイヤーが抜けにくいとき，チェーンブロックで引いて抜くことがままあるが，この場合は特に注意しなければならない。それは，ワイヤーが順調に抜けていても，最後に太くなったへび口の部分がひっかかることが多いからである。そのままにして引いていくと，肝心の庭石が動いてしまい失敗することがよくある。

15．このようにしてワイヤーを抜くことができたならば，次に土を入れて固定する。ただし軟弱な土の場合は周囲に小砂利などを詰め込むことも必要になってくる。土を入れる場合にもコツがあって，最初はかまし石の周辺に少しずつ土を入れて，細めの突き棒で念入りに突き固めていく。こうして土を何度にも分けて入れ，最後にはやや太めの突き棒でしっかりと突き込むのがよい。一度に土を入れて埋め戻すのは最も悪く，中には必ず空間ができて土はしまらないものである。

16．最後に庭石の周囲の土は平らにならして，石の根の状態がはっきりと見えるようにする。これは，それに続く石を組む場合に，関連を見るために必要なことである。

以上によって，ごく普通の基本的な石据えの手順，注意点を述べてきたのであるが，もちろんこれ以外にも様々な細かい技法があることはいうまでもない。

なお，ここではチェーンブロックによる施工を述べたのであるが，それと共通した手巻ウインチや，またはレッカー車の場合でも，この基本はまったく同じである。ただし，レッカー車による作業では，どうしても機械に追われて早めの作業となりがちなので，結果として荒っぽい仕事になりやすい。

そのような点に注意して，機械力を十分に使いこなすことがまことに大切である。

2．石組の各種技法

（1） 石は深く埋めないこと

この点は，技法というよりも，石組の最も基本的な問題というべきものである。しかし，技術とも関連するまことに大切な点なので，ここであらためて少々詳しく述べておきたい。

図4　根入れの深い石組
Diagram 4. Stones implanted too deeply

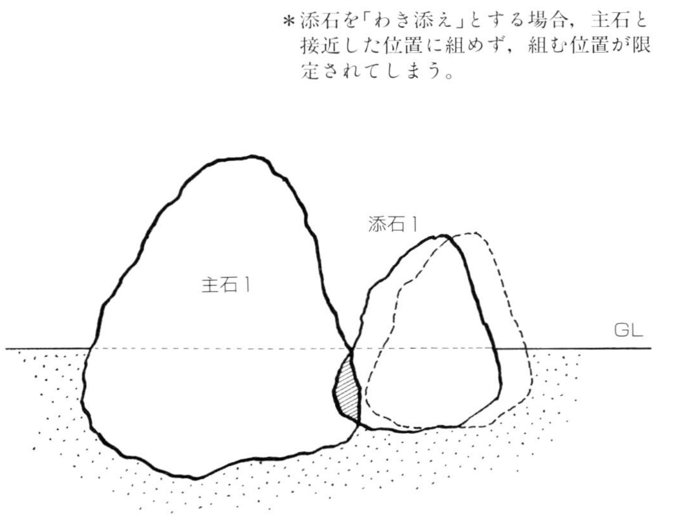

図5　根入れの浅い石組
Diagram 5. Correctly implanted stones

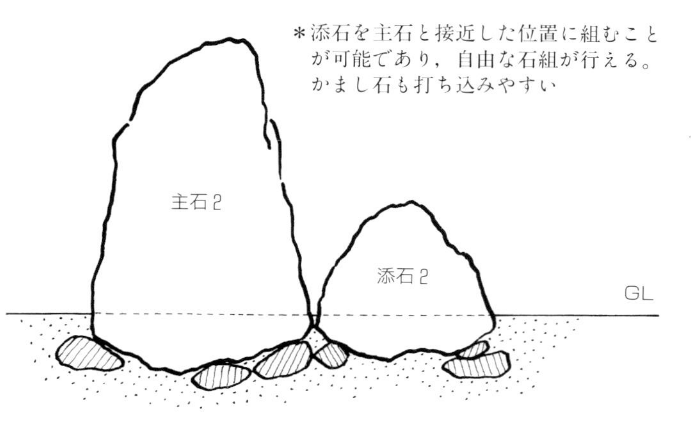

一般に造園業者の間で，「石は深く埋めるのが，味わい深い石組とする秘訣だ」と信じている人が非常に多い。

しかし，これは石組の何たるかを理解していない者の，観念論であって，古庭園の名作を調査してみても，ごくわずかの例外は別として，石を深く埋めるような愚はほとんど行っていない。それどころか，ほとんど石の根いっぱいに組んだり，ある場合は根が切れていてもかまわず組み込んだりしている。

石の根は，できる限り浅く組む，というのが古庭園における石組の原則であるといってもよい。

しかし，石の根を浅く用いても，古庭園の石組はまことに堂々とした傑出した造形を見せているために，外見的にはいかにも深く埋まっているように感じられる。これは，技術と造形力の問題であって，根を深く入れれば優れた石組になる，というのは，まったく誤った考え方である。

それには，いろいろな理由があるけれども，何といっても石を深く埋めることは，石組造形が限定され，自由な石組ができないという最大の欠点を持っていることを理解してほしい。

左の図は，その点を具体的に示したものである。

まず図4は，石を深く埋めた場合であって，主石1の根が地中で広がっているために，添石1を接近させて組もうとしても，地中斜線部分でぶつかってしまい，組むことができない。これを同じ形で組もうとすれば，添石1を点線の位置まで移動させなければならないのである。根入れを深くすればするほど，このような問題が多くおこってくることは明白であろう。

図6　石の傾斜のつけ方
Diagram 6. Setting a stone at an angle

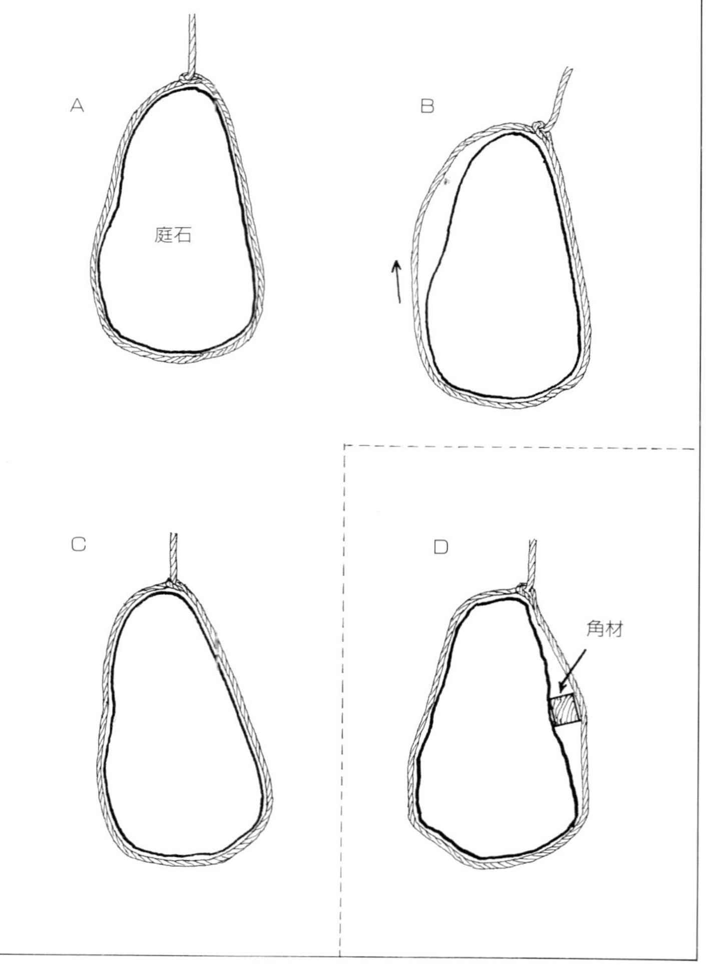

図5は，根入れの浅い正しい石組法で，こうすれば主石2に対して添石2は自由に組むことができる。

かまし石も，石組の下にしっかりと打ち込むことができるから，かえって安定するものである。石というものは，このように根をしっかりと決めれば地中に深く入っているように見えるものであって，深く埋めれば安定するという考え方は大きな間違いである。

だいいち，貴重な庭石を遠方から運んできて，その多くを埋めてしまうというようなことは，まったく無駄な金と労力を使っているのと同じであって，古庭園では決してそのような愚行は行っていない。むしろ石を多く埋めるのは，そうしなければ形が悪いような，例外的な場合に限られているのである。

深く埋めたいような石が多いということは，最初の石選びに問題があるのであって，作者の技量の低いことを物語っているようなものである。

(2) 石の傾斜のつけ方

レッカー車や，チェーンブロックで庭石を吊り，一度その場所に置いてみた後，もう少々石に傾斜角度をつけたい，というようなことは，現場においてよくあるものである。

その場合，石のワイヤーをそのままかけておいて，レッカーのアームを横にふって石の角度を出そうとする人があるが，これは大変危険であり，荒っぽい仕事になるので決して行ってはならない。

チェーンブロックの三叉の心を移動させて，横引きにするのも好ましい方法ではない。

そのような場合は，必ずワイヤーのヘビ口を移動させて角度をつけるようにすべきである。

左頁の図6は，そのような手法を図解したもので，初歩的なことではあるが重要な点なので一通り解説しておく。

Aは最初の状態で石を吊った図であるが，これよりも左手に少々強く傾斜をつけたい。(左を表，右を裏とする)

Bは，そのまま石を静かに下ろして，ワイヤーを動く状態にし，ワイヤーをゆるめて手で矢印の方向に引っ張り，ワイヤーのヘビ口を石の裏側に少し移動させた所。この移動が多いと傾斜が強くなり過ぎるので，適度とすべきであるが，それは経験によって体得すべきもので，ここでは何ともいえない。

もちろん，ワイヤーを吊る位置(三叉の中心など)は変えなくてよい。こうしてワイヤーを引きしぼり，ゆっくりと上げていく。すると次第に左手に角度がついていく。

Cは，そのようにして吊り，予定の傾斜角度となった石の状態である。こうなったら，やや強めに吊っておいて(決して吊り上げてはならない)下部にかまし石，詰石などを打ち込んで石が動かないように固定する。そして最後にワイヤーをゆるめてみて，動かなければこれで据え終ったものとしてよい。

この場合重要なことは，ヘビ口を必ず裏側にして，表側からのワイヤーを入れることで，反対にすると利かせることができない。(右傾斜にする場合はこの逆である)

Dは，ヘビ口をほんのわずか裏側へ移動させたいような時に用いられる手法で，裏のワイヤーと石の間に太めの角材などを入れる。この場合，角材などをしっかりと安定するように入れるべきであって，すべりやすいような石では危険なこともある。

要はケース・バイ・ケースで用いてほしい方法である。

(3) ワイヤーとチェーンの使い分け

石吊りの作業には，通常ワイヤーロープが使われることが多い。その利点は，何といっても軽量でしかも丈夫なことであって，石のトン数に合わせて細いものから太いものまで使い分けることができる。他よりも細目であるから，石の少しの透き間などに通すのに大変都合がよい。特にあげるほどの欠点はないが強いていえばややすべりやすく，また軟質の石の場合キズをつけやすいので注意が必要である。

チェーンは，最近使われることが少なくなったが，その理由は重い割には強度に難があるためであろう。しかし，チェーンは，軽目の石の場合は非常に便利で，たとえば二人で石をかつぐような場合に適している。その理由は，石にしっかりと噛んですべらないことがまずあげられる。また，チェーンは，一方の端に鉄の輪(チェーンが通るほどの大きさのもの)を付け，反対の端にはフックを付けておくのが普通であって，石を吊る時には，その輪にチェーンを通して固定する。この場合，通したチェーンが長かった時は，端に付いているフックを適当なチェーンの一部に引っかけて長さを自由に決めることができるのは有利な点といえる。このように，石運びには適しているが，石組を行う場合には，石の透き間から抜きにくいし，重い石では太く重いチェーンを使わねばならないので，ワイヤーよりも劣るといえよう。

(4) 石帯の使用

近年急速に普及してきた石吊り等の用具が石帯である。化学繊維を織って芯を入れた非常に強い帯で，1トンから2トン程度の重量の石ならば十分に耐久力がある。

本来は加工石材用に開発されたもので，それには幅の広いものが主に使われている。庭石の場合は，幅があると石の表面を隠してしまい，景を見ることができないので，細目のものが売られている。この帯は全体が輪の状態となっており，これを2本合わせで使うのが普通である。

この帯の最大の利点は，石にキズを付けぬことである。さらに，すべりにくく，軽いので持ち運びが楽な点も良い。

したがって，石燈籠などの運搬移動，庭木の積み込みなどに保護材なしで直接使用できるのは便利である。

ただ，石組を行う場合は，すべりにくいだけに石から引き抜くのに手間取ることが多いので，主に運搬用と考えた方が無難であると思う。

(5) ワイヤーごろしの方法

ワイヤーロープを使う場合，石の大きさ，重さによって適度な太さと長さのものを用いるべきである。

しかしながら，作業の都合によっては，必ずしもそうはいかない場合が多々あるものである。最も多い例は，石に対してワイヤーが長過ぎることであろう。

そんな時，長いワイヤーのヘビ口を，チェーンブロックのフックにかけて吊ると，機械の吊り代がなくなってしまい，石を吊り上げることができない。このようなことは，庭園施工者であれば誰もが経験しているはずである。

そこで，長過ぎるワイヤーは短くして吊ることが必要になってくるが，その方法の一つとしてよく用いられるのが，図7に示した“ワイヤーごろし”という技術である。

これは，ワイヤーの途中をフックに引っ掛けて，ワイヤーをすべらぬように固定するもので，現場においては普通に行われている。当然知っておくべき技法ではあるが，これは臨時の手段であると考えた方がよい。なぜならば，この“ワイヤーごろし”には欠点があるからである。まず，この方法はワイヤーを痛めることが多いし，特に重い石の場合では，ワイヤーにクセをつけてしまうからである（ころした部分でワイヤーがねじれて曲ってしまうことがある）。さらに，この方法では，石を吊り上げている時は安定しているが，一度石を下におろすと，すぐにワイヤーがゆるんでフックからはずれてしまう。

したがって，石組工事のように石を上げ下げして微妙に据えなおすような場合は，危険なので絶対に用いるべきではない。

このような作業を行うとき，ワイヤーの途中で確実に石を吊ることができる便利な道具がある。それが，ワイヤークリップである（以下，クリップという）。図8および写真76参照。

このクリップは，分解してワイヤーの途中にはめ込んで使うようになっており，ワイヤーの太さによって大小を使い分けることができる。しかし，通常の石組作業では，もっぱら小が使われることが多い（Dia，8～10用のもの）。

石の重さによって，クリップはしっかりとワイヤーに噛むような構造になっているので，正常なワイヤーであれば，まずすべるようなことはない。

ただ多用されるクリップの小は，少々困ることがある。それはクリップの吊り上げ用の穴が小さく，チェーンブロック，ユニック，レッカー等のフックがこの穴に入らないことが多いからである。そのような場合は，穴に二連式のシャックルをセットし，そこに縦長の鉄輪をつないで，これをフックにかけるようにするとよい。

クリップを用いれば，石を何度も上げ下げするような石組作業でも“ワイヤーごろし”よりはるかに安全である。また，ワイヤーを痛めることもほとんどない。しかし，石を下ろして荷重がかからなくなった時，クリップがゆるんで，ワイヤーの吊り位置がずれることがままあるので，この点だけは十分に注意して施工することが大切である。

（6） 石へのワイヤーのかけ方

石を吊る場合の通常のワイヤーのかけ方は，いわゆる“一本吊り”が多用されている。これは石の底の部分から，上の頂点の部分まで一本のワイヤーをまわし，上部でヘビロの中に他方のワイヤーを通して，それをフックにかけて吊る方法である。

この時，石の形と重心をしっかりと見極めて，うまくワイヤー

図7 ワイヤーごろしの方法
Diagram 7. Knot method for shortening a wire rope

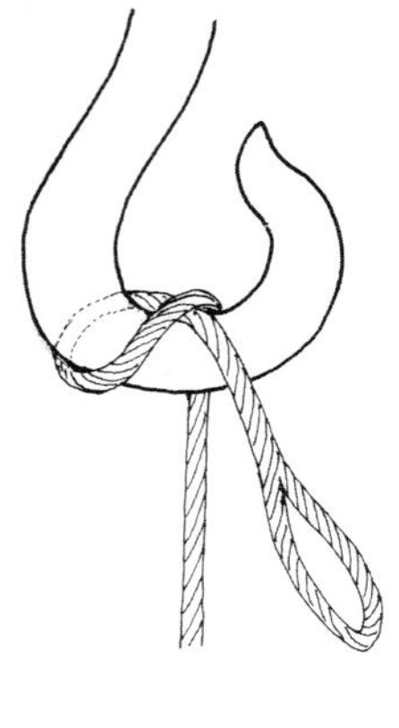

図8 ワイヤークリップの図
Diagram 8. Wire clip

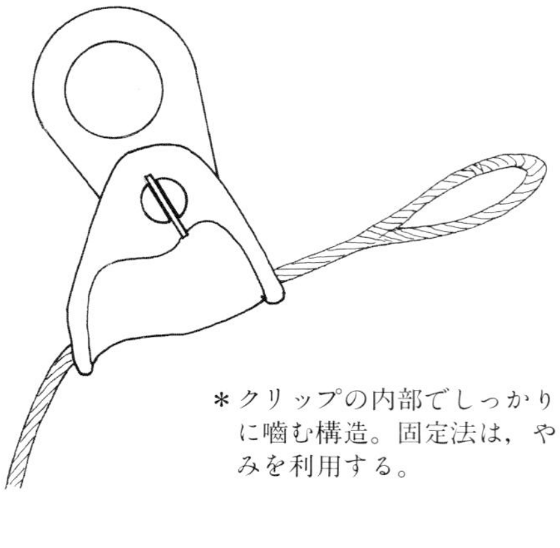

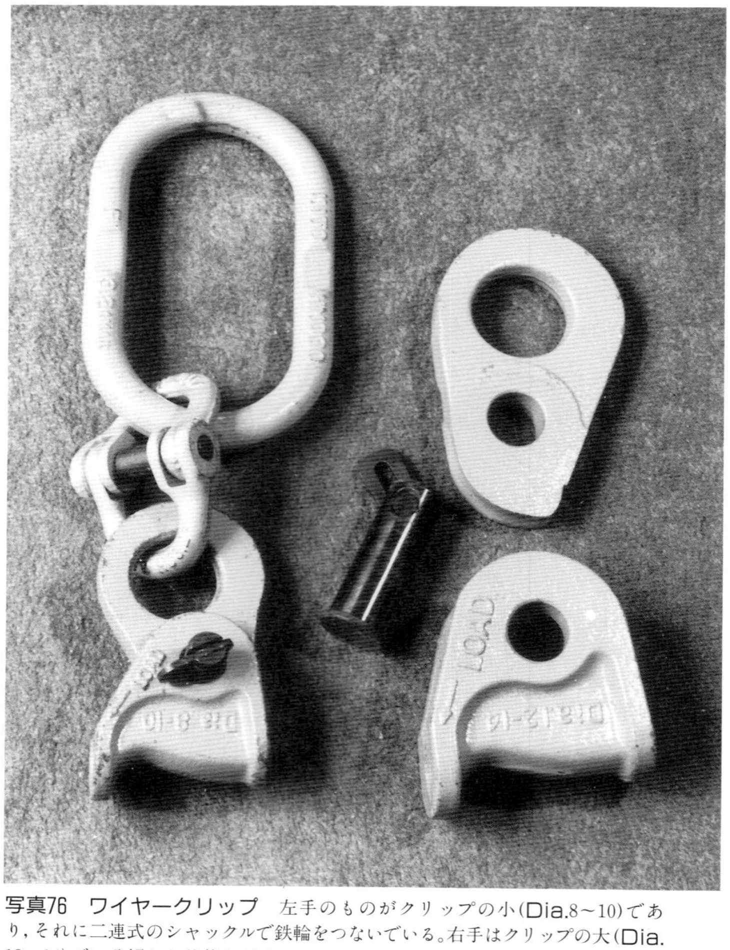

写真76 ワイヤークリップ 左手のものがクリップの小（Dia.8～10）であり，それに二連式のシャックルで鉄輪をつないでいる。右手はクリップの大（Dia.12～14）で，分解した状態を示す。
76. Two sizes of wire clips; the one on the right has been taken apart

をかける技術は，石組作業においては最も大切なことであって，この技術を「玉がけ」ともいっている。

石を据える形に近く安定して吊り上げることは意外に難かしいが，これは長年の経験によるしかない。

“一本吊り”は，仕事の能率ということから考えても，最も早い方法ではあるが，これでは危険な場合もある。

石幅のある，横石ないしは短立石，中立石程度の石ならばよいが，長立石のような石や，下部がとがっているような石を吊るときには，どうしてもワイヤーがはずれやすいからである。

そんな場合，石をより安定させて吊る方法に，いわゆる“フンドシ”がある。

その手順については，図9に，A，B，Cの順で示したので参照していただきたい。

この“フンドシ”をかける場合も，注意しなければならないことがある。それは，まず石の重心を考えて，最も適切な位置でワイヤーを十文字に交叉させて吊ることである。

あまり下で交叉させると，石は上部が重くなり反対にひっくりかえってしまうものである。そうかといって，あまり上で交叉させると，“一本吊り”に近い状態になって，かえって危険だということを心得ておく必要があろう。

さらに，“フンドシ”では，上に出るワイヤーのヘビ口の高さをそろえて，二つのヘビ口を一度にフックにかけて吊るのが普通である。だから，残ったワイヤーの長さを，同じ長さにそろえるように胁で交叉させることが大切になってくる。

図9　石吊り（フンドシ，他）の手順
Diagram 9. Alternate methods for wrapping a stone with a wire rope

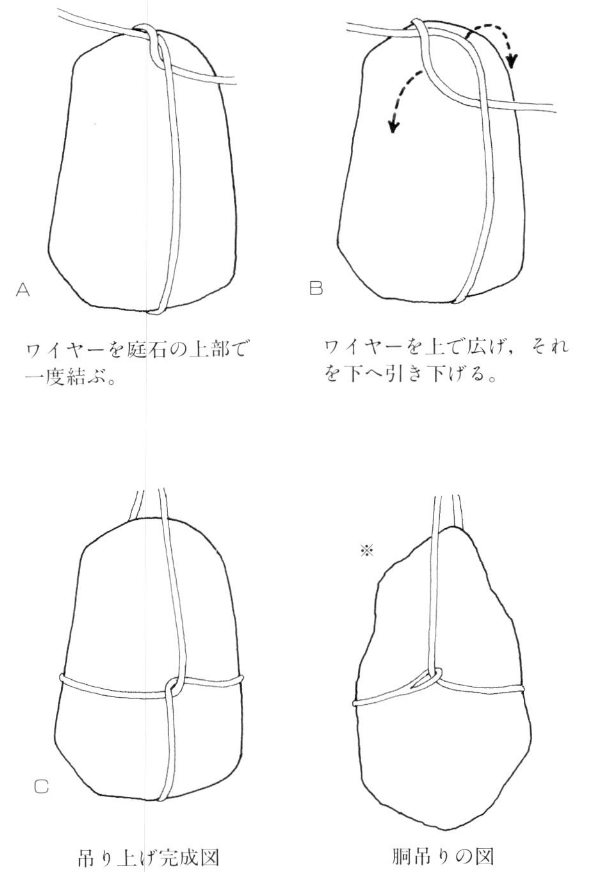

しかし，石組を行っていると，時に“一本吊り”でも“フンドシ”でも困ることがある。

それは，石の下部と上部が特にとがっていて，ワイヤーがうまくかからない場合と，カマシ石などの都合で，石を据えるとワイヤーが下の石と噛んでしまい，抜けなくなるおそれのある場合である。

こんなときに使われる方法の一つに“胴吊り”がある。これは石の中央部にワイヤーをかけて，ワイヤーを底へまわさずに吊る方法であって，その一例を図9に※印で示しておいた。

ただ，この方法にも数種があって，すべり難い石ならば図のようなかけ方でもよい。この図では反対側が分からないが，これにも，一本のワイヤーをまわすものと，別のワイヤーを小さなシャックルなどを用いてかける等の方法がある。

図とは別に，二本のワイヤーを使って吊る方法もあるが，この方が安全ともいえる。

いずれにしても“胴吊り”は，底にワイヤーがまわっていないのだから，常に石が抜け落ちる危険があることを頭に入れておかねばならない。また，石が地に着いて少しでもワイヤーがゆるむと，石は必ず抜けるので十分な注意が必要である。

したがって初心者はあまりこの“胴吊り”を用いない方が無難なのだが，一つの技術として知っておく必要があると思うのであえて紹介した。

（7）　石の根の決め方

石組というものは，前の「石組の基本造形」の中で解説したように，造形面がまことに重要であるが，さらにその根本的な問題である石の根の決め方ということが，非常に大切である。

石を据えるということは，その石の根をどこにするかということを決める作業だといってよい。

この根の扱い方で，石は強くも弱くもなるのであって，正しく根の決まった石は，まことに安定感にあふれた姿になる。

石組は基本的には地面に穴を掘って，そこに石を据えるのであるが，初心者が失敗しがちなのは，石を穴に入れて土を埋め戻した時，思ったよりも石が小さく（低く）なってしまうということである。掘った穴に入れたときは，石の下まで見えるので，つい石を大きく見てしまうのだが，実際はかなり埋まってしまうことが多い。それを示したのが図10のAで，実際は点線まで土に埋まって

図10　石の根の決め方
Diagram 10. Determining how deep to implant a stone

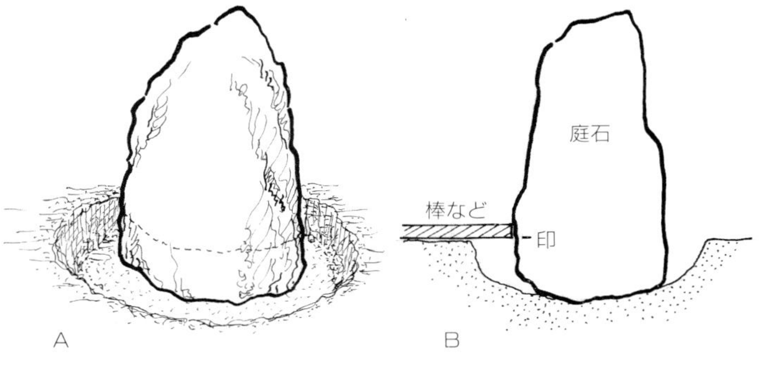

しまうことを計算に入れておく必要がある。Bのように地面に棒など当て石に印を入れるのがたしかな方法といえよう。そして，印のところまで手のひらなどで石の下部を隠して見て，全体の高さや形をたしかめるとよい。

また，石は地面に直接据えるばかりではなく，その周囲に地被植物などを配することも多い。

枯山水の場合は，周囲にモルタルを打って，その上に白砂等を敷くことになる。すると，その厚味分だけは石を高く据えておかなければ，石はさらに小さく見えてしまう。

このような場合は，地表に据えたときは一部根が切れて不安定なようであっても，最終的にはそこは隠れて石の根は高く上がった状態になるのだから，石を固定する施工さえしっかりとしておけば何ら問題はないのである。

以上のような計算をするためにも，当初の計画の時に，各部分の厚味(たとえば，モルタル厚さ3センチ，白砂8センチ等)を正確に決めて，できれば断面図などを書いておくべきであろう。

さらに，傾斜のある築山の斜面に石を据えるようなときは，以上とは反対に根を少々深くしておかないと，石の手前下部の根が切れてしまうようなことも起ってくる。

なお，先の**図10**では，ワイヤーロープを省略して描いているが，石組を行う時には常に高低や角度などの微妙な調整が必要となってくるから，次に続く石等を据え終るまでは，土を埋め戻さず，ワイヤーもそのままにしておく方が便利であることが多いものである。

(8) かまし石の利かせ方

石組をしっかりと固定する方法として，かまし石を使うことが大切だという点については，これまでにも諸処でふれてきたが，この項で少々具体的に解説しておくことにする。

かまし石は，別にかませ石ともいう。これを“詰石”という人もあるが，かまし石と詰石とは少々ニュアンスが違う。

すなわち，詰石は，石組の周囲に詰めることによって，総体的に石を補強するものであるが，これに対して，かまし石は，石組にしっかりと利かせることによって，もっと直接的に石を支え，その角度等を半永久的に維持する重要な役割を持つものである。

かまし石をどのように用いるかは，もちろん地盤の固さや，石の形等によって異なってくるので一定の決まりはない。

しかし，石を地中に深く埋めずに，このかまし石を利かせて固定する作業は，石組の実地で最も大切な技法といえる。

そこで，最も基本的な点にしぼって，そのポイントについて述べておきたい。

まず最初に，かまし石には，どのような材質の石が適しているかというと，次のような条件の石がよい。

1，適度な硬さを持った石であること。

2，表面がすべり難い石であること。

3，様々な大きさや形の石があること。

4，小石でも強度を持った石であること。

以上のような条件からいうならば，最も良いのは硬めの花崗岩であるといえる。

このうち，適度な硬さというのは，石にねばりがあるもの，ということである。かまし石は，セットやハンマーで打ち込むことが多いから，あまり硬い石であると，反面においてもろい欠点もあり，打ち込むと割れてしまうことがよくある。

安山岩の硬い石(たとえば根府川石等)では，特にそのような傾向が大きい。しかしまた，花崗岩であっても軟質でもろい石もあるから注意しなければならない。

石以外の，コンクリート片などは用いてはならない。

また，小石でも強度を持った石，というのは，かまし石は決して大きめの石とは限らず，時には4～5センチの小石を利かせることもよくあるからである。

次にその用法であるが，かまし石にも大きく分けて二種があることに注意しなければならない。

その二種とは，

1，石の支え(一種の台)となるようなもの。

2，特別に効果的に利かせるもの。

である。

図11は，かまし石の基本的な用い方を図解したものであるが，ここで斜線を入れたかまし石は，支えとなるような形式のものといえる。これによって，まずほとんど庭石が動かないように固定するのである。

そして次に，さらに庭石に対してそれに利かせるかまし石を打ち込む。それが，図中に黒く示した，A，Bのかまし石である。Aの場合は，その下の大き目のかまし石と，庭石との間に矢印の方向から打ち込むことによって利かせるのであり，Bの場合は，左の庭石のかまし石との間に打ち込むことによって，二つの庭石

図11 かまし石の利かせ方
Diagram 11. Use of support stones

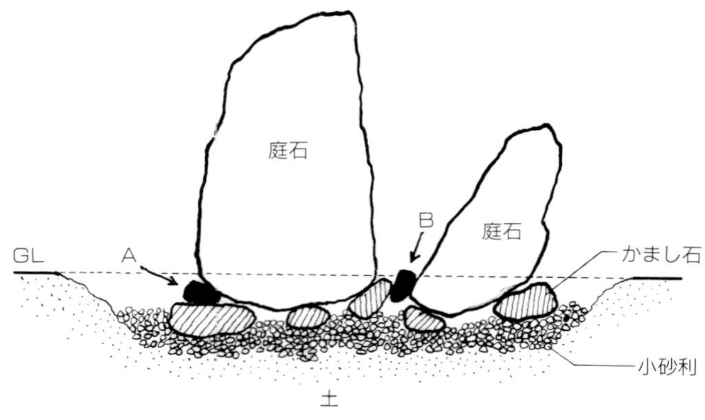

図12 石組どうしの固定方法
Diagram 12. Points of contact between closely placed stones

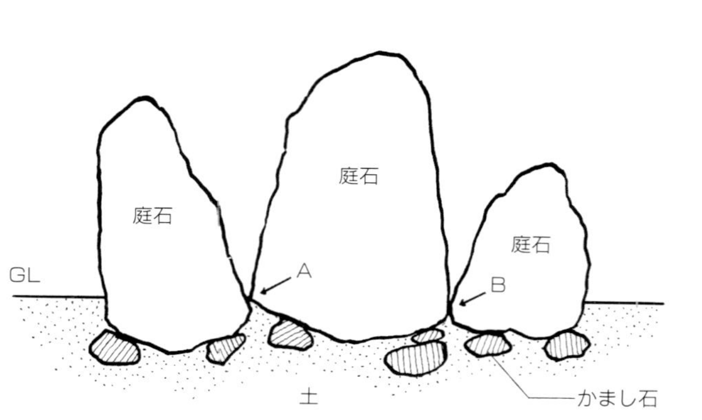

をつなぐ目的を持ったかまし石である。

このようなかまし石を打ち込む場合，石が利いて動かなくなったらそれでよいのである。ついさらに強く打ってしまうと，石が割れたりして，かえって利かなくなってしまうことが多いものなので注意したいと思う。

なお，このようにかまし石を利かせる作業は，石組をワイヤーで少々吊っておいて行うことが多い。そして，利かせてからワイヤーをゆるめ，石が動かなければそれで終了ということになる。

しかし，図11では，そのワイヤーを省略して描いているので注意してほしい。

（9） 石組どうしの固定方法

庭石は，かまし石で固定するのが一つの方法であるが，さらにもう一つの重要な技法として，石組どうしで固定する方法がある。

これは，石組造形との関連が大きいので，必ずしも用いられる技法ではないが，石を固定する強さという点では，場合によってはかまし石よりも有効であるといってよい。

石を接近させて組むときは，できる限りその両者が接するようにするのが理想である。

図12は，三石を接して組んだ一例であって，典型的な二種の技法が用いられている。

図中のAは，左の石がかなり大きく左手に傾斜しているのに対して，それを押えるように主石の角を乗せかけた手法であって，こうすれば左の斜立石の角度はまず狂うことがないのである。実

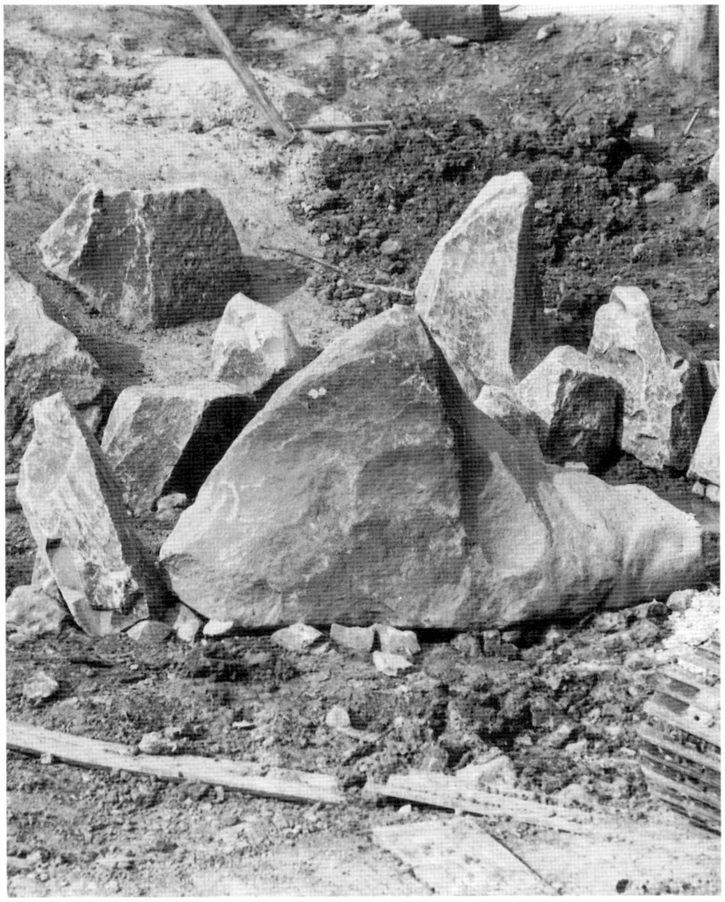

写真78　作庭工事中の池泉岩島の景。このかまし石は，石を固定すると同時に，山形石の高さを調節する役割を果たす。（青松院本堂庭園・現代）

78. An in-pond rock island arrangement in the process of being positioned; the support stones fix the main stone in place and also enable the height of the "mountain" to be adjusted (Seisho-in temple, Yamanashi Pref.; modern)

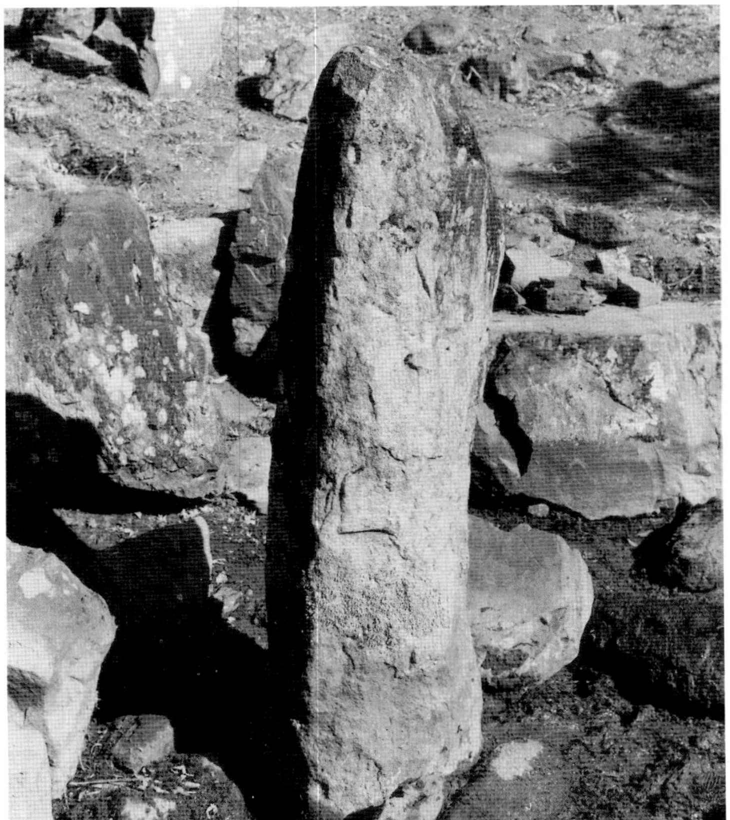

写真77　池泉庭園の池中にある立石岩島を，しっかりと固定するかまし石の手法。水を抜いて撮影した。（大善寺庭園・江戸初期）

77. Removal of the pond water reveals how this stone has been fixed firmly in place with support stones. (Daizen-ji temple, Yamanashi Pref.; early Edo period)

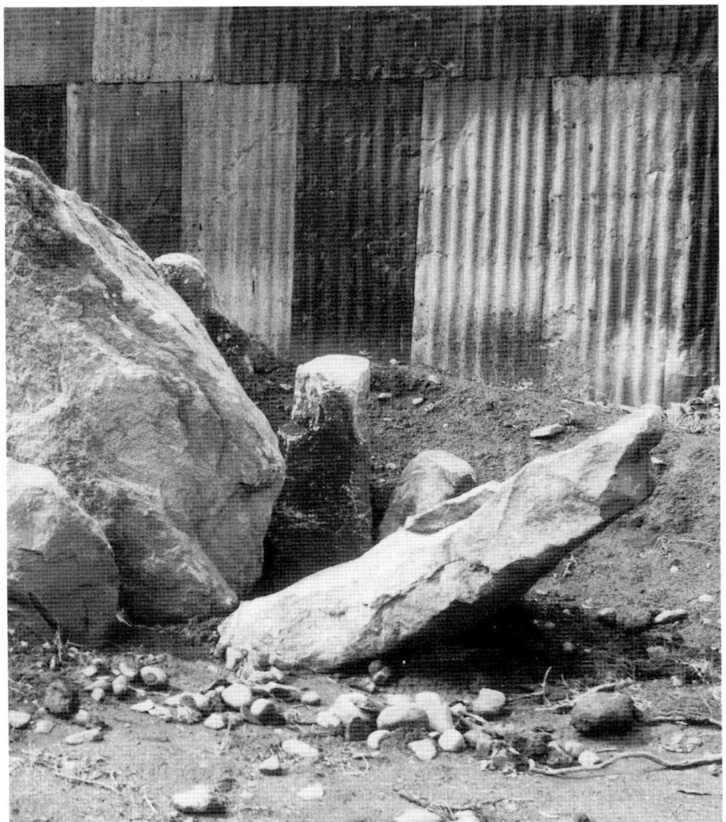

写真79　鶴首石の長い斜石を，しっかりと固定する技法で，工事中の景。左にある巨石で斜石を押えている。（慶長院庭園・現代）

79. The neck stone of this crane arrangement is fixed into place by putting its base beneath the large stone at the left (Keicho-in temple, Yamanashi Pref.; modern)

例の上では，もっと強い傾斜を示す石の上に，主石の半分ほどを乗せ，いわゆるテコの原理でしっかりと固定したようなものもある。著者も時にそのような石組を行うことがあるが，どんなに強い傾斜角度の石でも，ほとんど完全に固定することができるものである (図13)。

図12の図中にあるBの印は，中央の主石と，その右に用いた添石とを接して組んだ部分を示したものである。

Aのように乗せかけてはいないが，このように二石を接続させるだけでも，その強さは倍加する。

古庭園の多くの石組を調査してみると，その主要部においては，石を単独で用いることは少なく，石組どうしを噛み合わせている例がまことに多い。そのような石の組み方を称して，昔は「石を畳む」という表現を用いたものである。

石と石とを接し，あるいは重ねて強固な石組とする技法は，石組の原点といっても過言ではないと思う。

(10) トラ縄の張り方

石を組む時，レッカー車等が使用できない場合，三叉とチェーンブロックを使って石組を行うことは前にも述べた。

この三叉を用いる石組工事の際，よく行われる技法にトラ縄張りがある。

それは，斜面等の石組において，三叉 (時には二叉の場合もある) が石の重味によって一方に引かれて危険と思われるときに，三叉の上部にロープをかけ，石に引っぱられる方向と反対方向にある樹木の幹などにロープを結んで，三叉が動かぬように固定する方法であって，これを「トラ縄」というのである。

トラ縄は，安全のためのまことに重要なものであるから，絶対にはずれることのないように結ばなければならない。

しかしまたトラ縄は，常にゆるめたり，結びかえたりすることが必要とされるから，しっかりと結び，ロープがはずれないように固定する一方で，またすぐにはずしやすいような結び方であることも要求されるのである。

ロープを幹などにしっかりと結びとめる技法には各種のものがあるが，いくら確実な結び方であったとしても，はずすのに時間のかかるような方法は，トラ縄の結び方としては適当でない。簡単に，しかもしっかりと結べて，同時にすぐにはずせる技法が必要なのである。

図14は，そのような最も基本的で用途の広い，トラ縄の結び方を図示したものである。

図の右手が三叉などの方向で，そこから，矢印のようにロープを入れる。その手順は図によって明らかと思われるので特に説明はしない。ただし，この図は分かりやすいように少し透き間を取って描いている。実際はロープには少しの透き間もないように密着させて張るのが正しい。

また，図の左手で，先に張った縄の下に，縄をくぐらせて止めているが，その位置は本来この幹の裏側あたりで通した方がより完全である。ここでは図の関係でこのように描いていることに注意してほしい。

また，強くピンと張ったロープの下に，最後の部分を通すには少々コツが入る。幹が太い場合，ロープを強く張ると，最初に入れた部分に必ず少し透きができるから，ロープをそこまで一回りまわして入れるとよい。こういうことは，何といっても現場において経験してみないと理解されにくいかも知れないので，実地において確認していただきたいと思う。

一見単純で，はずれそうに見えるが，しっかりと張れば，この方法でまずほとんど大丈夫である。

はずす時は，最後の部分を引けば，簡単にはずれるのが，この方法の何よりの利点といえよう。

(11) 土ぎめと突き棒

石組は，かまし石で固定するといっても，その最終段階では石の周囲にしっかりと土を入れて固める必要がある。

図13　極度な斜立石の固定法
Diagram 13. Fixing into position a strongly angled stone

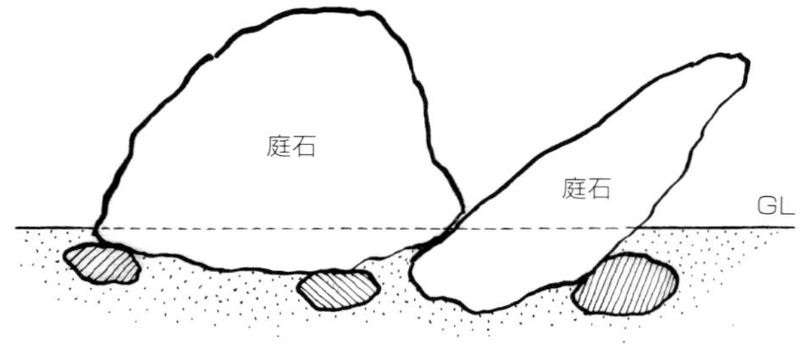

図14　トラ縄の張り方
Diagram 14. Knot used when bracing a tripod to a tree

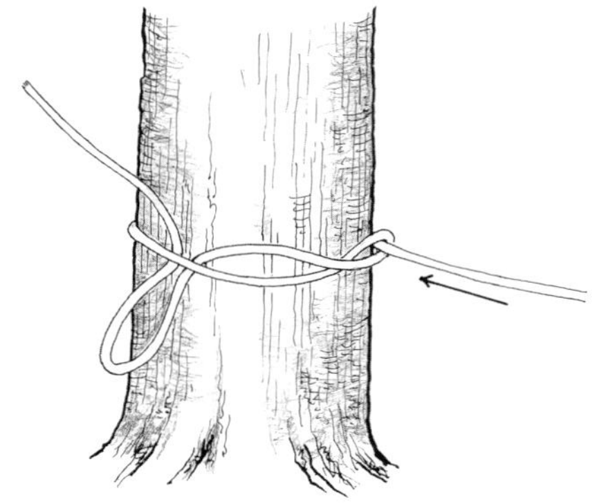

図15　土ぎめと突き棒
Diagram 15. Use of poles to press down soil

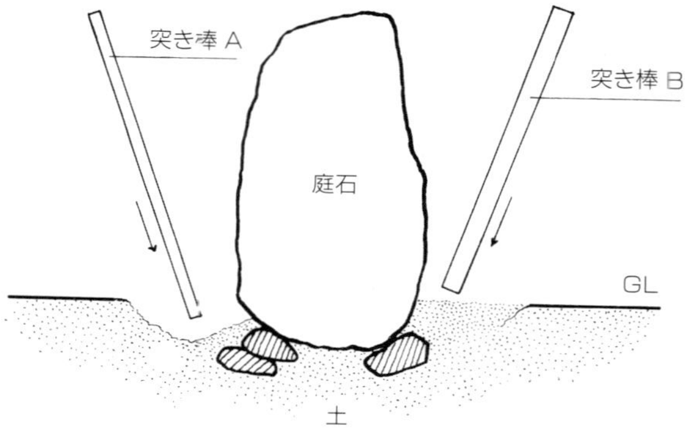

これを簡単に埋め戻してしまう人がよくあるが，これはまことに大切な作業であるから，特に注意をはらう必要がある。

この作業には必ず突き棒という道具が要るのであって，それも１本ではなく，少なくとも細めの突き棒，太めの突き棒が必要である。これにはヒノキ丸太などが適しているが，重味のある木なら他のものでもよい。

まず，石の下や，かまし石の周囲に念入りに土を入れ，それを細い突き棒でよく突く。土は少量ずつ入れて，ていねいに突かねばならない。その状態を示したのが図15の突き棒Aである。

細い突き棒を使うのは，かまし石の間などに透き間なく土を入れるためと，よく土を締めるためである。

そして，ある程度土が入って固まってきたら，次に太めの突き棒に取り替える。図中の突き棒Bがそれである。

要は次第に細いものから太いものに替えて行くのがよいのであって，突き棒は１本でも先端は必ずどちらかが一方より太いから，図のように２本の突き棒があれば，上下を反対にして四種の突き棒として使うことができるのである。

この作業では，決して石を固定しているかまし石を突かないようにすべきである。いくらしっかり入れたつもりでも，突き棒によってかまし石がゆるんでしまうこともあるからである。

もし，石の下に空洞があると，そこに水が溜って石組が沈むようなこともないとはいえない。埋め戻しに使う土は，できるだけよく締まる粘土分の混じった土が適している。

以上，「石組の各種技法」と題して述べてきたが，これは石組を行う上での最も初歩的な技法を紹介したに過ぎない。

実際の現場においては，まだ数々の重要な技法があると思われる。たとえば，今日ではあまり用いられなくなってはいるものの，石曳きの際に使うソリの用法なども，技術者であればよく知っておく必要があろう。

また，レッカー車やユニック車における石吊りなどは，時に危険がともなうだけに，十分な注意が必要とされる。

石吊りの技術としては，三叉の使用法については少々ふれたが，二叉による石吊りも知っておくべきである。

このような諸点については，やはり現場において体験しない限り，本当のところは理解できないであろう。

本書は，一応入門編として執筆してきたので，施工の実際については，このあたりで終了ということにさせていただきたい。

Putting the Stones in Place

(Pages 108–117)

Basic Installation Techniques

It is crucial that stones in a stone arrangement be placed in such a way that they do not move. Factors working against stationary stones include weak ground, heavy frosting, nearby main roads (with vibrations from passing vehicles), and superficial tree roots. Other than the nature of the ground itself, these factors can be counteracted and shifting stones avoided. The following steps should ensure that stones remain in place:

1. Insofar as possible, determine how much of a stone is to be above ground and its angle of placement before bringing it to its position. Dig a hole if the stone is to be planted deeply. Make the hole slightly deeper than the depth to which the stone is to be placed, since filler stones will be placed later to position and support the stone.
2. Have tools, support stones (in various sizes), pebbles, gravel, etc., ready before bringing a stone to its position. Hard, rough stones, such as pieces of granite, are good for support stones; pieces of concrete, softer stones, and smooth stones should be avoided, as should overly hard, brittle stones.
3. Make tripods of sturdy logs (several, for stones of different heights). Tie short ropes to the bases of the legs of the tripods, for holding later on. Position the tripod symmetrically over where a stone is to be positioned. Hang a block and tackle from the tripod. If a heavy stone is to be positioned, brace the legs of the tripod as shown in Diagram 1. (If you have access to a tow truck, there is no need to build tripods, as stones can be lowered from the arm of the towing device. Bring the stone to a position above where it is to be placed and continue with Step 6.)
4. Using a truck or other vehicle, bring the stone to a position inside the tripod (Diagram 2). If the stone cannot be moved inside the tripod, tie one end a rope firmly to the top of the tripod and the other end to a tree or other stationary object on the side of the tripod opposite to the stone's current position (Diagram 2, Stone 3 and arrow). (See also Diagram 14, which shows an effective way of tying the rope to a tree, so that the rope can be easily loosened, which is often necessary. Note that the loop on the left side should actually go directly behind the point at which the rope first meets the tree.)
5. Attach the stone, which should be held securely with a wire rope having a built-in loop at the end (see Diagram 6A), chain, or sturdy fiber belt, to the block and tackle and hoist it carefully over the position (or hole) in which it is to be placed.
6. If the stone is to go into a shallow hole, the hole can be dug now.
7. Rotate the stone and try various positions. When the position and direction are determined, lower the stone carefully into the hole. Lift and lower the stone until you get it into the right position and angle.
8. With the block and tackle still taut and holding the stone just in place, put small support stones in the sides and bottom of the hole (Diagram 3). Position the small stones so that they will not be pulled away by the wire or chain, which you will have to remove momentarily by pulling it through the bottom of the hole. Loosen the block and tackle; if the stone stays firmly in place, consider it positioned. If not, tighten the block and tackle and add more support stones. When the stone is in position, remove the wire or chain as just mentioned. (Diagram 11 shows a further example of the use of support stones. The cross-hatched stones provide the basic support to the two arrangement stones, while the two dark support stones, labeled A and B, are driven firmly into place to "finalize" the position of the arrangement stones. Be careful not to crack the arrangement stones when driving in the support stones. Note that in practice, the wire rope would still be around the arrangement stone placed second in Diagram 11.)
9. Fill in the hole with soil, little by little, taking care to ensure that all spaces around the support stones get filled in. If the ground is particularly soft, fill in the hole with gravel first, then the remaining spaces with soil. It is recommended that two wooden poles, a thin one and a relatively stout one, be used to press the soil firmly in place (Diagram 15). Use the thin pole to press the soil between the support stones (but avoid hitting the stones); when this is done, use the stouter pole to press the soil down. Soil with some clay content is best.

Other Points of Technique

Setting stones at an angle. It is often desirable to set a stone at a greater angle once a trial placement has been made. Do not attempt to adjust the angle by jerking the arm of the tow truck or to tugging the tripod to one side; these actions are dangerous. Rather, use the method outlined in Diagram 6. Set the stone down and loosen the wire rope, shifting the built-in loop slightly to the side opposite to which the stone is to be angled (B). Slowly lift the stone, tightening the wire rope; with the loop in the new position, the stone should now be angled as shown (C). Let the stone down and fill in the hole with support stones as described above. (If the loop is to be shifted only slightly, the insertion of a small block of wood, as shown in 6D, is useful. Avoid this method if the stone is one that slips easily.)

Wire ropes vs. chains vs. fiber belts. Wire ropes are the most commonly used material in moving stones because of their strength and relative light weight. They come in various thicknesses, for stones of different weights. However, they sometimes slip and can scratch up softer stones. If a wire rope is too long for a given stone, it may be shortened by knotting the rope to the hook of the block and tackle, as seen in Diagram 7. However, since this method can twist a wire rope permanently and since the knot comes apart once the stone is set on the ground (which can be dangerous), the wire clip shown in Diagram 8 and Figure 76 is a better means of shortening a wire rope. Such clips are designed to tighten their grip on the wire rope as the weight on the rope increases.

Chains are used less nowadays than previously, since their strength does not increase proportionally with their weight. They are, however, useful with light stones, including ones that two people can carry between them. Furthermore, they grip stones better than wire ropes, so there is less chance of slippage.

Special fiber belts have become popular in recent years. These are strong enough to hold stones of up to about two metric tons. They are light, do not slip, and do not scratch stones. However, they are also difficult to remove from under a stone once it is in place on the ground, so are probably best limited to hauling stones.

Attaching the wire rope to the stone. In many cases a stone needs to have a wire rope wrapped around it once, with the free end going through the loop of the rope at the top of the stone (see Diagram 6). Mastering the technique of finding the stone's center of gravity simply takes practice. However, when a stone is significantly taller than wide or has a protruding base, the wire rope is liable to slip dangerously off. For such stones, the safer technique shown in Diagram 9 (A–C) is recommended. Wrap the wire around the stone from top to bottom, with a simple knot at the top (A); make sure that the knot is approximately above the stone's center of gravity. Expand the knotted portion by pulling at either side (B) and draw these down to the sides of the stone (C).

Alternatively, if the top of the stone is pointed, making it difficult to make the initial knot, or if is likely that eventual removal of the wire will alter the positions of supporting stones, the method shown in the bottom right illustration of Diagram 9 may be used, provided the stone is not too smooth. At the back of the stone (not visible in the illustration), a second wire is attached to the first using a shackle. Since this method is rather risky, it is not recommended for beginners. The stone can slip out of the wire rope, and will always drop slightly once it touches the ground and the friction on the wire rope is relieved.

If worse comes to worse, the safest method is the use two wires, at right angles to one another, wrapped around the stone vertically.

Implanting the stone. The cardinal rule when placing stones in the ground is *don't plant them too deeply.* This is one of the fundamental problems in stone arranging—especially in that nowadays many garden designers believe that putting the base of a stone deep in the ground results in a more tasteful arrangement. However, a look at old gardens reveals that this was done to extremely few stones. Owing to their superior technique, old-garden designers were able to keep most of the stone above ground, using it to full effect, while making it *look like* it was implanted deeply. The more deeply a stone is planted, the less of it there is to see, so its creative possibilities are limited.

Diagram 4 reveals a further, practical, side to the problem. If stones are planted too deeply, it may be impossible to bring the above-ground portions close to one another. The same problem does not exist with minimally implanted stones (Diagram 5).

Beginners tend to dig holes too deeply. It is easy to forget that the entire stone will not be visible once the hole is filled in (Diagram 10A). To get an idea of how a stone will finally appear, draw a small mark on the stone at ground level (Diagram B) and mask with your hand or an object the portion of the stone below the mark. If too little of the stone is above ground, raise it (note that the wire rope is not shown in Diagram 10; in practice, keep it attached until this process is finished), return some soil to the hole, and lower the stone again until you are satisfied with the result. When designing a dry-landscape garden, remember to take into account the layer of pebbles or sand that will be on the surface of the ground and cover that much more of the stone.

Setting closely placed stones. Fixing the position of two closely placed stones is made easier if the stone are actually in contact. A larger stone will help fix in place an angled smaller stone if the base of the latter is placed under the former and is touching it (Diagram 12, Point A; Diagram 13). Even if a stone is not angled, its position is reinforced if it is in contact with another stone (Diagram 12, Point B).

石組の組み方作図例

Stone Arrangement Drawings

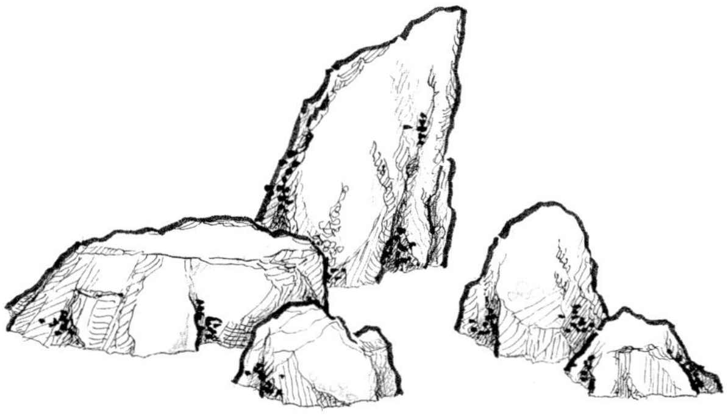

図１　斜立石と平天石を生かした五石組
1. Five-stone arrangement with a slanted main stone and flat-topped accessory stone

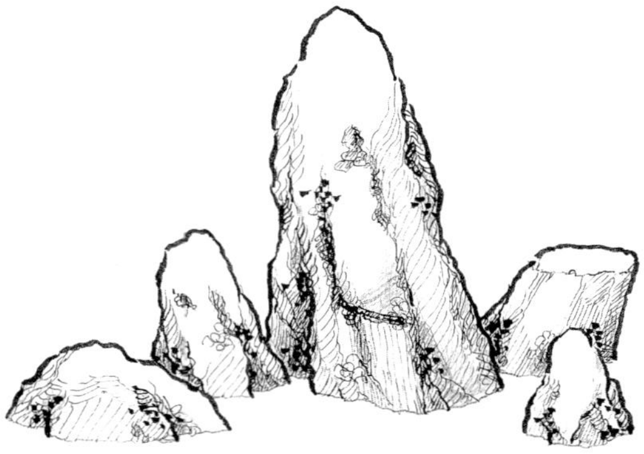

図２　石組の動きを強調した五石組
2. Five-stone arrangement exhibiting motion

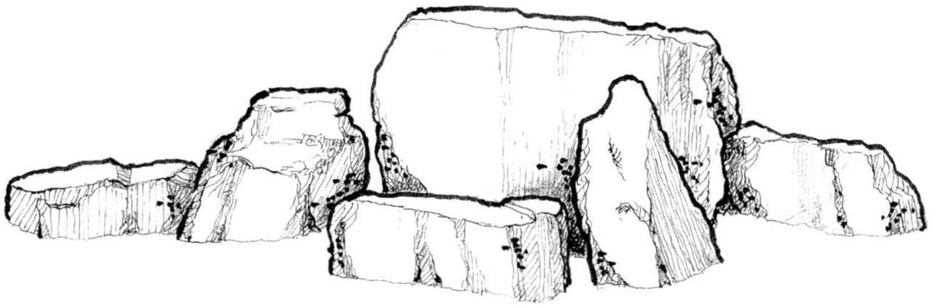

図３　平天横式を中心とした六石組
3. Six-stone arrangement with flat-topped main stone

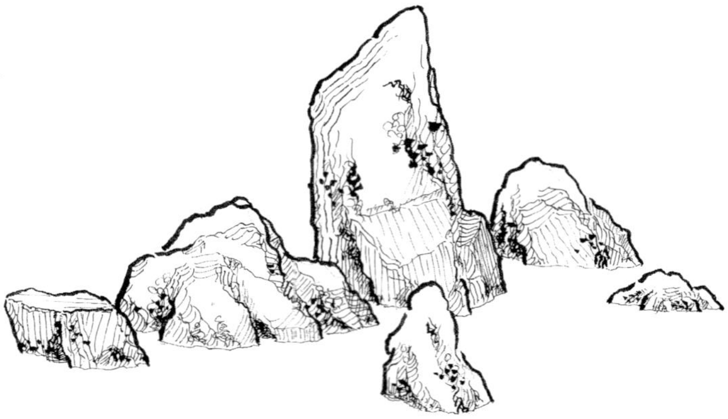

図４　空間の変化を特色とする六石組
4. Six-stone arrangement with unusual spacing

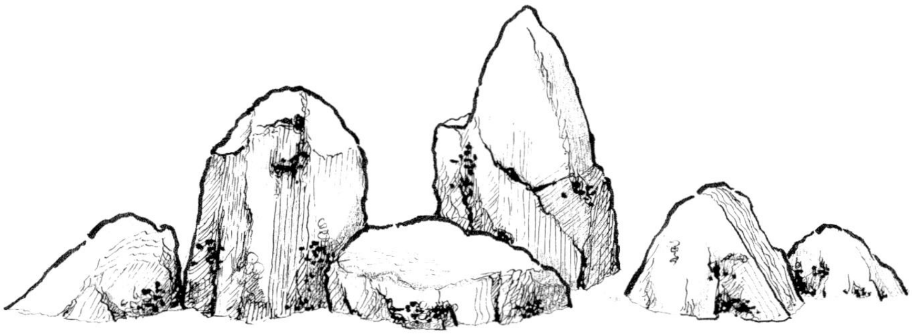

図５　二立石を組んだ連山風の造形の六石組
5. Six-stone mountain range arrangement

石組というものは，図面上での描き方も，なかなかむずかしいものである。古来水墨画等では，さまざまな技法が伝えられているが，石を小さく描くことの多い作庭の図面において，それを応用することには，かなり困難を感じる。したがって図面では，それなりの石の描き方が求められてよいと思う。

その場合に特に注意すべきことは，平面空間を常に意識し，さらに石組に，立体感，動き，奥行き，等を出すように心掛けることである。ここに紹介する図面は，著者の石組描法であって，五石組から八石組までの石組を参考として描いて見たものである。

紙上で石組としての味わいを出すのは至難の技であり，この著者の技法も未熟ではあるが，参考実例として理解していただければ幸いである。

Making drawings of stone arrangements—getting the spacing, motion, and perspective accurate—can be difficult. These pages show some of the author's drawings.

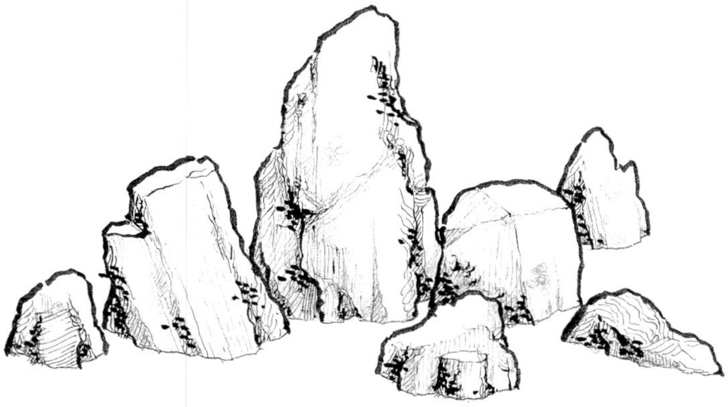

図6　直石手法の立石を主石とした七石組

6. Seven-stone arrangement with standing main stone

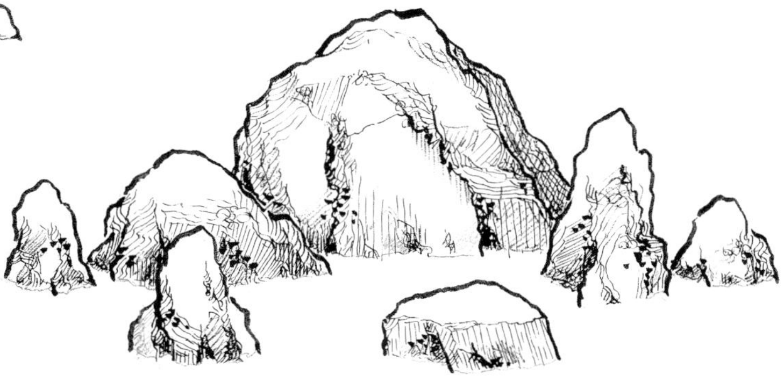

図7　山形横石を中心とする七石組

7. Seven-stone arrangement with mountain-shaped main stone

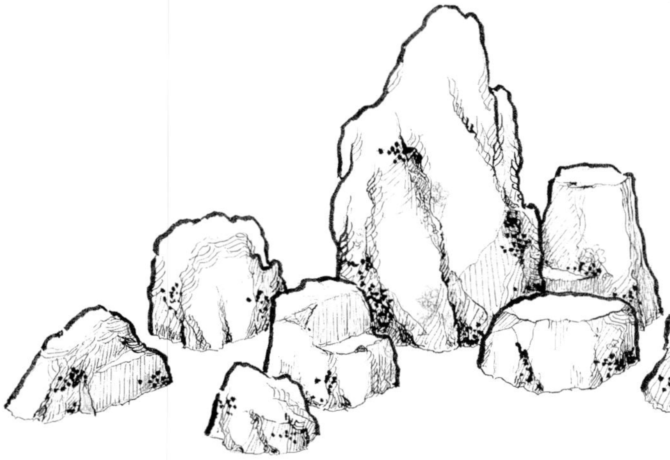

図8　小さめの石で主石の立石を強調した八石組

8. Eight-stone arrangement with main stone emphasized by the smaller surrounding stones

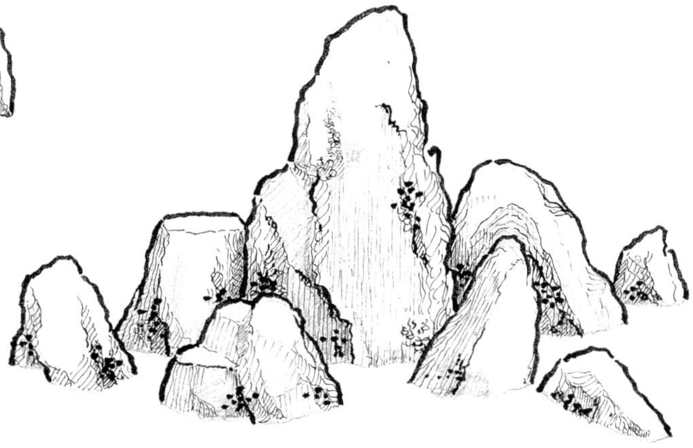

図9　主石立石との遠近感を斜石で強調した八石組

9. Eight-stone arrangement in which the angled stones give a sense of distance to the main stone

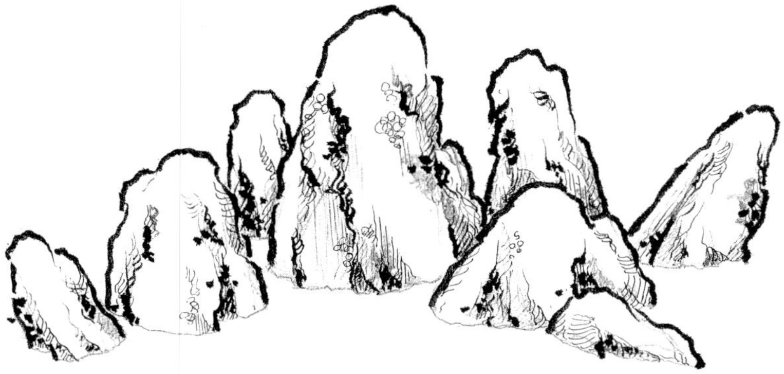

図10　枯山水として亀石組風に組んだ八石組

10. A dry-landscape turtle stone arrangement of eight stones

石組のスケッチ図例

Sketches of stone arrangement

摩訶耶寺庭園　鶴島羽石　三尊石組
Crane island wing stone and *sanzon* stone arrangement, Makaya-ji temple

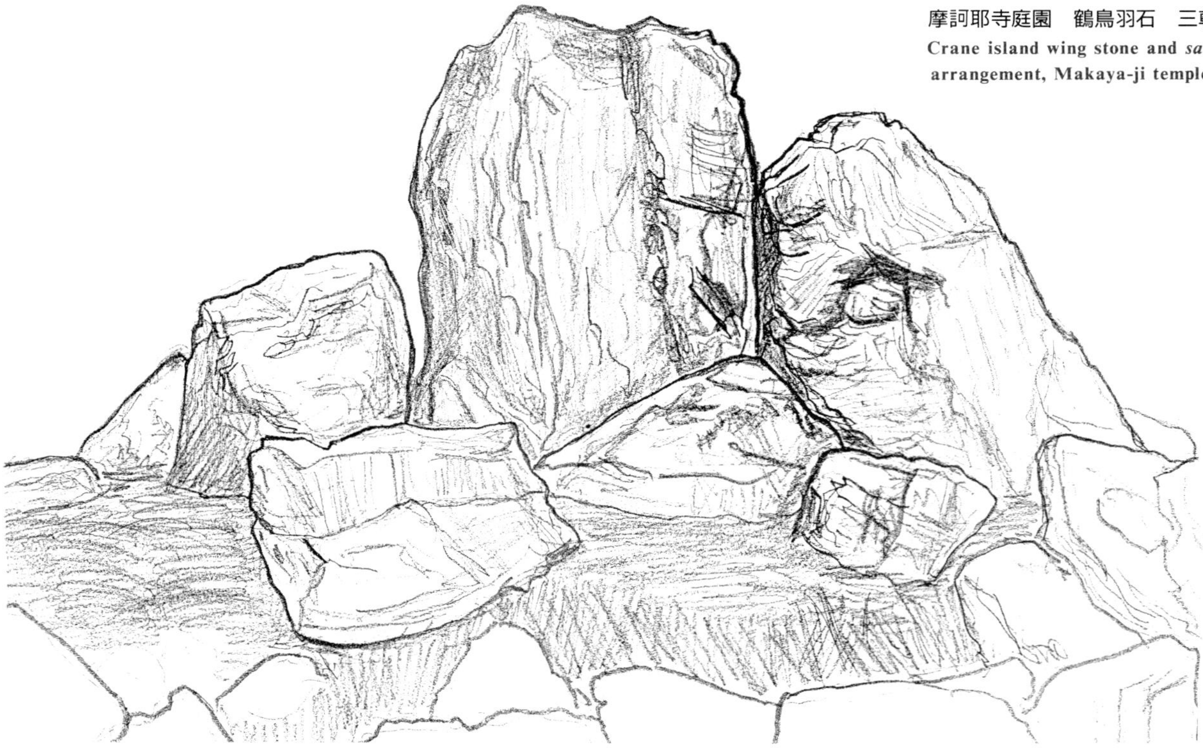

朝倉氏湯殿跡庭園
Garden of the Asakura estate

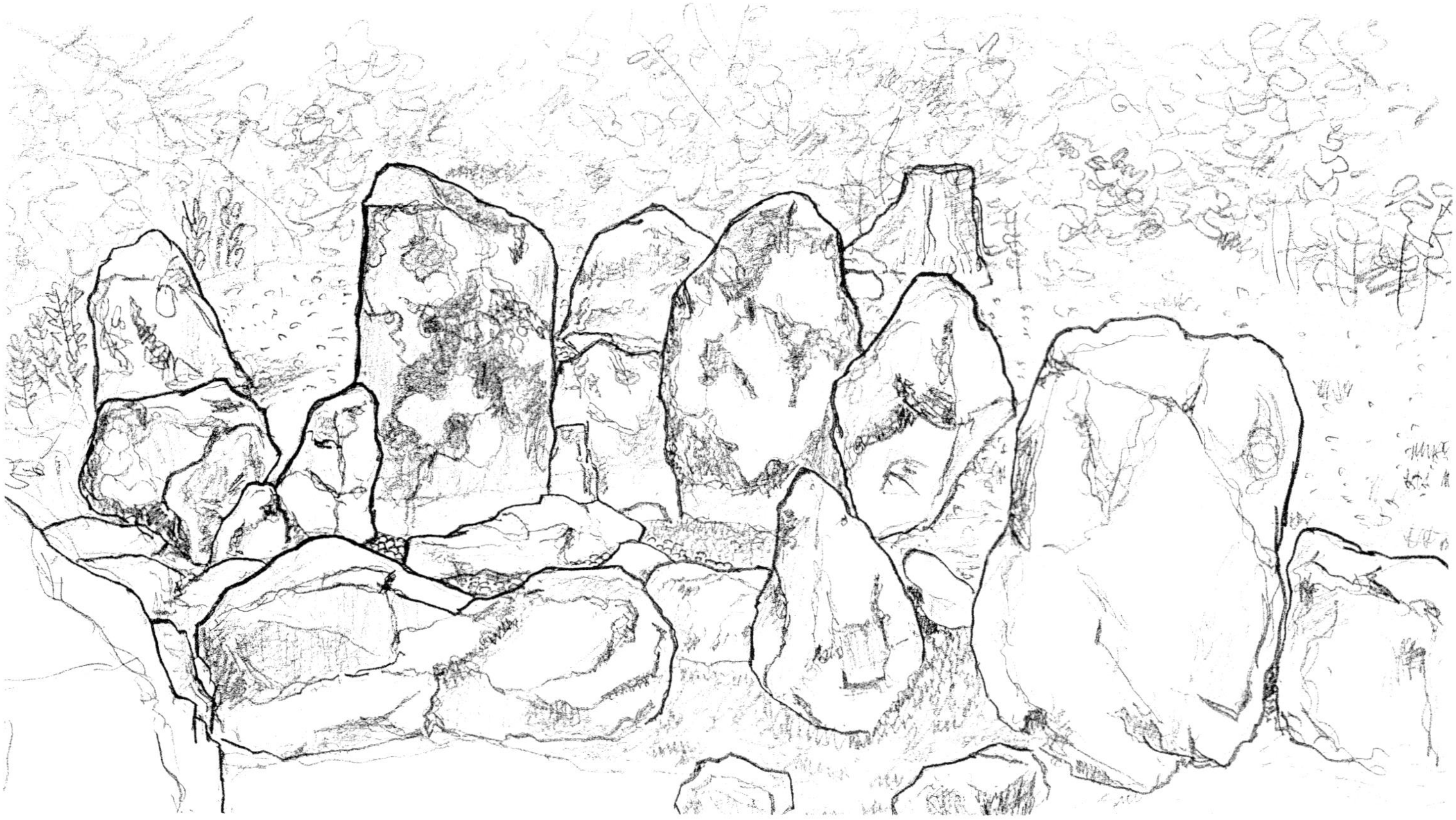

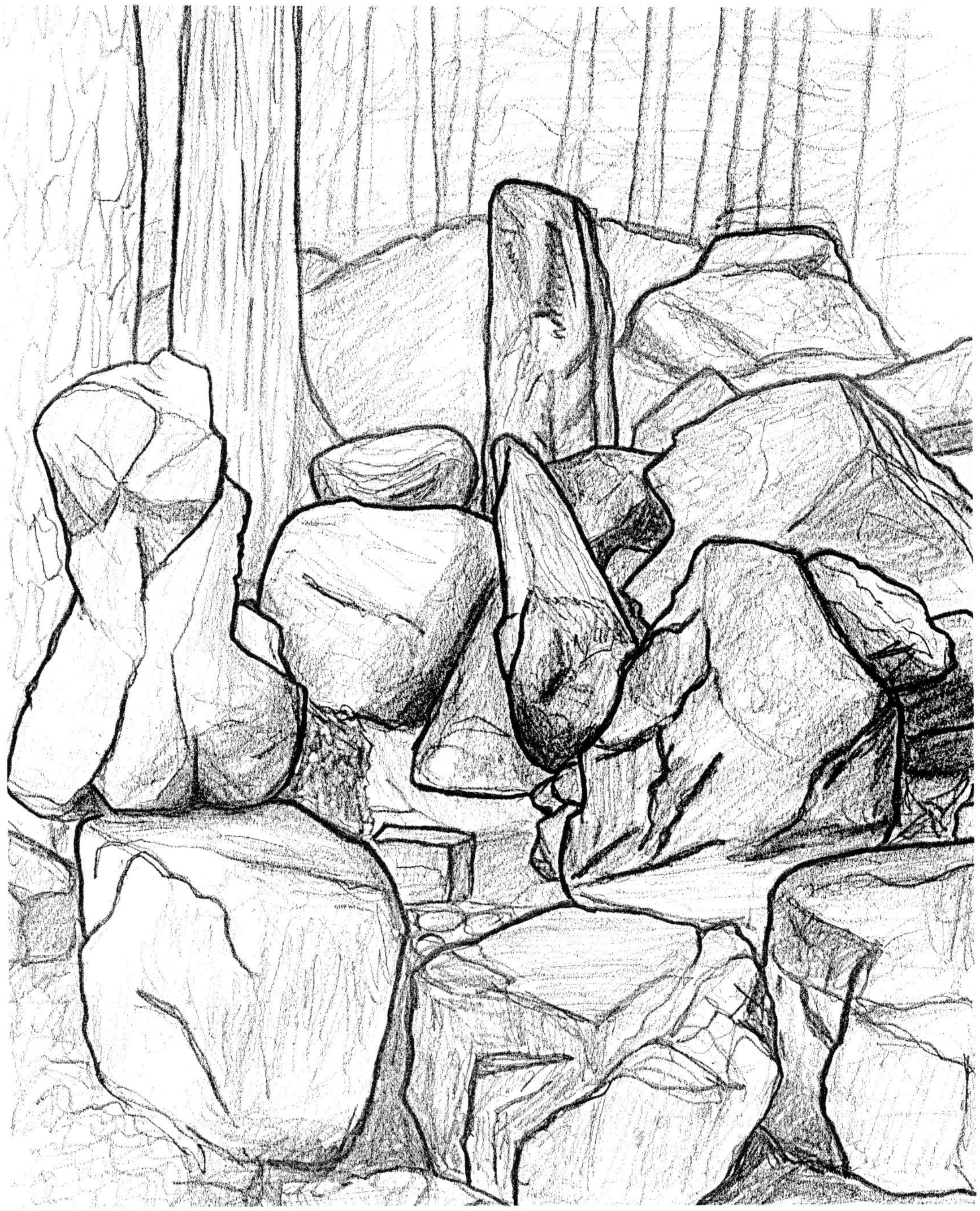

光前寺庭園　龍門瀑
***Ryumonbaku* waterfall, Kozen-ji temple**

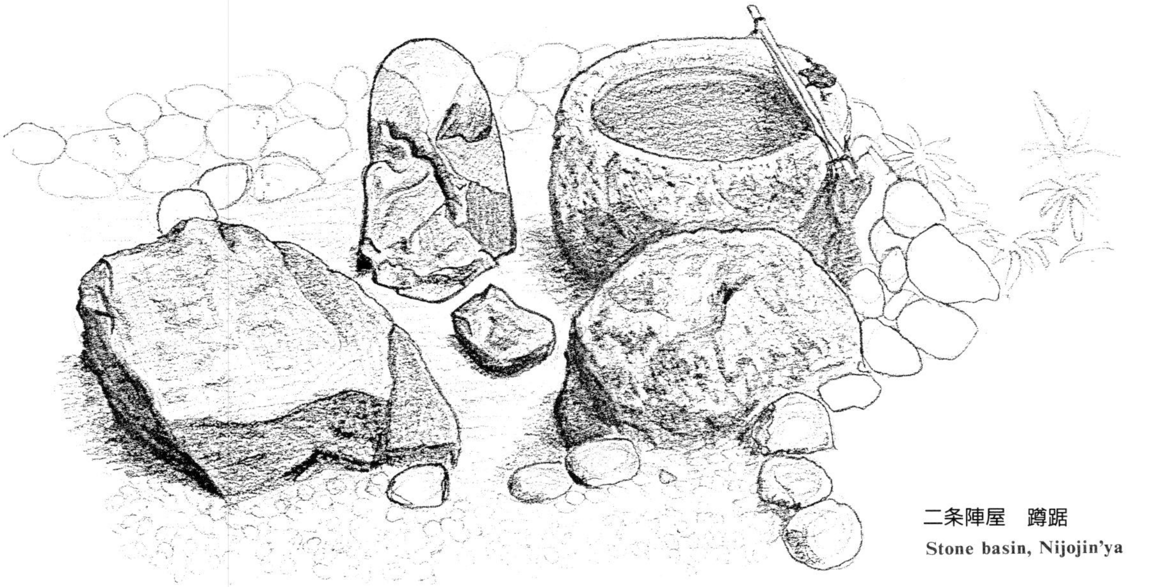

二条陣屋　蹲踞
Stone basin, Nijojin'ya

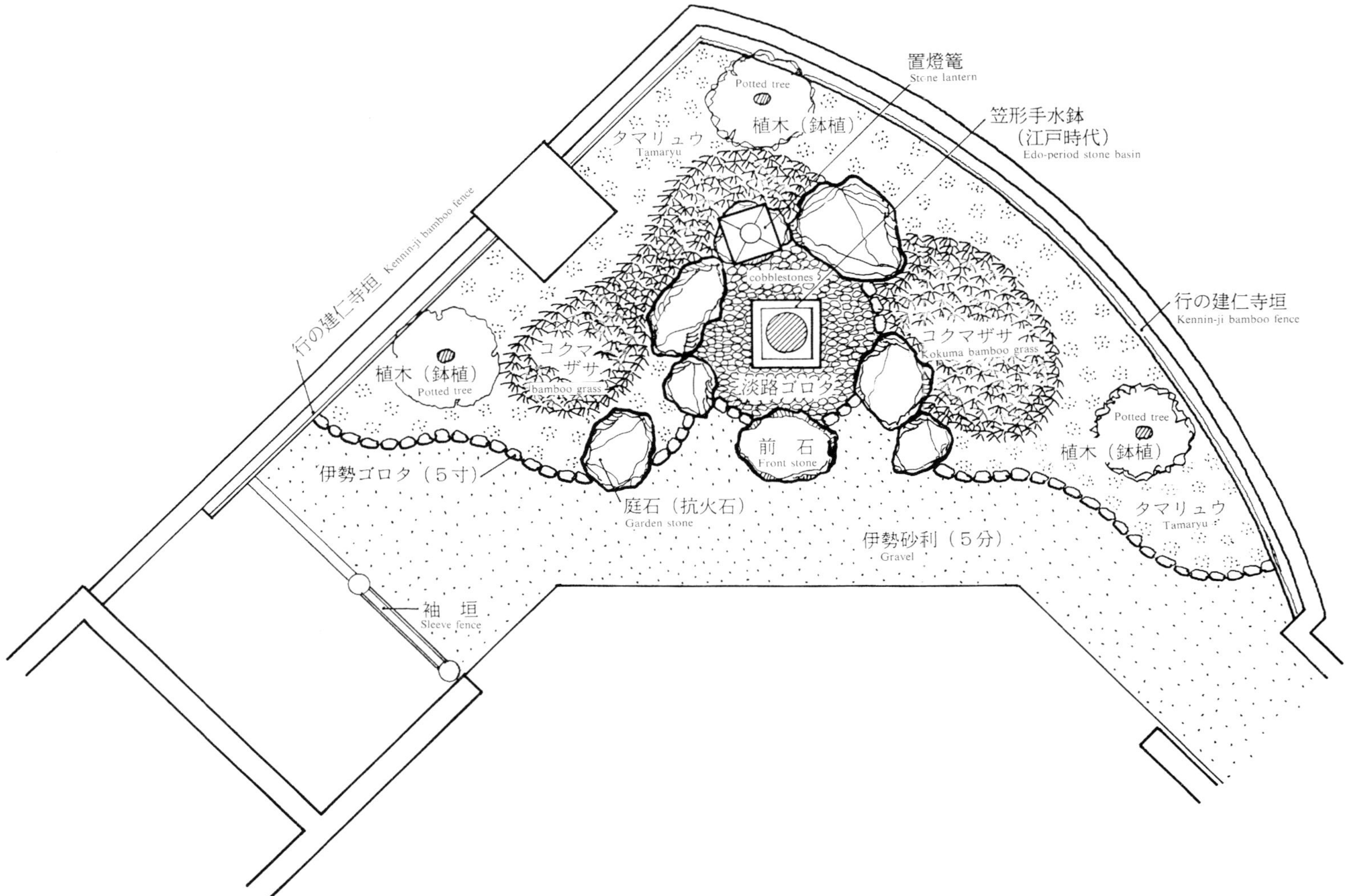

マンションのベランダに作庭した石組の小庭。平面図。

Stone arrangement in a small garden on an apartment balcony: ground plan *(above)* and perspective drawing

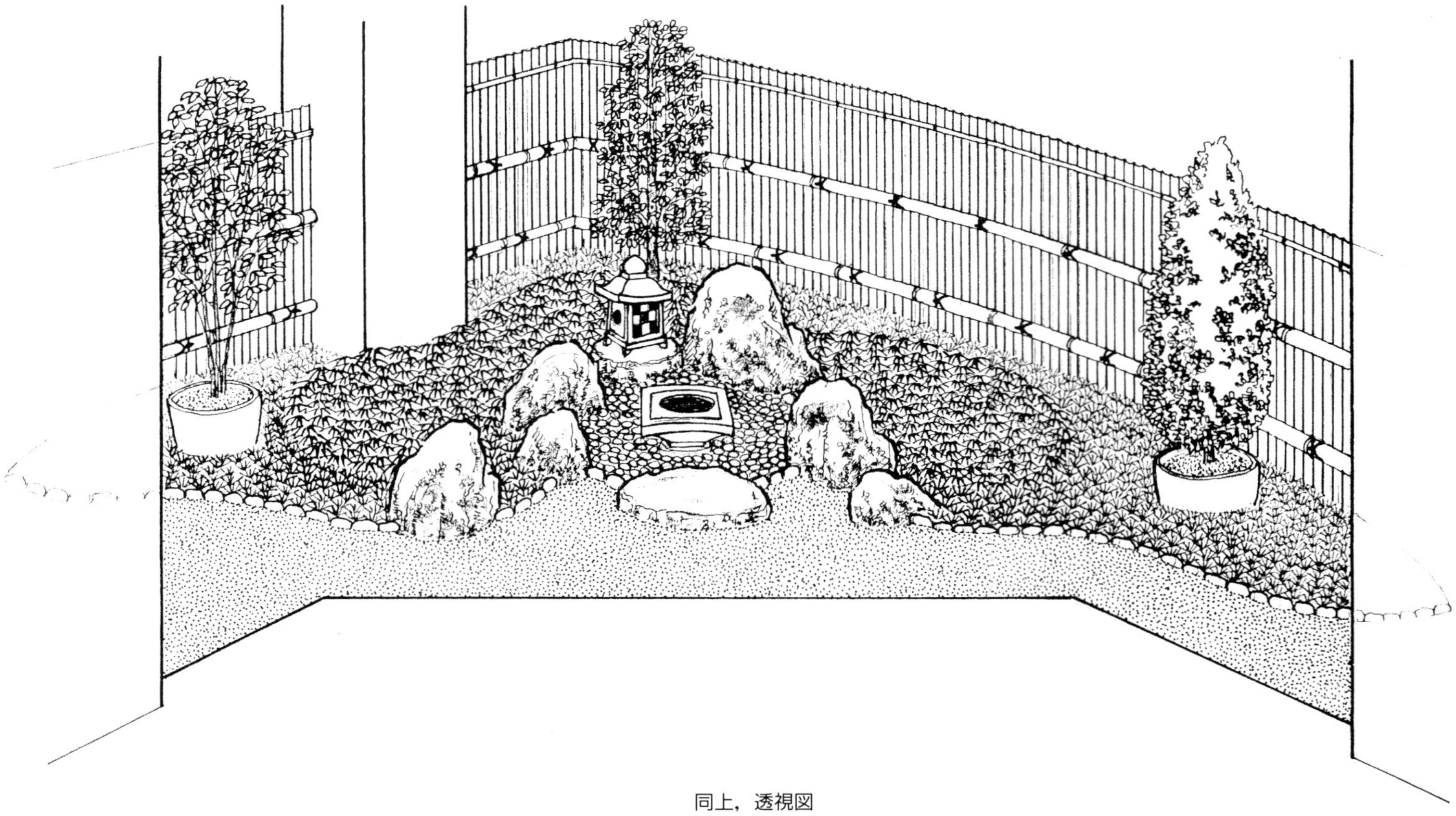

同上，透視図

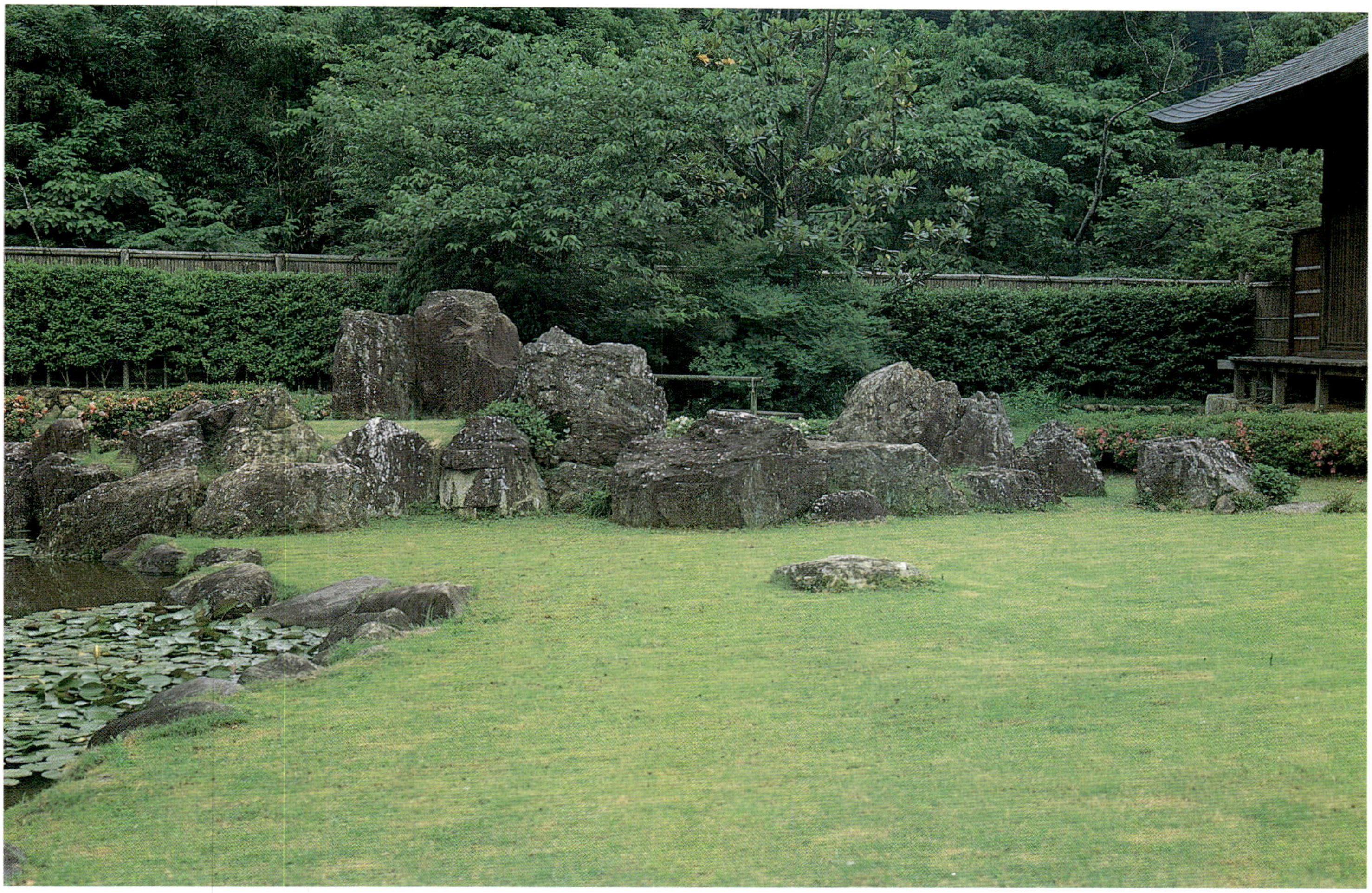

摩訶耶寺庭園(鎌倉時代・静岡県)。池泉から離れた部分に石を組んだ古式枯山水の代表作。石組の変化と，右手に流れるような石の連なりが絶品である。
Old-style dry-landscape stone arrangement at some distance from the garden pond; note how the stones at the right apparently flow (Makaya-ji temple, Shizuoka Pref.; Kamakura period)

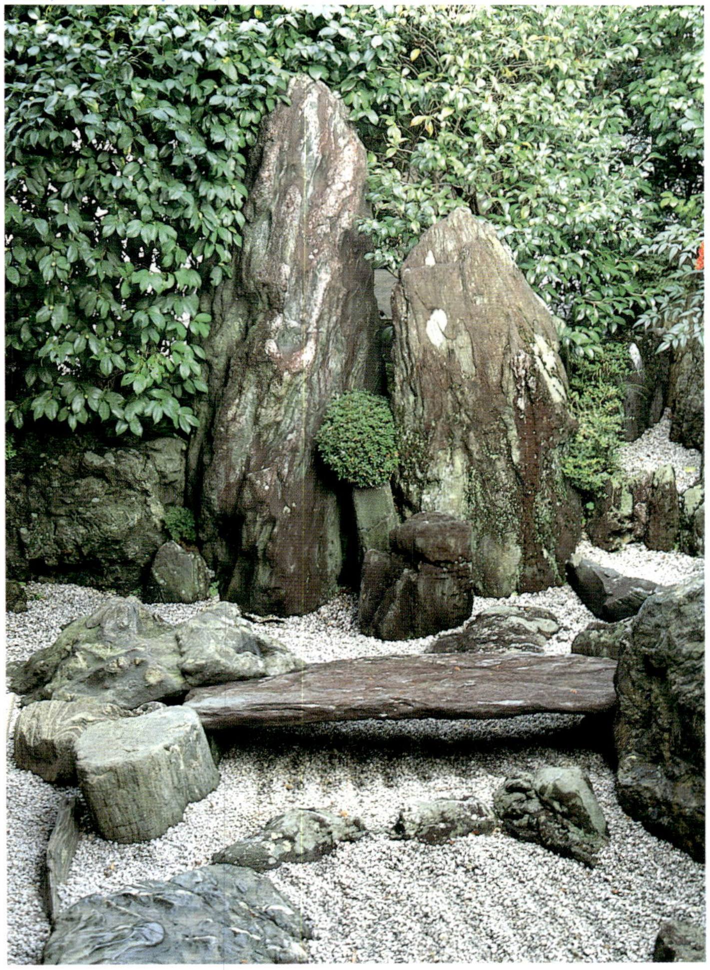

大仙院庭園(室町時代・京都市)。水墨山水画そのままの石組造形といえる。
Stone arrangement in the india ink style (Daisen-in temple, Kyoto; Muromachi period)

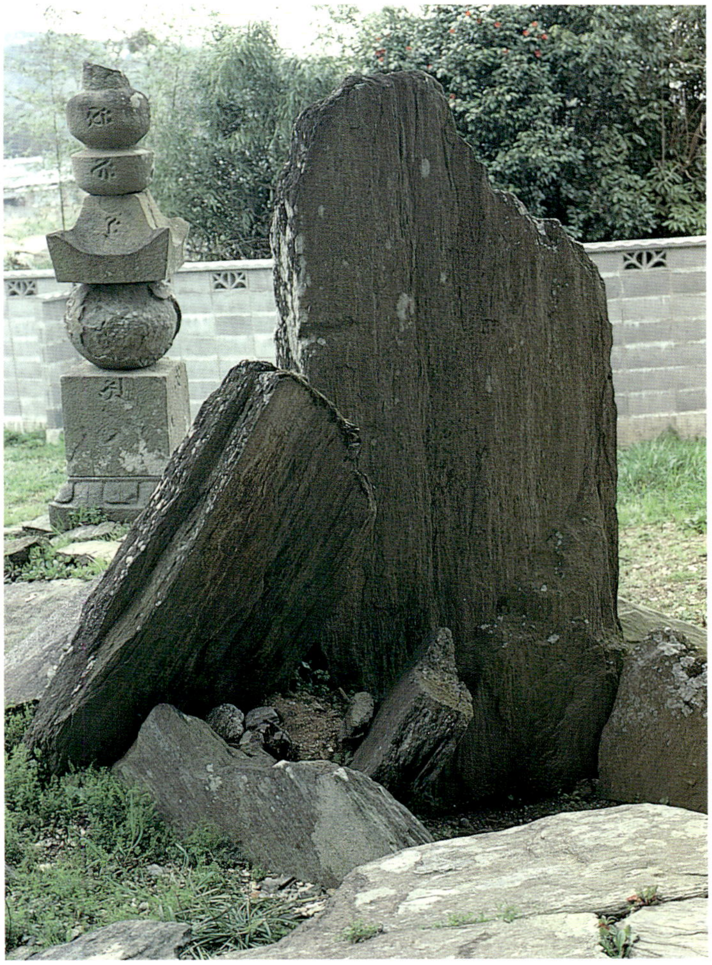

国分寺庭園(桃山時代・徳島市)。青板石二石を組んだ見事な石組感覚。
Blue-stone stone arrangement (Kokubun-ji temple, Tokushima; Momoyama period)

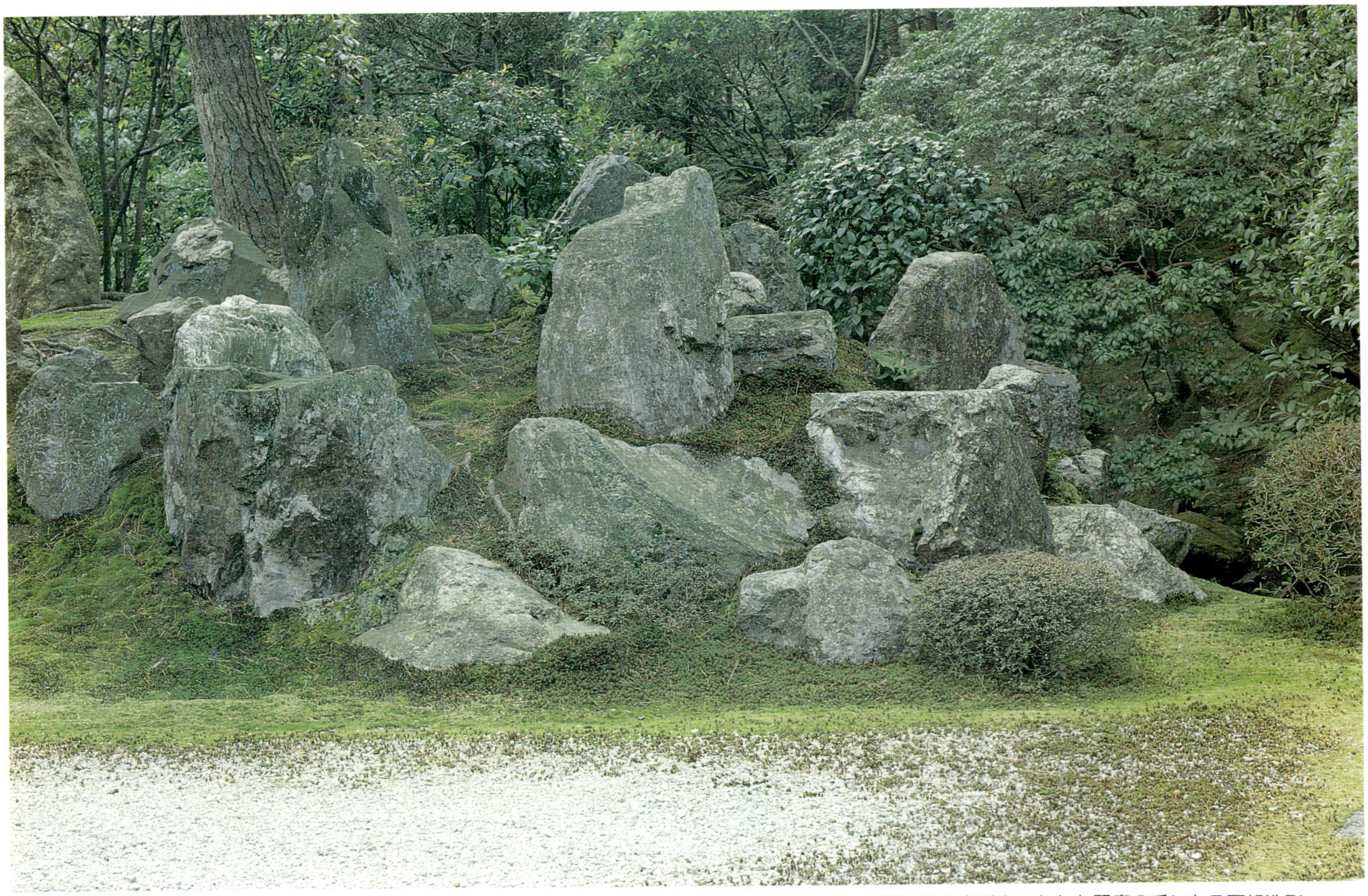

金地院庭園(江戸時代初期・京都市)。鶴島の西側にある見事な石組で，築山石組の名作といえよう。当時石組の名手といわれた賢庭の手になる石組造形。
Renowned arrangement by the garden designer Kentei (Konchi-in temple, Kyoto; early Edo period)

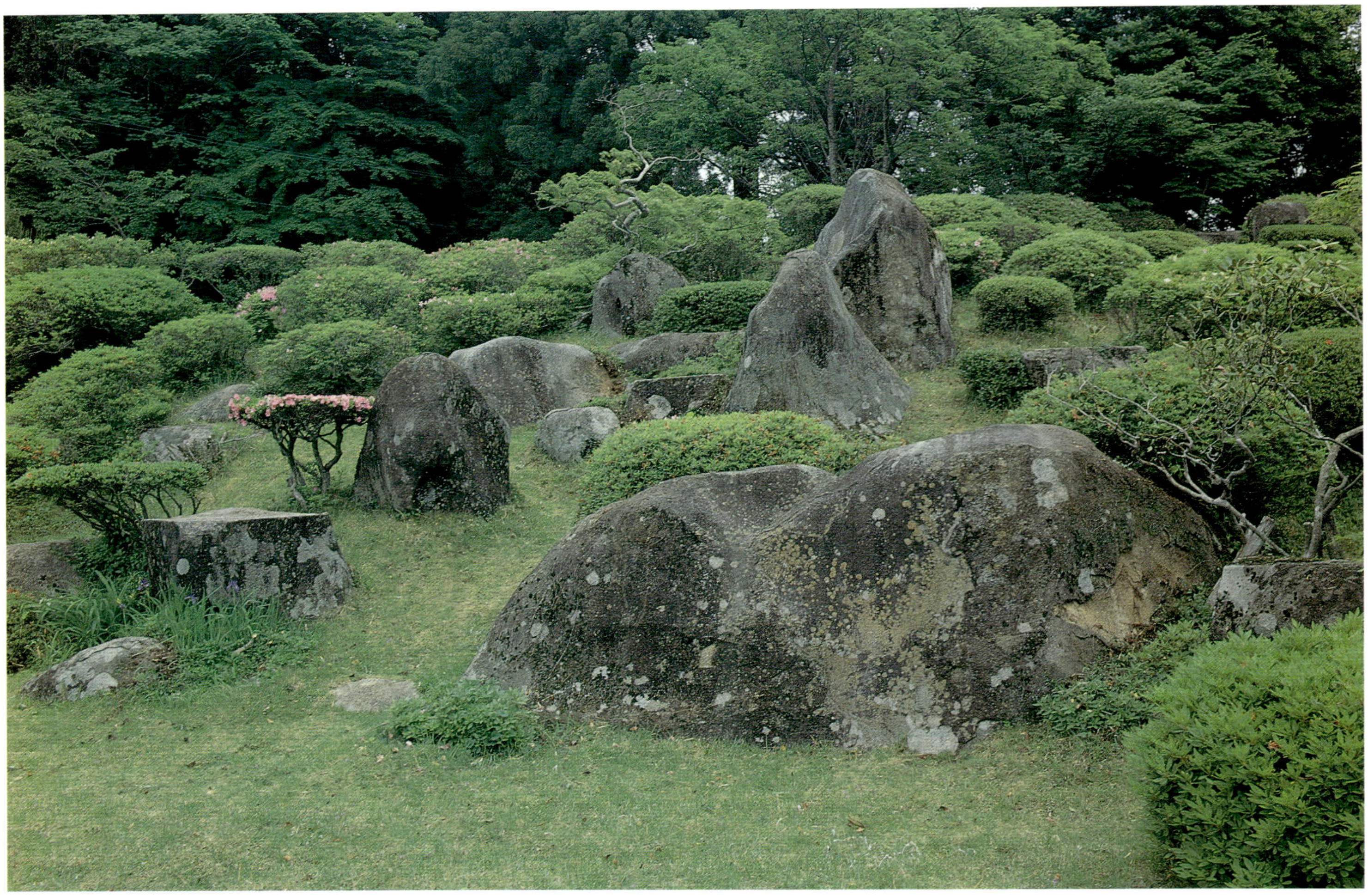

大麻山神社庭園(江戸時代初期・島根県)。後方の枯滝を引き立てる目的で，庭園の中央に組まれた巨石の横石。遠近法の効果的な用法の一例といえる。
The broad horizontal stone offsets well the dry waterfall in the rear (Taimasan Shrine, Shimane Pref.; early Edo period)

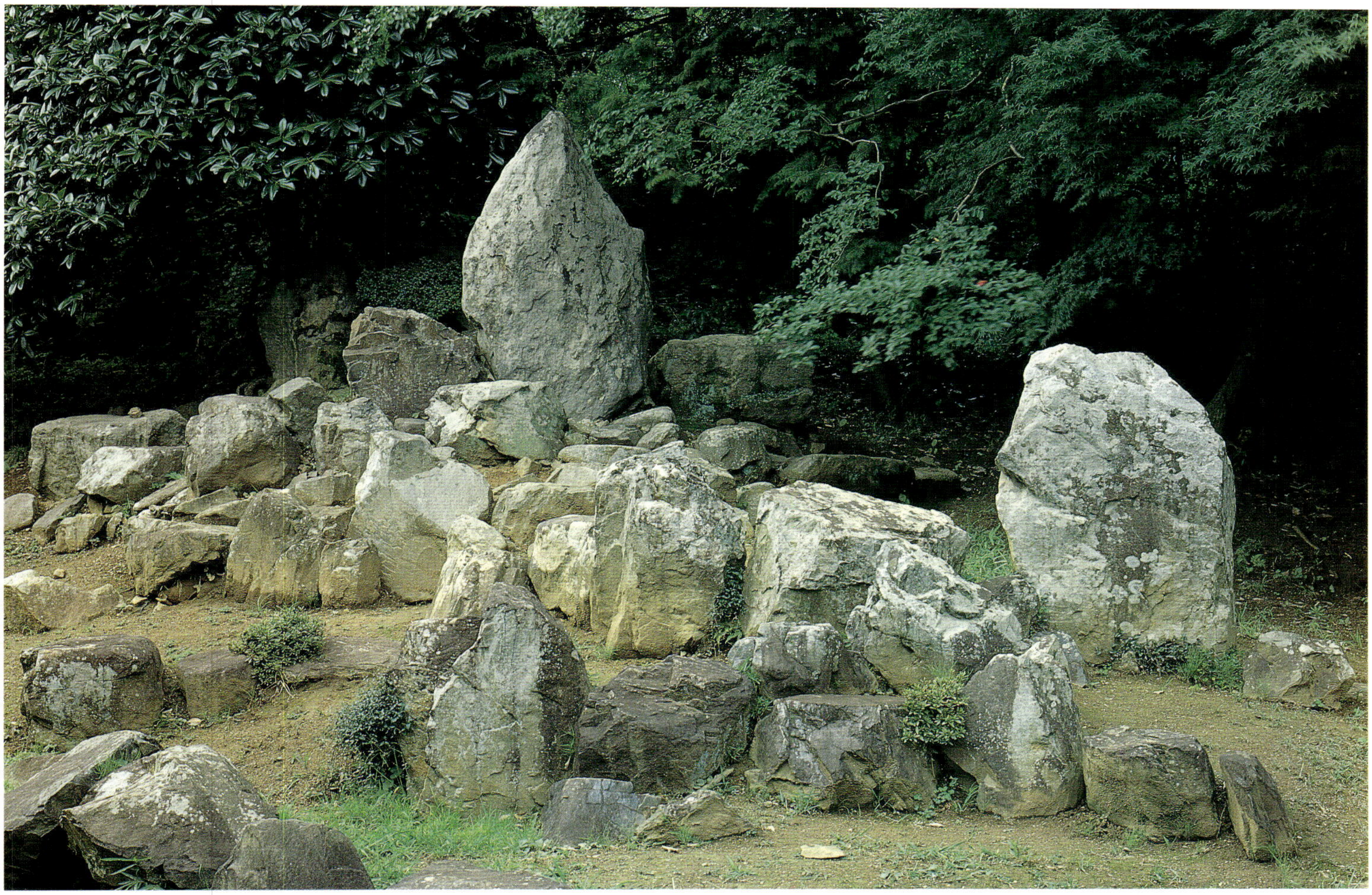

大善寺庭園(江戸時代初期・山梨県)。全庭の主石である後方築山上の三尊石組に対して，手前に変化に富んだ数石を組んで，奥深さを強調している。

The main stone of the *sanzon* arrangement in the rear is also the main stone of the garden; the stones in the foreground enhance the sense of distance (Daizen-ji temple, Yamanashi Pref.; early Edo period)

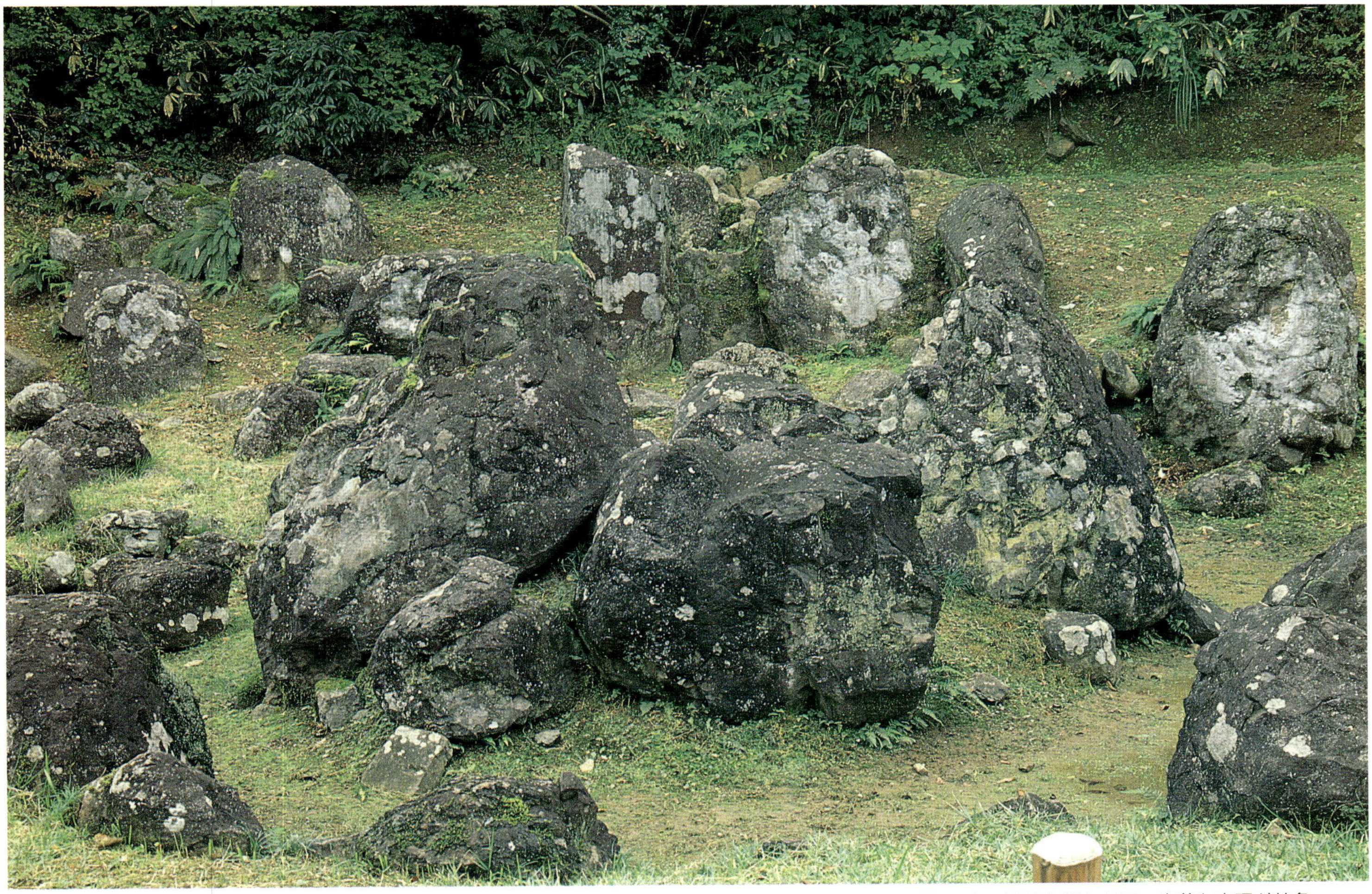

朝倉氏湯殿跡庭園(桃山時代・福井市)。池泉に大胆に構成された，折鶴形式の鶴島石組を通して，背後山畔部にある枯滝を望んだ景。豪華な表現が特色。

Crane island in the foreground and dry waterfall in the rear (Asakura estate, Fukui Pref.; Momoyama period)

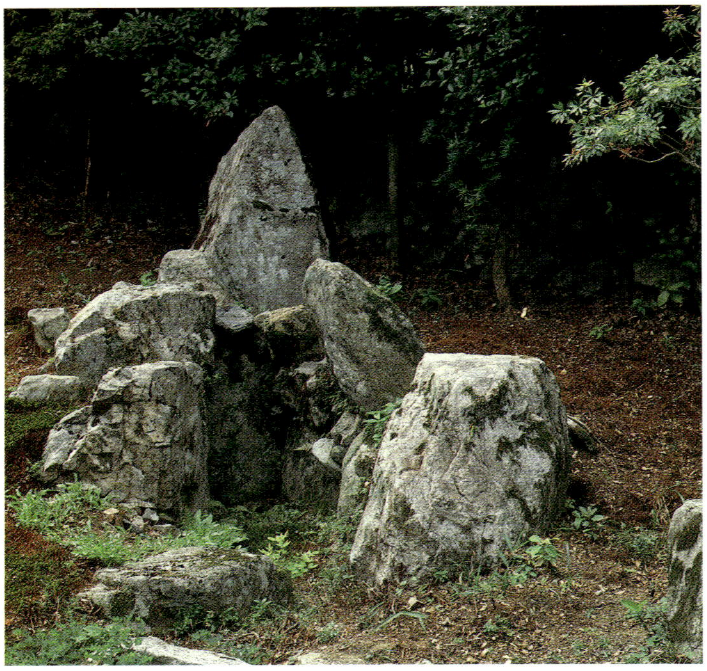

実蔵坊庭園(江戸時代初期・大津市)。庭園の主景となる滝石組の代表作。
Waterfall arrangement (Jitsuzo-bo, Shiga Pref.; early Edo period)

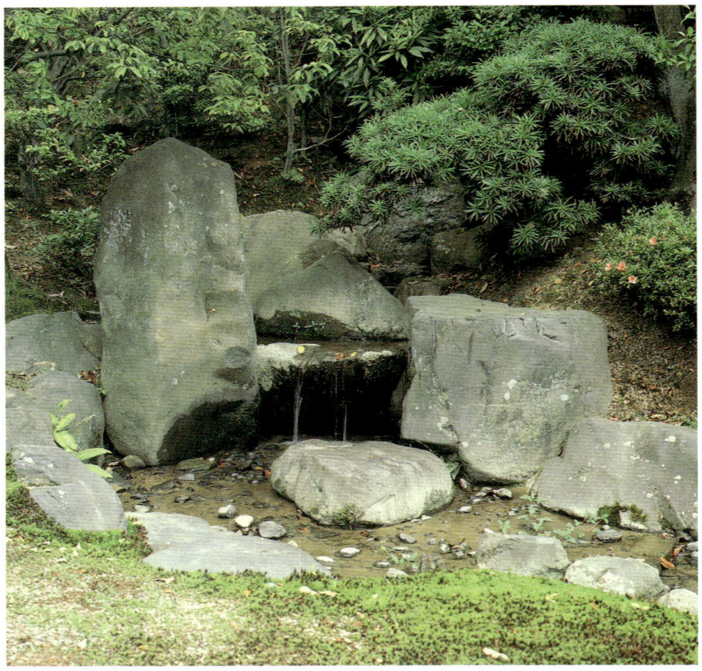

修学院離宮庭園(江戸時代初期・京都市)。小規模だが味わい深い滝石組。
Small waterfall arrangement (Shugakuin Detached Palace, Kyoto; early Edo period)

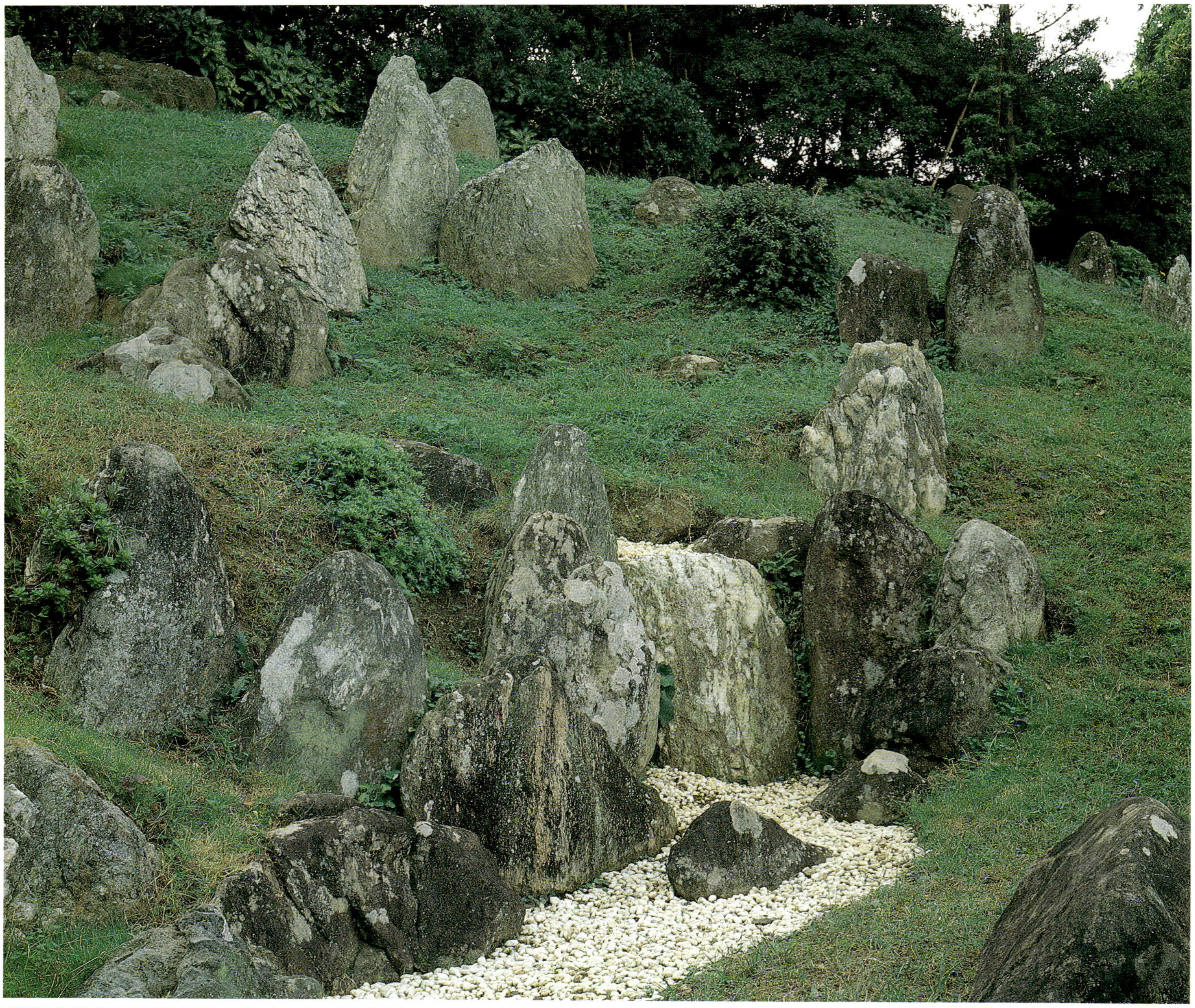

旧円融寺庭園(江戸時代初期・大村市)。急な山畔を流れ下る雄大な枯滝の中心部。下段の滝の左上に，見事な三尊石組が組まれているのに注目したい。
Dry waterfall and *sanzon* arrangement on a hillside (former En'yu-ji temple, Nagasaki Pref.; early Edo period)

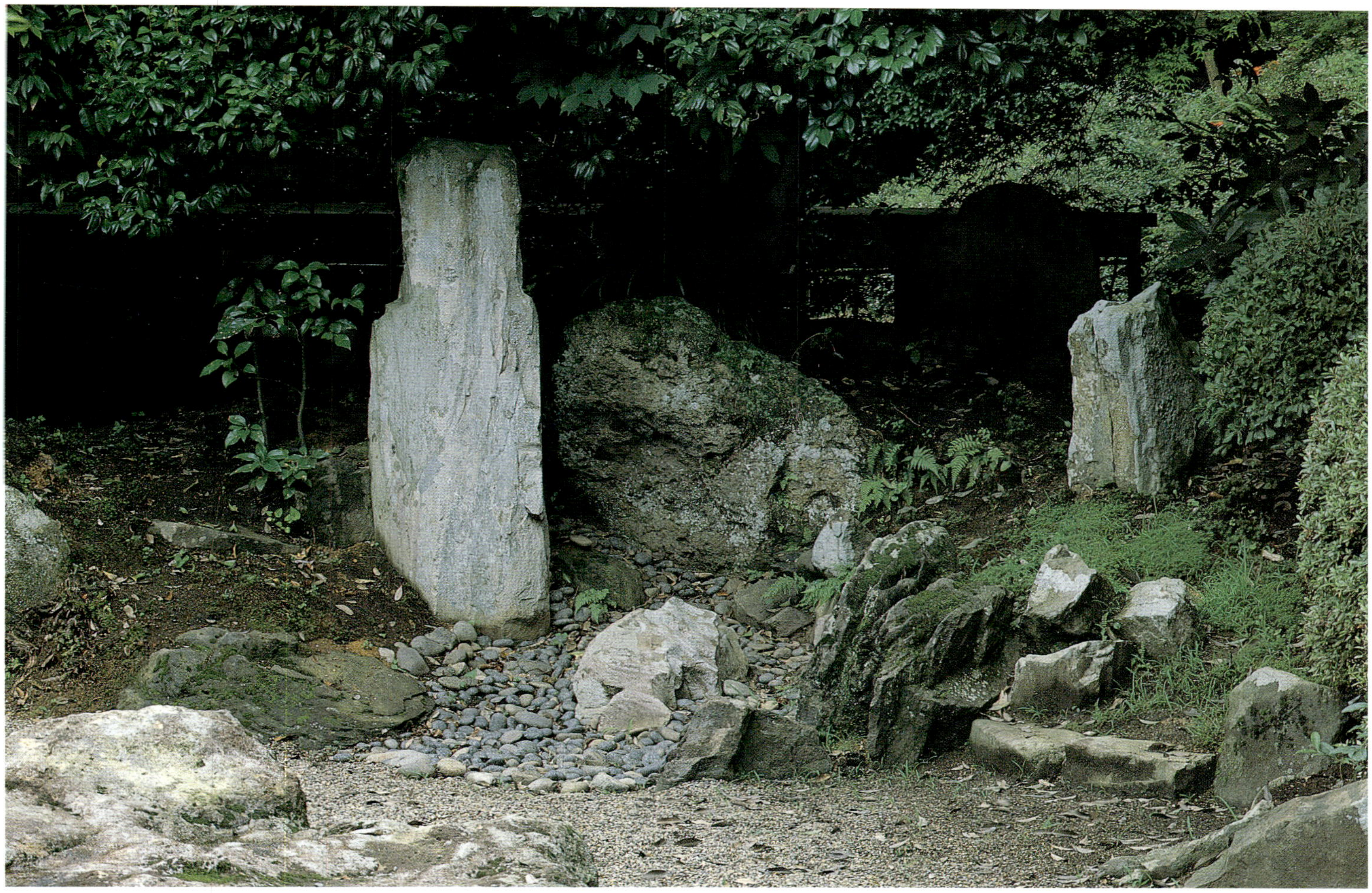

帝釈寺庭園(江戸時代初期・兵庫県)。枯山水庭園の正面に組まれた枯滝石組の傑作。立石の右手より象徴的な手法で滝を落としているのが特色といえよう。
Dry-waterfall arrangement in a dry-landscape garden (Taishaku-ji temple, Hyogo Pref.; early Edo period)

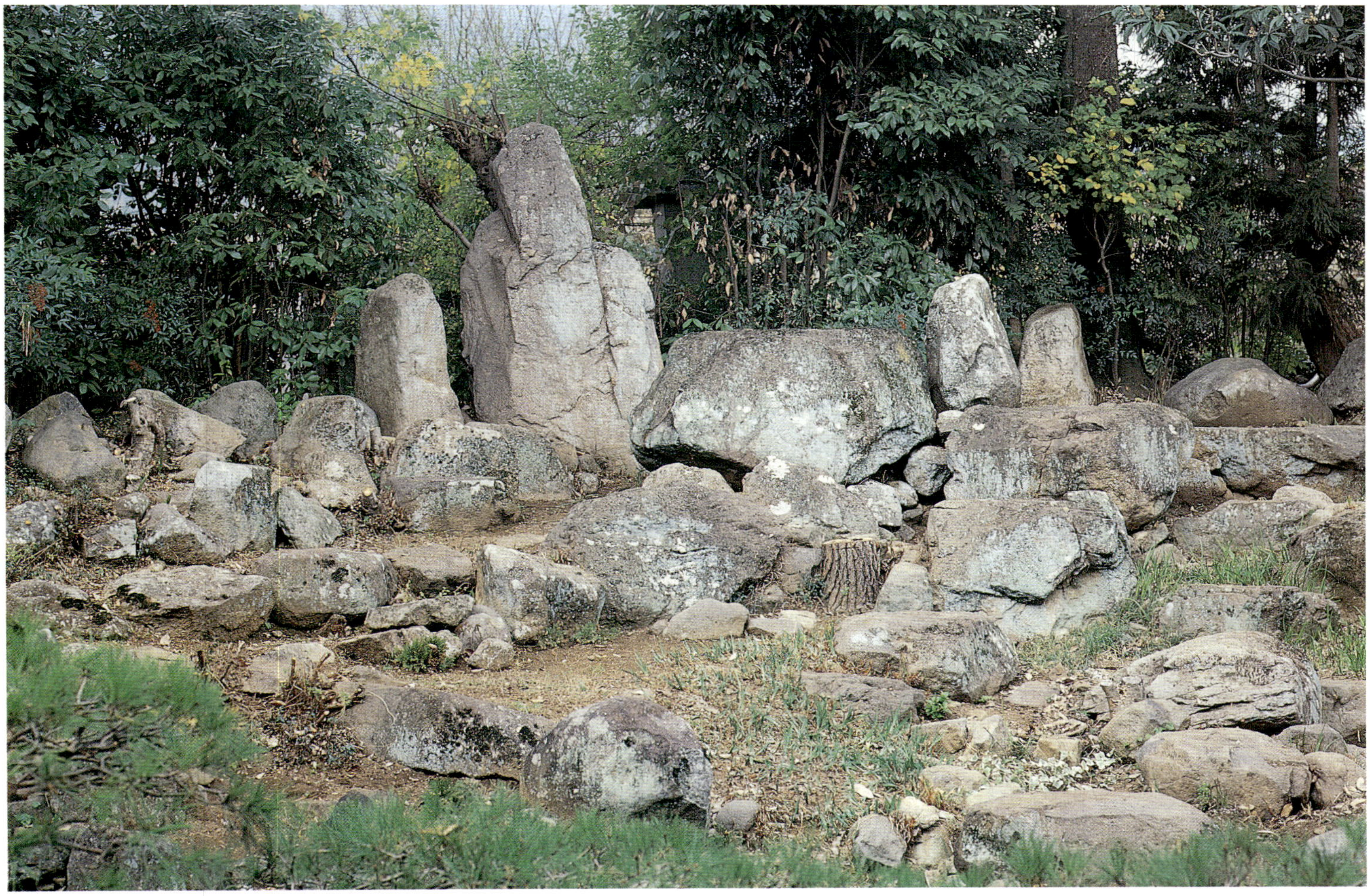

永安寺庭園(江戸時代初期・山梨市)。雄大な石組の連なりを見せる築山の主景。主石の立石を中心とした石組構成で，連山石組としては優れた作の一つ。
Large mountain range stone arrangement (Eian-ji temple, Yamanashi Pref.; early Edo period)

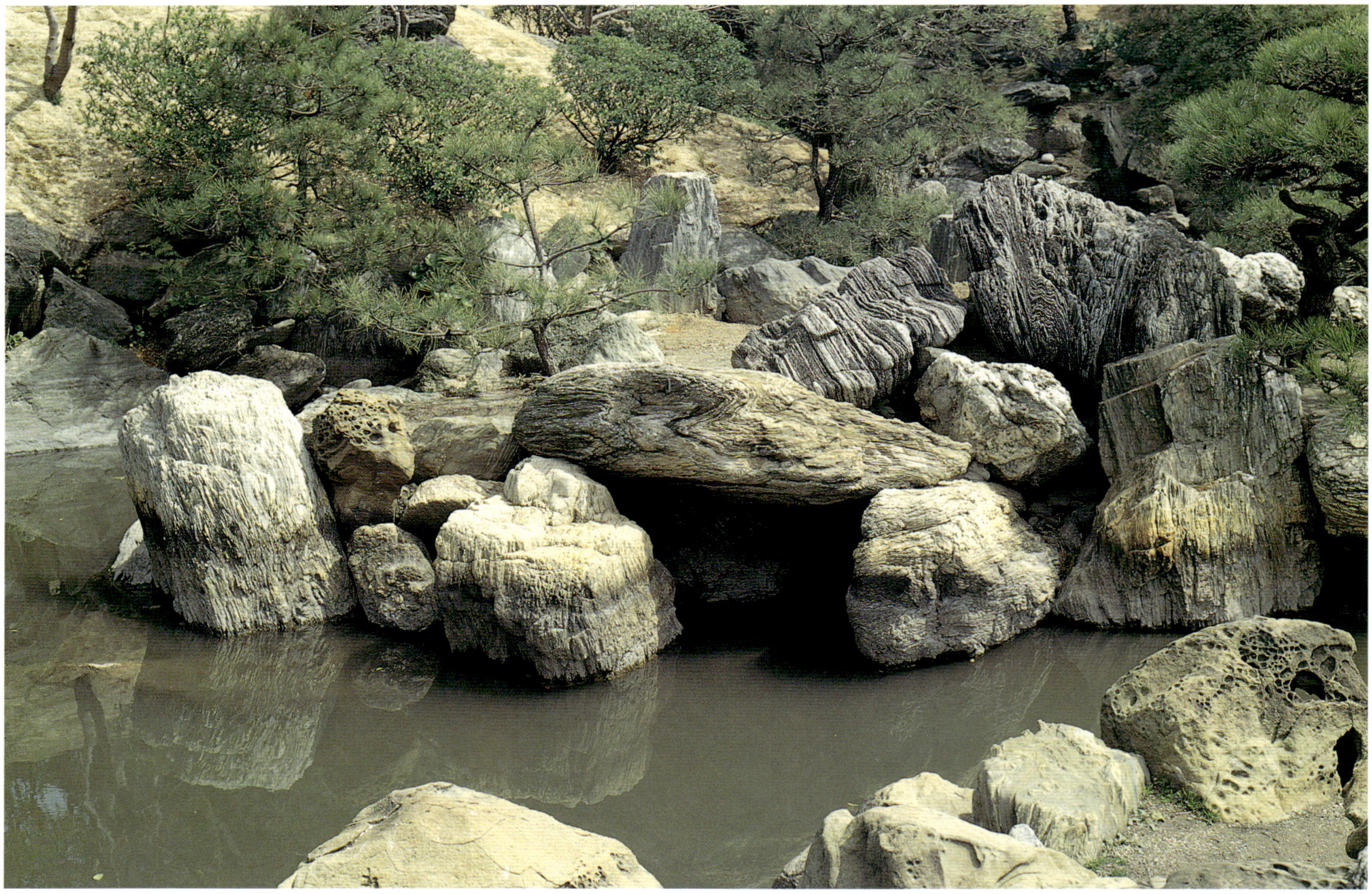

徳島城庭園(桃山時代・徳島市)。中島の護岸石組中に構成された洞窟石組。本庭には全部で12カ所に洞窟が組まれており，庭園の神秘性を高めている。
One of the twelve grotto arrangements in this garden (Tokushima Castle, Tokushima; Momoyama period)

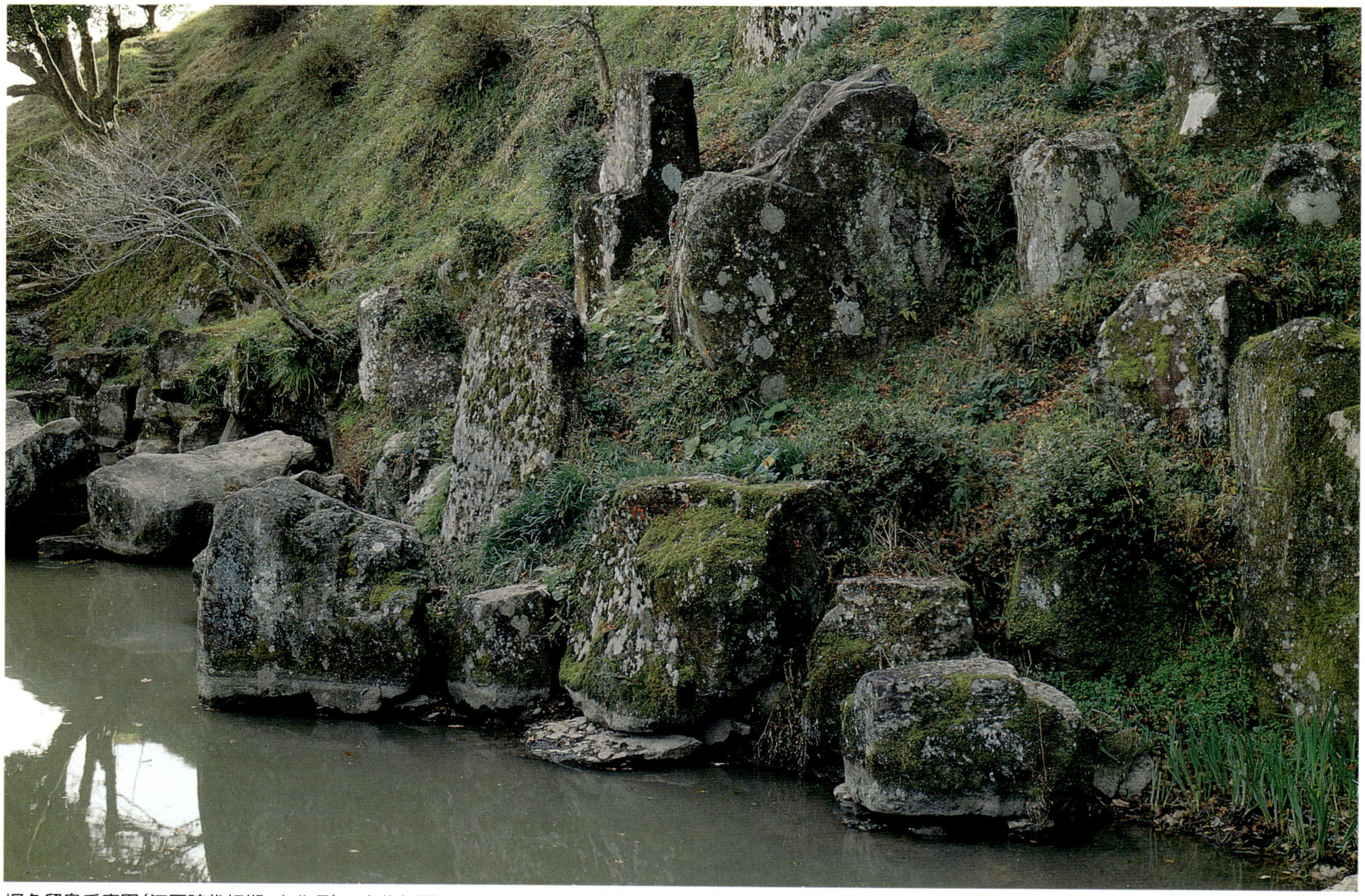

旧久留島氏庭園(江戸時代初期・大分県)。当代初頭は巨石の庭の時代でもあった。この造形は特別の巨石を用いた護岸石組と築山石組の名作として名高い。
Embankment stone arrangement of the massive stones characteristic of the period (former Kurushima estate, Oita Pref.; early Edo period)

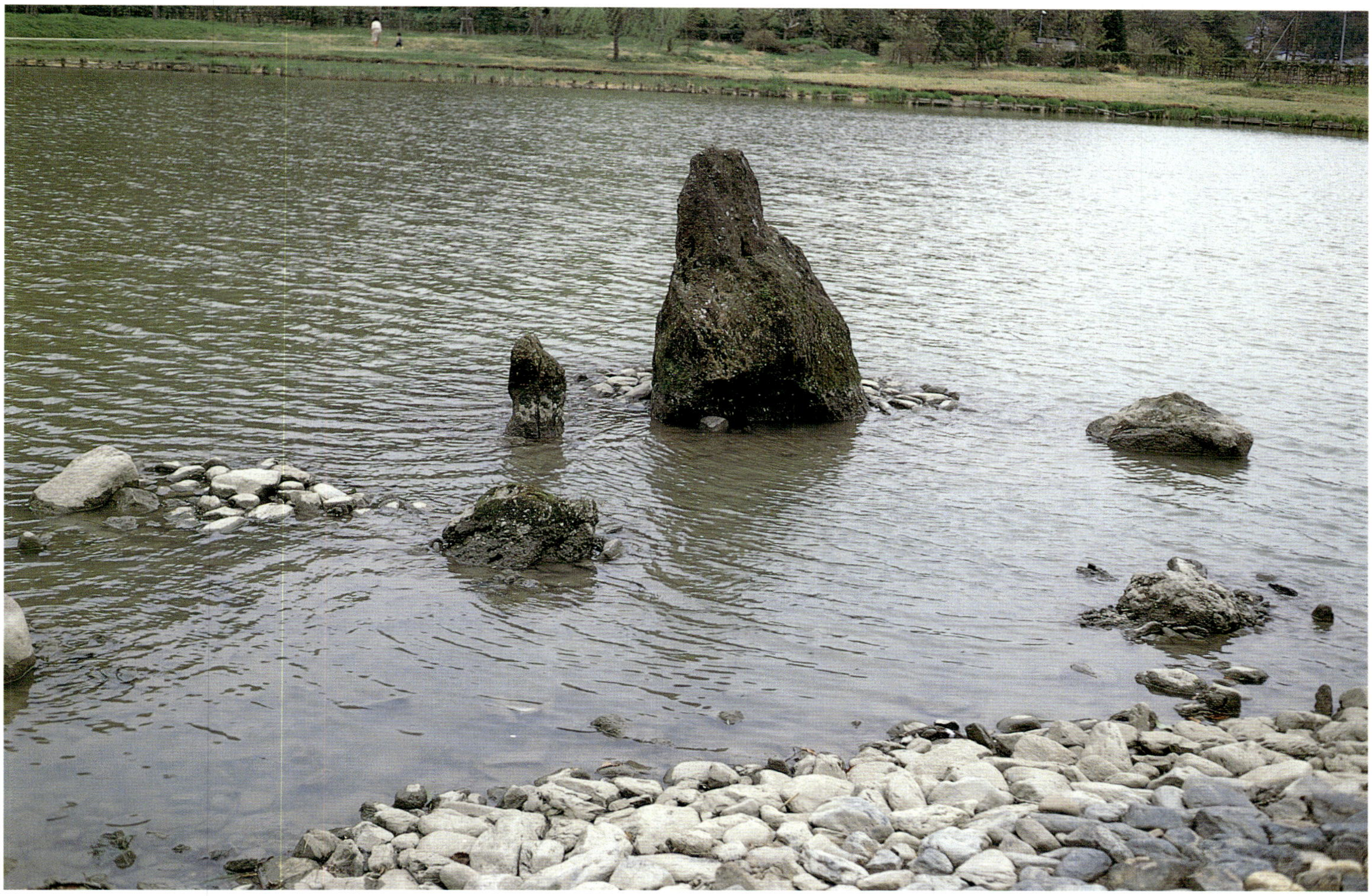

白水阿弥陀堂庭園(平安時代・いわき市)。池泉を引き立てる造形として，岩島の景は特に古くから好まれていた。この岩島もまことに力強い風格を見せる。
Rock island arrangement with a strong character (Shiromizu Amida-do temple, Fukushima Pref.; Heian period)

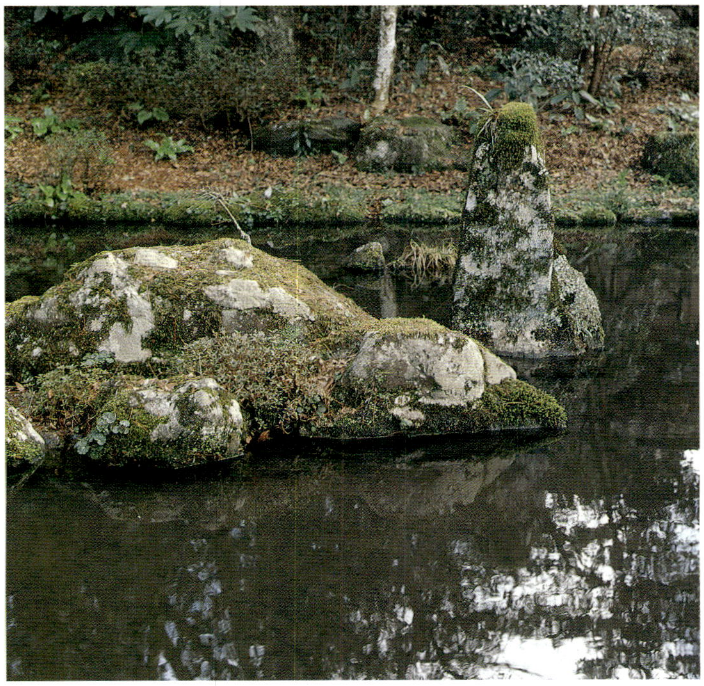

旧亀石坊庭園(室町時代・福岡県)。岩島を池泉の中心に据えた傑作。
Rock island arrangement (former Kameishi-bo, Fukuoka Pref.; Muromachi period)

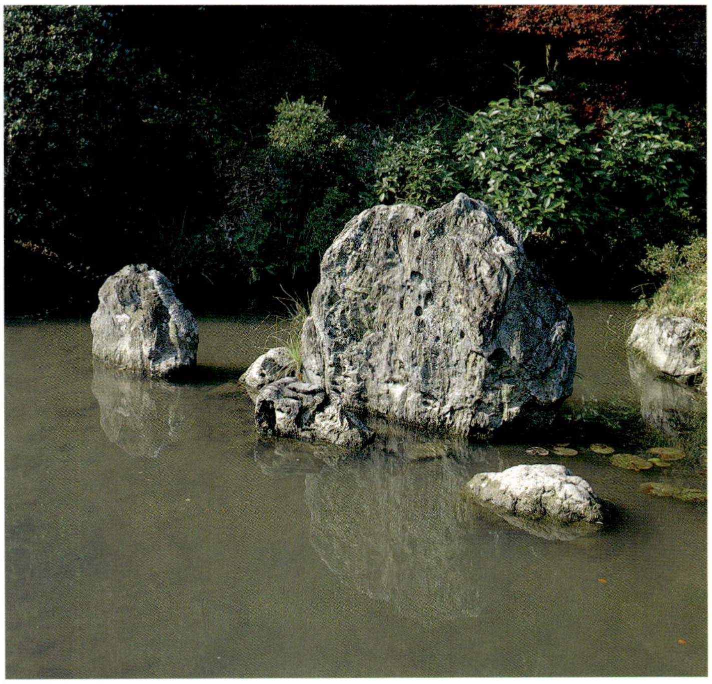

根来寺庭園(江戸時代初期・和歌山県)。山形石と小石による岩島の構成。
Rock island arrangement with mountain-shaped stone (Negoro-ji temple, Wakayama Pref.; early Edo period)

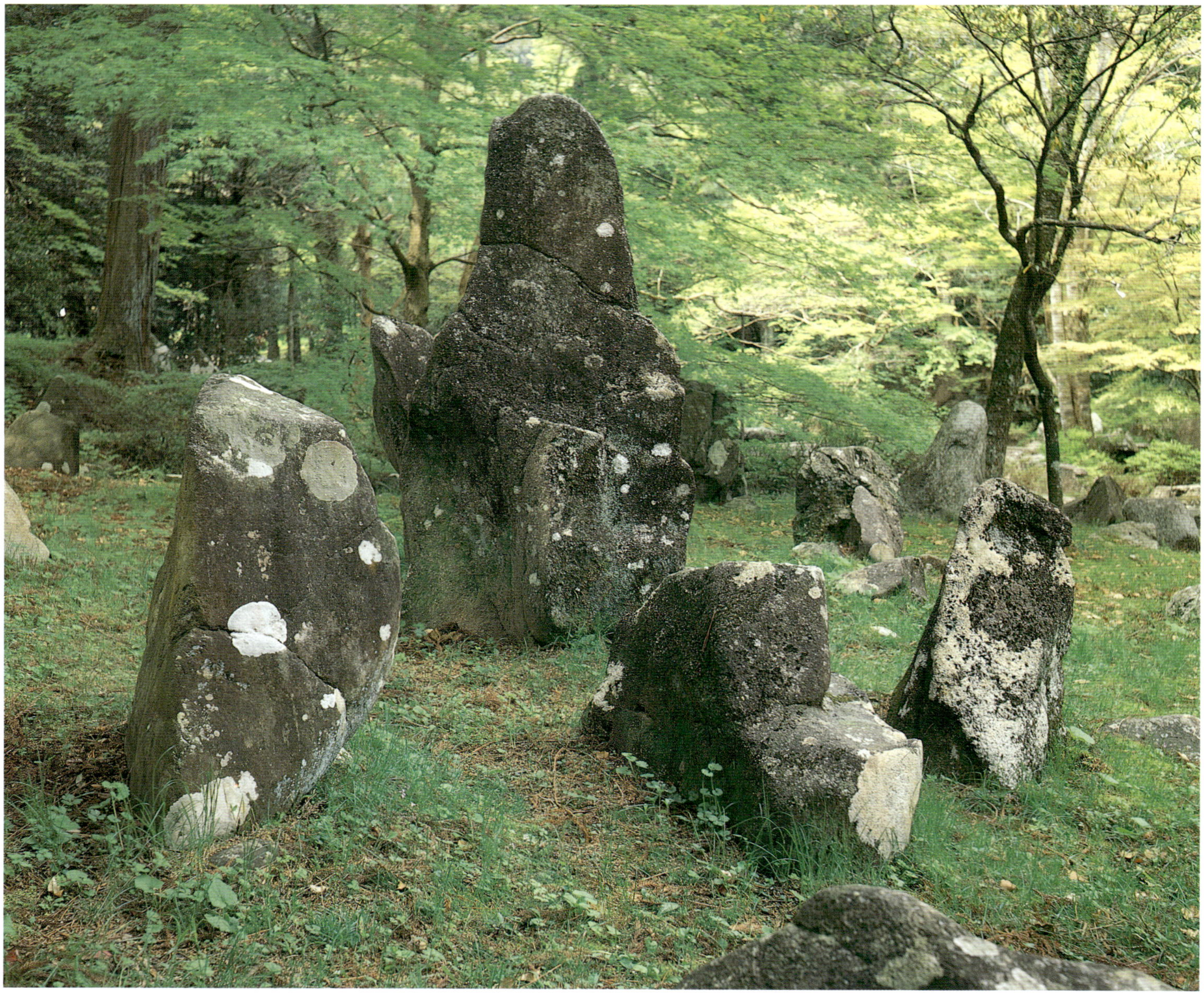

北畠神社庭園(室町時代・三重県)。当代の一特色である渦巻式石組の名作。どの方向から見ても見事であり，立石を中心として石は様々な変化を見せる。
Whirlpool stone arrangement, beautiful when viewed from any direction (Kitabatake Shrine, Mie Pref.; Muromachi period)

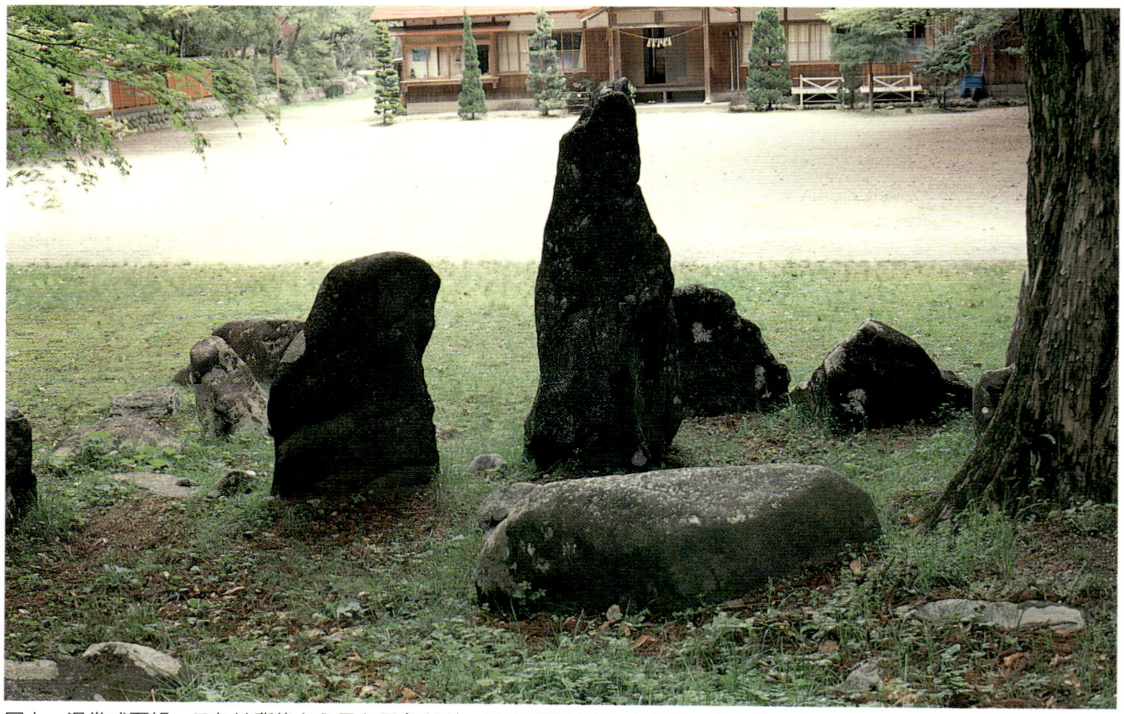

同上，渦巻式石組。これは背後から見た景色だが，その造形は少しも崩れておらず，かえって神秘感を高めている。
Another view of the same arrangement

用語解説（50音順）

荒磯石組（あらいそいしぐみ）　本来は「ありそ」と読む。海岸の波の荒い磯の景を意図して池泉庭園の池畔に用いた石組造形。

筏打（いかだうち）　敷石や飛石の中に交える造形で，原則として長方形の切石を二本並べとし，それを一定間隔にずらして用いる。用途よりも景を重視した構成である。

石帯（いしおび）　石を釣るための用具で，化学繊維の帯をいう。

石組（いしぐみ・いわぐみ）　石を単独で用いるのではなく，組み合わせることによって作者の意図する表現を行うことをいう。

石燈籠（いしどうろう）　明かりを灯す火袋を持った石造美術品の一つ。本来は仏を安置する建物の前に配される燈明として，仏教渡来と共に大陸から移入されたもの。桃山時代に茶庭に流用され，江戸初期からは庭園にも導入された。同時に，庭園用の石燈籠も創作されるようになった。

板石（いたいし）　石の形態名称で，板に近いような薄い石をいう。

一本釣り（いっぽんづり）　石を吊り上げるとき，一本のワイヤーロープを縦にかけて用いることをいう。主として縦長の石を釣る場合に使われる用語といえる。

井戸石組（いどいしぐみ）　井戸の周囲を囲むように組まれた石組。

石組園生八重垣伝（いわぐみそのうやえがきでん）　作庭秘伝書の一つ。江戸時代文政10年(1827)に秋里籬島によって編纂されたもので，作庭の全般について，当時の造形が述べられており，中には石組についての記載もある。ただしその石組論は，「五行石」と称する五石の石の形を定め，その組み合わせによって型を述べる定型化した石組論であるに過ぎない。

磐座（いわくら）　日本で上古時代に行われた自然石崇拝の一つで，大きな，迫力のある自然石を神の宿る座として神格化して敬うもの。後には石を人工的に動かしてより迫力ある形に整えたものも出現し，それが石組の源流の一つになったと考えられている。

磐境（いわさか）　磐座の一種で，神域を作るように境をした形態のものをいう。

陰陽石（いんようせき）　男根と女陰を象徴した石で，桃山時代頃から庭園内に用いられるようになった。一族子孫の繁栄を祈ったもので，近世になるほど写実的に表現される傾向がある。

ウインチ　鉄の筒状の軸にワイヤーロープを巻き付けて重量物を引っ張る機械装置。動力を用いるものが普通だが，人力で巻く手巻きウインチもある。

うけ　石組の力関係をいう語で，他の力を受けるように組むもの。【詳細は本文参照】

うしろ添え（うしろぞえ）　主石に対する添石の形式名称で，主石の後方に据えるものをいう。【詳細は本文参照】

渦巻式石組（うずまきしきいしぐみ）　中心に据えた立石に対して，その根本から渦を巻くようにぐるりと回転した石組を行うもの。室町時代に出現した石組造形の一つ。【詳細は本文参照】

遠山石（えんざんせき）　滝の上方や，築山の奥等に，遠い山を表現するために据える石組。一石の例が多いが，二石以上を組む場合もある。

おい　石組の力関係をいう語で，他の石を追いかけるように組むの。【詳細は本文参照】

大曲り（おおまがり）　飛石の打ち方の一種で，全体が大きく曲がるように連続して打ったもの。

おさえ石（おさえいし）　主石に対する石組の位置関係をいった語で，一群の石組の最後に組んで，造形全体の「おさえ」とする目的の石をいう。【詳細は本文参照】

臥牛石（がぎゅうせき）　石に対する主観的，趣味的な名称の一つ。牛の臥しているような形である，というところから名付けられたもの。

かぐらさん　石を引っ張るために，かつて使われた装置，硬い木の縦軸に丈夫な縄を巻きつけて人力で回転させて巻く装置。昔は巻き車ともいった。

飾り石（かざりいし）　石を組んで何かを表現するのではなく，その石の形を好んで，多くは単独で庭に配置される石をいう。

カートクレーン　狭い場所に入って行って石を吊れるように，脚を折りたたみ式とし，キャタピラによって進む形式の動力車。

かまし石（かましいし）　石を据える時，後で動いたり倒れたりしないように，施工時に石の根より下にしっかりと打ち込み，地中で固定させるために用いる石。

亀島（かめじま）　大海中に棲むという，伝説上の巨大な亀の一種「鼇（ごう）」を表現した島。古代中国では，この鼇が蓬莱山を背に負うていると信じられていたので，好んで日本庭園の島として用いられた。【詳細は本文参照】

雁掛（かりがけ）　飛石の打ち方の一種で，三石以上を直線の一列とし，それを互い違いに折って打つ形式をいう。雁打ち（かりうち）ともいう。

枯滝石組（かれたきいしぐみ）　実際に水を落とす落水の滝に対して，当初から水を落とさぬ形式で構成された滝。池泉庭園，枯山水庭園ともに用いられる。【詳細は本文参照】

枯流れ（かれながれ）　最初から水を流すことを意図しない象徴的な流れをいう。池泉庭園，枯山水庭園ともに用いられる。

岩島石組（がんとういしぐみ）　池中の島を石によって表現したもの。【詳細は本文参照】

亀脚石（ききゃくせき）　亀島や亀石組に用いられる細部造形で，亀の前脚，後脚を表現する石。

亀甲石（きっこうせき）　亀島，亀石組にときどき用いられる石で，亀の甲羅を象徴した石。

亀頭石（きとうせき）　亀島や亀石組において，亀の頭を表現して組まれる石。亀島の象徴として必ず用いられるもの。

亀尾石（きびせき）　亀島，亀石組に，時折用いられる石で，その尾を表現したもの。

曲水式池泉（きょくすいしきちせん）　曲がりくねった，曲水の流れのような形式の地割りを持った池泉をいう。室町時代の一時代色でもある。

栗石（くりいし）　小石の種類をいう用語で，栗の実くらいの大きさの石を総称する。

呉橋（くれのはし）　飛鳥時代に大陸からの帰化人路子工によって作られたという橋。その形式については明確にされていない。

景石（けいせき）　庭園の景として用いられる石の総称だが，その中心的なものに対していわれる，というニュアンスもある。

景致的石組（けいちてきいしぐみ）　石組の分類名称として，かつて用いられていた用語。

自然の風景を表現して組まれる石組の総称として用いられていたが，本書ではこれを「風景的名称の石組」とする。【詳細は本文参照】

高横石(こうおうせき)　横石の形態名称の一つで，横石のうちで最も高いバランスを示すものをいう。【詳細は本文参照】

護岸石組(ごがんいしぐみ)　池泉や流れの岸の線を守り，土砂の流入を防いで水景の美を高めるとともに，庭園造形としても重要な役割を果す石組。【詳細は本文参照】

五行石の図(ごぎょうせきのず)　作庭秘伝書『石組園生八重垣伝』に図解して主張されている石組形式で，「五行石」と称する五種類の石の形態を特定し，その組み合わせによって造形を説明したもの。定型的な主張というべきもの。

古式枯山水石組(こしきかれさんすいいしぐみ)　室町時代後期に，水を一切用いない本格的な枯山水庭園が出現する以前に，池泉から離れた陸上に組まれた一連の石組をいう。

小砂利(こじゃり)　細かい石である砂利を意味する別称の一つ。

作庭秘伝書(さくていひでんしょ)　庭園の作り方を述べた秘伝の書で，その早い例には平安時代後期に編纂された『作庭記』がある。古いものは，特定の人に秘密の内に伝えられたので，筆写本だけであるが，江戸時代の秘伝書では，木版本として多数の部数が刷られ，世に流布されたものが多い。

坐禅石(ざぜんせき)　上部が平らになった大きめの石で，いかにもその上で坐禅が組めそうな石。江戸時代以降では，これを役石として庭内に配置する場合もある。

三四連(さんしれん)　飛石の打ち方の一種で，三石と四石をそれぞれ直線状に打って，それを組み合わせて行く形式。

三尊石組(さんぞんいしぐみ)　中央に背の高い主石を組み，その左右に主石より低い添石を組む石組造形。その形が，仏像の三尊に似ているため，この名がある。それより，主石を中尊石，添石を脇侍石ともいう。石組の形式として最も安定感のある造形なので，庭園の中心的な石組として応用されることが多い。【詳細は本文参照】

山畔築山石組(さんぱんつきやまいしぐみ)　自然の山畔や，人工的な築山に組まれる石組の総称。

三叉(さんまた)　石などの重量物を吊り上げるときに用いる三本の丸太による柱。上部でその三本をワイヤーで結んで，そこにチェーンブロックなどを釣って使用する。【詳細は本文参照】

三連打(さんれんだ)　飛石の打ち方の一種で，三石を直線状に打つことをいう。

敷石(しきいし)　庭内に板石やゴロタ石などを敷きつめ，通路や軒内として，実用と景とを兼ねるもの。素材や様式には各種のものがある。

七五三石組(しちごさんいしぐみ)　七・五・三という吉数の石を用いて石組とするもので，龍安寺枯山水が特に名高い。【詳細は本文参照】

実用的石組(じつようてきいしぐみ)　それを実際に使用するという，実用性を持った石組。当然，鑑賞も意図するが，必ず用途のあることが条件である。敷石，飛石，蹲踞などがそれに当たる。【詳細は本文参照】

品文字石組(しなもじいしぐみ)　現在は三尊石組の一種に加えられているが，平安時代には漢字の「品」という文字の形のように，背の低い石を組み合わせた形式のものをいった。『作庭記』にその記載がある。【詳細は本文参照】

島石組(しまいしぐみ)　池泉の島に用いられる石組の総称。

斜石(しゃせき)　立石，横石にかかわらず斜めに据える石の総称。直石に対していう用語。

シャックル　ワイヤーロープなどを適当な場所で一時繋いだりするときに用いる道具。U字形の上部に，横にネジを通したような形のもので，それを取りはずして用いる。

借景庭園(しゃっけいていえん)　庭園の背後にある風景を，その庭の景として積極的に取り入れて作庭された庭。その風景が庭の主体となり，景色が見えないと庭の価値も落ちるのが特色で，だだ背後に山などが見えただけでは借景とはいえない。

主石(しゅせき)　庭園全体の石組造形，あるいは数石の石組中，中心となる目立った石をいう。

須弥山(しゅみせん)　仏教思想で，仏の世界の中心にそびえていると信じられている高山の名称。その周りを，八つの山と，八つの海が取り囲んでいるといい，その全体の世界を九山八海(くせんはっかい)という。その世界を象徴したという石組が，須弥山式石組である。【詳細は本文参照】

捨石(すていし)　自然主義的な石組手法というべきもので，さりげなく野に転がっているような風情に石を据えたもの。

井泉石組(せいせんいしぐみ)　泉に対してそれを囲うように組まれた石組。

関石組(せきいしぐみ)　流れの一部に，関のような形式で組まれた石組。

せめ　石組の力関係をいう語で，他の石組に対して，攻めるように組むもの。【詳細は本文参照】

添石(そえいし)　主石に対してその周囲に添えて組む石をいう。これにも各種の組み方がある。【詳細は本文参照】

ソリ　石を運搬する用具の一種で樫の木などの，堅く丈夫な木材を組んで作った，しっかりした台。その上に石等の重量物を乗せてコロによって移動させる。

反石(そりいし)　反り返ったような，自然に曲がった，勢いのある線をもった石。主に立石として用いられる。

太湖石(たいこせき)　中国庭園において，昔から好んで用いられた石灰岩の庭石。江蘇省と浙江省の間にある，太湖の湖底や周辺から名石が産したのでこの名があり，別に湖石ともいう。

台座石(だいざせき)　三尊石組の前方下に組まれることのある低い石で，仏像の台座のような位置なのでこの名称がある。

滝石組(たきいしぐみ)　自然界にある滝の景色を庭園の景として取り入れた石組で，通常は水を落とす落水の滝であるが，別に枯滝石組もある。【詳細は本文参照】

滝添石(たきぞえいし)　滝を組む場合，水落石に添えて用いる石で，滝の景を左右する重要な造形となっている。

滝中心石(たきちゅうしんせき)　滝の主石として組まれる目立った石で，滝の上部に組んだり，滝添石と兼用したような例がある。

立石(たていし)　文字は「りっせき」と同様だが，「たていし」といった場合は，そこに作庭といった意味が含まれるのが，日本古来の伝統である。

玉がけ(たまがけ)　庭石を吊り上げるとき，石にワイヤーロープをバランスよく安全にかける方法をいう。

段石(だんいし)　石の形態名称で，二段以上の段となった形の石。通常は二段のものが最も多い。

チェーンブロック　滑車の原理と，太いチェーンを用いて，人力で重量物を吊り下げる道具。動力を使用する場合以外の石組作業には最も多く用いられている。

池泉石組(ちせんいしぐみ)　池泉に用いられる石組の総称。枯山水石組に対していう。

千鳥掛(ちどりがけ)　飛石の打ち方の一種で，一石ずつ左右に互い違いに折って打って行くもの。別に「千鳥打ち」ともいう。

池畔石組(ちはんいしぐみ)　池泉の護岸石組の上部に，景として組まれる石組。

柱形石(ちゅうけいせき)　石の形態名称で柱のように，上下の太さが余り変わらない形の石。

手水鉢(ちょうずばち)　最初桃山時代に露地において用いられたもので，清らかな水を入れる器。主として石製で，茶席に入る前に手や口を清める目的で用いられた。現在では水鉢といわれることも多い。

直打(ちょくうち)　飛石の打ち方の一種で多数の石を一直線状に打つもの。

直石(ちょくせき)　石を直立させて，垂直に近く据えたもので，斜石に対していう。

突き棒(つきぼう)　石などを据えるとき，石の周囲の土を，しっかりと突き込むために用いられる細丸太をいう。

築山石組(つきやまいしぐみ)　人為的に作られた築山に組まれた石組の総称。

築山庭造伝(つきやまにわつくりでん)　作庭秘伝書の一種。前編と後編に分かれているが，それぞれ年代も編者も異なっている。前編は，北村援琴によって享保20年(1735年)に編纂され，後編は秋里籬島によって文政11年(1828)に編纂されている。内容にもまったく関連性はなく，別書というべきものである。

蹲踞(つくばい)　手水鉢をかがんで使うように役石を組んだ全体の設備をいう。手水鉢を中心に，前石，湯桶石，手燭石などを組んで中央には海と称する流しを作る。一般に手水鉢の意味と誤解されているので注意したい。【詳細は本文参照】

土ぎめ(つちぎめ)　石などを据えるとき，かまし石などを用いず，土だけで固定する方法をいう。

詰石(つめいし)　石をしっかりと固定する一つの方法で，かまし石とはやや異なり，小石などを石の周辺の全体に突き込むこと。

つらね石(つらねいし)　主石に対する石組の位置関係をいった用語で，添石とおさえ石の中間に位置する石をいう。【詳細は本文参照】

鶴島石組(つるじまいしぐみ)　鶴を象徴した島で，亀島石組とともに，蓬萊石組の一種。抽象的に，羽石，鶴首石，などを組むのが特色となっており，日本庭園独特の造形。【詳細は本文参照】

庭湖石(ていこせき)　固有名詞で，大沢池庭園(平安時代・京都市)の園池中にある，二石組岩島の名称。

手巻ウインチ(てまきウインチ)　ウインチの一種。ウインチの項参照。

道教的石組(どうきょうてきいしぐみ)　以前，石組の種類を大きく分類していわれたもので，中国の道教と関連する石組という意味で用いられてきた。しかし，本書ではこれを「祝儀思想的名称の石組」としている。【詳細は本文参照】

洞窟石組(どうくついしぐみ)　海岸の岩盤中や山中にある，神秘的な洞窟を，庭内に表現した石組。【詳細は本文参照】

胴釣り(どうづり)　主に縦長の立石を吊り上げるとき，石の下側にワイヤーロープをかけず，胴の部分だけを巻くようにして吊り上げる方法をいう。

飛石(とびいし)　上が平らな石を一定間隔に離して打ち，そこを通路とするもの。露地において多用される。【詳細は本文参照】

とめ　石組の力関係をいう用語で，他の石組の力を止めて，安定させるように組むもの。【詳細は本文参照】

ながし　石組の力関係をいう用語で，他の石組の力を，反対側の石に自然に伝えることを主とした手法。【詳細は本文参照】

中島石組(なかじまいしぐみ)　池泉や枯山水に作られる中島に行われる石組の総称。

渚石組(なぎさいしぐみ)　園池に作られた浜の部分に組まれる石組。護岸ではなく，海や川の渚の景を表現したものである。

にがし　石組の力関係をいう用語で，主石など他の石組の力を，さらに積極的に次に移動させることを目的とした造形。【詳細は本文参照】

二三連(にさんれん)　飛石の打ち方の一種で，二石と三石をそれぞれ直線状に打ったものを一組とし，組み合わせて　く形式。

二連打(にれんだ)　飛石の打ち方の一種で，二石を一組として直線状に打っていくもの。

庭石(にわいし)　庭園に景として用いられている石，あるいはその素材となる石をいうが，自然石を原則とする。

野筋石組(のすじいしぐみ)　中世以前の園池において，池泉から離れた場所にある軽い築山などに，自然の野の風情に似せたような形式で組まれた石組をいう。『作庭記』にその記載が見えている。

瀑(ばく)　現在では滝の別称として用いられている語であるが，本来の意味では，上方から激しく落下する形式の滝をいった。

橋石組(はしいしぐみ)　石橋を中心としてそれに橋添石と称する添石を行った全体の石組造形をいう。【詳細は本文参照】

鉢前(はちまえ)　書院の縁先などに配される手水鉢を，庭園用語で一般に鉢前と称している。しかし，これは正しい名称ではなく，正確には縁先手水鉢というべきものである。しかし本書では，一応一般に流布されている鉢前の語を仮に用いておくことにした。【詳細は本文参照】

はなれ添え(はなれぞえ)　主石に対する添石の形式名称で，主石より離れた位置に据えるものをいう。【詳細は本文参照】

ひっぱり　石組の力関係をいう用語で，主石など他の石組の移動しようとする力を，反対側に引っ張るような造形とするもの。【詳細は本文参照】

平石(ひらいし)　石の形態名称で，上部が平

らな平天石の一種であるが，据えた状態で地面からの高さがほとんどない，薄い姿の石をいう。【詳細は本文参照】

武学流庭園(ぶがくりゅうていえん)　江戸時代末期から明治時代にかけて，青森県弘前地方を中心に発生した庭園の流派。神道式の作庭を特色とし，定められた場所に役石を配するなど，定型化した造形を主張する。

伏石(ふせいし)　石を高さから見た状態の分類名称で，地表からの高さがごく低いバランスを示した石をいう。【詳細は本文参照】

仏教的石組(ぶっきょうてきいしぐみ)　石の分類名称の一つで，仏教に関連した名を持った石組をいう。必ずしも仏教とのつながりがあるわけでもないので，本書ではこれを「仏教的名称の石組」としている。

不動石(ふどうせき)　作庭秘伝書等にある石名の一つ。正しくは，滝石組の水落石をいったもの。ただ，今日では庭内の主石の名称として用いられる場合もある。

ふところ添え(ふところぞえ)　主石に対する添石の形式名称で，斜石手法の主石の懐に入り込むような形で組まれた添石。【詳細は本文参照】

舟石(ふないし)　池泉や枯山水に，景として据えられた船の形をした石。

フンドシ　石を吊るときのワイヤーロープ等のかけかたの一つ。胴釣りに似るが，そこからさらに石の下側にもロープをまわす方法。主に縦長の立石を吊り上げるときに用いる。【詳細は本文参照】

平天石(へいてんせき)　石の形態名称で，石の高低にかかわらず，上部が平らで水平に近い石をいう。【詳細は本文参照】

ヘビ口(へびくち)　ワイヤーロープの細部名称で，その両端にある輪になった部分。

方形石(ほうけいせき)　石の形態名称で，おおよそ方形に近い形をもった石をいう。

蓬萊山(ほうらいさん)　古代中国で発祥した蓬萊神仙思想の中で信じられていた理想の世界。東方の大海中にある伝説の島々の中心，蓬萊島にそびえる山で，そこには仙人が住み，不老不死の仙薬があると考えられていた。また，島は巨鼇の背に負われているという。

蓬萊石(ほうらいせき)　蓬萊山を象徴して島や山畔などに据えられる石。山形石や立石が多く用いられる。

蓬萊連山石組(ほうらいれんざんいしぐみ)　蓬萊神仙世界の山々を表現して，山畔や築山の上に組まれる一連の石組。

盆石(ぼんせき)　珍しい石質で，しかも形の良い石を見出し，その一石を台の上に飾って鑑賞するもの。

まえ添え(まえぞえ)　主石に対する添石の形式名称で，主石のほぼ前方に据えるものをいう。【詳細は本文参照】

丸石(まるいし)　石の形態名称で，全体が丸い形に近い姿を持った石をいう。【詳細は本文参照】

水落石(みずおちいし)　滝石組の細部名称で，直接水を落とす部分に組まれる石の総称。実際には水を落とさない枯滝でも，象徴的に用いられることが多い。これを不動石という場合もある。

水分石(みずわけいし)　滝石組において，水落石の下や，その前方に用いて，落水を二つに分ける意味で用いられる石。枯滝にも組まれる。

明王石(みょうおうせき)　作庭秘伝書にある石名の一つ。仏教でいう明王を意味した石という。

名石(めいせき)　庭石のうちでも特に優れた形や石質を持った石。あるいは昔から名の知られた石についてもこういわれる。

山形石(やまがたいし)　石の形態名称で，全体が山形に近い姿を持った石をいう。

遣水石組(やりみずいしぐみ)　平安時代頃の寝殿造庭園に多く作られた遣水に対して組まれる石組み。『作庭記』にその記載がある。

ユニック車(ユニックしゃ)　荷物を積載できる一般のトラックに，クレーンを取り付けたもの。小規模の石組に向いている。

横石(よこいし)　石を高さから見た形態の分類名称で，立石と伏石の間に位置する。横に長いバランスの石と考えてよい。【詳細は本文参照】

寄石敷き(よせいしじき)　敷石の一種で，切石と自然石を合わせて敷きつめたもの。

夜泊石組(よどまりいしぐみ)　池泉中に舟が一列になって停泊しているような姿に配置された石組。

四連打(よれんだ)　飛石の打ち方の一種で，四石を直線状に打つことをいう。

礼拝石(らいはいせき)　庭園内に配される役石の一つで，神仏を拝するための石という意味を持っており，一名を拝石ともいう。江戸時代から出現した。

鯉魚石(りぎょせき)　滝石組に組まれることのある石で，滝を登る鯉を表現したもの。

龍門瀑(りゅうもんばく)　滝石組の造形テーマの一つで，中国黄河の上流にある伝説の滝，龍門瀑を象徴したもの。必ず，滝を登る鯉を意図した鯉魚石を組むのが特色となっている。【詳細は本文参照】

両界石(りょうかいせき)　作庭秘伝書にある石名の一つ。密教の世界を象徴した石という。

レッカー車(レッカーしゃ)　クレーンを装置した専用の車。トン数のある石を吊るときには最も多用されている。

連山石組(れんざんいしぐみ)　連なる山岳を象徴して山畔や築山に組まれる石組。【詳細は本文参照】

ワイヤーごろし　石を吊るとき，ワイヤーのヘビ口で吊らずに，その途中で吊るのに用いられる方法，あるいはそのために用いる道具の名。

わき添え(わきぞえ)　主石に対する添石の形式名称で，主石のすぐ脇に据える造形をいう。【詳細は本文参照】

割石敷き(わりいしじき)　敷石の種類をいったもので，石をおおまかに割って敷きつめる形式をいう。

あとがき

本書によって，著者は石組の全般について述べ，その基本といえるところは一通り解説してきたつもりである。

しかしその中で，著者が最も主張したかった点は，やはり石組の造形であった。

このような著述を思い立った大きな理由は，造園業を始めて間もないような人や，あるいは愛庭家の人達より，どうも石組というものが分かり難いという話しを多く聞いたからである。

著者はそこで，これまでに一部の人々によって行われてきた型としての石組論に大きな疑問を感じていたこともあって，石組を型にはまらない美学の上からとらえてみようと考えたのであった。

そして，古庭園を中心とした数多くの石組を分析して，石組の力関係を導き出し，それを元としてごく基本的な二石組，三石組等の造形にまとめてみたのである。

この，著者の石組論は，これまでのような石の形を限定した，型にはまった形式的石組論よりは，はるかに進歩したものと自負するところであるが，それでもなお一つの限界があるのを知らされた思いがする。

その理由の最も大きな点は，このような紙面において石組を語ることの難しさである。

いくら図面を多用してみても，それは石組の持つ性質の一面だけを表現しているに過ぎないからである。

図面は，いくら巧みに描いたつもりでも，どうしても石組の美を完全には表現することはできない。

なぜなら，石組というものは立体の造形であり，さらにそれを見る角度によっての変化というものが，大きな美の要素になっているからである。

それをもう少々具体的にいうならば，たとえば二方向からの観賞を意図したような石組の場合，一方から見て良く組めたと思っても，他方からは不完全な石組であることが多いということである。

優れた石組というものは，そのような場合に，二方向から見て，それぞれ別の美を表現していなければならないのである。

このような点は，石組の最大の特色ともいえる，立体美にかかわる重大事であるが，残念なことに紙上の石組図面では，そのような点を表現することは不可能といってよい。

それはまた，写真においても同様である。写真というものは石組が重なった場合に，その奥行き，立体感というものが，まことに表現し難いものである。

これは，一つのレンズによる撮影の大きな限界なのであって，特に優れた石組ほどそれをとらえるのは困難といえる。

二石組，三石組くらいはまだよいが，数石を組んだ重なりの多い石組では，かえってその良さが半減してしまう。

したがって，著者のまとめた石組論を，本当に理解していただくためには，実物の石を使用して説明する以外に，適当な方法は見当らないと思う。

それに，もう一つ付け加えておきたい重要な問題がある。

それは，すでに本文中においても折にふれて述べてきたのであるが，この，著者の石組論は，あくまでも造形の基本論であるということである。

基本というものは，一つの美の分野を行う時，必ず理解しなければならない原則である。それを無視しては，まず進歩はないと断言してもよいと思う。

しかしながら，一つの作品として創作を行う時，この基本通りのものを造形したのでは，まったく面白味のないものになってしまうであろう。

創作ということは，その基本を超えて，作者独自の個性を出すことである。この段階に至れば，すでに形式や型にとらわれてはならないことは当然だが，むしろ基本も破っていかなければならない。しかし基本を破るということは，基本を十分に知っていてこそ可能なのである。

著者としては，このような基本を破って，個性豊かな石組を行う作庭家が，一人でも多く生まれることを願ってやまない。

現在の日本庭園界でも，少しずつではあるが，そのような作者が出現してきているように思われる。だが，相変らず型にはまった観念的な石組に終始している者の方が，はるかに多いのが現実である。

石組というものは，自然主義ではなく，超自然主義が本質であることを強く主張して，本書を終えることにしたい。

なお，本書成立までに，いつもながら色々とお世話になった，グラフィック社編集部長の岡本義正氏，並びにレイアウトおよび表紙のデザイン等に努力して頂いた柳川研一氏に対して，心から感謝の意を捧げたいと思う。

1992年7月　　吉　河　　功

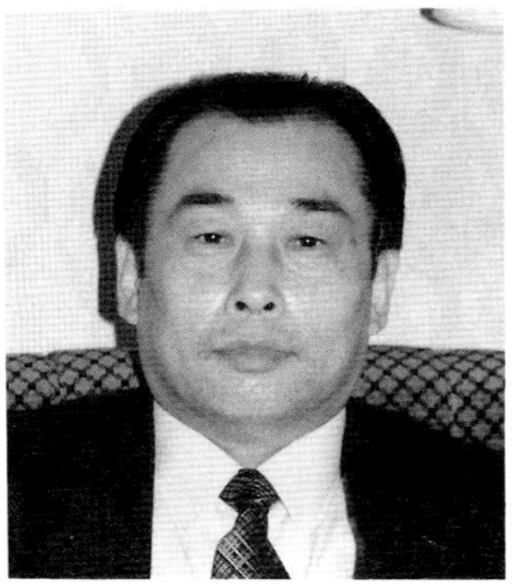

吉河　功

1940年，東京生まれ。芝浦工業大学建築学科卒業。
1963年，日本庭園研究会を創立。現在，同会会長。吉河功庭園研究室代表。日本庭園研究家，作庭家，石造美術品設計家等として活躍している。
主要著作に『詳解・日本庭園図説』(1973年，有明書房)，『竹垣』(1977年，有明書房)，『日本の名園手法』(1978年，建築資料研究社)，『京の庭』(1981年，講談社)，『石の庭』(1982年，立風書房)，『竹垣・石組図解事典』(1984年，建築資料研究社)，『造園材料パース資料集』(1986年，建築資料研究社)，グラフィック社からは『竹垣のデザイン』(1988年，共著)，『手水鉢』(1989年)，『中国江南の名園』(1990年)，『庭・エクステリア』(1990年)，『禅寺の庭』(1991年)を出版している。

住所　東京都世田谷区赤堤２丁目30－４　〒156
電話　03-3322-7407

石組の庭

1992年8月25日　初版第1刷発行

著　者　吉河　功©
発行者　久世利郎
写　植　三和写真工芸株式会社
印刷所　錦明印刷株式会社
製本所　錦明印刷株式会社
発行所　株式会社グラフィック社
〒102 東京都千代田区九段北1-9-12
電話 03-3263-4318
Fax 03-3263-5297
振替・東京3-114345

落丁・乱丁はお取り替え致します。
定価はカバーに表示してあります。

ISBN4-7661-0696-2 C3071